KB057609

地誌와 古地圖로 본
北韓의 烽燧

● 감수

차용걸

충북 보은 출생
충남대학교 대학원 사학과 문학박사
전 호서고고학회 회장
전 문화재청 문화재위원
전 중원문화재연구원 원장
현 한국성곽학회 회장
현 충북대학교 역사교육과 교수

주요 논저

『백제지역의 고대산성』
『한국의 성곽』
『보은의 성곽』
『聞慶 姑母山城』I
『報恩 三年山城』I
「한성시기 백제산성의 제문제」
「고려말·조선전기 대왜관방사 연구」
외 다수

● 지은이

김주홍

충북 청주 출생
충북대학교 대학원 사학과 문학박사(2011)
문화재청 국립경주문화재연구소(1991~1994)
경상남도 문화재전문위원(2009~현재)
LH 토지주택박물관(1995~현재)

주요 논저

『한국의 봉수』(공저)
『한국의 연변봉수』
『조선시대의 연변봉수』
『朝鮮時代 烽燧硏究』
「京畿地域의 烽燧硏究」
「慶尙地域의 烽燧」I·II
「울산지역의 봉수」
「高麗~朝鮮時代 江華島의 烽燧·瞭望」
「南海岸地域의 沿邊烽燧」
「朝鮮後期 地方地圖의 烽燧標記」
외 다수

지지와 고지도로 본 북한의 봉수

地誌와 古地圖로 본 北韓의 烽燧

초판인쇄일	2011년 3월 10일
초판발행일	2011년 3월 15일
지 은 이	김주홍
발 행 인	김선경
책 임 편 집	김윤희, 김소라
발 행 처	도서출판 서경문화사
	주소 : 서울 종로구 동숭동 199 - 15(105호)
	전화 : 743 - 8203, 8205 / 팩스 : 743 - 8210
	메일 : sk8203@chollian.net
등록번호	제 1 - 1664호

ISBN 978-89-6062-070-4   93900

정가 30,000원

地誌와 古地圖로 본

北韓의 烽燧

차용걸 감수 / 김주홍 지음

서경문화사

_ 일러두기

1. 수록대상
본 도서는 北韓의 烽燧를 대상으로 하여 開城 5기, 黃海道 53기, 平安道 230기, 咸鏡道 370기 등 총 658기 봉수에 대한 조선 전 시기 발간 地誌의 기록내용과 古地圖의 烽燧標記 形態를 수록하였다.

2. 봉수명칭
본 도서에 수록된 봉수의 명칭은 초기 지지의 기록에 따라 수록하되 명칭의 변경이 있는 봉수는 이칭을 소개하였다.

3. 봉수용어
본 도서에 소개된 주요 봉수용어는 다음과 같다.

- **烽燧** : 烽[횃불·炬]과 燧[연기·煙]로 국경과 해안의 安危를 약정된 신호전달 체계에 의해 本邑·本營·本鎭이나, 중앙의 兵曹에 전하던 군사통신 수단이었음. 삼국시대부터 원시적으로 활용되기 시작하여 고려시대에 정례화 됨. 조선 세종대에 크게 정비되어 1894년까지 국가적인 규모로 운영됨. 봉수마다 성격과 위치한 입지여건에 따라 아래와 같이 다양하게 지칭되었다.

- **沿邊烽燧** : 국경과 해안가 및 도서 등 極邊初面에 설치되어 煙臺로도 지칭되었던 봉수이다. 세종 20년(1438) 최초로 烟臺造築規式이 정하여 졌으며, 세종 29년(1447) 沿邊烟臺造築之式을 통해 연변봉수의 형태와 규모 및 시설과 비품 등이 정하여졌다.

- **煙臺** : 연변봉수를 달리 일컫는 용어이다. 흔히 연변봉수에는 연기를 피워 올리던 높이 3m 내외의 석축 혹은 토·석 혼축의 연대 1기가 있었기에 이에서 유래한 듯하다. 용례는 『世宗實錄』 地理志 함경도, 『輿地圖書』 평안도·함경도 소재 일부 봉수에서 확인된다. 『大東地志』에는 평안도 소재 일부 연변봉수에 "海邊海望"으로 표기되어 있으며, 『朝鮮後期 地方地圖』에도 평안도 소재 일부 연변봉수에 "海望煙臺"·"海岸煙臺"·"○○烟臺"로 표기되어 있다.

- **烽臺** : 烽燧臺를 줄인 용어이다. 용례는 『輿地圖書』 평안도·황해도·함경도 소재 일부 봉수에서 확인되며, 『朝鮮後期 地方地圖』에는 황해도 소재 일부 봉수에만 표기되어 있다. 『朝鮮後期 地方地圖』의 황해도 平山都護府 소재 일부 봉수명 앞에 "海邊○○○烽臺"로 표기된 사례도 있다.

- **水路烽火** : 연변봉수와 같은 의미이다. 용례는 『世宗實錄』 地理志 평안도 일부 봉수에서 확인된다.

- **水路烽燧** : 연변봉수와 같은 의미이다. 용례는 『大東地志』 평안도 일부 봉수에서 확인된다.

- **內地烽燧** : 邊境지역 初面의 沿邊烽燧와 京烽燧를 연결하는 육지 내륙지역 소재의 봉수로

서 腹裏烽火와 같은 용어이다. 세종 29년(1447) 腹裏烽火排設之制를 통해 내지봉수의 형
태와 규모 및 시설과 비품 등이 정하여졌다. 『朝鮮後期 地方地圖』의 황해도 平山都護府 소
재 일부 내지봉수명 앞에 "陸地○○○烽臺"로 표기된 사례도 있다.

- 陸路烽火 : 내지봉수와 같은 의미이다. 용례는 『世宗實錄』 地理志 평안도 일부 봉수에서 확
  인된다.
- 陸路烽燧 : 내지봉수와 같은 의미이다. 용례는 『大東地志』 평안도 일부 봉수에서 확인된다.
- 權設烽燧 : 군사적으로 중요하였던 營 · 鎭에서 자체적으로 설치하여 本邑 · 本鎭에만 응하
  였던 봉수이다. 『大東地志』에는 북한 소재 咸鏡道 種城에 金迪谷 · 小白山 · 皮德 · 回仲洞,
  慶源에 進堡 등 5처가 소개되어 있다.
- 權設間烽 : 중앙으로 연결되지 않고 本邑에만 응하였던 봉수이다. 『輿地圖書』 平安道 宣川
  府 大睦山烽燧와 東林烽燧 2처가 소개되어 있다.
- 直烽 : 조선시대 5거제의 봉수제에서 5거 노선의 봉수가 지나는 주요 노선의 봉수로서 間
  烽에 대비되는 용어이다. 조선전기에는 직봉과 간봉의 구분이 뚜렷하지 않았으나, 조선후
  기 『萬機要覽』(1808)의 편찬시점부터 노선별로 직봉과 간봉을 구분하여 표기하고 있다.
  『大東地志』(1864)의 각 道 봉수 말미에서 처음으로 확인되는 元烽과 같은 용어이다.
- 元烽 : 직봉과 같은 의미이다. 용례는 『大東地志』의 각 道 봉수 말미에 표기되어 있다.
- 間烽 : 조선시대 沿邊과 內地 5거 직봉노선의 봉수 사이에 연락두절을 우려하여 각 노선마
  다 보조로 설치하였던 봉수이다. 조선전기에는 직 · 간봉의 구분이 뚜렷하지 않았으나, 조
  선후기 『萬機要覽』의 편찬시점부터 노선별로 직 · 간봉을 구분하여 『大東地志』에도 간봉
  이라 표기한 사례가 있다. 『朝鮮後期 地方地圖』의 평안도 가산군 소재 봉수는 바람이 온화
  한 6개월 동안만 한시적으로 운용되었기에 "海望間烽"으로 표기된 사례도 있다.
- 間設 : 간봉과 같은 의미이다. 용례는 『輿地圖書』 평안도 용강현 소재의 봉수에 大德嶺間設
  烟臺 및 『朝鮮後期 地方地圖』에 동 봉수를 間設烟臺로 표기한 사례가 있다. 이외에 『輿地
  圖書』 평안도 숙천부 소재의 봉수에는 羲山間設烽燧 · 磨天山間設烽燧 등으로 간설 표기
  를 하되 烟臺 · 烽燧 등으로 봉수의 성격을 구분한 사례가 있다.

4. 원고
　본 도서의 원고는 일반인을 대상으로 가급적 이해하기 쉽게 서술하였다.

5. 사진 · 지도
　본 도서에 사용된 사진은 필자가 직접 촬영한 것을 사용하였다. 지도는 조선후기 지방지도의
　해당 봉수 사진을 촬영하여 선별적으로 수록하였다.

　봉수는 烽[횃불·炬]과 燧[연기·煙]로 국경과 해안의 安危를 약정된 신호전달 체계에 의해 本邑·本營·本鎭이나, 중앙의 兵曹에 전하던 군사 통신 수단이었다. 한국의 역사에서 이미 삼국시대부터 활용되기 시작한 후 고려시대에 이르러서 정례화 되었다. 이후 조선 세종대에 크게 정비되어 1895년까지 국가적 규모로 운영되었다. 이 때문에 봉수제도는 전 근대 사회에서의 정보 통신 체계로서 가장 발전된 형식을 가진 것이 조선왕조였다.[1]

　오늘날 한반도 남부지역을 제외한 북부지역인 북한에는 약 660여 기의 봉수가 소재하고 있다. 이들 봉수는 분단된 조국의 현실에서 자유롭게 답사를 할 수 없는 현실이다. 따라서 이에대한 현황은 자세하지 않다.

　필자가 북한의 봉수에 관심을 갖게 된것은 사소한 계기에서이다. 즉, 필자는 2002년 경기도박물관의 문산~개성간 남북연결도로 발굴조사와 관련된 보고서 발간시 북한의 봉수에 대한 원고 의뢰를 받게 되었다. 따라서 단 한군데도 답사한 적이 없는 북한의 봉수를 언급한다는 것은 至難한 일이었다. 그러므로 당시에는 한반도 서북지방 제3거 노선을 중심으로 地誌와 古地圖를 통해 북한의 봉수에 대한 고찰을 시도하였다. 이외에 본문에서 『海東地圖』·『輿地圖書』·『朝鮮後期 地方地圖』 등 고지도의 각종 봉수표기를 통해 북한 봉수의 형태와 거화구조를 간단하게 소개하였다. 이어 후면에 북한의 봉수에 대한 전체 지지의 기록을 첨부함으로서 資料集으로서의 기능을 갖추도록 하였다.[2] 다만 아쉽게도 당시 발간된 보고

---

1) 車勇杰, 「봉수」, 『한국성곽연구회 학술대회』(叢書5), 한국성곽연구회, 2004, p.1.
2) 김주홍, 「北韓의 烽燧(Ⅰ)」, 『도라산유적』, 京畿道博物館·世宗大學校博物館, 2003, pp.451~548.

서는 독자층이 제한되고 널리 보급되지 못하여 북한의 봉수에 대해 일반인이 제대로 인식할 기회가 적었다.

따라서 본 도서는 목차를 통해 보듯이 제1부에서 朝鮮時代 西北地方 제3거 노선을 중심으로 한 북한의 봉수와 朝鮮後期 地方地圖의 烽燧標記에 대한 필자의 소논문 두 편을 수록하였다. 특히, 後者에서는 과거 봉수군의 生活施設, 봉수의 炬火·防護施設, 기타 形態에 대한 소개와 이전시기 발간 『해동지도』·『여지도서』와의 표기 형태에 대한 고찰을 하였다.

제2부에서는 北韓의 烽燧를 조선 전 시기 발간의 지지를 참고하여 市·道 별로 현황을 소개하였다. 또한, 『조선후기 지방지도』에 표기된 봉수의 형태를 사진으로 촬영하여 첨부하였다. 이외에 드물지만 조선후기 봉수제가 운용되던 당시의 실상을 알 수 있는 烽燧日記를 소개하였다. 따라서 본 도서에는 開城 5기, 黃海道 53기, 平安道 230기, 咸鏡道 370기 등 총 658기 봉수의 소속과 변천 및 대응봉수에 관한 내용이 수록되어 있다. 이를 위해 조선전·후기 발간 6종의 지지를 선별하여 긴 시간 각 봉수마다 일일이 대조와 확인을 하였다. 어찌보면 매우 번거로운 일이었고 필자의 인내를 요구하는 작업이었다. 따라서 중간에 그만두고 싶었던 고민도 여러 번 있었다. 그러면서도 이제 겨우 탈고가 끝난 본 도서를 세상에 내놓고 보니 필자의 소명을 일부나마 다하였다는 보람이 있다.

제3부에서는 조선 전·후기에 발간된 각종 지지에서 시간적 차이를 두고 발간된 6종의 지지를 선별하여 각 지지별 북한 전체 봉수의 관련 기록을 첨부하였다. 이를통해 본 도서가 한편으로는 資料集으로서의 기능을 갖추도록 하였다. 따라서 이런 작은 시도를 통해 북한내 봉수의 시대적 변천에 따른 치폐와 대응봉수노선의 관계 등을 상호비교를 통해 파악하는

계기가 되고자 한다.

　아울러 이 책자가 출간되기까지 북한 봉수의 많은 자료 제공과 조언을 해주신 車勇杰 지도교수님의 學恩이 크다. 교수님은 항상 학문하는 연구자의 자세로서 겸손과 더욱 더 연구에 분발을 강조하셨다. 이외에도 같은 박물관에서 근무하고 있는 필자의 동학 金性甲 학형은 古文書學이 전공으로 본문에 소개되는 여러 고문서의 해독과 내용정리에 많은 도움을 주었다. 지면을 빌어 감사의 마음을 전한다. 끝으로 상업성이 없는 본 도서의 출간을 승낙하시고 세상에 나오도록 한 서경문화사 김선경 님과 긴 시간 편집에 고생하며 책자로 꾸며주신 김윤희 · 김소라 님께 감사드린다.

2011년 3월
金 周 洪

_ 차례

제1부

研究論文

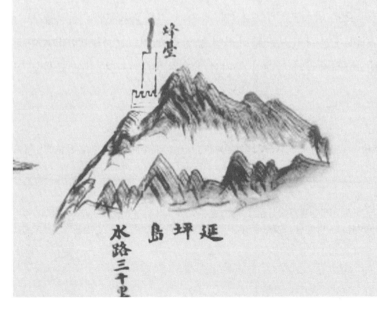

烽臺

延

坪

島

水路三十里

海州龍媒鎭地圖

01 北韓의 烽燧
ー朝鮮時代 西北地方 제3거 路線을 中心으로ー

1. 머리말

　얼마전까지만 해도 남북간의 화해무드는 남북한 이산가족 상봉과 해상을 통한 금강산관광을 통해 인적교류가 이루어진 바 있다. 또한, 통일대교~장단간 남북연결도로 문화유적의 시굴조사[1]와 경의선 연결도로 비무장지대구간 문화유적 시굴조사[2] 등을 통해 민통선 지역에 대한 유적조사가 부분적으로 이루어지기도 하였다. 또한, 개성공업지구 1단계 조성에 앞서 남북간 공동으로 발굴조사[3]와 2단계 부지의 지표조사[4]까지 진척을 보인 바 있다. 따라서 본격적으로 평화적인 통일을 대비하는 시기이지만, 아직까지 인적·물적자원의 왕래가 부자유스러운 상태에서 한번도 답사를 실

---

1) 京畿道博物館·陸軍博物館, 『南北連結道路(統一大橋~長湍間) 文化遺蹟 試掘調査報告書』, 2001.
2) 세종대학교박물관·경기도박물관, 『경의선 연결도로 비무장지대구간 문화유적 시굴조사 약보고서』, 2003.
3) 한국토지공사 토지박물관, 『개성공업지구 1단계 문화유적 남북공동 조사보고서』, 2005.
4) 한국토지공사 토지박물관, 『개성공업지구 2단계 남북공동 문화유적 지표조사보고서』, 2008.

시한 적이 없는 북한의 봉수를 언급한다는 것은 극히 지난至難한 일이 아닐 수 없다.

그러므로, 본고는 필자가 2001년 경의선연결도로 비무장지대구간 문화유적 시굴조사를 계기로 작성했던 북한의 봉수에 대한 작은 논고이다. 당시 도라산봉수道羅山烽燧가 속한 서북지방 제3거 노선을 중심으로 지지地誌와 고지도古地圖를 통해 북한의 봉수에 대한 고찰을 시도하였으며, 금번 본 도서의 발간에 맞추어 내용을 일부 수정하였다.

역사적歷史的으로 한반도 북부지역의 봉수는 조선개국과 더불어 본격적으로 설치되어졌다. 특히, 북방 여진족女眞族의 침입에 대비하여 세종 15년(1433)부터 본격화된 압록강鴨綠江 상류上流의 4군郡 및 두만강豆滿江 하류下流 남안의 6진鎭 설치를 계기로 다수의 연대烟臺가 설치되어 졌다. 전왕조인 고려高麗가 도서해안을 통한 왜구의 침입을 미연에 감지 및 자체경보 목적에서 경상·전라지역의 동남해연안 및 서해도서해안을 따라 다수의 봉수를 설치했던 것과는 대조적인 일이다. 이에따라 북부지역은 태종 3년(1394) 한양漢陽 천도 후 세종 5년(1423) 목멱산봉수의 설치로 인해 중앙의 경봉수로 최종 집결하는 5거제의 봉수노선상 서수라 우암에서 초기하는 1거와, 만포진 여둔대에서 초기하는 제3거, 의주 고정주에서 초기하는 제4거 등 모두 3개 노선의 직봉과 이에 속한 간봉노선이 초기하는 곳이 되었다.

지리적地理的으로 도라산봉수道羅山烽燧가 속한 제3거 노선을 중심으로 살펴 볼 한반도 북부의 서북지방 자강도, 평안남북도 일부 봉수는 성격상 압록강변에 인접한 연변봉수이며, 평안남도, 황해북도 일부 봉수는 내지봉수 성격을 갖는다. 노선路線에 의한 구분상 1거는 두만강 하류 남안의 세종대 설치한 6진과 관련된 것이며, 3거는 압록강 상류의 4군 설치와 밀접한 관련이 있다. 또한, 4거는 황해의 서한만 및 서해의 경기만 연안에 설치된 해안 연변봉수를 거쳐 조선시대 한성 무악서봉을 거쳐 최종 목멱산 제4봉에 전달되었다.

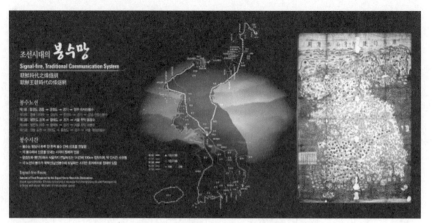

지도 _ 朝鮮後期 韓半島 烽燧地圖

　따라서 본고에서는 다음의 두 가지 사항에 중점을 두어 논고를 진행하고자 한다.

　제2장에서는 북한의 봉수에 대해 그동안 북한과 남한의 연구자에 의해 이루어진 연구결과의 정리를 통해 연구 및 현황을 파악하는 계기가 되고자 한다.

　제3장에서는 조선전·후기에 발간된 각종 지지에서 시간적 차이를 두고 발간된 6종의 지지를 선별하여 북한내 봉수의 지역별 분포현황과 역사적 사실을 정리하였다. 왜냐하면 이러한 1차 사료인 지지의 기록이야말로 북한 봉수의 실태를 파악하고 향후의 연구를 진척시키는데 무엇보다도 필요하다고 여겼기 때문이다.

2. 調査 및 研究史 檢討

1) 調査現況

북한의 봉수에 대한 조사는 일제강점기 조선총독부朝鮮總督府 식산국 산림과에 의해 발간된『朝鮮寶物古蹟調査資料』(1942)를 통해 일면을 확인 할 수 있다. 여기에는 우리의 산림에 분포하고 있는 각종 유적과 함께 전국적인 봉수의 현황이 간략하게 정리되어 있다.

이중 제3거와 4거 노선의 봉수가 일부 속하는 곳으로 남한내 경기 북부 지역과 인접한 황해도黃海道는 당시의 행정구역상 11개 군郡 중 4개 군 9기[5]의 봉수에 대한 간략한 조사내용이 있으며, 평안남도平安南道는 14개 군郡 중 6개 군 27기[6], 평안북도平安北道는 17개 군郡 중 7개 군 34기[7], 함경남도咸鏡南道는 12개 군郡 중 7개 군 46기[8], 함경북도咸鏡北道는 9개 군郡 중 4개 군 22기[9] 등 총 138기의 봉수에 대한 간략한 조사내용이 있다.

이를 통해 해당 도의 군별로 개별적인 봉수의 이해는 가능하나, 전체적인 봉수의 분포현황에 대한 전모는 파악할 수 없는 한계가 있다.

---

5)『朝鮮寶物古蹟調査資料』의 황해도 4개군 9개소 烽燧의 數는 벽성군2, 평산군2, 서흥군2, 황주군3 등 총 9기이다.

6)『朝鮮寶物古蹟調査資料』의 평안남도 6개군 27개소 烽燧의 數는 대동군4, 용강군3, 순천군 2, 평원군14, 강서군3, 안주군1 등 총 27기이다.

7)『朝鮮寶物古蹟調査資料』의 평안북도 7개군 34개소 烽燧의 數는 의주군8, 영변군2, 태천군 1, 구성군1, 용천군8, 창성군7, 벽동군7 등 총 34기이다.

8)『朝鮮寶物古蹟調査資料』의 함경남도 7개군 46개소 烽燧의 數는 덕원군9, 함주군14, 고원 군4, 신흥군7, 안변군2, 문천군7, 영흥군3 등 총 46기이다.

9)『朝鮮寶物古蹟調査資料』의 함경북도 4개군 22개소 烽燧의 數는 부령군5, 경흥군15, 회령 군1, 경성군1 등 총 22기이다.

2) 硏究史 檢討

북한의 봉수에 대한 연구는 1980년에 리종선, 윤영섭, 리영민 등 3인人
에 의한 간략한 연구를 통해 개략적인 현황파악이 이루어졌다. 리종선의
고려시기 봉수의 연구는『세종실록』지리지에 기록되어 있는 봉수자료의
대부분은 고려시기의 것을 그대로 이어받은 것으로 간주하였다. 그 이유
로서 고려나 조선이 다 같은 중앙집권적 봉건국가로서 수도였던 개성과
서울은 지리적 위치에서 큰 차이가 없었으므로 봉수연락선의 체계가 크게
변화하지 않았다고 보았다. 그중에서도 3거와 4거 노선의 봉수가 분포하
는 서북지방의 봉수망은 고려초기부터 조선초기에 이르기까지 군사적으
로나 정치, 경제적 측면에서 그를 변경시킬만한 정황이 없었던 조건에서
『세종실록』지리지의 봉수망과 차이가 없었을 것이라고 하였다.[10]

윤영섭은 조선초기 봉수의 분포에 대해 세종 4년(1422) 봉수체계의 정비
에 따라 고려시기 수도 개성을 중심으로 하여 이루어졌던 봉수체계가 수
도 한양을 중심으로 하는 봉수체계로 재정비되게 되었음을 서두에 언급하
고 있다. 따라서 당시 봉수분포에서 많은 변화를 가져오게 한 큰 계기가
조선함대의 쓰시마원정과 4군 6진의 설치에서 비롯되었다고 하였다. 또
한, 조선초기 봉수분포망을 통해 수도를 중심으로 하여 북부국경지대와
동·서·남·연해 지방으로 조밀하게 분포하고 있음을 설명하고 있다.
이어 조선초기 봉수분포의 특징으로 다음의 네가지 사항을 예로 들었는
데, 첫째, 북부국경지대와 동·서·남·연해지방에서 발생하는 비상사변
에 대한 통보가 수도에 빠짐없이 제때에 집결되도록 편성되었으며, 둘째,

---

10) 리종선,「고려시기의 봉수에 대하여」,『력사과학』4, 과학백과사전출판사, 1985, pp.26
~30.

통보중단을 방지하기 위하여 2중 3중의 봉수선로를 두었다. 셋째, 큰 산줄기, 큰 강줄기에 의하여 통보신호가 끊어지는 것을 방지하기 위하여 요점 봉수노선을 마련하였다. 넷째, 지역방어를 위한 봉수체계가 갖추어져 있었는데 압록강 하류와 상류지대에 봉수 체계가 정연하게 갖추어져 있었음을 예로 들고 있다. 또한, 이일대 봉수 체계의 특징으로 우선 적들의 침입을 속속들이 감시하고자 봉수대들 사이의 거리가 매우 가까우며 다음으로 봉수대들 사이의 호상연락이 주로 포나 주라와 같은 소리기재에 의해 전달되었던 사실을 언급하고 있다.[11] 따라서 마지막 넷째의 예는 조선시대 전국적인 봉수노선상 내지봉수 성격의 3거와 연변봉수 성격의 4거 노선이 각각 만포진 여둔대와 의주 고정주에서 초기하여 최종 한성의 무악동봉과 서봉에 집결하는 노선으로서 고려~조선시대의 수도를 중심으로 조밀하게 봉수분포망을 편성하였음을 알 수 있다.

마지막으로 리영민의 연구는 중세 경성읍성의 전방과 국경연선의 봉수배치 및 그 전달체계와 봉화대화독, 봉화대성곽, 집자리를 비롯한 시설물에 대한 간략한 연구결과이다. 비록 본문에서 연조를 의미하는 화독, 방호벽을 의미하는 봉화대성곽 등 봉수기본용어에서 약간의 차이는 있지만 전문을 이해하는데 큰 곤란은 없다. 이를 통해 당시 이 일대 봉수체계에 의미를 부여하기를 당시 함경도가 놓인 지리적 위치를 부각시켰다. 즉, 함경도는 수도에서 멀리 떨어져 있을 뿐 아니라 두만강을 국경선으로 적과 대치되어 있으면서 늘 적들이 준동하는 지대였다. 그리고 동북방에 쌓은 성들의 지형조건과 관련하여 동북방에는 다른 지역에 비하여 많은 성이 쌓아졌는데 그 대부분이 산줄기와 골짜기들에 의거한 것으로서 서로 긴밀한 협동을 필요로 한 것으로 보았다. 따라서 통신수단이 발달하지 못한 중세

---

11) 윤영섭, 「리조초기 봉수의 분포」, 『력사과학』 1, 과학백과사전출판사, 1988, pp.17~21.

전쟁에서는 오직 봉수를 통해서만 인접에 적의 침입을 알리고 성들 상호 간 지원과 협동을 보장할 수 있었던 것으로 보았다.

이어 경성읍성 봉수의 특징으로 첫째, 적정을 잘 감시하고 정확히 전달할 수 있도록 지형지물을 잘 선택하여 봉수를 배치하였다. 둘째, 적의 침입이 잦은 지대와 골짜기가 깊은 곳에는 보조봉수[間烽]를 더 배치하여 직봉들에서 전달되는 봉수신호를 신속정확하게 인접 성들에 알려줄 수 있게 한데 있다. 셋째, 최대한 곧은 노선을 따라 봉수의 위치를 정함으로써 보다 신속히 신호를 전달할 수 있게 한데 있다. 넷째, 읍성의 모든 봉수들의 전달체계를 2중, 3중으로 질서정연하게 세우는데 많은 의의를 부여하였다. 다섯째, 화독수를 각이하게 설정하였다는데 있다. 그 예로서 함경도 경성도호부의 강덕봉수, 사구봉수, 장평봉수, 주촌남봉수를 비롯한 직봉에 속하는 모든 봉수들에는 화독이 5개씩 설치되었으며 고성봉수, 아양덕봉수를 비롯한 간봉들에는 3개씩의 화독이, 오촌동봉수와 서남봉수, 노루목봉수를 비롯한 보조봉수들에는 1개의 화독이 설치되었다. 따라서 직봉에 화독을 5개 둔 것은 전국적인 봉수신호 체계에 따른 것으로 보았으며, 간봉의 3개는 직봉에서 3번째 신호를 올릴 때부터 따라 올리기 위한 것이며 보조 봉수에 있는 1개는 적의 국경 침입을 알리는 간봉의 세 번째 신호와 함께 올리기 위한 것으로 보았다. 그리고 마지막으로 호상간 전달받고 전달하는 체계가 명확히 규정되어 있었던 것으로 보았다.

그리고, 두만강연선의 봉수 분포의 특징으로 적의 침입이 잦고 높은 산이 많은 지대적 특성에 맞게 배치되어 있었다고 하였다. 따라서 국경연선과 중간지대, 경성읍성을 중심으로 한 위성방어 체계에 속하는 봉수들은 많은 경우 겹쳐 배치하였기 때문에 어느 한곳에서 부주의로 감시하지 못하여도 인접에서 대신할 수 있게끔 되어 있다고 하였다. 이어 화독 배치와 형태 및 그 간격, 봉화대 화독축조방법, 봉화대 성곽형식과 시설물들에 대

해 실제 답사하여 조사한 내용을 중심으로 분석을 시도하였다.[12]

한편, 북한 봉수의 답사를 통한 현지조사가 거의 불가능한 상태에서 현재까지 남한내에서 이루어진 연구결과는 육군사관학교 화랑대연구소 주관하에 한강 이북지역의 봉수체계에 관한 연구[13]와, 필자에 의한 경기북부지역 봉수의 고찰[14]이 있다. 전자前者는 민간인의 접근이 제한되어 있는 경기 중북부지역 봉수의 실제적인 답사를 통해 한강 이북지역의 봉수를 고찰하였다는데 의미가 크다. 여기에서는 조선 전시기에 걸쳐 발간된 각종 지지의 봉수관련 문헌검토를 통해 심도 있는 분석을 시도하였다. 이어 동북지역의 제1거 봉수노선에 대한 분석과 예시 및 경기 중북부의 봉수노선을 중심으로 이 일대의 봉수지에 대한 조사결과를 소개하였다. 이뿐만 아니라 서북지역의 제3, 4거 봉수노선에 대한 지지의 기록과 현지조사 결과를 정리하여 이 방면의 연구에 일정부분 기여를 하였다. 후자後者는 도라산봉수가 속하는 노선으로서 만포진 여둔대에서 초기하여 서북지방을 지나는 제3거 직봉노선의 봉수 중 남한내 파주지역 소재 5기의 봉수에 대해 조선 전시기 발간의 각종 지지 등의 문헌소개와 현장조사 결과를 중심으로 경기북부지역 봉수의 현황을 정리한 글이다. 전자와 더불어 향후 서북지방 3거노선 봉수의 답사가 필요한 만큼 상호보완적 입장에서 연구의 진척이 필요하다.

---

12) 리영민, 「경성읍성을 중심으로 한 동북방봉수체계와 그 시설물」, 『조선고고연구』 1, 사회과학원 고고학연구소, 1992, pp.29~34.

13) 이재, 『한강 이북지역의 봉수체계에 관한 연구』, 육군사관학교 화랑대연구소, 2000.

14) 金周洪, 「京畿北部地域 烽燧의 考察」, 『南北連結道路(統一大橋~長湍間) 文化遺蹟試掘調査報告書』, 京畿道博物館 외, 2001, pp.219~239.

3. 地誌의 北韓烽燧

1)『世宗實錄』地理志

『세종실록』지리지는 단종 2년(1454) 편찬된 관찬 지지로서 세종 14년 (1432) 편찬된『新撰八道地理志』의 내용 중 그 이후에 변동된 사항만을 조금씩 고쳐『세종실록』의 편찬시 부록附錄으로 넣은 것이다. 여기에는 황해도黃海道 3부 2목 4군 6현에 38처, 평안도平安道 4부 3목 19군 6현에 113처, 함길도咸吉道 12부 1목 7군 1현에 107처 등 총 258처의 봉화烽火 및 연대烟臺에 대한 소재지, 대응노선 등이 간략하게 기록되어 있다.

한편 본서에서 주목되는 점은 황해도의 경우 38처의 봉수명칭을 봉화烽火로 획일화한 반면, 평안도는 총 113처의 봉수 중 봉화烽火 87처, 연대烟臺 26처 등으로 봉화와 연대를 명확히 구분하고 있다는 점이다. 이는 함길도의 경우도 마찬가지여서 총 107기의 봉수 중 봉화烽火 46처, 연대烟臺 61처 등으로 봉화와 연대를 명확히 구분하고 있다. 이는 이 지역이 두만강을 경계로 여진족과 대치하였던 국경지대였던만큼 연변봉수 성격의 연대가 다소 많은 편이다. 또한, 소수의 예지만 봉수명칭상 평안도平安道 의주목義州牧의 김동전동중봉화金同田洞中烽火, 함길도咸吉道 경원도호부鏡源都護府의 백안가사연대伯顏家舍烟臺·경흥도호부慶興都護府의 다농개가북산연대多弄介家北山烟臺·파태가북산연대波泰家北山烟臺는 인명人名을 봉수명칭으로 차용한 경우로서 주목된다. 여기의 인명은 추측컨대 해당 봉수를 관리하고 책임졌던 봉수별장烽燧別將이었을 것으로 여겨진다.

특히, 파주시 장단군 소재 도라산봉수道羅山烽燧가 속하는 곳으로 제3거 노선이 초기하는 곳이며, 세종대 설치한 4군 지역이 위치한 평안도平安道 지역의 봉수는 대부분 육로봉수陸路烽燧이다. 당시 숙천도호부肅川都護府의 여을외입소餘乙外立所, 정주목定州牧의 미륵당彌勒堂, 인산군麟山郡의 진병곶입소鎭兵串立所, 철산군鐵山郡의 보현점普賢岾, 곽산군郭山郡의 우리곶해망于里串海望, 수천군隨川郡의 도치곶都致串, 선천군宣川郡의 의요입소蟻腰立所 등 7처의 봉수에 대해서는 별도로 앞에 수로水路의 명기를 통해 해안과 인접하고 있었음을 알 수 있다.

이외에도 제3거 노선이 초기하는 여둔봉수餘屯烽燧가 속하였던 강계도호부江界都護府에는 봉화 6처, 세종대 설치한 4군 지역인 여연군閭延郡에는 봉화 4처, 자성군慈城郡에는 연대 7처, 무창군茂昌郡에는 연대 11처, 우예군虞芮郡에는 연대 5처 등이 대여진방어對女眞防禦를 위해 조밀하게 설치되어 있었다.

한편, 『세종실록』지리지의 발간 이전시점에 북한지역 봉수의 치폐에 관한 역사적 사실로서 세종 14년(1432) 6월 함길도 도순찰사 정흠지鄭欽之의 건의로 경원慶源·석막石幕 상원평上院平 성터 이북과 남쪽의 용성龍城에 이르는 곳에 연대煙臺 17개소를 설치하여 연화煙火를 마주보며 포성을 서로 듣게 하고 연대 한 곳마다 화통이습인火㷁肄習人 1명, 봉수군 3명을 두어 간수하게 하고 신포信砲 2~3개, 대발화大發火 4~5자루, 백대기白大旗 등의 비품을 준비해 두었다가 적변이 일어나면 낮에는 연기를 올리고 밤에는 횃불을 들며 또 신포를 쏘아 서로 호응하며 백대기를 장대에 달아 편의한 방법으로 적변을 알리게 하였다.[15] 세종 19년(1437) 2월에는 의정부의 건의로 각 도의 극변極邊 초면初面으로서 봉화가 있는 곳은 연대煙臺를 높이 쌓고 인근 백성 10인을 봉졸烽卒로 정하여, 매번每番 3인이 모두 병기를 가지고 항상 그 위에서 주야로 정찰하여 5일 만에 교대하게 하였다.[16] 또한, 동년 7월

---

15) 『世宗實錄』卷56, 14年 6月 癸巳.
16) 『世宗實錄』卷76, 19年 2月 己卯.

에는 평안도 소용괴所用怪 · 조명간趙明干 · 어괴용於怪用의 연대煙臺에 중국식 제도를 모방하여 대臺를 축조하고 대 밑에는 참호塹壕를 파서 적의 침입에 대비[17]하게 하는 등 당시 발달된 중국의 봉수제를 채용하여 봉수를 신설해 갔던 단편적인 사례를 확인 할 수 있다. 따라서 조선초기에는 일부 전시기 고려의 봉수를 답습 및 중국의 봉수제를 모방하여 신설하기도 하였다. 이는 세종 29년(1447) 3월에 드디어 연변 · 내지봉수별로 봉수축조의 형태와 규격 등을 정한 연변연대조축지식沿邊烟臺造築之式과 복리봉화배설지제腹裏烽火排設之制를 마련[18]함으로서 조선왕조의 독자적인 봉수제가 확립되기에 이르렀다.

2)『新增東國輿地勝覽』

『신증동국여지승람』은 중종 25년(1530) 6월에 이행李荇 등에 의해 이전의 『東國輿地勝覽』을 증보하여 총 55권으로 편찬된 관찬 지지이다. 여기에는 황해도黃海道 4부 2목 3군 6현에 40기, 함경도咸鏡道 14부 4군 4현에 222기, 평안도平安道 7부 3목 10군 7현에 134기 등 총 396기의 봉수에 대한 소재지, 대응노선 등이 간략하게 기록되어 있다.

여기에서 전시기 지지와 비교하여 가장 주목되는 점은 다음의 세가지로 정리할 수 있다. 첫째, 이전시기의 지지기록에 보이는 봉수성격상 연변봉수沿邊烽燧를 의미하는 연대烟臺, 내지봉수內地烽燧를 의미하는 봉화烽火 등의 명칭구분이 이때부터 봉수烽燧로 획일화되어 구분이 명확하지 않다는 점이다. 이를 통해 조선초기 4군 6진을 중심으로 신설된 봉수, 연대를 제외

---

17)『世宗實錄』卷78, 19年 7月 壬辰.
18)『世宗實錄』卷115, 29年 3月 丙寅.

하면 다분히 고려왕조의 봉수를 답습한 면이 있는데, 이때 비로서 조선의 봉수체계가 정립된 것으로 여겨진다.

둘째, 전시기와 비교하여 봉수의 신설 및 폐지가 두드러졌다. 즉, 봉수의 신설로는 함경도咸鏡道의 단천군端川郡·경성도호부鏡城都護府·길성현吉城縣·회령도호부會寧都護府, 평안도平安道의 의주목義州牧을 중심으로 다수의 봉수가 신설되었다. 그러나, 압록강鴨綠江을 경계로 청淸과 인접하고 있었던 평안도平安道 의주義州는 당시 중요한 국경요새지 답게 세조 3년(1457) 의주義州 통군정統軍亭 남쪽 40리 거리상에 있는 7기의 연대 중 적로가 멀리 떨어져 있었던 조산造山·야일포也日浦·광성연대光城烟臺 등 3기의 연대가 폐지되기도 하였다. 또한, 세조 4년(1458) 12월에는 평안平安·황해도黃海道 도체찰사都體察使 신숙주申叔舟의 계본에 의해 좌우 거리가 멀지 않은 벽동군碧潼郡의 수락연대水落烟臺 등 14기는 폐지되기도 하였다.

셋째, 봉수명칭상 입지적으로 내륙에 위치하는 경우 어미에 산山·현峴·점岾·영嶺·봉峯자가 붙거나, 해안요충지에 위치하는 경우 곶串·도島·진津·포浦·강江의 이름을 차용하는 경우가 대부분이다. 또한, 특수한 예지만 산성山城 내 소재의 봉수는 어미에 성城자 명의 봉수를 확인 할 수 있다. 그러나, 함경도咸鏡道의 삼수군三水郡 김을덕산봉수金乙德山烽燧·김용기덕봉수金龍己德烽燧, 경성도호부鏡城都護府 차덕생동중봉봉수車德生洞中峯烽燧·김득노가하중봉봉수金得老家下中峯烽燧·강가덕봉수姜加德烽燧, 길성현吉城縣 최세동봉수崔世洞烽燧·김만덕봉수金萬德烽燧, 명천현明川縣 임연세동봉수林延世洞烽燧·송치생대봉수宋致生代烽燧, 회영도호부會寧都護府 김세동봉수金世洞烽燧, 부영도호부富寧都護府 양영만동봉수梁永萬洞烽燧·최달동봉수崔達洞烽燧·임수덕봉수林秀德烽燧, 평안도平安道의 의주목義州牧 김동전동봉수金同田洞烽燧·오언대봉수吳彦代烽燧, 강계도호부江界都護府 김마흘가북봉수金磨訖家北烽燧·안흥도가북봉수安興道家北烽燧·안명수가북봉수安明守家北烽燧·김성민가북봉수金成敏家北烽燧 등 주로 함경도와 평안도의 주요 군사요충지역에 다수 인명人名의 봉수명칭이 확인되는 점이다. 이는 한반도 남부지역의 봉수에서는 유례가 없는 경우로서 주목된다.

이외에도 평안도平安道의 강계도호부江界都護府는 조선시대 봉수노선상 제3거 노선이 초기하였던 곳이다. 또한, 세종대 대여진對女眞 방어防禦를 위해 두만강변의 6진과 마찬가지로 압록강변의 요충지에 4군을 중심으로 다수의 연대가 설치되었던 곳이다. 그러나, 4군은 여진족의 계속적인 침입으로 단종 3년(1455)에 여연·무창·우예의 3군이, 세조 5년(1459)에는 자성군이 폐지되고, 주민을 모두 강계江界로 이주시킴에 따라 봉수의 대대적인 치폐가 두드러졌던 곳으로 모두 17기의 봉수가 확인된다.

한편, 『신증동국여지승람』의 발간시점인 성종대에 봉수군의 처우와 관련하여서는 성종 5년(1474) 6월 동의冬衣 129령領을 영안북도에, 50령領을 영안남도에 보내어 봉수와 척후 등의 군인에게 나누어 주었다.[19] 성종 23년(1492) 9월 우승지 조위曹偉의 건의로 납의衲衣를 만들어 연대煙臺에 척후하는 사람에게 나누어 주게 하였으며[20], 동왕 24년(1493) 4월 특진관 여자신呂自新의 건의로 함경도 지방의 연대군烟臺軍에게 납의衲衣를 만들어 지급[21]하도록 하는 등 성종대에는 봉수군의 처우에 대한 관심과 배려가 컸었다. 이어 연산군대에도 즉위 원년(1495) 11월에 변경邊境의 연대후망인烟臺候望人에게 납의衲衣를 하사하였는데, 평안도에 350벌, 영안북도에 500벌, 영안남도에 62벌이었다.

19) 『成宗實錄』卷44, 5年 6月 辛丑.
20) 『成宗實錄』卷269, 23年 9月 壬辰.
21) 『成宗實錄』卷276, 24年 4月 丁未.

3)『東國輿地志』

『동국여지지』는 효종 7년경(1656) 발간된 것으로 여겨지는 관찬 지지이다. 9권 10책으로 이루어져 있으며 편찬자는 불명이다. 여기에는 황해도黃海道 4부 2목 4군 5현에 42기, 함경도咸鏡道 14부 1목 4군 2현에 217기, 평안도平安道 7부 2목 10군 7현에 115기 등 총 374기 봉수의 소재지, 대응노선 등이 간략하게 기록되어 있다.

그 내용은 앞서 중종대 발간된『신증동국여지승람』의 내용과 큰 차이가 없으므로 언급을 생략하고자 한다.

4)『輿地圖書』

『여지도서』는 영조 33년(1757)과 동왕 34년 사이에 전국 각 읍에서 편찬한 읍지를 모아 개수하여 전全 55책으로 성책成冊한 것이다. 즉, 여지도輿地圖(각읍 지도)와 서書(각읍 읍지)로 이루어진 전국지리지全國地理誌임을 뜻한다. 여기에는 평안·황해·함경 등 3도의 각 부·목·군·현별 봉수 조에 평안도平安道 14부 2목 6군 6현에 306기, 황해도黃海道 5부 2목 4군 4현에 46기, 함경도咸鏡道 17부 2목 2군 2현에 161기 등 총 513기라는 초유의 많은 봉수가 기록되어 있다.

그러나, 46기의 봉수가 기록되어 있는 황해도 및 161기의 봉수가 기록되어 있는 함경도와 달리, 평안도 소재 각 지역별 봉수 조에 기록된 306기의 봉수를 성격별로 분류하면 봉수 90기, 연대 42기 외에 일종의 국경초소 성격의 파수把守 174기가 포함된 수치이다. 특히 강계부江界府에는 16기의 봉수 외에 126기의 많은 파수가 당시 여진족이 건국한 청淸과의 접경지역인 압록강변을 따라 극히 조밀하게 설치되어 있었다.

따라서, 국경초소 성격의 파수를 봉수로 보기 어려운 점을 감안하면 실제는『여지도서』의 편찬당시 위의 3도道에는 모두 339기의 봉수가 있었던 셈이다.

『여지도서』의 기록을 통해 전시기 문헌과 비교하여 주목되는 점은 다음의 세가지로 정리할 수 있다. 첫째, 봉수성격상 명칭의 구분을 뚜렷이 기록하여 놓았다는 점이다. 이는 당시 평안도내 각 부·목·군·현별로 봉수가 소재하는 경우 명칭상 앞의 지지에서 봉수烽燧로 획일화 한것과 달리 봉수烽燧, 연대烟臺, 봉수烽燧+연대烟臺, 봉수烽燧+파수把守, 봉수烽燧+연대烟臺+파수把守 등으로 동일지역임에도 기록상 봉수의 구분이 뚜렷한 데서 알 수 있다.

둘째, 권설간봉權設間烽의 존재를 확인 할 수 있다는 점이다. 즉, 조선시대 봉수제도상 중앙으로 통하는 직봉·간봉의 봉수노선 외에 군사적으로 중요하였던 영진營鎭에서 자체적으로 설치하여 본읍으로만 연락하도록 운영하였던 봉수인 권설간봉權設間烽이『여지도서』의 발간을 전후하여 평안도平安道 선천부宣川府 봉수烽燧의 대목산봉수大睦山烽燧, 동림봉수東林烽燧를 통해서 운용되고 있었음을 알 수 있다.

셋째, 당시 적의 침입이 예상되는 요충지였던 평안도平安道의 이산군理山郡·벽동군碧潼郡·창성부昌城府·삭주부朔州府를 중심으로 피변적로彼邊賊路를 봉수에 덧붙여 기록하고 있다.

5)『大東地志』

『大東地志』는 1864년 김정호가 편찬한 지리서로 32권 15책으로 이루어진 필사본이다. 여기에는 황해도黃海道 46기, 함경도咸鏡道 140기, 평안도平安道 37기 등 총 223기의 봉수에 대한 간략한 기록이 있다. 또한, 평안도내의 의주, 영변, 운산, 희천, 박천, 태천, 정주, 가산, 곽산, 구성, 강계, 삭주, 선천, 용천, 위원, 창성, 초산, 철산, 벽동 등 19읍의 경우 별도의 봉수에 대한 기록은 없는 대신 파수로 기록되어 있다.

여기에서 주목되는 점은 봉수를 성격에 따라 원봉, 간봉, 권설 등으로 구분한 점이다. 따라서 가장 많은 봉수기록이 있는 함경도咸鏡道 140기의 봉수를 성격에 의해 구분하면 직봉 성격의 원봉이 101기, 간봉 34기, 권설 5기이다.

6) 『增補文獻備考』

『증보문헌비고』는 1903년부터 1908년 사이에 칙명으로 발간된 백과사전 성격의 서書로서 우리나라 상고시대부터 대한제국 말기에 이르기까지의 문물·제도 등을 분류하여 정리해 놓았다. 총 16고考 250권 50책의 신활자로 간행되었다. 영조 46년(1770)에 『東國文獻備考』라는 이름으로 제1차 편찬이 있었고, 정조·순조 때 증보와 관련된 제2차 증보 사업이 있었으며, 고종·순조 때 증보와 관련된 제3차 편찬에 들어가 융희 2년인 1908년에 표제의 이름으로 완성을 본 것이다.

이 중 봉수와 관련되는 부분은 권123에서 124권의 병고兵考 봉수烽燧로 제1거에서 제5거 노선의 대응봉수노선이 상세하여 조선후기 봉수망을 추정하는데 있어 중요한 자료이다. 여기에는 북한의 봉수로서 경흥-한성간 제1거 노선에 직봉 122기, 간봉 58기, 강계-한성간 제3거 노선에 직봉 79기, 간봉 20기, 의주-한성간 제4거 노선에 직봉 71기, 간봉 21기 등에 대한 직봉과 간봉의 대응봉수체계가 명확하게 기록되어 있다.

4. 맺는말

이상으로 필자는 본고를 통해 조선시대 서북지방 제3거 노선을 중심으로 북한 내에서 이루어진 연구사 검토 및 지지地誌를 통해 정리하여 보았다. 이를 통해 얻은 결론을 정리하면 다음과 같다.

첫째, 제2장에서는 북한 봉수의 그동안 이루어진 연구사를 정리하였다. 이를 통해 조선초기의 봉수는 세종대에 4군 6진의 설치를 계기로 두만강과 압록강변에 연변봉수 성격의 연대煙臺가 다수 조밀하게 설치되었다. 그러나, 이때 설치된 연대를 제외하면 대부분 고려시대의 봉수를 이어받은 것이며, 이 일대 봉수망의 분포와 특징을 여러 가지 예시를 통해 이해하였다.

둘째, 제3장에서는 조선전 · 후기 발간의 지지를 선별하여 북한내 봉수의 지역별 분포현황과 특징 외에 역사적인 사실을 간략하나마 정리하였다. 이를 통해 북한의 봉수는 남한과 달리 인명人名을 봉수명칭으로 차용한 경우가 일부 확인되는데, 이는 해당봉수를 관리 · 감독하였던 봉수별장烽燧別將으로 추정하였다. 또한, 조선초기에는 고려의 봉수제를 차용한 것 외에 평안도 소용괴所用怪 · 조명간趙明干 · 어괴용연대於怪用煙臺의 축조 예를 통해 발달된 중국식 제도를 모방하여 연대의 축조가 이루어지기도 하였음을 소개하였다. 이외에도 중기에는 조선의 독자적인 봉수망을 확립해가는 과정에서 다수 봉수의 초축과 철폐 및 이설이 두드러졌던 사실을 확인하였다. 한편, 봉수군의 처우를 위해 성종과 연산군대에 서북과 동북지방의 봉수 · 연대군에게 동의冬衣, 납의衲衣 등이 지급되기도 하였음을 소개하였다.

끝으로 본고는 비록 실제적인 답사가 결여되어 내용의 충실을 기하지 못한 한계가 있지만 북한봉수 연구의 첫 발을 내디딘 데서 작은 의의를 갖고자 한다.

02 朝鮮後期 地方地圖의 烽燧標記

1. 머리말

조선朝鮮은 19세기부터 본격화된 서구열강의 문호개방 요구에 직면하게 되었다. 이에 쇄국정책鎖國政策으로 국권을 유지하려 하였으나, 고종高宗 3年(1866)의 병인양요丙寅洋擾, 동왕 8년(1871)의 신미양요辛未洋擾를 겪게 되었다. 조선후기朝鮮後期 지방지도地方地圖는 서양의 동점東漸에 대한 적극적인 대응, 군제軍制의 개편, 군사 시설의 확충과 경비 태세의 강화 필요성에서 제작에 착수하였다. 따라서 1871년 전국 각 군현의 읍지邑誌 편찬과 1872년 지방지도의 제작이 이루어졌다. 이는 전국 각 지역의 군사시설 및 지역에 대한 중앙의 집권력 강화 노력의 소산물이다. 기본적으로 군사적인 측면이 강조된 지도로 군현에 설치되어 있는 진보鎭堡 등 군사시설의 지도를 별도로 작성하였다. 특히, 전라도의 군현과 진보 지도는 회화적 아름다움을 지니면서도 내용이 매우 상세하다.

조선후기 지방지도에는 이전시기 발간의 『海東地圖』·『輿地圖書』와 다르게 봉수의 표기가 다양한 형태로 확인된다. 주된 표기형태는 봉수군의 생활시설인 가옥家屋, 거화시설인 연굴煙窟·연조煙竈·연대煙臺·연통煙筒, 거화모습을 표기한 불꽃·촛불, 봉수가 성곽 내에 있을 경우 성곽城郭으로 표기한 형태 등이다. 이전시기 주로 한가지 요인으로만 표현되었던 표기가 생활, 거화, 신호수단, 방호와 관련된 여러 요인들과 어울려 복합적으로 표현되어 있는 것이 특징이다. 이렇게 다양한 형태의 표기는 과거 봉수의 실체에 접근할 수 있는 단서가 된다. 반면, 봉수의 실제 형태와는 다르게 원형, 방형, 철자형凸字形 외 봉수명칭만 쓴 단순한 경우도 있다.

따라서 본 논고에서는 제2장에서 조선후기 지방지도에 표기된 각종 봉수를 기능별로 분류하여 대표적인 봉수를 중심으로 소개하고자 한다.

제3장에서는『해동지도』와『여지도서』를 통해 조선후기 봉수표기 형태를 고찰하고자 한다. 이를 통해 지도에 표기된 봉수의 형태와 실제 잔존하고 있는 관련유지의 차이점과 유사점을 상호 비교할 수 기회가 되고자 한다. 따라서 이러한 시도는 과거 봉수의 실체에 접근할 수 있는 단서가 되며, 한반도 남부와 북부지역의 봉수에 대한 이해를 도모할 수 있는 기회로 여겨진다.

2. 烽燧의 標記形態

1) 生活施設(表 1~13)

조선시대 봉수에서 교대로 번番을 서며 상주하였던 봉수군에게 생활시설은 무엇보다도 필수적인 요소였다. 따라서 조선후기 지방지도에는 대부분 가옥형家屋形으로 다양하게 표기되어 있다. 세부적으로는 가옥 단독으로 표현시 와가瓦家와 초가草家로 구분되며, 와가는 위치에 따라 산정山頂·산중山中·산하山下로 구분된다. 또한, 가옥이 여러 요인과 결합된 형태로 가옥 옆에 깃발을 표기한 가옥+깃발형, 가옥 옆에 불꽃을 표기한 가옥+불꽃형, 촛불 모양으로 형상화한 봉수 인근이나 아래에 가옥을 표기한 가옥+촛불형 등이다.

본 절에서는 가옥과 관련된 형태로 깃발·불꽃·촛불을 중심으로 살펴보고자 한다. 아울러 가옥과 같이 표현되어 있는 연굴·연조·성곽 등은 이들 요인이 봉수의 주요 거화·방호시설인 만큼 별도 표기형태로 살펴볼 것이다.

각 형태별 유형은 첫째, 가옥형으로 초가는 나주 지도진 철마산鐵馬山 요망대瞭望臺[22], 와가는 산정이 언양 부로산봉수夫老山烽燧[23], 산중은 천안 대학사봉수大鶴寺烽燧[24], 산하는 거창 금귀산봉수金貴山烽燧[25] 등이다. 가옥의 기능을 강조하여 가옥 단독으로 표현하였다. 둘째, 가옥+깃발형은 거제 가라산봉수加羅山烽燧[26]이다. 산정 소규모의 초가 좌측에 우측으로 펄럭이는 깃발을 적색으로 표현하였다. 셋째, 가옥+불꽃형은 서산 도비산봉수都飛山烽燧[27]·의성 승원산봉수繩院山烽燧[28]이다. 모두 와가로서 전자前者는 산

---

22) 지지에 기록이 없으며 군사적으로 중요하였던 해당 營·鎭에서 임시방편적으로 운영하기 위하여 설치하였던 權設烽燧이다.

23) 울산시 울주군 삼남면 교동리의 해발 391.7m인 산정에 있다. 노선과 성격상 부산 다대포진 鷹峰에서 초기하는 제2거 직봉노선의 內地烽燧이다. 대응봉수는 남으로 양산 渭川烽燧, 북으로 울산 蘇山烽燧에 응하였다.

24) 충남 천안시 풍세면 삼대리의 해발 455.5m인 大鶴山 정상에 있다. 노선과 성격상 여수 防踏鎭 突山島에서 초기하는 제5거 직봉노선의 內地烽燧이다. 대응봉수는 남으로 공주 雙嶺山烽燧, 북으로 아산 燕菴山烽燧에 응하였다.

25) 경남 거창군 거창읍 양평리 당동의 해발 836.4m인 金貴山 정상에 있다. 노선과 성격상 남해 錦山에서 초기하는 제2거 간봉(9)노선의 內地烽燧이다. 대응봉수는 남으로 합천 所峴山烽燧, 북으로 거창 渠末屹山烽燧에 응하였다.

26) 경남 거제시 남부면 다대리의 해발 585m인 加羅山 정상에 있다. 노선과 성격상 제2거 간봉(2)노선이 초기하는 沿邊烽燧로서 서쪽으로 彌勒山烽燧에 응하였다.

27) 충남 서산시 부석면 산동리와 지산리 경계의 해발 351.6m인 都飛山 정상에 있다. 노선과 성격상 옥구 花山에서 초기하는 제5거 간봉(2)노선의 沿邊烽燧이다. 대응봉수는 동남쪽으로 홍성 高丘烽燧, 서북쪽으로 태안 白華山烽燧에 응하였다.

28) 경북 의성군 금성면 청로리 원골의 해발 164.6m인 산봉우리에 있다. 노선과 성격상 부산 다대포 鷹峰에서 초기하는 제2거 직봉노선의 內地烽燧이다. 대응봉수는 남으로 義興縣 繩木山烽燧, 북으로 大也谷烽燧에 응하였다.

정에 가옥과 좌측에 뾰족하고 길쭉한 삼각형태로 적색의 불꽃이 피어오르는 모습을 작게 표현하였다. 후자後者는 산봉우리 정상 가옥 좌측에 적색 불꽃이 길게 피어오르는 모습을 선명하게 표현하였다. 넷째, 가옥+촛불형은 초가가 광양 건대산봉수件對山烽燧[29]·영암 추자도 달마산봉수達摩山烽燧[30]·임치진 옹산봉수瓮山烽燧[31]·진도 첨찰산봉수尖察山烽燧[32] 등이며, 와가는 강진 좌곡산봉수佐谷山烽燧[33]·의흥 보지현봉수甫只峴烽燧 등이다. 먼저 초가는 위치가 산정의 옹산봉수와 산중의 건대산·달마산·첨찰산봉수로 구분된다. 이중 건대산봉수는 정면 2칸, 측면 1칸 규모의 초가 상부에 "烽臺直家"라 묵서된 유일한 사례이다. 따라서 건대산봉수의 사례를 통해 당시 봉수에는 봉수군이 교대로 番을 서는 도중 풍우風雨를 피하고 생활生活을 하였던 가옥이 있었음을 알 수 있다. 촛불의 표현에 있어 건대산봉수는 붓과 같은 모양이며, 달마산봉수는 촛대에서 불꽃이 여러 갈래로 찢어져서 타 오르는 모습이다. 이외에 옹산·첨찰산 두 봉수는 불꽃을 한 갈래의 적색으로 표현하였다. 다음 와가는 위치가 모두 산정이며 의흥

---

29) 전남 광양시 골약동과 광양읍 경계의 해발 472.7m인 件對山 정상에 있는 제5거 간봉(1) 노선의 沿邊烽燧이다. 대응봉수는 남으로 여수 進禮山烽燧, 서로 여수 城隍堂烽燧에 응하였다.

30) 전남 해남군 송지면 서정리의 해발 485m인 達磨山 정상에 있다. 노선과 성격상 여수 防踏鎭 突山島에서 초기하는 제5거 직봉노선의 沿邊烽燧이다. 대응봉수는 동으로 莞島烽燧, 서로 해남 館頭山烽燧에 응하였다.

31) 전남 무안군 현경면 용천리의 해발 82m인 烽臺山 정상에 있다. 노선과 성격상 여수 防踏鎭 突山島에서 초기하는 제5거 직봉노선의 沿邊烽燧이다. 대응봉수는 남으로 高林山烽燧, 서남으로 海際烽燧에 응했다.

32) 전남 진도군 고군면 고성리와 의신면 사천리 경계의 해발 485.2m인 산정에 있다. 노선과 성격상 여수 防踏鎭 突山島에서 초기하는 제5거 직봉노선의 沿邊烽燧이다. 대응봉수는 남으로 女貴山烽燧, 북으로 黃原城烽燧에 응하였다.

33) 전남 해남군 북일면 내동리의 해발 101m인 봉대산 정상에 있다. 노선과 성격상 여수 防踏鎭 突山島에서 초기하는 제5거 직봉노선의 沿邊烽燧이다. 대응봉수는 동으로 강진 垣浦烽燧, 해남 莞島烽燧에 응하였다.

보지현봉수甫只峴烽燧는 가옥 우측의 촛불 모양에 심지까지 사실적으로 표현되어 있다.

2) 炬火施設(表 14~32)

거화시설은 봉수 본래의 기능과 역할을 하기 위한 가장 핵심적인 요소이다. 따라서 조선후기 지방지도에는 연굴煙窟 · 연조煙竈 · 연대煙臺 등으로 표기되어 있다. 차례대로 살펴보면 첫째, 연굴煙窟(表 14~15)은 조선후기 지방지도에서 처음으로 확인되는데 연조와 동일한 기능 및 역할을 하였으나, 표기방식은 차이가 있다. 확인예가 소수이며 사례는 북한의 평안도 서성진西城鎭 약산봉수藥山烽燧, 함경도 고원군 웅망산봉수熊望山烽燧[34] 등이다. 전자前者는 연굴+불꽃형으로 평안도 서성진 약산성藥山城 내 서장대西將臺 우측에 토만두土饅頭 형태의 연굴 5기와 적색의 불꽃모양이 표현되어 있다. 아울러 연굴 상부에 종으로 "烟窟五" 및 불꽃 모양 우측에 종으로 "藥山烽燧"라 썼다. 후자後者는 연굴+가옥형으로 정면 2칸, 측면 1칸의 와가 아래에 원형의 작은 연굴 5기가 표현되어 있다. 가옥과 연굴 우측에는 종으로 "烽臺"라 썼다.

둘째, 연조煙竈[表 16~21]는 조선시대 봉수제가 운영되던 당시 육지 내륙의 내지봉수內地烽燧에서 횃불과 연기를 이용하여 상시적으로 1거를 하던 거화시설이다. 이전시기 발간의 고지도에서 봉수 표기의 한 유형으로 표현되었던 방식이다. 조선후기 지방지도에는 연조 단독 혹은 가옥 · 성곽 · 불꽃 등의 여러 요인이 다양하게 결합된 채 표현되어 있다. 표현시 내지 ·

---

34) 慶興 西水羅 牛巖에서 초기하는 제1거 직봉노선의 봉수이다. 대응봉수는 북으로 城隍峙 烽燧, 남으로 天佛山烽燧에 응하였다.

연변봉수의 구분 없이 모두 연조형으로 표기되어 있다. 각 형태별로 소개하면 연조만 표현한 형태로 청도 남봉수南烽燧[35] · 함경도 함흥부 집삼봉執三烽[36] · 창령봉倉嶺烽 · 초고대봉草古坮烽 등이다. 전자前者는 방호벽으로 여겨지는 대 위에 방형으로 5기의 연조를 표기 하였다. 다음 함경도 함흥부 소속의 후자後者는 읍치의 배후 순릉純陵이 위치한 북쪽 산 능선에 백색으로 모두 5기씩의 연조를 길쭉한 작대기 모양으로 표현하였다. 다음 연조+가옥형은 서천 운은산봉수雲銀山烽燧[37] · 함경도 문천군 천불산봉수天佛山烽燧[38] 등이다. 전자前者는 해발고도가 높게 표현된 산정의 와가 좌측에 연조 5기를 작게 표현하였다. 실제 위치와 잔존 형태를 비교하면 봉수는 연변봉수로서 해발고도가 높지 않은 곳에 있으며 연조 5기는 남아 있지 않다. 그러므로 사실과 다르게 표현된 사례로 볼 수 있다. 후자後者는 산정에 5기의 연조와 산 중턱에 초가를 표현하였다. 마지막으로 연조+불꽃형은 함경도 종성부 동북潼北[39] · 보청포봉수甫青浦烽燧[40] · 경흥부 우암봉수牛巖烽燧[41]

---

35) 경북 청도군 화양읍 범곡리와 청도읍 원리 경계 해발 804m의 남산 봉우리에 있다. 노선과 성격상 부산 天城堡에서 초기하는 제2거 간봉(8)노선의 內地烽燧이다. 대응봉수는 남으로 밀양 盆項烽燧, 북으로 청도 北山烽燧에 응하였다.

36) 慶興 西水羅 牛巖에서 초기하는 제1거 직봉노선의 봉수이다. 초축시기는 『輿地圖書』의 발간을 전후하여 신설되었다. 대응봉수는 북으로 洪原 南山烽燧, 서로 倉嶺烽燧에 응하였으며 烽武士 100명이 輪番守直하였다. 『增補文獻備考』에는 藁三仇昧 명칭으로 표기되어 있다.

37) 충남 서천군 마서면 봉남리와 남산리 경계의 해발 146.9m인 南山의 서쪽 봉우리 烽火山 정상부에 있다. 노선과 성격상 옥구 花山에서 초기하는 제5거 간봉(2)노선의 沿邊烽燧이다. 대응봉수는 남쪽의 옥구 占方山烽燧, 북쪽의 서천 漆枝山烽燧에 응하였다.

38) 함경남도 문천시와 천내군 경계의 天佛山에 있다. 노선과 성격상 慶興 西水羅 牛巖에서 초기하는 제1거 직봉노선의 봉수이다. 대응봉수는 조선전기에 북으로 高原 熊望山, 남으로 宜川 戌岾에 응하였다. 중기에는 북으로 고원군 웅망산, 남으로 德源府 楡峴에 응하였다. 조선후기에는 북으로 고원 웅망산봉수, 남으로 덕원 蘇達山烽燧에 응하였다.

39) 慶興 西水羅 牛巖에서 초기하는 제1거 직봉노선의 봉수이다. 대응봉수는 潼關鎭 甫清浦 烽燧, 長城門烽燧에 응하였다.

등이다. 표현에 있어 함경도 종성부 소속의 봉수는 가장 앞에 1기의 연조를 적색으로 크게 표현 후 그 뒤에 작게 4기의 연조를 표기하였다. 다음 경흥부 우암봉수 역시 종성부 소속 봉수와 동일한 표현이다. 조선시대 제1거 직봉노선의 초기 연변봉수인 만큼 주변 러시아와 국경을 마주 보고 있는 강변으로 다수의 파수把守가 배치되어 있다.

셋째, 연대煙臺(表 22~32)는 조선시대 봉수제가 운영되던 당시 변경이나 해안 연변봉수沿邊烽燧에서 횃불과 연기를 이용하여 상시적으로 1거를 하던 거화시설이다. 높이 3m 내외의 토축, 석축 혹은 토+석 혼축의 인공적인 시설물로 연변봉수 그 자체를 의미한다. 아울러 연대 상부 중앙에는 원형 혹은 방형의 연소실燃燒室이 마련되어 있다. 따라서 조선후기 지방지도에 연대형으로 표현된 봉수는 모두 연변봉수라는 공통점이 있다. 연대형 표기의 사례는 순수하게 연대煙臺만 표기하거나 연대 상부 중앙부에 연통을 마련한 연대+연통형, 연대 상부에서 불꽃이 피어 오르는 모습을 표현한 연대+불꽃형, 성곽처럼 표현한 연대 상부에서 촛불이 피어오르는 모습을 표기한 연대+촛불형의 네가지 형태이다. 각 형태별로 소개하면 연대 단독형은 양양 초진산봉수草津山烽燧[42] · 강화 진강산봉수鎭江山烽燧[43] · 기장 아소봉수阿尓烽燧[44] · 영종 백운산봉수白雲山烽燧[45] 등이다. 이중 초진산 · 진강

---

40) 慶興 西水羅 牛巖에서 초기하는 제1거 직봉노선의 봉수이다. 대응봉수는 온성 永達堡 小童建烽燧, 潼關鎭 北峰烽燧에 응했다.

41) 조선시대 제1거 직봉노선의 초기 沿邊烽燧이며 造山鎭 南山烽燧에 응하였다.

42) 강원도 양양군 현북면 하광정리의 河趙臺가 봉수터이다. 대응봉수는 남으로 陽野山烽燧, 북으로 水山烽燧에 응하였다.

43) 인천광역시 강화군 양도면 삼흥리의 해발 443.1m인 鎭江山 정상에 있다. 노선과 성격상 여수 防踏鎭 突山島에서 초기하는 제5거 직봉노선의 沿邊烽燧이다. 대응봉수는 동으로 大母城山烽燧, 서로 望山烽燧에 응하였다.

44) 부산광역시 기장군 장안읍 효암리의 해발 129.2m인 烽台山 정상부에 있다. 노선과 성격상 부산 干飛烏에서 초기하는 제2거 간봉(1)노선의 沿邊烽燧이다. 대응봉수는 남쪽의 부산 南山烽燧, 북쪽의 울산 爾吉烽燧에 응하였다.

산봉수는 해안과 산정에 모두 원통형으로 연대를 표기하였다. 다음 영종 백운산봉수는 산 능선에 3기의 연대를 표기하였는데, 고지도의 표현형태 와 실제 잔존 유지의 수량 및 형태가 동일한 경우이다. 다음 연대+연통형 은 교동부 화개산봉수華蓋山烽燧 · 장흥부 억불산봉수億佛山烽燧[46] · 보성군 정흥산봉수正興山烽燧 등이다. 이중 교동 화개산봉수는 산정의 석축 연대 상 부에 2단의 길쭉한 연통시설煙筒施設을 사실적으로 표기하였다. 따라서 실 제 연대 상부에는 거화시 연기가 바람에 흐트러지는 것을 방지하기 위한 연통시설이 있었던 것으로 보인다. 장흥 억불산봉수는 산정 2단으로 설치 한 연대 상부의 연통에서 불이 피어오르는 모습을 적색으로 표기하였다. 보성 전일산봉수는 억불산봉수와 표현이 유사하나 연대 하부 중앙에 방형 의 화구시설火口施設을 표현한 차이가 있다. 따라서 연대 하부의 방형 화구 에서 거화를 하였을 것으로 추정되는 좋은 자료이다. 마지막으로 연대+불 꽃형은 녹도진 장기산봉수帳機山烽燧[47] · 평안도 신도진봉수薪島鎭烽燧 등이 다. 모두 회화식繪畫式으로 산정과 해안에 설치되어 있던 연대에서 피어오 르는 불꽃을 단순하게 표기하였다. 넷째, 연대+촛불형은 황해도 서흥부 소이진 소마산봉수所亇山烽燧[48] · 황해도 해주 용매진 연평봉수延坪烽燧[49] 등

45) 인천광역시 중구 영종면 운남동 · 운서동 일원의 해발 255.5m인 백운산 정상에 3기의 煙 臺가 있다. 조선 全 시기 발간된 각종 地誌書에 기록이 없는 대신 1872년 제작의 永宗防 禦營『永宗地圖』(奎 10347)에 비로소 보인다. 여기에는 瞿曇寺 뒤의 높다란 산 봉우리에 白雲山烽臺 명칭으로 3기의 연대시설이 뚜렷하게 채색되어 있다. 19세기 말을 전후하여 홍선대원군의 鎖國政策 강화에 따라 연대를 설치한 권설봉수이다.

46) 전남 장흥군 장흥읍 우목리의 해발 518.2m인 억불산 정상에 있다. 노선과 성격상 제5거 간봉(1)노선의 沿邊烽燧이다. 대응봉수는 시대에 따라 다소 차이가 있지만 최종 동쪽의 全日山烽燧, 북쪽의 강진 修仁山烽燧에 응하였다.

47) 전남 고흥군 도양읍 용정리의 해발 226.8m인 장계산 정상에 있다. 노선과 성격상 여수 防 踏鎭 突山島에서 초기하는 제5거 직봉노선의 沿邊烽燧이다. 대응봉수는 동쪽의 天燈山 烽燧, 북쪽의 보성 正興寺烽燧에 응하였다.

地誌와 古地圖로 본
北韓의 烽燧

이다. 전자前者는 산중의 방형 연대 위에 높이가 낮은 촛불 표기를 통해 거화모습을 표현하였다. 후자後者는 용매진이 위치한 연평도延坪島 내에 전자와 유사한 형태로 표기되어 있다. 다만 연대 상부에 표기한 촛불 모습의 촛대 길이와 화연을 길쭉하게 한 차이가 있다.

3) 防護施設(表 33~37)

  방호시설은 내지·연변봉수에서 외적外賊과 악수惡獸로부터 봉수군과 봉수를 보호하기 위한 시설로서 방호벽防護壁·호壕 등이다. 조선후기 지방지도에는 방호벽이나 호 대신 봉수가 위치한 곳이 성곽 내일 경우 산정이나 사면에 성곽형城郭形으로 표기되어 있다. 위 생활시설의 가옥형과 마찬가지로 성곽형에는 연조·가옥·불꽃·촛불 등의 여러 요인이 다양하게 결합된 채 표현되어 있다.

  각 형태별로 소개하면 첫째, 성곽+가옥형은 노성현 노성산봉수魯城山烽燧[50]인데, 산하에 성곽과 산중에 가옥을 표기하였다. 둘째, 성곽+연조형은

---

48) 江界 餘屯臺에서 초기하는 제3거 직봉노선의 沿邊烽燧이다. 봉수명칭과 대응봉수는 조선전기에 所乙麼山烽火 명칭으로 북으로 鳳山 巾之山烽燧, 남으로 本府의 回山烽燧에 응하였다. 조선후기에는 所卞山烽臺 명칭으로 烽燧監官 3명, 烽燧軍戶保 100명이 배속되어 있었다. 『增補文獻備考』에 소변산이 『輿覽』에는 소을마산으로 되어 있고, 『備局謄錄』에는 所亇山으로 되어 있다고 하였다.

49) 서해안 경기만에 소재하는 다수 列島 중 하나인 延坪島에 있다. 노선과 성격상 義州 古靜州에서 초기하는 제4거 직봉노선의 沿邊烽燧이다. 봉수의 초축 시기는 『輿地圖書』의 발간을 전후한 조선후기이다. 대응봉수는 북으로 睡鴨烽燧, 동으로 龍媒烽燧에 응하였다.

50) 충남 논산시 노성면 송당리의 해발 348m인 노성산 정상부의 將臺址에서 남쪽으로 35m 떨어진 동벽 가까이에 있다. 노선과 성격상 여수 防踏鎭 突山島에서 초기하는 제5거 직봉노선의 沿邊烽燧이다. 대응봉수는 남으로 논산 皇華臺烽燧, 북으로 공주 月城山烽燧에 응하였다.

수원부 화성봉돈華城烽墩[51) · 김해부 분산성봉수盆山城烽燧[52) 등이다. 전자前者는 조선후기 전축甎築의 초축연도가 확실한 봉수로서 고지도의 표기형태와 잔존 모습이 사실적이다. 또한, 5기 연조 중 중간 연조에서 적색의 불꽃이 피어오르는 표현을 통해 평화시 매일 올리던 1거의 거화는 중간 3연조에서 하였음을 보여주는 중요한 자료이다. 후자後者는 분산성 내에 봉수를 상징하는 5기의 연조를 표기하였다. 셋째, 성곽+가옥+불꽃형은 옥구현 화산봉수花山烽燧[53) · 율포진 가라산봉수加羅山烽燧 등이다. 전자前者는 산하에 원형의 성곽 표기 후 산중에 와가와 산정에 적색으로 불꽃 표기를 하였다. 아울러 좌측으로 명칭과 대응노선의 봉수를 썼다. 후자後者는 산정으로 둥글게 원형의 성곽과 불꽃 표기 후 산중 가운데에 와가를 표기하였다. 아울러 우측에 종으로 명칭과 거리를 묵서하였다. 한편 동일시기에 작성된 경상도 거제부 지도에는 가옥+깃발[旗]형으로 표기상 차이가 있다.

4) 其他形態

봉수의 표기형태로서 위에서 소개한 생활 · 거화 · 방호시설과는 다른 기타의 표기형태가 있다. 이를 소개하면 첫째, 불꽃형(表 38)은 봉수의 실제 거화모습을 적색의 불꽃으로 상징화한 표기형태이다. 불꽃 단독으로 표

---

51) 경기도 수원시 팔달구 남수동 수원성곽 내 팔달문과 창룡문 사이에 위치하고 있다. 초축 연도는 조선후기 정조 20년(1796)이다. 대응봉수는 서남쪽으로 화성 乾達山烽燧, 동으로 용인 石城山烽燧에 응하였다.
52) 경남 김해시 어방동 盆山城내에 있다. 노선과 성격상 부산 天城堡에서 초기하는 제2거 간봉(8)노선의 沿邊烽燧이다. 대응봉수는 부산 省火也, 김해 子菴烽燧에 응하였다.
53) 전북 군산시 옥서면 군산비행장 내 해발 50.9m인 화산 정상에 있는 沿邊烽燧이다. 조선시대 제5거 간봉(2)노선의 초기 봉수이며 서천 雲銀山烽燧에 응하였다.

현되기도 하지만, 가옥·성곽·연굴·연조·연대 등의 여러 요인과 결합된 채 다양하게 표현되어 있다. 표현시에는 불꽃을 두텁게 하거나, 가느다랗게 한 줄로 표기하는 등의 차이가 있다. 둘째, 촛불형(表 39~41)은 이전시기 발간의 고지도에서도 봉수 표기의 한 방법으로 내지·연변봉수에 공통적으로 표기된 사례이다. 앞의 불꽃형과 마찬가지로 봉수의 실제 거화모습을 촛불형태로 상징화한 표기형태이다. 촛불 단독형으로 표현되기도 하지만, 여러 요인과 결합된 채 표현되어 있다. 촛불 단독형 표기의 사례는 경기도 장단부 도라산봉수都羅山烽燧[54]·평안도 증산현 봉수[55]·함경도 무산 현서峴西[56]·쟁현봉수錚峴烽燧[57] 등이다. 이중 장단부와 증산현 소속의 봉수는 산정과 해안가의 절벽에 굵고 뚜렷한 촛불 형태로 봉수를 표현하였다. 반면, 함경도 무산현 소속의 봉수는 두만강변 해발고도가 높은 산정에 가느다랗고 짧은 촛불형태를 표기하였다. 셋째, 원형圓形(表 42)은 봉수가 위치하는 산정을 원형으로 단순하게 표기한 형태이다. 따라서 봉수의 실제적인 모습을 알 수 없으며 위치만 알 수 있는 표현 형태이다. 이 형태의 사례는 인천부 문학산봉수文鶴山烽燧로 원형으로 표기한 산정 좌측에 "文鶴山" 및 상부에 "烽臺"라 쓰여 있다. 넷째, 방형方形(表 43)은 봉수가 위치하는 산정을 방형으로 단순하게 표기한 형태이다. 이 형태의 사례는 계립령鷄立嶺로의 영동현 마골봉수麻骨烽燧[58]이다. 방형으로 붉게 표기한 산정

---

54) 경기도 파주시 장단면 도라산리의 해발 167m인 都羅山 정상에 있다. 노선과 성격상 강계 餘屯臺에서 초기하는 제3거 직봉노선의 內地烽燧이다. 대응봉수는 시기별로 변동이 심하였으나 최종 서로 개성 松嶽烽燧, 동으로 파주 大山烽燧에 응하였다.

55) 조선후기 함경도 증산현에는 炭串立所·兎山·西山등 3기의 烽燧가 있었으나, 명칭의 미 표기로 인해 고지도에 표기된 봉수 원래의 명칭은 미상이다.

56) 제1거 간봉(2)노선의 봉수로서 梁永堡에 속하였다. 대응봉수는 남으로 錚峴烽, 북으로 大巖烽에 응하였다. 會寧 雲頭峰에 집결하였다.

57) 1거 간봉(2)노선의 봉수로서 梁永堡에 속하였다. 대응봉수는 남으로 南嶺烽, 북으로 西峴烽에 응하였다. 會寧 雲頭峰에 집결하였다.

상부에 "麻骨烽"이라 쓰여 있다. 다섯째, 철형凸形(表 44)은 산정에 철자형凸字形으로 단순하게 표기한 형태이다. 표현상 연변봉수로서 연대와 상부의 거화를 위한 연통시설을 형상화한 형태로 여겨진다. 이전시기 발간의 『여지도서』에서도 봉수 표현의 한 형태로 쓰인 표기형태이다. 이 형태의 사례는 홍양현 여도진呂島鎭 요망대瞭望臺이다. 산정에 붉게 凸자형으로 표기 및 상부에 "瞭望臺"라 쓰여 있다. 마지막으로 어떤 특정한 형태의 표현이 없이 단순히 봉수가 위치하였던 산정에 봉수명칭烽燧名稱만 쓴 사례이다(表 45). 따라서 봉수의 실제적인 모습을 알 수 없으며 위치만 알 수 있는 표기형태이다. 이 표기의 사례는 태안 백화산봉수白華山烽燧[59]로 봉수가 위치한 산정 사면으로 엇비슷하게 "烽火臺"라 썼다.

표 1 _ 朝鮮後期 地方地圖의 烽燧標記形態

1. 家屋形(草家)	2. 家屋形(瓦家-山頂)①
전라도 나주 지도진	경상도 언양현

---

58) 충북 충주시 상모면 사문리와 미륵리 경계의 지릅재 남쪽 해발 640m의 산봉우리에 있다. 노선과 성격상 거제 加羅山烽燧에서 초기하는 제2거 간봉(2)노선의 內地烽燧이다. 대응봉수는 동쪽의 문경 炭項烽燧, 서쪽의 충주 周井山烽燧에 응하였다.

59) 충남 태안군 태안읍 동문리의 해발 284.1m인 백화산 정상에 있다. 노선과 성격상 옥구 花山에서 초기하는 제5거 간봉(2)노선의 沿邊烽燧이다. 대응봉수는 동으로 서산 北山烽燧, 남으로 都飛山烽燧에 응하였다.

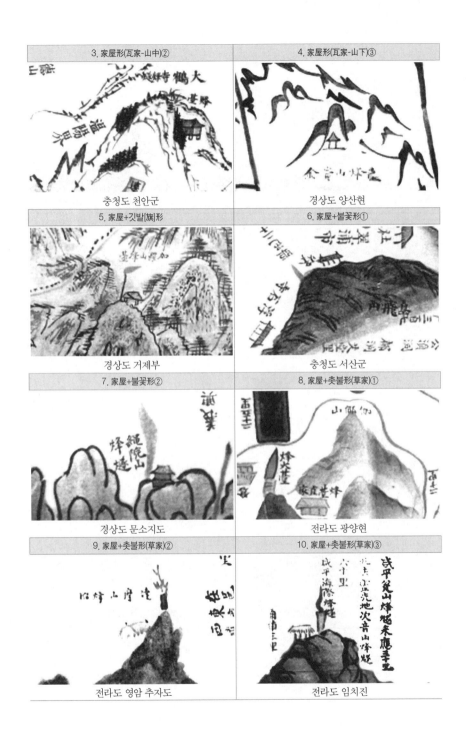

3. 家屋形(瓦家-山中)②	4. 家屋形(瓦家-山下)③
충청도 천안군	경상도 양산현
5. 家屋+깃발[旗]形	6. 家屋+불꽃形①
경상도 거제부	충청도 서산군
7. 家屋+불꽃形②	8. 家屋+촛불形(草家)①
경상도 문소지도	전라도 광양현
9. 家屋+촛불形(草家)②	10. 家屋+촛불形(草家)③
전라도 영암 추자도	전라도 임치진

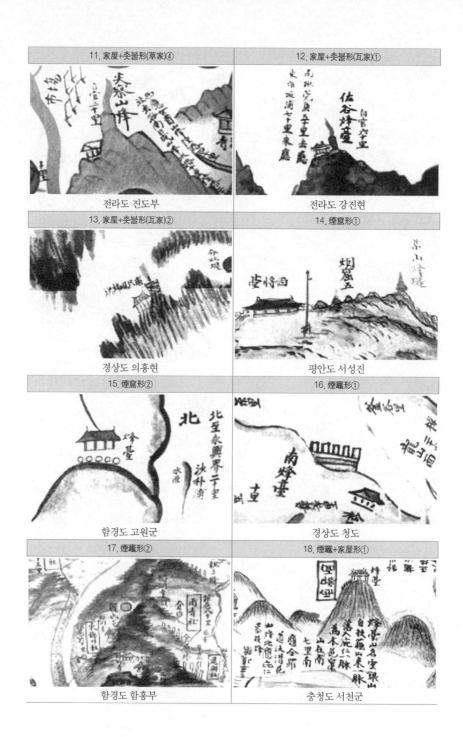

11. 家屋+촛불形(草家)④	12. 家屋+촛불形(瓦家)①
전라도 진도부	전라도 강진현
13. 家屋+촛불形(瓦家)②	14. 煙窟形①
경상도 의흥현	평안도 서성진
15. 煙窟形②	16. 煙竈形①
함경도 고원군	경상도 청도
17. 煙竈形②	18. 煙竈+家屋形①
함경도 함흥부	충청도 서천군

19. 煙竈+家屋形②	20. 煙竈+불꽃形①
함경도 문천군	함경도 종성부
21. 煙竈+불꽃形②	22. 煙臺形①
함경도 경흥부	강원도 양양읍
23. 煙臺形②	24. 煙臺形③
경기도 강화부	경상도 기장
25. 煙臺形④	26. 煙臺+煙筒形①
경기도 영종	경기도 교동부

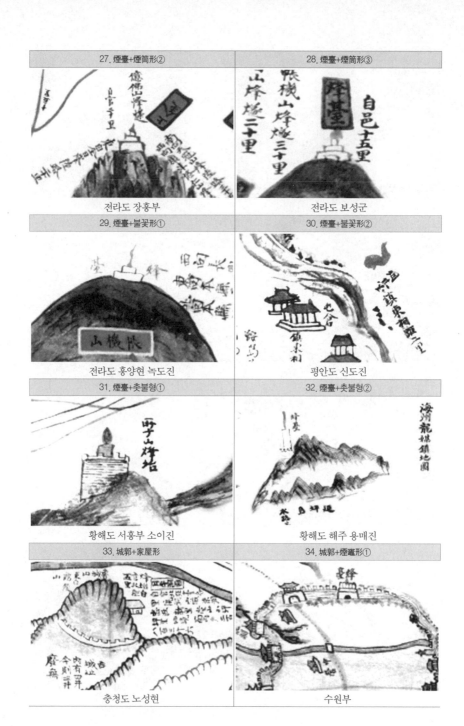

27. 煙臺+煙筒形②	28. 煙臺+煙筒形③
전라도 장흥부	전라도 보성군
29. 煙臺+불꽃形①	30. 煙臺+불꽃形②
전라도 흥양현 녹도진	평안도 신도진
31. 煙臺+촛불형①	32. 煙臺+촛불형②
황해도 서흥부 소이진	황해도 해주 용매진
33. 城郭+家屋形	34. 城郭+煙竈形①
충청도 노성현	수원부

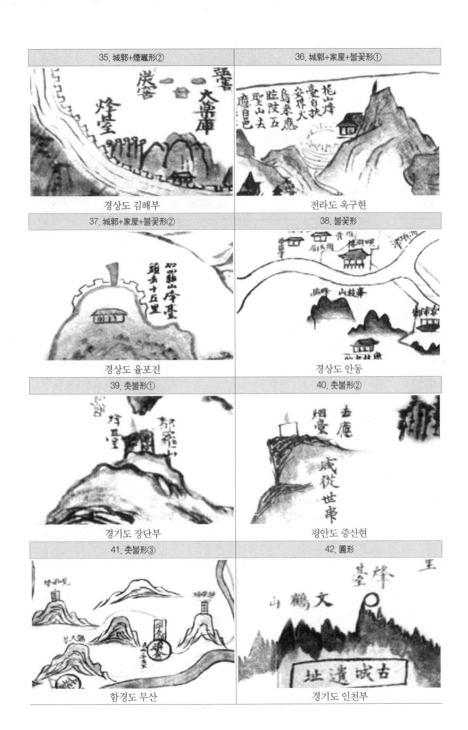

35. 城郭+煙竈形②	36. 城郭+家屋+불꽃形①
경상도 김해부	전라도 옥구현
37. 城郭+家屋+불꽃形②	38. 불꽃形
경상도 율포진	경상도 안동
39. 촛불形①	40. 촛불形②
경기도 장단부	평안도 증산현
41. 촛불形③	42. 圓形
함경도 무산	경기도 인천부

43. 方形	44. 凸形
경상도 김해부	전라도 옥구현
45. 봉수명 묵서	
충청도 태안	

3. 烽燧標記 形態의 考察

조선후기朝鮮後期 지방지도地方地圖는 19세기 서양의 동점東漸에 대한 조선 왕조 집권력 강화 노력의 일환으로 고종高宗 9年(1872) 완성되었다. 여기에 는 봉수의 표기를 총 11가지 23형태로 다양하게 표현하였다. 이렇듯 용도 별로 다양하게 표기된 형태는 과거 봉수제가 운영되던 당시 봉수군烽燧軍 의 생활生活, 봉수烽燧의 거화炬火 및 방호시설防護施設 등 운용과 구조·형태 에 대한 실제적인 자료를 제공해 준다. 이외에 불꽃·촛불·원형·방형 등으로 표기된 기타형태其他形態는 봉수의 대응관계·위치·형태 등을 함 축적으로 표기한 것이다.

봉수의 표기상 이전시기 발간의『海東地圖』와『輿地圖書』에 비해 다양성을 띠는 만큼 신유형의 표기형태도 확인된다. 그러나, 이전시기에 주로 쓰이던 표기형태가 이때에 이르러서는 확인되지 않는 경우도 있다. 따라서 본 장에서는 해동지도와 여지도서를 통해 조선후기 봉수표기 형태의 고찰을 시도해보고자 한다.

1)『海東地圖』

『해동지도』는 370종의 지도를 8첩에 수록한 군현지도집이다. 도별로 작성된 원본을 일차 정서한 지도로 보이며 전체 지도가 공통점을 가지고 있으면서도, 채색과 산지의 표현 등 지도를 그린 기법, 주기의 내용과 형식 등을 볼 때 도별로 다르다. 아울러 제작 시기나 제작 과정, 제작자 등이 명시되어 있지 않으나 개략 18세기 중엽에 편찬된 것으로 여겨진다.[60]

여기에는 경기・충청・경상・전라・황해・강원・함경・평안도 등 8도의 각 군・현별로 600기가 넘는 봉수烽燧가 봉대烽臺・연대煙臺 명칭으로 표기되어 있다. 표기형태는 가옥家屋・연대煙臺・깃발[旗]・성곽城郭・촛불과 봉수가 위치한 산정에 봉수명만 묵서한 총 6가지 10형태이다. 이는 지도를 제작한 화공마다 봉수의 표현시 가장 일반적이고 특징적인 속성을 단순화시켜 표현했기 때문이다. 이중 가옥・성곽형은 드물게 확인되며, 깃발・연대・촛불형이 대부분이다. 세부적으로 가옥형은 가옥만 표기한 형태와 깃발을 첨가한 가옥+깃발형으로 구분된다. 성곽・연대형의 경우

---

60) 楊普景,「郡縣地圖의 발달과『海東地圖』」,『海東地圖』解說・索引, 서울大學校 奎章閣, 1995, pp.68~70.

도 가옥형과 마찬가지 사례로 표기되어 있다.

따라서 다음의 [表 2]는 조선후기 지방지도를 포함한 이전 시기 발간의 고지도와 지지서의 봉수표기 형태를 표로 작성한 것이다. 표를 검토하면 『해동지도』에는 생활시설인 가옥, 거화시설인 연대, 신호전달 수단의 깃발, 방호시설인 성곽, 거화모습을 표기한 촛불, 명칭만을 표기한 묵서 등 총 6가지의 단순한 형태이다. 또한 관련있는 여러 요인들이 복합적으로 표기됨으로서 총 10가지의 세부형태로 구분된다. 아울러 연대+깃발·성곽+깃발·성곽+연대 등의 세 형태는 『해동지도』에서만 찾아볼 수 있는 표기사례이다. 이중 깃발은 표기상 봉수가 위치하는 산정에 적색의 깃발이 꽂혀 있는 형태이다. 『해동지도』에 봉수를 상징하는 특징적인 형태로 다수 표기된 깃발은 조선 전 시기에 걸쳐 봉수의 주요 신호전달비품信號傳達備品으로 규정되어 필수적으로 갖추고 있었던 비품이다. 조선후기 발간의 지지서에는 백기白旗[61]·대기大旗[62]·대백기大白旗[63]·상방고초기上方高超旗[64]·오색표기五色表旗[65]·오방신기五方神旗[66] 등의 각종 깃발이 1면面에서 5면面씩 기록되어 있다. 역사적歷史的으로 깃발은 조선전기인 세종世宗 14년(1432) 6월 북방여진의 방어책으로 함길도 도순찰사 정흠지鄭欽之의 건의에 의해 채택되었다. 경원慶源·석막石幕 상원평上院平 성터 이북과 남쪽의 용성龍城에 이르는 곳에 연대煙臺 17개소를 설치하여 연화煙火를 마주보며 포성을 서로 듣게 하고 연대 한 곳마다 화통이습인火㷁肄習人 1명, 봉수군

61) 『輿地圖書』下(補遺), 慶尙道 梁山郡邑誌 烽燧 渭川烽燧의 白旗 1面.
62) 『輿地圖書』下(補遺), 慶尙道 三嘉縣邑誌 烽燧 金城烽燧의 大旗 1面.
63) 『獻山誌』「彦陽本縣誌」 烽燧汏物 夫老山烽燧의 大白旗 1面 및 『慶尙道邑誌』第8冊, 「金山邑誌 烽燧條 高城山·所山烽燧의 白大旗 1面.
64) 『南木烽燧別將書目』南木烽燧의 白大旗 1面, 上方高超旗 5面.
65) 『輿地圖書』下(補遺), 慶尙道 梁山郡邑誌 烽燧 渭川烽燧의 五色表旗 5面 및 『獻山誌』「彦陽本縣誌」 烽燧汏物 夫老山烽燧의 五色表旗 5面.
66) 『湖南邑誌』第10冊, 「靈巖郡邑誌」 軍器條 烽臺軍器의 達摩山烽燧 五方神旗 5面.

3명을 두어 간수하게 하고 신포信砲 2~3개, 대발화大發火 4~5자루, 백대기白大旗 등의 비품을 준비해 두었다가 적변이 일어나면 낮에는 연기를 올리고 밤에는 횃불을 들며 또 신포를 쏘아 서로 호응하며 백대기를 장대에 달아 편의한 방법으로 적변을 알리게 하였다[67]는 기록을 통해 일찍부터 신호전달의 보조수단으로 비치 및 사용되었다. 따라서 깃발은 신호전달시 주로 시각視覺에 의지해야 했으므로 야간보다 주간晝間에 널리 사용되었다. 아울러 가옥·연대·성곽 등과 어울려 가장 많이 표기된 형태이다. 따라서 조선후기 봉수는 대응봉수간 신호전달을 위해 횃불과 연기 외에 깃발이 널리 활용되었음을 고지도의 표기를 통해 알 수 있다.

2)『輿地圖書』

『輿地圖書』는 영조英祖 33年(1757)과 34년 사이에 각 읍에서 편찬한 읍지를 모아 개수하여 全 55책으로 성책成冊한 것이다. 즉, 여지도輿地圖(각읍지도)와 서書(각읍읍지)로 이루어진 전국지리지全國地理誌임을 뜻한다.

여기에는 [표 2]를 통해 봉수의 표기형태가 봉수군의 생활시설인 가옥家屋, 거화시설인 연조煙竈·연대煙臺, 신호전달 수단의 깃발[旗]·장대長臺, 방호시설인 성곽城郭·요새要塞·국화菊花, 거화모습을 표기한 불꽃·촛불, 대응관계를 표기한 원형圓形, 형태를 표기한 冂·凸형, 명칭만을 표기 등 총 14가지 형태가 확인된다. 아울러 이들 표기형태는 관련있는 여러 요인들이 복합되어 총 21가지의 세부형태로 구분된다. 아울러 가옥+연조·연대+불꽃·장대형·성곽+불꽃·성곽+원형·요새형·국화형·冂형 등의

---

67)『世宗實錄』卷56, 14年 6月 癸巳.

여덟 형태는『여지도서』에서만 확인되는 표기사례이다.

그러므로 본 절에서는『여지도서』에 표기된 다양한 형태의 봉수표기를 통해 각 유형별로 의미하는 바를 검토해보고자 한다. 첫째, 가옥형家屋形은 와가瓦家와 초가草家로 구분되며 위치에 따라 산정山頂·산중山中·산하山下로 구분된다. 이를통해 당시 잔존하고 있었던 가옥의 종류와 위치를 추정할 수 있다. 또한, 산정의 가옥 옆에 거화시설인 연조를 표기한 가옥+연조형, 촛불을 표기한 가옥+촛불형으로 구분된다. 둘째, 연조형煙竈形은 봉수에 따라 연조가 3개 혹은 5개 등으로 차이가 있다. 조선시대의 봉수가 5거제를 근간으로 했던 만큼 연조가 3개로 표기된 사유는 불명확하다. 셋째, 연대형煙臺形은 봉수가 위치한 산정에 연대만을 표기하거나, 연대에서 불꽃이 피어오르는 연대+불꽃형으로 구분된다. 넷째, 장대형長臺形은 깃발형과 마찬가지로 봉수의 신호전달 기능으로서의 의미를 갖는다. 도별道別로 경상도慶尙道 남해현 소재의 금산봉수錦山烽燧[68]·원산봉수猿山烽燧[69] 등에서 확인되는데, 이들 봉수는 연대를 갖춘 연변봉수沿邊烽燧임으로 사실과 다르게 표현된 사례이다. 그러면 왜 이렇게 사실과 다른 장대형으로 표기되었을까. 이는 이들 봉수가 극변초면極邊初面에 위치하였던 초기봉수로서 주간에 신호를 보내야 했음으로 연대나 연기 대신 장대 모양으로 표기한 것으로 여겨진다. 다섯째, 성곽형城郭形은 성곽만을 표기하거나 성곽내에서 불꽃이 피어오르는 성곽+불꽃형, 성곽 상부에 원을 표기한 성곽+원형으로 구분된다. 여섯째, 요새형要塞形은 봉수가 위치하는 산정에 목책木柵을 이어

---

[68] 경남 남해군 상주면 상주리의 해발 681m인 금산 정상에 있다. 노선과 성격상 제2거 간봉 (9)노선이 초기하는 沿邊烽燧로서 남해 臺防山烽燧에 응하였다.

[69] 경남 남해군 이동면 다정리의 해발 617m인 호구산 정상에 있다. 노선과 성격상 제2거 간봉노선의 沿邊烽燧이다. 대응봉수는 시기에 따라 축조 초기 동으로 錦山烽燧와 남으로 所訖山烽燧에 응하였다. 후기에는 동쪽 노선은 변동이 없는 대신 서로는 본 현에만 응했다. 원산봉수가 서로 응했던 본 현은 이동면에 위치하였으며 남포현이라 불리었다.

엮어 마치 요새처럼 견고한 모양으로 표현한 형태이다. 봉수의 여러 기능 중 성곽형과 마찬가지로 방호기능을 강조한 유형이다. 도별道別로는 황해 도黃海道 연안도호부 소재의 간월산봉수看月山烽燧[70] 등 해당 봉수에서만 확 인된다. 이는 그만큼 이들 지역이 국방상 중요 지역이었기에 봉수의 여러 일반적인 표기형태와는 달리 요새형으로 표기한 것으로 여겨진다. 요새 형과 마찬가지로 방호기능 및 국방상 중요지역의 봉수표기 형태로 국화 형菊花形이 있다. 이는 봉수가 위치하는 산정에 국화 모양으로 표현된 형 태이다. 국화형 봉수표기의 사례는 함경도 종성부 소속의 신기이봉수新岐 伊烽燧[71]·방원남봉수防垣南烽燧[72]·오갈암봉수烏碣巖烽燧[73]·삼봉봉수三峯烽 燧[74]·남봉봉수南烽烽燧[75] 등이다.

이상을 통해 『여지도서』의 봉수표기는 그 의미하는 바가 다양함을 추정 할 수 있다. 즉, 봉수군의 생활, 봉수의 거화 및 신호, 거화모습, 봉수형태 의 표기 외에 국방상 중요 지역의 봉수인 경우 사례가 소수지만 성곽城 郭·요새要塞·국화형菊花形 등으로 표기하였던 것이다. 이렇게 다양한 표 기형태는 과거 봉수제가 운영되던 당시의 실제 모습과 운용상황 및 지역 적 특수성을 추정하는데 좋은 자료가 된다.

---

70) 義州 古靜州에서 초기하는 제4거 직봉노선의 봉수이자 제4거 간봉(3)노선이 초기하는 봉 수이다. 대응봉수는 定山에서 보내는 신호를 받아 白石山에 응하였으며, 교동 修井山에 응하기도 하였다.

71) 慶興 西水羅 牛巖에서 초기하는 제1거 직봉노선의 봉수로서 防垣堡에 속하였다. 대응봉 수는 북으로 防垣, 남으로 細川堡浦項에 응하였다.

72) 제4거 노선의 봉수로서 대응봉수는 북으로 烏碣巖, 남으로 新岐伊에 응하였다.

73) 慶興 西水羅 牛巖에서 초기하는 제1거 직봉노선의 봉수이다. 대응봉수는 북으로 三峰, 남 으로 防垣烽燧에 응하였다.

74) 慶興 西水羅 牛巖에서 초기하는 제1거 직봉노선의 봉수이다. 대응봉수는 북으로 南烽, 남 으로 烏碣巖烽燧에 응하였다.

75) 慶興 西水羅 牛巖에서 초기하는 제1거 직봉노선의 봉수이다. 대응봉수는 북으로 北峯, 남 으로 三峰에 응하였다.

표 2 _ 古地圖의 烽燧標記 形態

標記形態	細部形態	海東地圖	輿地圖書	朝鮮後期 地方地圖	備考
家屋形	가옥(초가)	×	●	●	生活施設
	가옥(와가)	●	●	●	
	가옥+깃발	●	×	●	
	가옥+연조	×	●	×	
	가옥+촛불	×	●	●	
	가옥+불꽃	×	×	●	
煙窟形	연굴+불꽃	×	×	●	炬火施設
	연굴+가옥	×	×	●	
煙竈形	연조	×	●	●	炬火施設
	연조+가옥	×	●	●	
	연조+불꽃	×	×	●	
煙臺形	연대	●	●	●	炬火施設
	연대+깃발	●	×	×	
	연대+불꽃	×	●	×	
	연대+연통	×	×	●	
	연대+불꽃	×	×	●	
	연대+촛불	×	×	●	
깃발[旗]形		●	●	×	信號傳達
長臺形		×	●	×	信號傳達
城郭形	성곽	●	●	×	防護施設
	성곽+깃발	●	×	×	
	성곽+연대	●	×	×	
	성곽+불꽃	×	●	×	
	성곽+원형	×	●	×	
	성곽+가옥	×	×	●	
	성곽+연조	×	×	●	
	성곽+가옥+불꽃	×	×	●	
要塞形		×	●	×	防護施設
菊花形		×	×	×	防護施設
불꽃형		×	●	●	炬火모습 표기
촛불形		●	●	●	炬火모습 표기
圓形		×	●	●	對應·位置 표기
方形		×	×	●	位置 표기
冂形		×	×	×	烽燧形態 표기
凸形		×	●	●	烽燧形態 표기
墨書		●	●	●	烽燧名稱 표기

4. 맺는말

지금까지 조선후기 지방지도의 봉수표기와 이전 시기 발간의 고지도 및 지지를 중심으로 봉수표기 형태의 고찰을 시도하였다. 또한, 각각의 형태가 의미하는 바에 대해 검토하였다. 용도별로 다양하게 표기된 형태는 각각 봉수군의 생활, 봉수의 거화, 방호시설, 거화모습, 위치, 형태, 명칭 등을 함축적으로 표기한 것이다. 이중 조선후기 지방지도의 11가지 23형태의 표기형태는 『海東地圖』와 『輿地圖書』에 비하면 봉수의 표기형태와 방법이 다양하다. 따라서 과거 봉수의 실제적인 구조·형태와 당시까지 잔존하고 있었던 봉수의 형태를 추정하는데 중요한 자료이다. 이를통해 기존의 문헌기록文獻記錄에만 의존하였던 연구방법론에 고지도古地圖와 실제 잔존하고 있는 봉수의 관련유지를 비교 서술함으로써 차이점과 유사점을 상호 비교할 수 있는 기회가 되었다고 여겨진다. 이를 통해 얻은 결과는 다음과 같다.

첫째, 가옥형家屋形은 조선후기 지방지도에 가장 많은 구성 요소가 다양하게 결합되어 표현되어 있다. 구체적으로 가옥만 표현된 경우는 와가瓦家와 초가草家로 구분되며, 위치에 따라 산정·산중·산하로 구분된다. 또한, 가옥 옆에 깃발·불꽃을 같이 표기하거나, 촛불 모양으로 형상화한 봉수 인근이나 아래에 가옥을 표기하기도 하였다. 이 형태는 과거 봉수군의 생활공간이자 실제 존속하고 있었던 가옥의 기능을 중시하여 표현한 것으로 여겨진다. 둘째, 연굴煙窟·연조煙竈·연대煙臺·불꽃·촛불형태의 봉수표기는 봉수제가 폐지되기 이전의 거화시설과 거화모습을 보여준다고 여겨진다. 특히, 연대형煙臺形의 봉수에서 연대 상부에 연통煙筒을 마련한 것은 성종成宗 6년(1475) 주연晝煙시 바람에 의해 대응봉수에서 후망이 곤란함을 방지하기 위해 의무화되었던 연통시설이 조선후기 지방지도에 표기된 좋은 사례이다. 따라서 당시까지도 본문에서 사례로 들은 각 봉수에는 연대 상부에 연통이 잔존하고 있었음을 보여준다. 이외에 철형凸形은 봉수가 위치하는 산정에 적색으로 표기한 형태이다. 표현상 연대와 상부의 거화를 위한 연통시설을 형상화한 형태로 여겨진다. 셋째, 봉수가 성곽 내에 위치하는 경우 성곽형城郭形의 표기는 방호기능으로서의 성곽이 강조되었던 표기형태로 보여진다. 끝으로 원형圓形·방형方形·봉수명烽燧名 묵서墨書 등은 봉수가 위치하였던 산정에 부호표시를 통해 위치나 명칭만 표기한 형태이다. 따라서 과거 봉수의 실체를 이해하는 데는 한계가 있다.

다음으로 조선후기 지방지도와의 비교·검토를 위해『海東地圖』와『輿地圖書』에 표기된 봉수표기 형태의 고찰을 시도하였다. 이를 통해 얻은 결과는 다음과 같다.

첫째,『해동지도』에는 봉수의 표기가 가옥家屋·연대煙臺·깃발[旗]·성곽城郭·촛불·봉수명칭烽燧名稱 묵서墨書의 6가지 10형태로 단순하다. 이런 원인은 지도를 제작한 화공마다 봉수의 표현시 가장 일반적이고 특징적인 속성을 단순화시켜 표현했기 때문이다. 따라서 별도로 작성한 表를 통해 연대+깃발·성곽+깃발·성곽+연대 등의 세 형태는 해동지도에서만 찾아볼 수 있는 표기사례임을 소개하였다. 이중 깃발[旗]형은 신호전달시 주로 시각視覺에 의지하여 주간晝間에만 사용되었음으로 조선후기 봉수는 대응봉수간 신호전달을 위해 횃불과 연기외에 깃발이 널리 활용되었음을 검토하였다.

둘째,『여지도서』에는 봉수의 표기가 총 14가지 21형태로 세분되는데 별도로 작성한 표를 통해 가옥+연조·연대+불꽃·장대형·성곽+불꽃·성곽+원형·요새형·국화형·冂형 등의 여덟 형태는 여지도서에서만 확인되는 표기사례임을 소개하였다. 이중 가옥형家屋形 표기의 사례를 통해 당시 잔존하고 있었던 가옥의 종류와 위치를 추정하였다. 이어 장대형長臺形 표기의 사례는 도별道別로 경상도慶尙道 남해현 소재의 금산錦山·원산猿山

등 소수의 봉수에서 확인되는데, 이는 이들 봉수가 극변초면極邊初面에 위치하였던 초기봉수로서 주간에 신호를 보내야 했음으로 연대나 연기 대신 장대 모양으로 표기한 것으로 추정하였다. 다음으로 요새형要塞形과 국화형菊花形은 봉수의 여러 기능 중 성곽형과 마찬가지로 방호기능을 강조한 유형이다. 도별道別로는 황해도 연안도호부와 함경도 종성부 소재의 수수봉수에서만 확인되는데 이는 그만큼 이들 지역이 국방상 중요 지역이었기에 봉수의 여러 일반적인 표기형태와는 달리 요새형으로 표기한 것으로 추정하였다. 따라서 여지도서의 봉수표기는 그 의미하는 바가 앞서 발간된 해동지도와는 달리 다양함을 추정하였다. 즉, 봉수군의 생활, 봉수의 거화 및 신호, 거화모습, 봉수형태의 표기 외에 국방상 중요 지역의 봉수인 경우 사례가 소수지만 성곽城郭·요새要塞·국화형菊花形 등으로 표기하였던 것이다.

  이상으로 조선후기 제작된 고지도와 지지서의 봉수표기에 대한 검토를 통해 실제 형태가 유사한 경우도 있지만 그렇지 않은 경우도 있음을 확인하였다. 이러한 원인은 지도를 제작한 화공마다 봉수의 표현시 가장 일반적이고 특징적인 속성을 단순화시켜 표현하는 과정에서 생긴 원인으로 여겨진다. 또한, 그 과정에서 일부 봉수는 아예 특정 형태로 표기되었다. 이 외에도 국방상 중요 지역의 경우 봉수의 여러 일반적인 표기형태와는 달리 요새要塞·국화菊花 모양 등의 특수한 형태로 표기되기도 하였다. 그러므로 위에서 소개한 자료는 조선후기 잔존하고 있던 봉수의 구조·형태와 운용 등을 추정하는데 매우 유용한 자료가 된다. 따라서 향후의 봉수연구는 문헌기록의 고증을 통한 현장답사 결과를 바탕으로 고지도를 접목한 봉수연구의 병행이 필요하다고 여겨진다.

제2부

市 · 道別 現況

01 開城

1. 개성 송악봉수開城 松嶽烽燧

　개성직할시 개풍군과 개성시 경계 해발 489m의 송악산松嶽山에 있던 2 기 봉수 중 하나이다.

　초축시기는 『高麗史』에 忠定王 3年(1351) 開京의 松嶽山에 烽燧所를 설치하고 松嶽烽燧에 장교 2명, 部烽燧에 장교 2명·군인 33명을 배치하였다는 기록을 통해 14세기 중엽을 전후한 시기이다.

　『世宗實錄』 地理志(1454)에 구도舊都 개성유후사開城留後司 소속 봉화烽火 3 처 중 1처인 송악봉화松嶽烽火 명칭으로 남으로 해풍海豊 덕적산德積山에 응하였다. 『新增東國輿地勝覽』(1530)에는 송악산 성황당봉수松岳山城隍堂烽燧 명칭으로 개성부開城府에 속하여 부의 북쪽 11리에 있다. 남으로 풍덕군 덕적산, 서로 수압산天鴨山에 응한다고 하여 서쪽으로 응하는 노선의 신설이 있었다. 『松都志』(1648)에는 성황봉城隍烽 명으로 송악산에 있다. 남으로 덕적, 서로 수압에 응한다고 하였다. 『輿地圖書』(1760)에는 남으로 풍덕부 덕적산, 서로 수압산에 응한다고 하였다. 아울러 세주에 수압산봉수가 이때 폐지되었으며 지금은 백천군 미라산에 응한다고 하였다. 『增補文獻備考』(1908)에는 송악성황산松嶽城隍山 명칭으로 경기 감사京畿監司 소관이며 백천白川 미라산彌羅山에서 보내는 신호를 받아 풍덕豊德 덕적산에 응하였다. 의주義州 고정주古靜州에서 초기하는 제4거 직봉의 봉수로 최종 무악서봉母嶽西烽에 응하였다.

사진 1 _ 개성 송악산

2. 개성 수갑산봉수開城 首岬山烽燧

『世宗實錄』地理志에 구도舊都 개성유후사開城留後司 소속 봉화烽火 3처 중 1처인 수갑산봉화首岬山烽火 명칭으로 북으로 송악松嶽, 남으로 해풍海豊 둔민달屯民達에 응하였다. 『新增東國輿地勝覽』에는 수압산首鴨山 명칭으로 개성부에 속하여 부의 서쪽 34리에 있다. 동으로 성황당城隍堂, 남으로 신당神堂에 응한다고 하였다. 『松都志』에는 수압봉首鴨烽 명칭으로 동과 서로 응하는 대응봉수 노선의 변동이 없이 유지되었다. 철폐시기는 『輿地圖書』의 발간을 전후한 18세기 중엽이다.

3. 개성 신당봉수開城 神堂烽燧

『世宗實錄』地理志에 구도舊都 개성유후사開城留後司 소속 봉화烽火 3처 중 1처인 신당봉화神堂烽火 명칭으로 서로 수갑산首岬山에 응하였다. 『新增東國輿地勝覽』에는 신당봉수神堂烽燧 명칭으로 개성부에 속하여 부의 남쪽 36리에 있다. 북으로 수압산首鴨山, 서로 황해도 백천군 부모리夫毛里에 응한다고 하여 서쪽으로 응하는 대응봉수의 변동이 이때 있었다. 『松都志』에는

신당봉神堂烽 명으로 북과 서로 응하는 대응봉수 노선의 변동이 없이 유지
되었다.

4. 개성 송악산 국사당봉수開城 松岳山 國師堂烽燧

개성직할시 개풍군과 개성시 경계 해발 489m의 송악산松嶽山에 있던 2
기 봉수 중 하나이다.

최초 지지의 기록은『新增東國輿地勝覽』으로 개성부開城府에 속하여 부
의 북쪽 11리에 있다. 북으로 황해도 강음현 성산城山, 동으로 장단부 천수
산天壽山에 응한다고 하였다.『松都志』에는 국사봉國師烽 명으로 송악산에
있다 하였으며 북과 동으로 응하는 대응봉수 노선의 변동이 없이 유지되
었다.『輿地圖書』에는 북으로 황해도 김천군 고성산古城山, 동으로 장단부
천수산天壽山에 응한다고 하였다. 아울러 세주에 천수산봉수가 이때 폐지
되었으며 지금은 도라산에 응한다고 하였다.『增補文獻備考』에는 송악국
사당松嶽國師堂 명칭으로 경기 감사京畿監司 소관이며 금천金川 고성산古城山에
서 보내는 신호를 받아 장단長湍 도라산道羅山에 응하였다. 강계江界 여둔대
餘屯臺에서 초기하는 제3거 직봉의 봉수 최종 무악동봉毋嶽東烽에 응하였다.

5. 개성 덕물산봉수開城 德物山烽燧

개성직할시 판문군 삼봉리의 해발 284.8m인 덕물산德物山 정상에 있다.
고려왕조의 수도 개경을 방어하기 위해 축조한 산성山城 내에 있는 봉수이
다. 지형상 동쪽으로 사천강 및 남쪽으로 임진강과 인접하고 있다. 달리
덕적산德積山이라고도 하며 고려 말의 충신 최영崔瑩 장군이 이곳에서 군사

훈련을 시켰다고 하며 사후 신당을 두었다. 고려 말부터 이 신당에는 무녀巫女들이 모여 살면서 자연스럽게 덕물산 정상 가까이에 무속촌이 형성되었으며, 고려 말부터 이루어져 온 무녀촌이었다고 한다. 따라서, 개성이나 그 일대 주민들은 거의 덕

사진 2 _ 개성 덕물산

물산 무녀를 단골로 갖고 있어 그 동네에서는 사시사철 무녀들의 노래 소리와 장구 소리가 그칠 날이 없었다고 한다.

　『世宗實錄』地理志에 개성 송악봉수開城 松嶽烽燧의 대응봉수로 기록되어 있다. 이후 발간된 지지에도 노선의 변동이 없이 조선후기까지 유지되었다. 가장 최후기의 기록인 『增補文獻備考』에는 경기 감사京畿監司 소관의 덕적산德積山 명칭으로 송악松嶽 성황산城隍山에서 보내는 신호를 받아 교하交河 형제봉兄弟峰에 응하였다. 의주義州 고정주古靜州에서 초기하는 제4거 직봉의 봉수로 최종 무악서봉毋嶽西烽에 응하였다.

O2 黃海道

1. 황주 천주산봉수黃州 天柱山烽燧

황해북도 황주군과 연탄군 경계의 해발 385m인 천주산天柱山에 있다.

『世宗實錄』地理志(1454)에 황해도黃海道 황주목黃州牧 소재 봉화烽火 2처 중 1처인 천주산봉화天柱山烽火 명칭으로 주의 동쪽에 있다. 남으로 봉산鳳山 건지산巾之山, 북으로 평안도平安道 중화中和 신주원神主院에 응한다고 하였다. 『新增東國輿地勝覽』(1530)과 『東國輿地志』(1656)에는 북으로 종전의 평안도 중화군 소재 신주원이 폐지되고 운봉산雲峯山에 응하는 노선이 신설되었다. 『輿地圖書』(1760)에는 주의 동쪽 15리에 있다. 북으로 평안도 중화

지도 1 _ 황주 천주산봉수

지도 2 _ 황주 비파곶봉수

부 운봉산에 응하고, 동으로 고매치古梅峙, 남으로 덕월산德月山과 마주 본다고 하였다. 『增補文獻備考』(1908)에는 황해 병사黃海兵使 소관으로 강계江界 여둔대餘屯臺에서 초기하는 제3거 직봉의 봉수이며 최종 무악동봉毋嶽東烽에 응하였다.

『朝鮮後期 地方地圖』(1872)의 「黃州牧地圖」(奎10545)에는 산정에 적색의 작은 불꽃 모양으로 표기 후 우측에 종으로 천주봉수天柱烽燧로 쓰여 있다.

2. 황주 비파곶봉수黃州 琵琶串烽燧

『世宗實錄』地理志에 황해도黃海道 황주목黃州牧 소재 봉화烽火 2처 중 1처로서 주의 서쪽에 있다. 서로 안악安岳 월호산月乎山, 북으로 주 서쪽의 오관산吾寬山에 응한다고 하였다. 『新增東國輿地勝覽』과 『東國輿地志』에는 서쪽 안악 월호산에 응하는 대응봉수만 잔존하고, 종전의 북으로 응하던 노선은 철폐되었다. 『輿地圖書』에는 주의 서쪽 30리에 있다. 서로 안악군 월호산과 응하고, 동으로 덕월산德月山과 마주 본다고 하여 동쪽으로 덕월산에 응하는 노선이 신설되었다. 『增補文獻備考』에는 감적산甘積山에서 초기하는 제4거 간봉(2)의 봉수로서 여기에 속한 이현·감적산·소산·월호산·비파곶 등 5봉수는 병영兵營에만 응하였다.

『朝鮮後期 地方地圖』의 「黃州牧地圖」(奎10545)에는 비파산琵琶山 산정에 적색의 작은 불꽃 모양으로 표기 후 좌측에 횡으로 봉수烽燧라 쓰여 있다. 산정 황색의 원형 안에 "龍田里 十五里"를 통해 위치를 추정할 수 있다.

3. 황주 고매치봉수黃州 古梅峙烽燧

『輿地圖書』에 황해도黃海道 황주목黃州牧에 속하여 주의 동쪽 40리에 있

다. 서로 천주산天柱山과 응하고, 남으로 봉산군鳳山郡 건지산乾之山과 마주
본다고 하였다. 『增補文獻備考』에는 황해 병사黃海兵使 소관으로 강계江界
여둔대餘屯臺에서 초기하는 제3거 직봉의 봉수로서 최종 무악동봉母嶽東烽
에 응하였다.

4. 황주 덕월산봉수黃州 德月山烽燧

황해북도 황주군 황주읍의 동
쪽 덕월산德月山에 있다. 덕월산
에는 고구려 수도 평양의 남쪽
을 지키는 위성 중의 하나로서
평산성인 황주성黃州城이 있다.

영조 33년(1757) 좌의정 김상노
金尙魯가 황해수사 최진해崔鎭海의
장계를 통해 본영本營 육로陸路의
봉수는 앞뒤로 서로 응하지 못

지도 3_ 황주 덕월산봉수

하는 경우가 많음으로 성 안의 덕월산 가장 높은 곳에 봉수를 설치하자는
건의에 따라 신설되었으며 단기간 운용되었다. 『輿地圖書』에 황해도黃海道
황주목黃州牧에 속하여 주의 주산主山 수로水路에 있다. 서로 비파곶琵琶串 육
로陸路, 동으로 천주산天柱山과 응하고 병영兵營과 마주 본다고 하였다.

『朝鮮後期 地方地圖』의 「黃州牧地圖」(奎10545)에는 황주성 동문東門과
인접한 산정에 적색의 작은 불꽃 모양으로 표기 후 횡으로 명칭이 쓰여
있다.

5. 서흥 소을마산봉수瑞興 所乙麽山烽燧

『世宗實錄』地理志에 황해도黃海道 서흥도호부瑞興都護府 소재 봉화烽火 2처 중 1처인 소을마산봉화所乙麽山烽火 명칭으로 부의 서쪽에 있다. 북으로 봉산鳳山 건지산巾之山, 남으로 본부本府 회산回山에 응한다고 하였다. 『輿地圖書』에는 소변산봉대所卞山烽臺 명칭으로 서흥현에 속하여 치소의 서쪽 20리에 있으며 이때 남으로 회산에 응하는 노선이 신설되었다. 봉수감관烽燧監官 3명, 봉수군호보烽燧軍戶保 100명이 배속되어 있었다. 『增補文獻備考』에는 소변산이 『興覽』에는 소을마산으로 되어 있고, 『備局謄錄』에는 소마산所亇山으로 되어 있다고 하였다. 황해 병사黃海兵使 소관으로 강계江界 여둔대餘屯臺에서 초기하는 제3거 직봉의 봉수이며 최종 무악동봉母嶽東烽에 응하였다.

『朝鮮後期 地方地圖』의 『瑞興府所已鎭地圖』(奎10531)에는 산정 여장女墻을 갖춘 전축甎築의 연대煙臺 위에 촛불 모양으로 표기 후 우측에 종으로 소마산봉대所亇山烽坮라 쓰여 있다. 봉수 표기의 방법이 남한의 봉수에서는 볼 수 없는 형태이며 중국의 봉수를 습용한 것으로 보인다. 반면, 『瑞興府地圖』(奎10548)에는 산정에 길쭉한 촛불 모양으로 표기 후 좌측에 종으로 소마

지도 4 _ 서흥 소을마산봉수   지도 5 _ 서흥 소을마산봉수(서흥부지도)
(서흥부소이진지도)

산봉대라 쓰여 있다. 같은 봉수라도 화공마다 표현의 차이가 있으나 거화 모습을 표현한 공통점이 있다.

6. 서흥 회산봉수瑞興 回山烽燧

『世宗實錄』地理志에 황해도黃海道 서흥도호부瑞興都護府 소재 봉화烽火 2처 중 1처로서 부의 남쪽에 있다. 남으로 평산平山 독련산禿鍊山에 응한다고 하였다. 『新增東國輿地勝覽』과 『東國輿地志』에는 부의 남쪽 30리에 있으며 남으로 응하던 대응봉수가 독발산禿鉢山으로 명칭의 변동 및 북으로 소을마산所乙麼山에 응하는 노선이 신설되었다. 『輿地圖書』에는 회산봉대回山烽臺 명칭으로 서흥현에 속하여 치소의 남쪽 20리에 있다. 북으로 소변산所卞山, 남으로 평산 독발산에 응한다고 하였다. 봉수감관烽燧監官 3명, 봉수군 호보烽燧軍戶保 100명이 배속되어 있었다. 『增補文獻備考』에는 황해 병사黃海兵使 소관으로 강계江界 여둔대餘屯臺에서 초기하는 제3거 직봉의 봉수로 최종 무악동봉毋嶽東烽에 응하였다.

『朝鮮後期 地方地圖』의 『瑞興府地圖』(奎10548)에는 산정에 길쭉한 촛불 모양으로 표기 후 우측에 종으로 회산봉대回山烽坮의 명칭 밑 읍邑에서의 거리가 쓰여 있다.

7. 봉산 건지산봉수鳳山 巾之山烽燧

평양특별시 삼석구역과 용성구역에 있는 건지산에 있다

『世宗實錄』地理志에 황해도黃海道 봉산군鳳山郡 소재 건지산봉화巾之山烽火 명칭으로 군의 동쪽에 있다. 동으로 서흥瑞興 소을마산所乙麼山, 서로 황주

지도 6 _ 서흥 회산봉수   지도 7 _ 봉산 건지산봉수

黃州 천주산天柱山에 응한다고 하였다. 『新增東國輿地勝覽』과 『東國輿地
志』에는 건지산乾之山으로 표기되어 이전 시기의 동과 서로 응하던 대응봉
수가 각각 남과 북으로 변동이 있었다. 『輿地圖書』에도 남과 북으로 응하
는 대응봉수의 변동이 없이 유지되었으며, 봉수감관烽燧監官 3인, 봉수군烽
燧軍 25명, 봉군보烽軍保 75명이 배속되어 있었다. 『大東地志』에는 건지산巾
之山으로 표기되어 동東 20리라 하였다. 『增補文獻備考』에는 황해 병사黃海
兵使 소관으로 강계江界 여둔대餘屯臺에서 초기하는 제3거 직봉의 봉수로 최
종 무악동봉母嶽東烽에 응하였다.

　『朝鮮後期 地方地圖』의 『鳳山郡地圖』(奎10517)에는 팔작지붕의 와가瓦家
상부에 종으로 명칭과 읍邑에서의 거리가 쓰여 있다.

8. 안악 감적산봉수安岳 甘積山烽燧

『世宗實錄』 地理志에 황해도黃海道 안악군安岳郡 소재 봉화烽火 3처 중 1처
로서 군의 북쪽에 있다. 남으로 군내郡內 소산所山, 북으로 장연長連 금음복
지今音卜只에 응한다고 하였다. 『新增東國輿地勝覽』과 『東國輿地志』에는

대응봉수의 변동이 없는 대신
『동국여지지』에는 북으로 응하
던 봉수명이 금복산今卜山으로 표
기되어 있다. 『輿地圖書』에는
군의 서쪽 30리 초교방草郊坊에
있다. 북으로 장연금복봉長連今卜
烽, 남으로 이현봉梨峴烽과 응한다
고 하였다. 『增補文獻備考』에는
장연 금복지今卜只에서 보내는 신

지도 8 _ 안악 감적산봉수

호를 받아 은율殷栗 건지산巾之山에 응하였다. 황해 수사黃海水使 소관의 봉수
로서 의주義州 고정주古靜州에서 초기하는 제4거 직봉의 봉수이며 최종 무
악서봉母嶽西烽에 응하였다.

　『朝鮮後期 地方地圖』의 「安岳郡地圖」(奎10547)에는 이하 모든 봉수가 산
정에 방형의 연대煙臺 형태로 작게 표기된 채 명칭과 읍邑에서의 거리가 쓰
여 있다.

9. 안악 소산봉수安岳 所山烽燧

　『世宗實錄』地理志에 황해도黃海道 안악군安岳郡 소재 봉화烽火 3처 중 1처
로서 동으로 월호산月乎山에 응하였다. 『新增東國輿地勝覽』과 『東國輿地
志』에는 북으로 감적산甘積山에 응하는 노선이 신설되었다. 『輿地圖書』에
는 군의 남쪽 3리 화석방禾石坊에 있다. 북으로 이현봉梨峴烽, 동으로 월호산
봉과 응한다고 하였다. 『增補文獻備考』에는 감적산에서 초기하는 제4거
간봉(2)의 봉수로서 여기에 속한 이현 · 감적산 · 소산 · 월호산 · 비파곶
등 5봉수는 병영兵營에만 응하였다.

10. 안악 월호산봉수安岳 月乎山烽燧

『世宗實錄』地理志에 황해도黃海道 안악군安岳郡 소재 봉화烽火 3처 중 1처로서 북으로 황주黃州 비파곶琵琶串에 응하였다. 『新增東國輿地勝覽』에는 남으로 소산所山에 응하는 노선이 신설되었다. 『輿地圖書』에는 군의 동쪽 25리 대원방大元坊에 있다. 서로 소산봉, 동으로 황주 비파곶봉과 응한다고 하였다. 『增補文獻備考』에는 월호산月呼山 명의 감적산甘積山에서 초기하는 제4거 간봉(2)의 봉수로서 여기에 속한 이현 · 감적산 · 소산 · 월호산 · 비파곶 등 5봉수는 병영兵營에만 응하였다.

11. 안악 이현봉수安岳 梨峴烽燧

『輿地圖書』의 발간을 전후하여 신설되었다. 황해도黃海道 안악군安岳郡에 속하여 군의 40리 화석방禾石坊에 있다. 북으로 감적산봉甘積山烽, 남으로 소산봉所山烽과 응한다고 하였다. 『增補文獻備考』에는 감적산甘積山에서 초기하는 제4거 간봉(2)의 봉수로서 여기에 속한 이현 · 감적산 · 소산 · 월호산 · 비파곶 등 5봉수는 병영兵營에만 응하였다.

12. 해주 피곶봉수海州 皮串烽燧

『世宗實錄』地理志에 황해도黃海道 해주목海州牧 소재 봉화烽火 5처 중 1처로서 주의 동쪽에 있다. 동으로 평산平山 성의곶聲衣串, 서로 주의 송산松山에 응한다고 하였다. 『新增東國輿地勝覽』과 『東國輿地志』에는 주의 동쪽 69리에 있으며 대응봉수의 변동이 없이 유지되었다. 『輿地圖書』에는 지곶

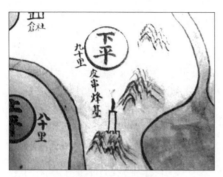

지도 9 _ 해주 피곶봉수

봉수支串烽燧 명으로 주의 동쪽 90리에 있다. 남으로 용매龍媒에 응하고, 북으로 평산平山 성곶聲串에 알린다고 하였다. 『大東地志』에는 동남東南 80리. 수로水路 원봉元烽이라 하여 노선과 성격상 직봉노선의 연변봉수임을 알 수 있다. 『增補文獻備考』에는 황해수사黃海水使 소관으로 의주義州 고정주古靜州에서 초기하는 제4거 직봉의 봉수이며 최종 무악서봉毋嶽西烽에 응하였다.

『朝鮮後期 地方地圖』의 『海州牧地圖』(奎10554)에는 해안과 인접한 곶串의 산정 연대煙臺 위에 길쭉한 촛불 모양으로 표기 후 좌측에 종으로 피곶봉대皮串烽坮의 명칭이 쓰여 있다. 봉수의 거화 모습을 강조한 형태이다.

13. 해주 송산봉수海州 松山烽燧

『世宗實錄』地理志에 황해도黃海道 해주목海州牧 소재 봉화烽火 5처 중 1처로서 주의 동쪽에 있다. 서로 마아미馬兒彌에 응한다고 하였다. 『新增東國輿地勝覽』과 『東國輿地志』에는 동으로 피곶皮串에 응하는 대응봉수가 신설되어 한동안 유지되었으나, 곧 철폐되었다.

14. 해주 마아미봉수海州 馬兒彌烽燧

『世宗實錄』地理志에 황해도黃海道 해주목海州牧 소재 봉화烽火 5처 중 1처로서 주의 동쪽에 있다. 서로 남산南山에 응한다고 하였다. 『新增東國輿地

勝覽』과 『東國輿地志』에는 동으로 송산松山에 응하는 대응봉수가 신설되어 한동안 유지되었으나, 곧 철폐되었다.

15. 해주 남산봉수海州 南山烽燧

『世宗實錄』地理志에 황해도黃海道 해주목海州牧 소재 봉화烽火 5처 중 1처로서 주내州內에 소재하며 남으로 사곶沙串에 응한다고 하였다. 『新增東國輿地勝覽』과 『東國輿地志』에는 동으로 마아미馬兒彌에 응하는 대응봉수가 신설되었다. 『輿地圖書』에는 주

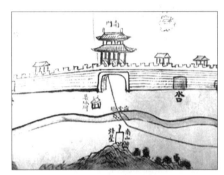

지도 10 _ 해주 남산봉수

의 남쪽 2리에 있다. 남으로 화산花山에 응하고, 북으로 수압睡鴨에 알린다고 하였다. 『增補文獻備考』에는 황해 수사黃海水使 소관으로 의주義州 고정주古靜州에서 초기하는 제4거 직봉의 봉수이며 최종 무악서봉毋嶽西烽에 응하였다.

『朝鮮後期 地方地圖』의 『海州牧地圖』(奎10554)에는 읍성邑城의 남문南門 앞에 있는 남산 정상 연대煙臺 위에 촛불 모양으로 표기 후 좌우 종으로 남산봉대南山烽坮의 명칭이 쓰여 있다.

16. 해주 사곶봉수海州 沙串烽燧

『世宗實錄』地理志에 황해도黃海道 해주목海州牧 소재 봉화烽火 5처 중 1처

지도 11 _ 해주 사곶봉수

인 사곶봉화沙串烽火 명칭으로 주의 남쪽에 소재하며 서로 강령康翎 견라堅羅에 응한다고 하였다. 『新增東國輿地勝覽』과『東國輿地志』에는 사포곶沙浦串 명칭으로 주의 남쪽 35리에 있다 하였으며 이때 동쪽으로 남산南山에 응하는 노선이 신설되었다. 『輿地圖書』에는 다시 사곶 명으로 주의 남쪽 35리에 있다. 강령 식다산食多山에서 북으로 화산花山에 알린다고 하여 이전 시기와 달리 대응봉수의 변동이 있었다. 『增補文獻備考』에는 황해 수사黃海水使 소관으로 의주義州 고정주古靜州에서 초기하는 제4거 직봉의 봉수이며 최종 무악서봉毋嶽西烽에 응하였다.

『朝鮮寶物古蹟調査資料』(1942)에는 황해도 벽성군 동강면 덕현리. 사곶봉수. 봉수는 천연석으로 상하 2단을 쌓았다. 하단은 약 타원형으로 주위 50칸, 높이 1척이다. 상단은 약 정방형으로 한변 약 1칸 반, 높이 2칸이다. 상단은 반 정도 파괴되었고 하단은 거의 파괴되었다. 주위에 전석轉石이 잔존한다고 하였다.

『朝鮮後期 地方地圖』의『海州牧地圖』(奎10554)에는 해안과 인접한 곶串의 연대煙臺 상부에 촛불 모양으로 길쭉하게 표기 후 좌측에 종으로 사곶봉대沙串烽坮의 명칭이 쓰여 있다.

17. 해주 화산봉수海州 花山烽燧

『輿地圖書』에 황해도黃海道 해주목海州牧에 속하여 주의 남쪽 20리에 있다. 남으로 사곶^{沙串}에 응하고, 북으로 화산^{花山}에 알린다고 하였다. 『增補文獻備考』에는 황해 수사^{黃海水使} 소관으로 사곶에서 보내는 신호를 받아 남산^{南山}에 응하였다. 의주^{義州} 고정주^{古靜州}에서 초기하는 제4거 직봉의 봉수로 최종 무악서봉^{毋嶽西烽}에 응하였다.

『朝鮮寶物古蹟調査資料』에는 황해도 벽성군 동강면 화산리. 화산봉수 명으로 봉수는 천연석으로 상하 2단을 쌓았다. 하단은 약 타원형으로 주위 50칸, 높이 2척이다. 상단은 약 정방형으로 한변 약 1칸 반, 높이 2칸이라고 하였다.

위 일제강점기의 조사내용은 동지역의 사곶봉수^{沙串烽燧}와 형태 및 규모가 유사하여 봉수 축조의 규식이 있었다고 여겨진다.

18. 해주 수압봉수_{海州 睡鴨烽燧}

황해남도 강령군 수압리 수압도^{睡鴨島}에 있다. 수압도는 서해안 해주만 입구에 소재하는 다수 열도^{列島} 중 하나인 작은 섬이다.

『輿地圖書』에 황해도^{黃海道} 해주목^{海州牧}에 속하여 주의 남쪽 60리에 있다. 북으로 남산^{南山}에 응하고, 동으로 연평^{延坪}에 알린다고 하였다. 『大東地志』에는 수압도 명으로 수로^{水路} 원봉^{元烽}이라고 하여 노선과 성격상 직봉의 연변봉수이다. 『增補文獻備考』에는 수압도로 표기되어 황해 수사^{黃海水使} 소관이며 의주^{義州} 고정주^{古靜州}에서 초기하는 제4거 직봉의 봉수로 최종 무악서봉^{毋嶽西烽}에 응하였다.

『朝鮮後期 地方地圖』의 「海州牧地圖」(奎10554)에는 읍성^{邑城}에서 가까운 대수압도^{大睡鴨島} 내의 산정 연대 연대^{煙臺} 위에 크고 길쭉한 촛불 모양으로 표기후 우측에 종으로 수압봉대^{睡鴨烽坮}라 쓰여 있다.

지도 12 _ 해주 수압봉수와 연평봉수   지도 13 _ 해주 연평봉수(해주용매진지도)

19. 해주 연평봉수海州 延坪烽燧

서해안 경기만에 소재하는 다수 열도列島 중 하나인 연평도延坪島에 있다.
『輿地圖書』에 황해도黃海道 해주목海州牧에 속하여 주의 남쪽 120리에 있
다. 북으로 수압睡鴨에 응하고, 동으로 용매龍媒에 알린다고 하였다. 『大東
地志』에는 연평도 명으로 수로水路 원봉元烽이라고 하여 노선과 성격상 직
봉의 연변봉수임을 알 수 있다. 『增補文獻備考』에는 동일한 명칭으로 황
해 수사黃海水使 소관이며 의주義州 고정주古靜州에서 초기하는 제4거 직봉의
봉수로 최종 무악서봉毋嶽西烽에 응하였다.
　『朝鮮後期 地方地圖』의 「海州牧地圖」(奎10554)와 「海州龍媒鎭地圖」(奎
10523)에 표기된 봉수의 표기는 섬 내 산능선부 연대煙臺 위에 길쭉한 촛불
모양으로 표기되어 있다. 표기형태가 앞의 수압봉수睡鴨烽燧와 동일하다.

20. 해주 용매봉수海州 龍媒烽燧

황해남도 강령군 용매리 용매도龍媒島에 있다. 용매도는 서해안 해주만

입구에 소재하는 다수 열도列島 중 하나인 작은 섬이다.

『輿地圖書』에 황해도黃海道 해주목海州牧에 속하여 주의 동남쪽 90리에 있다. 남으로 연평延坪에 응하고, 동으로 지곶支串에 알린다고 하였다. 『大東地志』에는 용매도龍媒島 명칭으로 수로水路 원봉元烽이라고 하여 노선과 성격상 직봉의 연변봉수임을 알 수 있다. 『增補文獻備考』에는 용매龍媒 명칭으로 황해 수사黃海水使 소관이며 의주義州 고정주古靜州에서 초기하는 제4거 직봉의 봉수로 최종 무악서봉毋嶽西烽에 응하였다.

21. 옹진 탄항봉수 甕津 炭項烽燧

『世宗實錄』 地理志에 황해도黃海道 옹진현甕津縣 소재 봉화烽火 2처 중 1처로서 현의 남쪽에 소재하며 동으로 강령康翎 밀점蜜岾, 서로 금음여今音余에 응한다고 하였다. 『新增東國輿地勝覽』과 『東國輿地志』에는 탄항산炭項山 명으로 대응봉수의 변동이 없이 유지되었다. 『輿地圖書』에는 황

지도 14 _ 옹진 탄항봉수

해도 옹진도호부에 속하여 탄항봉수炭項烽燧 명으로 관문官門에서 남으로 15리의 거리이다. 서로 본부本府 남산봉수南山烽燧, 동으로 강령 추치봉수推峙烽燧와 응한다고 하였다. 『增補文獻備考』에는 황해 수사黃海水使 소관으로 검물여檢勿餘에서 보내는 신호를 받아 추치에 응하였다. 의주義州 고정주古靜州에서 초기하는 제4거 직봉의 봉수 최종 무악서봉毋嶽西烽에 응하였다.

『朝鮮後期 地方地圖』의 『甕津府地圖』(奎10516)에는 이하 모든 봉수가 해

안에 인접한 산정에 적색의 불꽃이 선명하게 피어 오르는 촛불 형태로 표기되어 있다.

22. 옹진 금물여산봉수瓮津 今勿餘山烽燧

『新增東國輿地勝覽』과 『東國輿地志』에 황해도黃海道 옹진현瓮津縣에 소재하며 현의 서쪽 45리에 있다. 동으로 탄항산炭項山, 서로 개룡산開龍山에 응한다고 하였다. 『大東地志』에는 검물여檢勿餘 명으로 서남西南 45리라 하였다. 『增補文獻備考』에는 검물여 명으로 세주에 『여람』에는 금물여산今勿餘山으로 되어 있다. 소강진所江鎭 소속이다 하였으며 황해 수사黃海水使 소관으로 의주義州 고정주古靜州에서 초기하는 제4거 직봉의 봉수이며 최종 무악서봉毋嶽西烽에 응하였다.

23. 옹진 개룡산봉수瓮津 開龍山烽燧

황해남도 옹진군의 해발 190m인 개룡산開龍山에 있다.

『世宗實錄』地理志에 황해도黃海道 옹진현瓮津縣 소재 봉화烽火 2처 중 1처로서 동으로 금음여今音余, 북으로 장연長淵 대곶大串에 응하였다. 『新增東國輿地勝覽』과 『東國輿地志』에는 서로 장연현 대곶량大串梁, 동으로 금물여산今勿餘山에 응한다고 하였다. 『輿地圖書』에는 황해도 옹진도호부 소속 개룡봉수 명으로 관문官門에서 서로 79리의 거리이다. 서로 장연長淵 대곶봉수大串烽燧, 동으로 본부本府 남산봉수南山烽燧와 응한다고 하였다. 『大東地志』에는 개룡산봉수 명으로 서西 60리라 하였다. 『增補文獻備考』에는 황해 수사黃海水使 소관으로 대곶에서 보내는 신호를 받아 대점에 응하였다.

의주義州 고정주古靜州에서 초기하는 제4거 직봉의 봉수로 최종 무악서봉毋嶽西烽에 응하였다.

24. 옹진 남산봉수甕津 南山烽燧

『輿地圖書』에 황해도黃海道 옹진도호부甕津都護府에 속하여 관문官門에서 서로 45리의 거리이다. 서로 본부本府의 개룡봉수開龍烽燧, 동으로 본부 탄항봉수炭項烽燧와 응한다고 하였다. 『增補文獻備考』에는 대점大岾 명으로 세주에 『邑誌』에는 남산南山으로 되어 있다 하였으며 황해 수사黃海水使 소관으로 개룡산開龍山에서 보내는 신호를 받아 검물여檢物餘에 응하였다. 의주義州 고정주古靜州에서 초기하는 제4거 직봉의 봉수로 최종 무악서봉毋嶽西烽에 응하였다.

25. 장연 미라산봉수長淵 彌羅山烽燧

『世宗實錄』地理志에 황해도黃海道 장연현長淵縣 소재 봉화烽火 4처 중 1처로서 현의 서쪽에 소재하며 동으로 청석산靑石山에 응한다고 하였다. 『新增東國輿地勝覽』과 『東國輿地志』에는 북으로 궤곶几串에 응하는 노선이 신설되었다. 『輿地圖書』에는 황해도 장연부에 속하여 부의 서쪽 40리 해안방海安坊에 있다. 북으로 송

지도 15 _ 장연 미라산봉수

독봉松纛烽, 남으로 청석봉靑石烽에 응한다고 하였으며 봉수감관烽燧監官 3인, 봉군烽軍 25명, 봉군보烽軍保 75명이 배속되어 있었다. 『增補文獻備考』에는 황해 수사黃海水使 소관이며 의주義州 고정주古靜州에서 초기하는 제4거 직봉의 봉수로서 최종 무악서봉毋嶽西烽에 응하였다.

『朝鮮後期 地方地圖』의 장연현 및 여러 장연 진도鎭圖에는 모두 동일 화공畫工이 작성한 듯 지도 15와 같이 봉수가 위치한 산정에 적색으로 바람에 휘날리는 길쭉한 불꽃 형태로 표기 후 명칭을 쓴 동일한 형태이다.

26. 장연 궤곶봉수長淵 几串烽燧

『世宗實錄』地理志에 황해도黃海道 장연현長淵縣 소재 봉화烽火 4처 중 1처인 궤곶봉화几串烽火 명칭으로 현의 서쪽에 소재하며 남으로 미라산彌羅山, 북으로 풍천豐川 고리곶古里串에 응한다고 하였다. 『輿地圖書』에는 황해도 장연부에 속하여 궤곶봉几串烽 명으로 부의 남쪽 50리 신곡방薪谷坊에 있다. 북으로 풍천 고리곶봉, 남으로 송독봉松纛烽에 응한다고 하였다. 봉수감관烽燧監官 3인, 봉군烽軍 25명, 봉군보烽軍保 75명이 배속되어 있었다. 『增補文獻備考』에는 궤곶几串 명으로 황해 수사黃海水使 소관이며 의주義州 고정주古靜州에서 초기하는 제4거 직봉의 봉수로 최종 무악서봉毋嶽西烽에 응하였다.

27. 장연 청석산봉수長淵 靑石山烽燧

『世宗實錄』地理志에 황해도黃海道 장연현長淵縣 소재 봉화烽火 4처 중 1처로서 현의 남쪽에 소재하며 동으로 대곶大串에 응한다고 하였다. 『新增東國輿地勝覽』과 『東國輿地志』에는 북으로 미라산彌羅山에 응하는 노선이 신설되었다. 『輿地圖書』에는 황해도 장연부에 속하여 청석봉青石烽 명으로 부의 남쪽 40리 대곡방大曲坊에 있다. 북으로 미라산봉, 남으로 대곶봉에 응한다고 하였다. 봉수감관烽燧監官 3인, 봉군烽軍 25명, 봉군보烽軍保 75명이 배속되어 있었다. 『增補文獻備考』에는 청석淸石 명칭으로 황해 수사黃海水使 소관이며 의주義州 고정주古靜州에서 초기하는 제4거 직봉의 봉수로서 최종 무악서봉毋嶽西烽에 응하였다.

28. 장연 대곶봉수長淵 大串烽燧

『世宗實錄』 地理志에 황해도黃海道 장연현長淵縣 소재 봉화烽火 4처 중 1처로서 현의 남쪽에 소재하며 남으로 옹진瓮津 개룡산開龍山에 응한다고 하였다. 『新增東國輿地勝覽』과 『東國輿地志』에는 대곶량大串梁 명으로 서로 청석산靑石山에 응하는 노선이 신설되었다. 『輿地圖書』에는 황해도 장연부에 속하여 부의 남쪽 50리 대곡방大曲坊에 있다. 북으로 청석봉, 남으로 옹진 개룡산봉에 응한다고 하였으며 봉수감관烽燧監官 3인, 봉군烽軍 25명, 봉군보烽軍保 75명이 배속되어 있었다. 『增補文獻備考』에는 황해 수사黃海水使 소관이며 의주義州 고정주古靜州에서 초기하는 제4거 노선의 봉수로 최종 무악서봉毋嶽西烽에 응하였다.

29. 장연 송독봉수長淵 松纛烽燧

『輿地圖書』에 황해도黃海道 장연부長淵府에 속하여 송독봉松纛烽 명으로 부의 서쪽 50리 신곡방薪谷坊에 있다. 북으로 궤곶봉几串烽, 남으로 미라산봉彌羅山烽에 응한다고 하였다. 봉수감관烽燧監官 3인, 봉군烽軍 25명, 봉군보烽軍保

75명이 배속되어 있었다. 『增補文獻備考』에는 황해 수사黃海水使 소관이며 의주義州 고정주古靜州에서 초기하는 제4거 직봉의 봉수로 최종 무악서봉毋嶽西烽에 응하였다.

30. 강령 견라산봉수康翎 堅羅山烽燧

『世宗實錄』地理志에 황해도黃海道 강령현康翎縣 소재 봉화烽火 3처 중 1처로서 현의 동쪽에 소재하며 북으로 해주海州 사곶沙串, 서로 본현本縣의 구월산九月山에 응한다고 하였다. 『新增東國輿地勝覽』과 『東國輿地志』에는 현의 남쪽 13리에 있다. 동으로 해주 사포곶沙浦串, 서로 구월산에 응한다고 하여 동과 서로 응하는 대응봉수 노선의 변동이 없는 대신 명칭표기의 차이가 있다. 『輿地圖書』에는 현의 남쪽 40리에 있으며 동과 서로 대응봉수의 변동이 없이 유지되었다. 봉수감관烽燧監官 3인, 봉군烽軍 25명, 봉군보烽軍保 75명이 배속되어 있었다. 『增補文獻備考』에는 황해 수사黃海水使 소관이며 의주義州 고정주古靜州에서 초기하는 제4거 직봉의 봉수로 최종 무악서봉毋嶽西烽에 응하였다.

지도 16 _ 강령 견라산봉수   지도 17 _ 강령 구월산봉수

地誌와 古地圖로 본
北韓의 烽燧

『朝鮮後期 地方地圖』의「康翎縣地圖」(奎10551)에는 인근 도서 연안과 인접하고 있는 산정에 연대煙臺 형태로 작게 표기 후 우측에 종으로 견라봉堅羅烽의 명칭이 쓰여 있다.

31. 강령 구월산봉수康翎 九月山烽燧

『世宗實錄』地理志에 황해도黃海道 강령현康翎縣 소재 봉화烽火 3처 중 1처인 구월산봉화九月山烽火 명칭으로 현의 남쪽에 소재하며 서로 밀점산蜜岾山에 응한다고 하였다.『新增東國輿地勝覽』과『東國輿地志』에는 현의 남쪽 30리에 있으며 동으로 견라산堅羅山에 응하는 노선이 신설되었다.『輿地圖書』에는 현의 남쪽 60리에 있다. 동으로 견라산, 서로 추치推峙에 응한다고 하여 서쪽 노선의 변동이 있었다. 봉수감관烽燧監官 3인, 봉군烽軍 25명, 봉군보烽軍保 75명이 배속되어 있었다.『增補文獻備考』에는 황해 수사黃海水使 소관이며 의주義州 고정주古靜州에서 초기하는 제4거 직봉의 봉수로 최종 무악서봉母嶽西烽에 응하였다.

『朝鮮後期 地方地圖』의「康翎縣地圖」(奎10551)에는 남쪽으로 해주 연평도延平島와 마주 보는 구월포九月浦의 산정에 방형의 연대煙臺 형태로 작게 표기 후 우측에 종으로 명칭이 쓰여 있다.

32. 강령 밀점산봉수康翎 蜜岾山烽燧

『世宗實錄』地理志에 황해도黃海道 강령현康翎縣 소재 봉화烽火 3처 중 1처로서 현의 남쪽에 소재하며 서로 옹진甕津 탄항炭項에 응한다고 하였다.『新增東國輿地勝覽』과『東國輿地志』에는 밀점蜜岾 명으로 현의 남쪽 55리에 있으며 동으로 구월산九月山에 응하는 노선이 신설되었다.『大東地志』에는 밀치密峙 명으로 남南 70리라 하였다.

33. 강령 추치봉수康翎 推峙烽燧

『輿地圖書』에 황해도黃海道 강령현康翎縣에 속하여 현의 남쪽 80리에 있다. 서로 옹산진瓮山津 탄송산炭頌山, 동으로 구월산九月山에 응하였다. 봉수감관烽燧監官 3인, 봉군烽軍 25명, 봉군보烽軍保 75명이 배속되어 있었다.『增補文獻備考』에는 탄항炭項에서 보내는 신호를 받아 구월산에 응하였다. 황해 수사黃海水使 소관이며 의주義州 고정주古靜州에서 초기하는 제4거 직봉의 봉수로 최종 무악서봉毋嶽西烽에 응하였다.

34. 강령 식대산봉수康翎 食大山烽燧

『輿地圖書』에 황해도黃海道 강령현康翎縣에 속하여 현의 동쪽 30리에 있다. 동으로 해주海州 사포곶沙浦串, 서로 추치推峙에 응하였다. 봉수감관烽燧監官 3인, 봉군烽軍 25명, 봉군보烽軍保 75명이 배속되어 있었다.『增補文獻備考』에는 견라산堅羅山에서 보내는 신호를 받아 사곶沙串에 응하였다. 황해 수사黃海水使 소관이며 의주義州 고정주古靜州에서 초기하는 제4거 직봉의 봉수로 최종 무악서봉毋嶽西烽에 응하였다.

『朝鮮後期 地方地圖』의『康翎縣地圖』(奎10551)에는 서북쪽으로 봉황산성鳳凰山城을 마주 보는 산정에 작게 연대煙臺 형태로 표기 후 우측에 종으로 명칭이 쓰여 있다.

| 지도 18 _ 강령 식대산봉수 | 지도 19 _ 연안 주지곶봉수 |

35. 연안 주지곶봉수延安 走之串烽燧

『世宗實錄』地理志에 황해도黃海道 연안도호부延安都護府 소재 봉화烽火 5처 중 1처로서 부의 서쪽에 소재하며 서로 성의곶聲衣串, 남으로 정산定山에 응한다고 하였다. 『輿地圖書』에는 부의 서쪽 25리에 있다. 북으로 평산부平山府 성곶聲串, 남으로 정산에 응한다고 하였다. 『增補文獻備考』에는 주지곶注之串으로 표기되어 황해 수사黃海水使 소관이며 의주義州 고정주古靜州에서 초기하는 제4거 직봉의 봉수로 최종 무악서봉毋嶽西烽에 응하였다.

이상 지지地誌의 기록과 달리 최근 발굴된 봉수일기烽燧日記를 통해 주지곶봉수를 포함한 당시 연안도호부 소속 5봉수[1]의 운용상황을 소개하고자 한다. 일기는 연안겸임신계현령延安兼任新溪縣令 조趙 아무개가 철종 28년(1891) 정월 초1일 관찰사觀察使에게 해서체와 이두로 보고한 오봉수五烽燧 풍변일기風變日記이다. 총 2매로 이루어져 있는데 앞면은 연안겸임신계현령이 첩보하는 일로서 지난 12월 초하루 내 본부의 5봉수 풍변일기를 책으

---

1) 당시 연안도호부에는 走之串 · 定山 · 看月山 · 白石山 · 角山 등 5기의 烽燧가 있었다.

로 꾸며 올리는 일이며, 첩정하는 것을 살펴 시행하여 달라는 내용이다. 수신자와 첩보 연월일 및 보고자가 쓰여 있으며 관인官印이 3개 찍혀 있다. 후면 역시 앞면과 같은 내용이다. 좌측 상부에 횡橫으로 작게 12월 한 달 30일을 초1일~초10일, 11일~30일 등으로 구분하여 기록하였다. 또한, 해당 일별로 기상상태에 따라 횡선을 그은 후 종縱으로 크게 청일거서풍취晴一炬西風吹, 청일거북풍취晴一炬北風吹, 운암동풍취雲暗東風吹 등으로 기록하였다.

〈원문1〉(사진 1)
延安兼任新溪縣令爲牒報事 去十二月朔內本府五燧燧風變
日記成册修正上事爲臥乎事是良旀合行牒呈伏請
照險施行須至牒呈者

右 牒 呈
觀 察 使

光緒十七年正月初一日行縣令趙 (着銜[2])
牒報

〈원문2〉(사진 2)
延安兼任新溪縣令牒報事 去十二月朔內本府五烽燧風(變日)
記呈後開報爲臥乎事是良旀含行牒呈伏請
照驗施行須至牒呈者

---

2) 着銜에서 銜이란 상급기관에 보고나 아뢰는 글에서 자신의 署押(싸인)을 매우 작게 기재하는 것을 말한다. 착함이란 '함을 두다. 함을 기재하다' 의 의미이다.

地誌와 古地圖로 본
北韓의 烽燧

사진 1 _ 연안겸임신계현령 첩정

사진 2 _ 연안겸임신계현령 오봉수 풍변일기

右牒呈

觀察使

光緒十七年正月初一日 行縣令趙 (着銜)

牒報

平山聲串烽燧果本府五烽燧良中次傳火炬數白川鳳在山相準

十二月 初一日

初二日

初三日

初四日

初五日 晴一炬西風吹

初六日

初七日

初八日

初九日

初十日

十一日

十二日

十三日

十四日

十五日 晴一炬北風吹

十六日

十七日

十八日

十九日

二十日

二十一日 雲暗東風吹

二十二日

二十三日

二十四日 晴一炬北風吹

二十五日

二十六日

二十七日

二十八日

二十九日

三十日

주지곶봉수의 표기 형태는 『朝鮮後期 地方地圖』의 「延安府地圖」(奎 10540)에 해안에 인접하여 연대煙臺와 상부 연통煙筒 형태로 표기되어 있다. 이하 연안도호부 소재의 봉수는 모든 동일한 표기형태이다.

36. 연안 정산봉수延安 定山烽燧

『世宗實錄』地理志에 황해도黃海道 연안도호부延安都護府 소재 봉화烽火 5 처 중 1처로서 남으로 간월看月에 응한다고 하였다. 『新增東國輿地勝覽』과 『東國輿地志』에는 북으로 주지곶走之串에 응하는 노선이 신설되었다. 『輿地圖書』에는 부의 남쪽 32리에 있다. 북과 남으로 응하는 대응봉수의 변동이 없이 유지되었다. 『增補文獻備考』에는 황해 수사黃海水使 소관이며 의주義州 고정주古靜州에서 초기하는 제4거 직봉의 봉수로 최종 무악서봉毋嶽西烽에 응하였다.

37. 연안 간월산봉수延安 看月山烽燧

황해남도의 남동부에 위치한 연안군 간월산에 있다. 남동편으로 강화만을 사이에 두고 인천광역시 강화군 소재 봉수와 가까운 거리에서 대응했다.

『世宗實錄』地理志에 황해도黃海道 연안도호부延安都護府 소재 봉화烽火 5 처 중 1처로서 동으로 백석산白石山에 응하였다. 『新增東國輿地勝覽』과 『東國輿地志』에는 부의 남쪽 33리에 있는데 북으로 정산定山에 응하는 노선이 신설되어 이후 『輿地圖書』에도 대응봉수의 변동이 없이 유지되었다.

『增補文獻備考』에는 간월看月로 표기되어 황해 수사黃海水使 소관이며 의주義州 고정주古靜州에서 초기하는 제4거 직봉의 봉수로 정산에서 보내는 신호를 받아 백석산에 응하였다. 또한, 제4거 간봉(3)노선이 초기하는 봉수로서 교동 수정산에 응하였다.

38. 연안 백석산봉수延安 白石山烽燧

『世宗實錄』地理志에 황해도黃海道 연안도호부延安都護府 소재 봉화烽火 5처 중 1처로서 동으로 각산角山에 응하였다. 『新增東國輿地勝覽』과 『東國輿地志』에는 부의 남쪽 20리에 있는데 서로 간월산看月山에 응하는 노선이 신설되어 이후 『輿地圖書』에도 대응봉수의 변동이 없이 유지되었다. 『大東地志』에는 남南 20리라 하였다. 『增補文獻備考』에는 황해 수사黃海水使 소관이며 의주義州 고정주古靜州에서 초기하는 제4거 직봉의 봉수로서 최종 무악서봉毋嶽西烽에 응하였다.

39. 연안 각산봉수延安 角山烽燧

황해남도의 남동부에 위치한 연안군 각산에 있다. 남동편으로 강화만을 사이에 두고 인천광역시 강화군 소재 봉수와 가까운 거리에서 대응했다.

『世宗實錄』地理志에 황해도黃海道 연안도호부延安都護府 소재 봉화烽火 5처 중 1처로서 동으로 백천白川 차자산車子山, 남으로 경기京畿 교동喬桐 주산主山에 응하였다. 『新增東國輿地勝覽』에는 봉수가 각산진角山津의 상부에 소재하며 동으로 봉재산鳳在山, 남으로 수정산修井山 등으로 각각 대응봉수의 변동이 있었다. 『東國輿地志』에는 부의 동쪽 35리에 있다. 서로 백석산白石山, 동으로 백천군 봉재산, 남으로 경기 교동현 수정산에 응한다. 하여 이전 시기와 달리 서로 응하는 노선이 신설되었다. 『大東地志』에는 동남東南 30리. 고현해천孤玄海遷이라 하였다.

『增補文獻備考』에는 황해 수사黃海水使 소관이며 의주義州 고정주古靜州에서 초기하는 제4거 직봉의 봉수로 백석산에서 보내는 신호를 받아 봉재산에 응하였다. 또한, 제4거 간봉(3)의 교동 수정산에서 보내는 신호를 받아 봉재산에 응하기도 하였다.

40. 평산 독발산봉수平山 禿鉢山烽燧

『世宗實錄』地理志에 황해도黃海道 평산도호부平山都護府 소재 봉화烽火 4처 중 1처로서 부의 북쪽에 소재하며 남으로 봉자산奉子山, 북으로 서흥瑞興 회산回山에 응한다고 하였다. 『輿地圖書』에는 부의 북쪽 39리 안성면安城面에 있다고 하였다. 『增補文獻備考』에는 황해 병사黃海兵使 소관으로 강계江界 여둔대餘屯臺에서 초기하는 제3거 직봉의 봉수로서 최종 무악동봉毋嶽東烽에 응하였다.

『朝鮮後期 地方地圖』의 『平山府地圖』(奎10529)에는 산정에 푸른색과 붉은색으로 길쭉하게 표현된 연대煙臺 좌우에 횡으로 육지독발산봉대陸地禿鉢山烽臺라 쓰여 있다. 이를통해 봉수가 육지 내륙에 위치한 내지봉수內地烽燧임을 알 수 있다. 아울러 이하 평산부 소속의 봉수는 위치에 따라 명칭 앞에 육지陸地・해변海邊의 표기를 통해 성격을 명확히 하고 있는 특징이 있다.

지도 20 _ 평산 독발산봉수

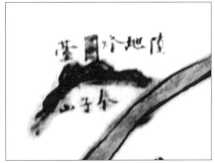

지도 21 _ 평산 봉자산봉수

41. 평산 봉자산봉수平山 奉子山烽燧

『世宗實錄』地理志에 황해도黃海道 평산도호부平山都護府 소재 봉화烽火 4처 중 1처로서 부의 북쪽에 소재하며 남으로 남산南山에 응하였다. 『新增東國輿地勝覽』과 『東國輿地志』에는 북으로 독발산禿鉢山에 응하는 노선이 신설되었다. 『輿地圖書』에도 부의 북쪽 21리 서봉면西峯面에 소재하며 대응봉수의 변동이 없이 유지되었다. 『增補文獻備考』에는 황해 병사黃海兵使 소관이며 강계江界 여둔대餘屯臺에서 초기하는 제3거 직봉의 봉수로 최종 무악동봉毋嶽東烽에 응하였다.

『朝鮮後期 地方地圖』의 『平山府地圖』(奎10529)에는 산정에 연대煙臺 형태로 표기 후 좌우에 횡으로 육지봉대陸地烽臺라 쓰여 있다. 이를통해 봉수가 육지 내륙에 위치한 내지봉수內地烽燧임을 알 수 있다.

42. 평산 남산봉수平山 南山烽燧

『世宗實錄』地理志에 황해도黃海道 평산도호부平山都護府 소재 봉화烽火 4처 중 1처로서 남으로 강음江陰 성산城山에 응하였다. 『新增東國輿地勝覽』과 『東國輿地志』에는 부의 남쪽 3리에 있으며 북으로 봉자산奉子山에 응하는 노선이 신설되었다. 『輿地圖書』에는 북으로 봉자산, 남으로 금천군金川郡 성산城山에 응한다고 하였다. 『大東地志』에는 봉수의 소재지를 남리南里로 표기하였다. 『增補文獻備考』에는 황해 병사黃海兵使 소관으로 강계江界 여둔대餘屯臺에서 초기하는 제3거 직봉의 봉수로 최종 무악동봉毋嶽東烽에 응하였다.

『朝鮮後期 地方地圖』의 『平山府地圖』(奎10529)에는 읍치邑治와 인접한 남산에 연대煙臺 형태로 표기 후 좌우 횡으로 봉대烽臺라 쓰여 있다.

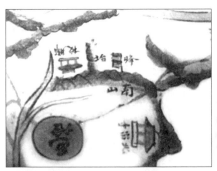

| 지도 22 _ 평산 남산봉수 | 지도 23 _ 평산 성의곶봉수 |

43. 평산 성의곶봉수平山 聲衣串烽燧

『世宗實錄』地理志에 황해도黃海道 평산도호부平山都護府 소재 봉화烽火 4처 중 1처로서 남으로 해주海州 피곶皮串, 동으로 연안延安 주지곶走之串에 응하였다. 이후『新增東國輿地勝覽』과『東國輿地志』및『輿地圖書』에는 성곶봉수聲串烽燧 명으로 부의 남쪽 120리에 있으며 대응봉수의 변동이 없이 유지되었다. 『여지도서』에는 봉수가 도하면道下面에 소재한다고 하였다. 『增補文獻備考』에는 성곶聲串으로 표기되어 황해 수사黃海水使 소관이며 의주義州 고정주古靜州에서 초기하는 제4거 직봉의 봉수로 최종 무악서봉母嶽西烽에 응하였다.

『朝鮮後期 地方地圖』의「平山府地圖」(奎10529)에는 여러개의 봉우리가 이어지는 산능선에 연대煙臺 형태로 표기 후 좌우에 종으로 해변성의곶봉대海邊聲衣串烽臺라 쓰여 있다. 이를통해 봉수가 해안에 위치한 연변봉수沿邊烽燧임을 알 수 있다.

44. 백천 봉자산봉수白川 奉子山烽燧

『世宗實錄』地理志에 황해도黃海道 백천군白川郡 소재 봉화烽火 2처 중 1처로서 군의 남쪽에 소재하며 동으로 미타산彌陀山, 서로 연안延安 각산角山에 응한다고 하였다. 『新增東國輿地勝覽』에는 동으로 미라산彌羅山, 서로 연안부 각산에 응하였다. 이후 발간된 『東國輿地志』에 봉재산봉수鳳在山烽燧로 명칭의 변동 후 지속적으로 봉재산으로 호칭되었다. 『輿地圖書』에도 대응봉수의 변동이 없이 유지되었으며, 봉수감관烽燧監官 3인, 군군軍 25명, 보保 75명이 배속되어 있었다. 『增補文獻備考』에는 황해 수사黃海水使 소관이며 의주義州 고정주古靜州에서 초기하는 제4거 직봉의 봉수로서 최종 무악서봉母嶽西烽에 응하였다.

『朝鮮後期 地方地圖』의 「白川郡地圖」(奎10553)에는 이하 모든 봉수가 산정에 성곽城郭의 여장 형태로 표기 후 봉대烽臺로 쓰여 있다.

45. 백천 미타산봉수白川 彌陀山烽燧

『世宗實錄』地理志에 황해도黃海道 백천군白川郡 소재 봉화烽火 2처 중 1처로서 군의 남북간에 소재하며 동으로 개성開城 서강신당西江神堂에 응한다고 하였다. 『新增東國輿地勝覽』과 『東國輿地志』에는 미라산봉수彌羅山烽燧 명으로 군의 동쪽 30리에 있다. 동으로 부모리夫毛里, 서로 봉재산鳳在山에 응한다고 하였다. 『輿地圖書』에는 동일 명칭으로 벽란도碧瀾渡의 상부에 있으며 동으로 개성부開城府 송악산松岳山에 응하는 대응봉수가 신설되었다. 봉수감관烽燧監官 3인, 군군軍 25명, 보保 75명이 배속되어 있었다. 『大東地志』에는 미라산 명으로 고성古城 내에 있다고 하여 산성 내에 소재하는 봉수였음을 알 수 있다. 『增補文獻備考』에는 황해 수사黃海水使 소관이며 의

지도 24 _ 백천 봉자산봉수	지도 25 _ 백천 미타산봉수

주義州 고정주古靜州에서 초기하는 제4거 직봉의 봉수로 최종 무악서봉毋嶽
西烽에 응하였다.

『朝鮮後期 地方地圖』의 「白川郡地圖」(奎10553)에는 산 아래에 종으로 굵
게 미라산彌羅山이라 쓴 산정에 성곽城郭의 여장 형태로 표기 후 좌우측에
걸쳐 봉대烽臺로 썼다. 아울러 좌측의 산 사면으로는 관官으로부터의 거리
가 쓰여 있다.

46. 백천 부모리봉수白川 夫毛里烽燧

『新增東國輿地勝覽』에 황해도黃海道 백천군白川郡 소재 봉수 3처 중 1처
로서 군의 동쪽 35리에 소재하며 동으로 개성부開城府 신당神堂, 서로 미라
산彌羅山에 응한다고 하였다. 『東國輿地志』에도 대응봉수의 변동이 없이
유지되었으나 곧 철폐되었다.

47. 강음 성산봉수江陰 城山烽燧

『世宗實錄』 地理志에 황해도黃海道 강음현江陰縣 소재 봉화烽火로서 현의

동쪽에 소재하며 북으로 평산平山 남산南山, 동으로 개성開城 송악산松嶽山에 응한다고 하였다. 『新增東國輿地勝覽』과 『東國輿地志』에는 북으로 평산부 남산, 남으로 개성부 송악산松岳山 국사당國師堂에 응한다고 하였다. 『輿地圖書』에는 고성산古城山 명으로 황해도 김천군金川郡에 속하여 군의 서쪽 20리에 있다. 북으로 평산 남산봉수, 남으로 송도松都 송악산봉수와 응한다고 하였다. 『大東地志』에는 봉수가 고성古城내에 있다고 하였다. 『增補文獻備考』에는 황해 병사黃海兵使 소관으로 강계江界 여둔대餘屯臺에서 초기하는 제3거 직봉의 봉수로 최종 무악동봉毋嶽東烽에 응하였다.

48. 풍천 고리곶봉수豊川 古里串烽燧

『世宗實錄』 地理志에 황해도黃海道 풍천군豊川郡 소재 봉화烽火 2처 중 1처로서 군의 서쪽에 소재하며 남으로 장연長淵 궤곶几串, 북으로 본 군의 소산所山에 응한다고 하였다. 당시 풍천군 소재 고리곶·소산 등 2기의 봉수에는 烽火軍 7명이 배속되어 있었다. 『輿地圖書』에는 황해도 풍천부에 속하여 부의 남쪽 20리 유산방遊山坊에 있으며 북과 남으로 응하는 대응봉수의 변동이 없이 유지되었다. 봉수감관烽臺監官 3인, 봉군烽軍 25명, 보保 125명이 배속되어 있었다. 『增補文獻備考』에는 황해 수사黃海水使 소관이며 의주義州 고정주古靜州에서 초기하는 제4거 직봉의 봉수로서 최종 무악서봉毋嶽西烽에 응하였다.

49. 풍천 소산봉수豊川 所山烽燧

『世宗實錄』 地理志에 황해도黃海道 풍천군豊川郡 소재 봉화烽火 2처 중 1처로서 군의 북쪽에 소재하며 동으로 은율殷栗 건지산巾之山에 응한다고 하였다. 당시 풍천군 소재 고리곶·소산 등 2기의 봉수에는 봉화군烽火軍 7명이 배속되어 있었다. 『新增東國輿地勝覽』과 『東國輿地志』에는 풍천도호부의 북쪽 30리에 있다. 북으로 은율현 건지산, 서로 고리곶에 응한다고 하였다. 『輿地圖書』에는 풍천부의 북쪽 40리 인풍방仁風坊에 있다 하였으며 봉수감관烽臺監官 3인, 봉군烽軍 25명, 보保 125명이 배속되어 있었다. 『大東地志』에는 사포진沙浦鎭 북쪽에 있다고 하였다. 『增補文獻備考』에는 황해수사黃海水使 소관으로 의주義州 고정주古靜州에서 초기하는 제4거 직봉의 봉수이며 최종 무악서봉毋嶽西烽에 응하였다.

50. 은율 건지산봉수殷栗 巾之山烽燧

『世宗實錄』地理志에 황해도黃海道 은율현殷栗縣 소재 봉화烽火로서 현의 북쪽에 소재하며 서로 풍천豊川 소산所山, 동으로 안악安岳 감적甘積에 응한다고 하였다. 『輿地圖書』에는 동과 서로 대응봉수의 변동이 없이 유지되었으며 봉수감관烽燧監官 3인, 봉군호보烽軍戶保 100명이 배속되어 있었다.

지도 26 _ 은율 건지산봉수

지도 27 _ 장연 금음복지봉수

『大東地志』에는 건지산乾止山으로 표기되어 있다. 『增補文獻備考』에는 황해 수사黃海水使 소관이며 의주義州 고정주古靜州에서 초기하는 제4거 직봉의 봉수로 최종 무악서봉毋嶽西烽에 응하였다.

　『朝鮮後期 地方地圖』의 「殷栗縣地圖」(奎10550)에는 특별한 표기 없이 산정 좌우에 횡으로 건지산봉대乾止山烽臺의 명칭만 쓰여 있다.

51. 장연 금음복지봉수長連 今音卜只烽燧

　『世宗實錄』地理志에 황해도黃海道 장연현長連縣 소재 봉화烽火로서 현의 북쪽에 소재하며 남으로 안악安岳 적산積山, 북으로 평안도平安道 삼화三和 신영강新寧江에 응한다고 하였다. 『新增東國輿地勝覽』에는 금음복산今音卜山 명칭으로 대응봉수의 변동이 없이 유지되었다. 『輿地圖書』에는 현의 북쪽 10리 현내방縣內坊에 있다 하였으며 봉군烽軍 25명, 보保 75명, 봉대감관烽臺監官 3인이 배속되어 있었다. 『增補文獻備考』에는 금복지今卜只 명칭으로 황해 수사黃海水使 소관이며 의주義州 고정주古靜州에서 초기하는 제4거 직봉의 봉수로 최종 무악서봉毋嶽西烽에 응하였다.

　『朝鮮後期 地方地圖』의 「長連縣地圖」(奎10557)에는 산 아래 금음복산今音卜山이라 쓰여진 산정에 와가瓦家 형태로 표기 후 우측에 종으로 봉대烽臺라 쓰여 있다.

52. 수안 요동산봉수遂安 遼東山烽燧

　황해북도 수안군의 진산인 해발 547m의 요동산遼東山 정상에 있던 봉수이다.

지도 28 _ 수안 요동산봉수　　　　　　　지도 29 _ 수안 마지암산봉수

『東國輿地志』황해도黃海道 수안군遂安郡의 고적古蹟에 군의 동쪽 2리에 있다고만 할 뿐 대응봉수의 언급이 없고 고적에 명기한 것을 통해 일찍 철폐되어진 것으로 여겨진다.

『朝鮮後期 地方地圖』의 「遂安郡文山鎭地圖」(奎10522)에는 산 아래 요동산遼東山이라 쓰여진 산 우측 사면에 종으로 봉대고기烽臺古基라 쓰여 있다.

53. 수안 마지암산봉수遂安 馬之巖山烽燧

『東國輿地志』황해도黃海道 수안군遂安郡의 고적古蹟에 군의 북쪽 60리에 있다고만 할 뿐 대응봉수의 언급이 없고 고적조에 명기한 것을 통해 일찍 철폐되어졌다.

『朝鮮後期 地方地圖』의 「遂安郡地圖」106(奎10533)에는 산 아래 연대봉延大峯이라 쓰여진 산 우측 사면에 종으로 봉대고기烽臺古基라 쓰여 있다. 비록 봉수 명칭은 알 수 없으나, 최초 지지의 기록과 고지도상 치소와의 거리가 일치함으로 마지암산봉수로 여겨진다.

03 平安道

1. 평양 잡약산봉수 平壤 雜藥山烽燧

잡약산은 평양시 보통강구역 락원동 북쪽의 봉화산 남쪽에 있는 산이다. 옛날 이곳에 갖가지 약초가 많아 그것을 채취하여 여러 가지 약을 제조하였다고 한다.

『世宗實錄』 地理志(1454)에 평안도平安道 평양부平壤府 소재 봉화烽火 4처 중 1처인 잡약산봉화雜藥山烽火 명칭으로 북으로 부이산斧耳山에 응하였다. 『新增東國輿地勝覽』(1530)에는 작약산봉수作藥山烽燧 명으로 부의 서쪽 14리

지도 1 _ 평양 잡약산봉수

에 있다. 남으로 소질당점所叱堂岵, 북으로 부산斧山에 응하였다. 『輿地圖書』(1760)에는 잡약산봉수雜藥山烽燧 명으로 부의 서쪽 15리에 있다. 북으로 부산봉수, 남으로 주사봉수晝寺烽燧에 응한다 하여 시대별로 남으로 응하는 대응봉수의 변동이 심했다. 『大東地志』(1864)에는 서쪽 14리에

있는 육로봉수陸路烽燧로 소개하고 있어 성격상 내지봉수內地烽燧 였음을 알 수 있다. 『增補文獻備考』(1908)에는 평안 감사平安監司 소관으로 강계江界 여 둔대餘屯臺에서 초기하는 제3거 직봉의 봉수이며 최종 무악동봉毋嶽東烽에 응하였다.

『朝鮮後期 地方地圖』(1872)의 「平壤地圖」(古 4709-111 v.3)에는 이하 모든 봉 수가 산정에 작은 촛불 형태로 표기 후 명칭이 쓰여 있다.

『朝鮮寶物古蹟調査資料』(1942)에는 평안남도 대동군 용산면 봉수리. 잡 약산봉수라 칭한다. 산정에는 계단을 위한 석원石垣이 부분적으로 남아 있 다고 하였다.

2. 평양 빈당점봉수平壤 賓堂岾烽燧

『世宗實錄』地理志에 평안도平安道 평양부平壤府 소재 봉화烽火 4처 중 1처 로서 남으로 주사晝寺, 북으로 잡약산雜藥山에 응하여 한동안 유지되었으나, 곧 철폐되었다.

3. 평양 부이산봉수平壤 斧耳山烽燧

평안남도 대동군 부산면 학산리와 서천면 삼봉리 경계의 해발 165m인 봉수산烽燧山에 위치하고 있다.

『世宗實錄』地理志에 평안도平安道 평양부平壤府 소재 봉화烽火 4처 중 1 처인 부이산봉화斧耳山烽火 명칭으로 북으로 순안順安 독자산獨子山에 응하 였다. 『新增東國輿地勝覽』에는 부산봉수斧山烽燧 명으로 남으로 작약산作 藥山에 응하는 노선이 신설되었다. 『大東地志』에는 부산斧山 명의 북쪽 30

리에 있는 육로봉수陸路烽燧로 소개하고 있어 성격상 내지봉수內地烽燧 였음을 알 수 있다. 『增補文獻備考』에는 평안 감사平安監司 소관으로 강계江界 여둔대餘屯臺에서 초기하는 제3거 직봉의 봉수로 최종 무악동봉毋嶽東烽에 응하였다.

『朝鮮寶物古蹟調査資料』에는 평안남도 대동군 부산면 학산리와 서천면 삼봉리 경계에 소재하는 부산봉수斧山烽燧 명으로 고반동高半洞 부락의 서쪽 방향으로 약 250칸 산정에 있다. 높이 약 3척의 석루石壘가 온전하다고 하였다.

4. 평양 주사봉수平壤 晝寺烽燧

『世宗實錄』의 地理志에 평안도平安道 평양부平壤府 소재 봉화烽火 4처 중 1처로서 남으로 중화中和 신주원神主院에 응하였다. 『新增東國輿地勝覽』에는 주사산봉수晝寺山烽燧 명으로 부의 남쪽 26리에 있다. 남으로 중화군 운봉산雲峯山, 북으로 소질당점所叱堂岾에 응하였다. 『輿地圖書』에는 주사봉수晝寺烽燧 명으로 부의 남쪽 25리에 있다. 북으로 잡약산봉수雜藥山烽燧, 남으로 중화 운봉산봉수에 응한다고 하여 이전의 북으로 응하였던 소질당점이 폐지되고 대신 잡약산봉수에 응하는 노선이 신설되었다. 『大東地志』에는 주사산 명의 남쪽 26리에 있는 육로봉수陸路烽燧로 소개하고 있다. 『增補文獻備考』에는 평안 감사平安監司 소관의 강계江界 여둔대餘屯臺에서 초기하는 제3거 직봉의 봉수로 최종 무악동봉毋嶽東烽에 응하였다.

『朝鮮寶物古蹟調査資料』에는 평안남도 대동군 용연면 소리. 주사산봉수라 칭한다. 동同 산정에 2단의 계단階段이 잔존한다. 일부는 소리공동묘지로 이용되고 있다고 하였다.

5. 평양 소질당점봉수平壤 所叱堂岾烽燧

『新增東國輿地勝覽』과 『東國輿地志』에 평안도平安道 평양부平壤府의 부성내府城內에 소재하며 남으로 주사산畫寺山, 북으로 작약산作藥山에 응한다고 하였다. 이후 곧 철폐되었다.

6. 평양 불곡봉수平壤 佛谷烽燧

『新增東國輿地勝覽』과 『東國輿地志』에 평안도平安道 평양부平壤府에 속하여 부의 서쪽 100리에 있다. 북으로 영유현永柔縣 대선곶大船串, 남으로 마항馬項에 응하였다. 『大東地志』에는 봉수에 불곡산佛谷山 명의 수로봉수水路烽燧로 소개하고 있다. 이를통해 봉수성격상 연변봉수沿邊烽燧임을 알 수 있다. 『輿地圖書』에는 석북연대石北烟臺 명으로 부의 서쪽 110리에 있다. 북으로 영유현 대선곶연대大船串烟臺, 남으로 마항연대馬項烟臺에 응하였다. 『增補文獻備考』에는 삼화방어사三和防禦使 소관이며 의주義州 고정주古靜州에서 초기하는 제4거 직봉의 불곡佛谷 명으로 세주에 읍지邑誌에는 석북으로 되어 있다고 하였다.

7. 평양 마항봉수平壤 馬項烽燧

『新增東國輿地勝覽』과 『東國輿地志』에 평안도平安道 평양부平壤府에 속하여 부의 서쪽 96리에 있다. 북으로 불곡佛谷, 남으로 가막加幕에 응하였다. 『輿地圖書』에는 마항연대馬項烟臺 명으로 북으로 이전의 불곡에서 석북연대石北烟臺, 남으로 이전의 가막대신 철화연대鐵和烟臺에 응하는 등 노선의 변동이 있었다. 『大東地志』에는 수로봉수水路烽燧로 소개하고 있어 봉수성격상 연변봉수沿邊烽燧임을 알 수 있다. 『增補文獻備考』에는 삼화방어사三和防禦使 소관이며 대응봉수는 최종 불곡에서 보내는 신호를 받아 철화에 응하였다. 의주義州 고정주古靜州에서 초기하는 제4거 직봉의 봉수로 최종 무악서봉母嶽西烽에 응하였다.

8. 평양 가막봉수平壤 加幕烽燧

『新增東國輿地勝覽』과 『東國輿地志』에 평안도平安道 평양부平壤府에 속하여 부의 서쪽 98리에 있다. 북으로 마항馬項, 남으로 철화鐵和에 응한다고 하였다. 이후 곧 철폐되었다.

9. 평양 철화봉수平壤 鐵和烽燧

『新增東國輿地勝覽』과 『東國輿地志』에 평안도平安道 평양부平壤府에 속하여 부의 서쪽 99리에 있다. 북으로 가막加幕, 남으로 증산현甑山縣 토산兎山에 응하였다. 『輿地圖書』에는 철화연대鐵和烟臺 명으로 부의 서쪽 120리에 있다. 북으로 마항연대馬項烟臺, 남으로 증산현 토산연대兎山烟臺에 응한다고 하여 북으로 응하는 대응봉수의 변동이 있었다. 『大東地志』에는 증산甑山과 해변海邊을 경계로 하는 수

지도 2 _ 평양 철화봉수

로봉수水路烽燧로 소개하고 있어 봉수성격상 연변봉수沿邊烽燧임을 알 수 있다.『增補文獻備考』에는 삼화방어사三和防禦使 소관이며 의주義州 고정주古靜州에서 초기하는 제4거 직봉의 봉수로 최종 무악서봉毋嶽西烽에 응하였다.

『朝鮮後期 地方地圖』의「甑山縣地圖」(奎10586)에는 산 능선에 촛불 형태로 표기 후 상부에 종으로 평양철화연대平壤鐵和烟臺라 쓰여 있다. 표기상 봉수의 거화기능을 강조한 형태이다.

10. 평양 수화산봉수平壤 秀華山烽燧

『輿地圖書』에 수화산연대秀華山烟臺 명으로 평안도平安道 평양부平壤府에 속하여 부의 서쪽 90리에 있다. 서로 마항연대馬項烟臺, 동으로 승금산연대承今山烟臺에 응하였다.『大東地志』에는 봉수에 서쪽 70리에 있다. 간봉間烽으로 단지 순영巡營에만 알린다고 하였다.『增補文獻備考』에는 제4거 간봉(1)의 봉수로 소개되어 있다.

『朝鮮寶物古蹟調査資料』에는 평안남도 평원군 덕산면 유촌리. 수화산봉수라 칭한다. 산정에 방형의 석루石壘가 잔존한다고 하였다.

11. 평양 승금산봉수平壤 承今山烽燧

평안남도 대동군 남형제산면 노포리와 와우리 경계의 해발 132m인 승령산承嶺山에 위치하고 있다.

『輿地圖書』에 승금산연대承今山烟臺 명으로 평안도平安道 평양부平壤府에 속하여 부의 서쪽 30리에 있다. 서로 수화산연대秀華山烟臺, 동으로 잡약산봉수雜藥山烽燧에 응하였다.『大東地志』에는 간봉間烽으로 단지 순영巡營에만 응한 것으로 기록하였다.『增補文獻備考』에는 제4거 간봉(1)의 봉수로 소개되어 있다.

『朝鮮寶物古蹟調査資料』에는 평안남도 대동군 남형제산면 노포리와 와우리 경계에 소재하는 봉수로서 승금산봉수라 칭한다. 산정에 계단_{階段}이 잔존한다고 하였다.

12. 중화 신주원봉수中和 神主院烽燧

『世宗實錄』地理志에 평안도_{平安道} 중화군_{中和郡} 소재 봉화_{烽火}로서 남으로 황해도_{黃海道} 황주_{黃州} 천주산_{天柱山}, 북으로 평양_{平壤} 주사_{畫寺}에 응하였다. 이후 곧 철폐되었다.

13. 중화 운봉산봉수中和 雲峯山烽燧

『新增東國輿地勝覽』과『東國輿地志』에 평안도_{平安道} 중화군_{中和郡}에 속하여 북으로 평양부_{平壤府} 주사산_{畫寺山}, 남으로 황해도_{黃海道} 황주_{黃州} 천주산_{天柱山}에 응하였다.『輿地圖書』에는 평안도 중화부에 속하여 부의 서쪽 3리에 있다. 남으로 황주 천주산봉수와 30리, 북으로 평양 주사산봉수와 25리에 응하였다. 당시 중화군에 속한 운봉산봉수와 해망봉수에는 봉군_{烽軍} 7명, 보_保 14명이 입번_{入番} 하였다.『增補文獻備考』에는 평안 감사_{平安監司} 소관으로 강계_{江界} 여둔대_{餘屯臺}에서 초기하는 제3거 직봉의 봉수로 최종 무악동봉_{母嶽東烽}에 응하였다.

14. 중화 해망봉수 中和 海望烽燧

평양특별시 강남군 해압면의 해발 332m인 해구산 海鷗山에 위치하고 있다. 지형상 봉수가 위치한 서쪽으로는 대동강 大同江에 바로 인접하고 있다.

『興地圖書』에 평안도 平安道 중화부 中和府에 속하여 해압산 海鴨山에 있다. 지금은 철폐되었다고 하였다. 중화군에 속한 운봉산봉수와 해망봉수에는 봉군 烽軍 7명, 보保 14명이 입번 入番 하였다.

15. 순안 독자산봉수 順安 獨子山烽燧

『世宗實錄』地理志에 평안도 平安道 순안현 順安縣 소재 봉화 烽火로서 현의 서쪽에 있다. 남으로 평양 平壤 부이산 斧耳山, 북으로 영유 永柔 래두산 來頭山에 응하였다. 『新增東國輿地勝覽』에는 남으로 평양부 부산, 북으로 영유현 미두산 米頭山에 응한다고 하여 남과 북으로 응하는 대응봉수의 노선은 동일하나 명칭표기의 차이가 있다. 『輿地圖書』에도 현의 서쪽 15리에 있는데 북과 남으로 응하는 대응봉수의 변동이 없이 유지되었다. 『增補文獻備考』에는 평안 감사 平安監司 소관으로 강계 江界 여둔대 餘屯臺에서 초기하는 제3거 직봉의 봉수로 최종 무악동봉 母嶽東烽에 응하였다.

『朝鮮後期 地方地圖』의 『順安地圖』(奎10566)에는 서해와 인접한 독자산 獨子山 정상에 와가 瓦家 형태로 표기 후 우측에 종으로 봉수산 烽燧山이라 쓰여 있다.

『朝鮮寶物古蹟調査資料』에는

지도 3 _ 순안 독자산봉수

평안남도 평원군 양화면 상림리. 독자산봉수라 칭한다. 산정에 원형의 석루石壘가 잔존한다고 하였다.

16. 순안 서금강산봉수順安 西金剛山烽燧

평안남도 평원군의 해발 253m인 금강산金剛山에 위치하고 있다.

최초 지지의 기록은 『大東地志』로서 평안도平安道 순안順安 봉수에 서북으로 20리에 있으며 본읍本邑에만 알린다고 하였다. 『增補文獻備考』에는 금강산 명의 제4거 간봉(1)에 속한 봉수로 소개되어 있다.

17. 증산 탄곶입소봉수甑山 炭串立所烽燧

『世宗實錄』 地理志에 평안도平安道 증산현甑山縣 소재 봉화烽火로서 현의 서쪽에 있다. 남으로 함종咸從 오곶입소吾串立所, 북으로 평양平壤 불곡佛谷에 응하였다. 이후 곧 철폐되었다.

18. 증산 토산봉수甑山 兎山烽燧

『新增東國輿地勝覽』과 『東國輿地志』에 평안도平安道 증산현甑山縣에 속하여 현의 서쪽 14리에 있다. 남으로 함종현咸從縣 초도草島, 북으로 평양부平壤府 철화鐵和에 응하였다. 『輿地圖書』에는 망해 토산연대望海兎山烟臺 명으로 현의 서쪽 14리에 있다. 남으로 함종 오곶연대吾串烟臺와 24리, 북으로 평양 철화연대鐵和烟臺와 25리에 응한다고 하여 남으로 응하는 대응봉수의

변동이 있었다. 봉수성격상 바다를 조망하는 연변봉수沿邊烽燧 였음을 알
수 있다. 『增補文獻備考』에는 삼화방어사三和防禦使 소관이며 의주義州 고정
주古靜州에서 초기하는 제4거 직봉의 봉수로 최종 무악서봉毋嶽西烽에 응하
였다.

19. 증산 서산봉수甑山 西山烽燧

『大東地志』의 발간을 전후하여 신설되었다. 평안도平安道 증산甑山 봉수
에 다만 본읍本邑에만 알린다고 하였다. 『增補文獻備考』에는 제4거 간봉
(1)의 봉수로 소개되어 있다.

20. 함종 조사지봉수咸從 曹士地烽燧

『世宗實錄』地理志에 평안도平安道 함종현咸從縣 소재 봉화烽火 2처 중 1처
인 조사지봉화曹士地烽火 명칭으로 현의 서쪽에 소재하며 남으로 용강龍岡
소산입소所山立所, 북으로 오곶입소吾串立所에 응하였다. 『新增東國輿地勝
覽』과 『東國輿地志』에는 조사지봉수曹士池烽燧 명으로 현의 서쪽 23리에 있
다. 남으로 용강현 소산, 북으로 오곶에 응한다고 하였다. 『輿地圖書』에는
함종부에 속하여 증사지봉수潛士池烽燧 명으로 부의 서쪽 23리에 있다. 남으
로 용강현 소산봉수와 20리, 북으로 오곶봉수와 20리에 응한다고 하여 남
과 북으로 응하는 노선의 변동이 없이 유지되었다. 『增補文獻備考』에는
삼화방어사三和防禦使 소관이며 조사지漕士地 명칭으로 의주義州 고정주古靜州
에서 초기하는 제4거 직봉의 봉수이며 최종 무악서봉毋嶽西烽에 응하였다.

21. 함종 오곳입소봉수咸從 吾串立所烽燧

『世宗實錄』地理志에 평안도平安道 함종현咸從縣 소재 봉화烽火 2처 중 1처로서 북으로 증산甑山 탄곳입소炭串立所에 응하였다.『新增東國輿地勝覽』에는 오곳봉수吾串烽燧 명으로 북으로 초도草島, 남으로 조사지曹士池에 응하였다.『輿地圖書』에는 함종부의 서쪽 21리에 있다. 북으로 증산현 토산봉수兎山烽燧와 21리, 남으로 증사지봉수曾士池烽燧와 20리에 응한다고 하였다.『增補文獻備考』에는 삼화방어사三和防禦使 소관이며 오곳吾串 명칭으로 의주義州 고정주古靜州에서 초기하는 제4거 직봉의 봉수이며 최종 무악서봉毋嶽西烽에 응하였다.

22. 함종 굴영간봉봉수咸從 窟嶺間烽烽燧

『輿地圖書』에 평안도平安道 함종부咸從府에 속하여 부의 남쪽 5리에 있다. 서로 증사지봉수曾士池烽燧와 23리, 동으로 강서현江西縣 적림산봉수赤林山烽燧와 20리에 응하였다.『增補文獻備考』에는 굴영산窟嶺山 명칭으로 제4거 간봉(1)에 속한 봉수로 소개되어 있다.

23. 함종 초도봉수咸從 草島烽燧

황해남도 과일군 초도리 초도에 있다. 초도는 과일군의 북서단인 비파곳에서 남서쪽으로 약 6.8km 떨어져 있다. 이 섬은 황해남도의 섬 중에서 가장 큰 섬이며, 육지와 인접하고 있다. 주위에는 덕도·소발섬·명도·서도·고자섬·빠지섬·무불섬·솔문바위 등의 작은 섬들이 산재해 있다. 전체적으로 동서로 길며, 섬 중앙에 있는 나무거봉(350m)을 제외하면 대부분 200m 내외의 구릉지로 이루어져 있다.

『新增東國輿地勝覽』과 『東國輿地志』에 평안도平安道 함종현咸從縣에 속하여 현의 서쪽 27리에 있다. 북으로 증산현甑山縣 토산兎山, 남으로 오곶吾串에 응하였다. 이후 곧 철폐되었다.

24. 삼화 신영강봉수三和 新寧江烽燧

남포직할시 용강군 신영면 소강리 소재의 해발 226m인 산에 있는데 도상에는 봉대산烽臺山 혹은 연대산燃臺山으로 표기되어 있다. 지형상 서쪽으로 황해의 서한만과 바로 인접하여 있으며 남쪽으로는 바다를 경계로 은율군과 마주 보고 있다.

『世宗實錄』地理志에 평안도平安道 삼화현三和縣 소재 봉화烽火 2처 중 1처로서 현의 남쪽에 있다. 남으로 황해도黃海道 장연長連 검복檢卜, 북으로 현귀림곶縣貴林串에 응하였다. 『新增東國輿地勝覽』에는 남으로 황해도 장연현 금음복산今音卜山, 북으로 대당두산大堂頭山에 응한다고 하여 북으로 응하는 대응봉수 노선의 변동이 있었다. 이후 곧 철폐되었다.

『朝鮮寶物古蹟調査資料』에는 평안남도 용강군 신영면 소강리 소재의 신영강봉수 명칭으로 신영면사무소의 서남쪽으로 약 1리10정에 봉수대지가 확인되며 석원石垣이 잔존한다. 일반에게 신영강봉수라 칭해진다고 하였다.

25. 삼화 귀림곶입소봉수三和 貴林串立所烽燧

『世宗實錄』地理志에 평안도平安道 삼화현三和縣 소재 봉화烽火 2처 중 1처로서 현의 서쪽에 소재하며 북으로 용강龍岡 소산입소所山立所에 응하였다. 이후 곧 철폐되었다.

『朝鮮寶物古蹟調査資料』에는 평안남도 용강군 귀림면 금정리 금사산金沙山. 귀림면사무소의 서쪽으로 약 1리 해안 산정에 봉화대로 확인되는 석원石垣이 잔존한다. 일반에게 금사산봉수라 칭해진다고 하였다.

26. 삼화 대당두산봉수三和 大堂頭山烽燧

『新增東國輿地勝覽』과 『東國輿地志』에 평안도平安道 삼화현三和縣에 속하여 현의 서쪽 36리에 있다. 북으로 용강현龍岡縣 소산所山, 남으로 신영강新寧江에 응하였다. 『輿地圖書』에는 삼화부에 속하여 대당두산大唐頭山 해망연대海望烟臺 명으로 부의 서쪽 40리에 있다. 북으로 용강 소산연대所山烟臺와 35리, 동으로 본부本府 우산연대牛山烟臺와 35리에 응하였다. 『大東地志』에는 해변해망海邊海望 간봉間烽으로 소개하고 있다. 봉수의 성격은 이와 같은 명칭을 통해 연변봉수沿邊烽燧임을 뚜렷이 알 수 있다.

『朝鮮後期 地方地圖』의 「三和府地圖」(奎1053)에는 해안의 곶串에 작게 붉

지도 4 _ 삼화 대당두산봉수

지도 5 _ 삼화 우산해망봉수

은 원점圓點 형태로 표기 후 좌측에 종으로 대당두봉수大堂頭烽燧 명칭 및 대응봉수와의 상거 거리가 쓰여 있다.

27. 삼화 우산해망봉수三和 牛山海望烽燧

『興地圖書』에 평안도平安道 삼화부三和府에 속하여 우산牛山 해망연대海望烟臺 명으로 부의 남쪽 10리에 있다. 서로 본부本府 대당두산大唐頭山 해망연대海望烟臺와 35리, 남으로 황해도黃海道 장연長連 금음복산연대今音卜山烟臺와 대진大津을 사이에 두고 서로 10리에 응하였다. 『大東地志』에는 대당두산봉수와 함께 삼화부에 속한 2처 중 1처로 소개하고 있다. 『增補文獻備考』에는 삼화방어사三和防禦使 소관의 우산牛山 명으로 의주義州 고정주古靜州에서 초기하는 제4거 직봉의 봉수로 최종 무악서봉毋嶽西烽에 응하였다.

『朝鮮後期 地方地圖』의 「三和府地圖」(奎10593)에는 해안과 인접한 산정에 붉은 원점圓點 형태로 표기 후 산하에 횡으로 우산봉수牛山烽燧 명칭 및 대응봉수와의 상거 거리가 쓰여 있다.

28. 용강 소산입소봉수龍岡 所山立所烽燧

『世宗實錄』 地理志에 평안도平安道 용강현龍岡縣 소재 봉화烽火로서 현의 서쪽에 소재하며 남으로 삼화三和 귀림곶입소貴林串立所, 북으로 함종咸從 조사지입소曹士池立所에 응하였다. 『新增東國輿地勝覽』과 『東國輿地志』에는 소산봉수所山烽燧 명으로 현의 서쪽 32리에 있다. 북으로 함종현 조사지, 남으로 삼화현 대당두산大堂頭山에 응하였다. 『興地圖書』에는 소산연대所山烟臺 명으로 현의 서쪽 30리에 있으며 북과 남으로 대응하는 봉수의 변동이 없이 유지되었다. 『增補文獻備考』에는 삼화방어사三和防禦使 소관의 소산所山 명으로 의주義州 고정주古靜州에서 초기하는 제4거 직봉의 봉수로 최종 무악서봉母嶽西烽에 응하였다.

29. 용강 대덕령간설봉수龍岡 大德嶺間設烽燧

『輿地圖書』에 평안도平安道 용강현龍岡縣에 속하여 대덕령간설연대大德嶺間設烟臺 명으로 현의 서쪽 5리에 있다. 서로 소산봉所山烽과 30리에 응하였다. 한편, 『大東地志』에는 평안도 용강현 봉수에 대덕산大德山 명으로 단지 본읍本邑에만 알린다고 하였는데 이는 동일 봉수로 여겨진다. 『增補文獻備考』에는 대덕산 명의 제4거 간봉(1)의 봉수로 소개되어 있다.

『朝鮮後期 地方地圖』의 『龍岡縣地圖』(奎10599)에는 황용산성黃龍山城의 서남쪽 대덕령大德岺에 뾰족한 삼각 모양의 불꽃 형태로 표기 후 좌측에 횡으로 간설연대間設烟臺라 쓰여 있다.

30. 안주 성황당봉수安州 城隍堂烽燧

『世宗實錄』地理志에 평안도平安道 안주목安州牧 소재 봉화烽火 5처 중 1처로서 서로 청산靑山, 북으로 박천博川 독산禿山에 응하였다. 『新增東國輿地勝覽』에는 북과 서로 응하는 대응봉수 노선의 변동 없이 유지되었다. 『輿地圖書』에는 주의 동쪽 5리에 있다. 북으로 박천 독자산봉수獨子山烽燧와 20리, 서로 청산봉수와 20리의 거리이다라고 하였다. 『大東地志』에는 간봉間烽으로 신청산봉수新靑山烽燧와 함께 단지 본부本府에만 알린다고 하였다. 『增補文獻備考』에는 제3거 간봉(2)의 봉수로 소개되어 있는데 이는 이봉

| 지도 6 _ 용강 대덕령간설봉수 | 지도 7 _ 안주 성황당봉수 |

산봉二峰山烽에서 1로路로 오는 봉수이다로 소개하였다.

　『朝鮮後期 地方地圖』의 「安州牧地圖」(奎10625)에는 안주성安州城의 건인문建仁門과 인접하여 종으로 굵게 태조산太祖山이라 쓰여 있는 산능선에 청색으로 채색되어 있는 여러 채의 와가瓦家와 함께 봉수의 명칭이 쓰여 있다.

31. 안주 청산봉수安州 靑山烽燧

　『世宗實錄』地理志에 평안도平安道 안주목安州牧 소재 봉화烽火 5처 중 1처로서 남으로 소산所山, 서로 노근강老斤江, 북으로 정주定州 태악산漆岳山에 응하였다. 『新增東國輿地勝覽』과 『東國輿地志』에는 주의 서쪽 15리에 있다. 북으로 가산군嘉山郡 연지蓮池, 남으로 오도산悟道山에 응한다고 하였다. 『輿地圖書』에는 주의 서쪽 20리에 있다. 북으로 박천 병온봉수並溫烽燧와 20리, 남으로 오도산봉수와 20리의 거리이다라고 하였다. 『大東地志』에는 평안도 안주목 봉수에 구청산舊靑山(西20里)과 신청산新靑山(西15里) 2기의 봉수를 소개하고 있다. 이중 신청산봉수는 본부本府에만 알린다고 하였다. 『增補文獻備考』에는 제3거 간봉(2)의 최종 봉수로서 이봉산봉二峰山烽에서 1로路로 온다고 하였다.

32. 안주 소산봉수 安州 所山烽燧

『世宗實錄』地理志에 평안도 平安道 안주목安州牧 소재 봉화烽火 5처 중 1처로서 동으로 오두산烏 頭山에 응한다고 하였다. 『新增 東國輿地勝覽』에는 소리산봉수 所里山烽燧 명으로 주의 남쪽 47리 에 있으며 남으로 숙천부肅川府 도영산都迎山에 응하는 노선이 신 설되었다. 『輿地圖書』에는 소니

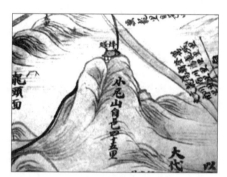

지도 8 _ 안주 소산봉수

산봉수小尼山烽燧 명으로 주 남쪽 45리에 있다. 북으로 오도산봉수와 20리, 남으로 숙천 도연산봉수와 40리의 거리에서 응한다고 하였다. 『大東地 志』에는 평안도 안주 봉수에 소리산所里山 명으로 남서南西 15리로 표기하 였다. 『增補文獻備考』에는 평안 감사平安監司 소관의 소리산所里山 명칭으로 강계江界 여둔대餘屯臺에서 초기하는 제3거 직봉의 봉수로서 최종 무악동봉 毋嶽東烽에 응하였다.

『朝鮮後期 地方地圖』의 『安州牧地圖』(奎10625)에는 독립된 산정에 와가瓦 家를 표시 후 상부 횡으로 봉수烽燧라 썼다. 또한, 산 중심에 종으로 명칭 및 읍邑과의 상거 거리가 쓰여 있다.

33. 안주 오두산봉수安州 烏頭山烽燧

평안남도 안주시와 문덕군의 경계인 해발 482m의 오도산에 있다.
『世宗實錄』地理志에 평안도平安道 안주목安州牧 소재 봉화烽火 5처 중 1처
인 오두산봉화烏頭山烽火 명칭으로 남으로 숙천肅川 통녕산通寧山, 서로 노근
강老斤江에 응하였다. 『新增東國輿地勝覽』에는 오도산봉수悟道山烽燧 명으로
북으로 청산靑山, 남으로 소리산所里山에 응하였다. 『輿地圖書』에는 주의 남
쪽 20리에 있다. 북으로 청산봉수靑山烽燧와 20리, 남으로 소니산봉수小尼山
烽燧와 20리의 거리이다라고 하였다. 『大東地志』에는 평안도 안주 봉수에
오도산悟道山 명으로 남南 20리로 표기하였다. 『增補文獻備考』에는 평안 감
사平安監司 소관이며 강계江界 여둔대餘屯臺에서 초기하는 제3거 직봉의 봉수
로 최종 무악동봉母嶽東烽에 응하였다.

34. 안주 노근강입소봉수安州 老斤江立所烽燧

『世宗實錄』地理志에 평안도平安道 안주목安州牧 소재 봉화烽火 5처 중 1처
로서 남으로 숙천肅川 여을외餘乙外, 북으로 정주定州 미륵당彌勒堂에 응하였다.

35. 안주 호혈봉수安州 虎穴烽燧

『輿地圖書』에 평안도平安道 안주목安州牧에 속하여 호혈연대虎穴烟臺 명으
로 주의 서쪽 40리에 있다. 북으로 정주定州 사읍교연대沙邑橋烟臺와 20리,
남으로 노강연대老江烟臺와 20리의 거리에서 응하였다. 『增補文獻備考』에
는 삼화방어사三和防禦使 소관의 소산所山 명으로 의주義州 고정주古靜州에서

초기하는 제4거 직봉의 봉수이며 최종 무악서봉毋嶽西烽에 응하였다.

36. 안주 노강봉수安州 老江烽燧

『新增東國輿地勝覽』과 『東國輿地志』에 평안도平安道 안주목安州牧에 속하여 주의 서쪽 66리에 있다. 남으로 숙천부肅川府 식포息浦, 동으로 제비통諸非筒에 응하였다. 『輿地圖書』에는 주의 남쪽 60리에 있다. 북으로 호혈연대虎穴烟臺와 20리, 남으로 숙천 식포연대息浦烟臺와 20리의 거리이다라고 하여 남으로 응하는 대응노선은 변동이 없는 대신 동에서 북으로 대응노선의 변동이 있었다. 『增補文獻備考』에는 동을랑산冬乙郎山 명으로 세주에 읍지邑誌에는 노강老江으로 되어 있다 하였다. 삼화방어사三和防禦使 소관이며 의주義州 고정주古靜州에서 초기하는 제4거 직봉의 봉수로 최종 무악서봉毋嶽西烽에 응하였다.

37. 가산 동을랑산봉수嘉山 冬乙郎山烽燧

『輿地圖書』에 평안도平安道 가산군嘉山郡에 속하여 군의 동쪽 15리에 있다. 서로 정주定州 삼악산봉수參岳山烽燧와 20리, 남으로 박천博川 병온산봉수竝溫山烽燧와 10리에 응하였다. 『增補文獻備考』에는 평안 감사平安監司 소관으로 강계江界 여둔대餘屯臺에서

지도 9 _ 가산 동을랑산봉수

초기하는 제3거 직봉의 봉수로 최종 무악동봉毋嶽東烽에 응하였다.

『朝鮮後期 地方地圖』의 「嘉山郡地圖」(奎10636)에는 대정강大定江에 바로 인접한 산 중심에 횡으로 봉수대烽燧臺 및 종으로 대응봉수와의 상거거리가 쓰여 있다. 따라서 특별한 봉수의 표기 없이 명칭만 쓰여 있는 사례이다.

38. 안주 제비통산봉수安州 諸非筒山烽燧

『新增東國輿地勝覽』과 『東國輿地志』에 평안도平安道 안주목安州牧에 속하여 주의 서쪽 43리에 있다. 북으로 박천군博川郡 덕간곶德間串, 서로 노강老江에 응하였다. 이후 곧 철폐되었다.

39. 숙천 통영산봉수肅川 通寧山烽燧

『世宗實錄』 地理志에 평안도平安道 숙천도호부肅川都護府 소재 봉화烽火 2처 중 1처로서 부의 남쪽에 소재하며 북으로 안주安州 소이산所伊山, 남으로 영유永柔 미두산米頭山에 응하였다. 『新增東國輿地勝覽』에는 도영산봉수都迎山烽燧 명으로 부의 남쪽 18리에 있으며, 북으로 응하는 대응봉수가 소리산所里山으로 표기되어 있다. 『輿地圖書』에는 도연산봉수都延山烽燧 명으로 부의 남쪽 20리에 있다. 북으로 안주 소리산봉수와 40리, 남으로 영유 미두산봉수와 10리에 응하였다. 『增補文獻備考』에는 평안 감사平安監司 소관으로 강계江界 여둔대餘屯臺에서 초기하는 제3거 직봉의 봉수로 최종 무악동봉毋嶽東烽에 응하였다.

『朝鮮寶物古蹟調査資料』에는 평안남도 평원군 조운면 조운리에 신·구 2기의 봉수를 소개하고 있는데, 신도연산봉수新都延山烽燧에 대해 조운산

정상에 있다. 2단의 계단을 올리고 석원石垣이 잔존한다고 하였다. 다음 구도연산봉수舊都延山烽燧에 대해서는 신봉수의 동북쪽 약 300칸 봉근峰筋에 있다. 계단을 이루었다고 하였다.

40. 숙천 여을외입소봉수肅川 餘乙外立所烽燧

『世宗實錄』地理志에 평안도平安道 숙천도호부肅川都護府 소재 봉화烽火 2처 중 1처인 수로봉화水路烽火로서 남으로 영유永柔 통해현通海縣, 북으로 안융安戎 노근강老斤江에 응하였다. 『新增東國輿地勝覽』에는 여을외봉수餘乙外烽燧 명으로 남으로 영유현 소산所山, 북으로 고석리高石里에 응하였다. 『輿地圖書』에는 평안도 숙천부에 속하여 여을외연대餘乙外烟臺 명으로 부의 서쪽 50리에 있다. 북으로 식포연대息浦烟臺와 10리, 남으로 영유 소리산연대所里山烟臺와 30리에 응하였다. 『大東地志』에는 여을외 명으로 서西 15리라 하였다. 『增補文獻備考』에는 삼화방어사三和防禦使 소관의 여을외餘乙外 명으로 의주義州 고정주古靜州에서 초기하는 제4거 직봉의 봉수로 최종 무악서봉母嶽西烽에 응하였다.

41. 숙천 식포봉수肅川 息浦烽燧

『新增東國輿地勝覽』에 평안도平安道 숙천도호부肅川都護府에 속하여 부의 서쪽 30리에 있다. 북으로 안주安州 동을랑산冬乙郎山, 남으로 고석리高石里에 응하였다. 『輿地圖書』에는 평안도 숙천부에 속하여 식포연대息浦烟臺 명으로 부의 서쪽 60리에 있다. 북으로 안주 동을랑산연대冬乙郎山烟臺와 20리, 남으로 여을외연대餘乙外烟臺와 10리에 응한다고 하여 남으로 응하는 대응봉수 노선의 변동이 있었다. 『大東地志』에는 식포 명으로 서西 15리라 하였다. 『增補文獻備考』에는 삼화방어사三和防禦使 소관이며 의주義州 고정주古靜州에서 초기하는 제4거 직봉의 봉수로 최종 무악서봉毋嶽西烽에 응하였다.

『朝鮮寶物古蹟調査資料』에는 평안남도 평원군 서해면 연풍리. 식포봉수라 칭한다. 일리一里라 칭하는 부락의 북방 약 100칸 평지에 있다. 석원石垣이 잔존한다고 하였다.

42. 숙천 고석리봉수肅川 高石里烽燧

『新增東國輿地勝覽』과 『東國輿地志』에 평안도平安道 숙천도호부肅川都護府에 속하여 부의 서쪽 30리에 있다. 남으로 여을외餘乙外, 북으로 식포息浦에 응하였으며 이후 곧 철폐되었다.

43. 숙천 아산간설봉수肅川 峩山間設烽燧

『輿地圖書』에 평안도平安道 숙천부肅川府에 속하여 부의 서쪽 30리에 있다. 서로 여을외연대餘乙外烟臺와 20리, 동으로 마천산간설봉수磨天山間設烽燧와 15리에 응하였다. 『大東地志』에는 아산牙山 명으로 서西 30리라 하였다. 『增補文獻備考』에는 제4거 간봉(1)의 봉수로 소개되어 있다.

44. 숙천 마천산간설봉수肅川 磨天山間設烽燧

『輿地圖書』에 평안도平安道 숙천부肅川府에 속하여 부의 서쪽 15리에 있다. 서로 아산간설봉義山間設烽과 15리, 동으로 본부本府의 관문官門과 15리에 응하였다. 『大東地志』에는 서쪽 10리에 있으며 단지 본읍本邑에만 응하였다. 『增補文獻備考』에는 마갑산麻甲山 명의 제4거 간봉(1)의 봉수로 소개되어 있다.

『朝鮮寶物古蹟調査資料』에는 평안남도 평원군 조운면 태평리. 마천산봉수麻天山烽燧라 칭한다. 마천산 정상에 있다. 계단을 위한 석원石垣이 남아 있다고 하였다.

45. 영유 미두산봉수永柔 米頭山烽燧

『世宗實錄』地理志에 평안도平安道 영유현永柔縣 소재 봉화烽火 4처 중 1처로서 현의 동쪽에 소재하며 남으로 순안順安 독자산獨子山, 북으로 숙천肅川 통녕산通寧山에 응하였다. 『新增東國輿地勝覽』에는 미두산봉수米豆山烽燧 명으로 대응봉수노선은 변동이 없는 대신 북으로 응하는 대응봉수가 도연산都延山으로 표기되어 있다. 『輿地圖書』에는 현의 동쪽 2리에 있다. 북으로 숙천부 도연산봉수와 15리, 남으로 순안현 독자산봉수와 5리에 응한다고 하였다. 봉군烽軍 12명이 입번入番하였다. 『增補文獻備考』에는 제4거 간봉(1)의 봉수로 소개되어 있다.

『朝鮮後期 地方地圖』의 『永柔縣地圖』(奎10575)에는 고을의 진산鎭山인 미두산米豆山에 정자 형

지도 10_영유 미두산봉수

地誌와 古地圖로 본
北韓의 烽燧

태의 건물을 표기 후 우측에 종으로 봉수烽燧라 쓰여 있다. 봉수 인근에 삼충사三忠祠와 영천사靈泉寺로 인해 위치를 추정할 수 있다.

『朝鮮寶物古蹟調査資料』에는 평안남도 평원군 영유면 장림리. 미두산봉수米豆山烽燧라 칭한다. 미두산성米頭山城 토루 위에 있다고 하였다.

46. 영유 미두산신봉수永柔 米豆山新烽燧

『大東地志』의 평안도平安道 영유永柔 봉수烽燧에 명칭만 초견初見되며 이후 발간된 지지에는 관련 기록이 없다. 이를 통해 일찍 철폐되어졌음을 알 수 있다.

47. 영유 활곡입소봉수永柔 闊谷立所烽燧

『世宗實錄』의 地理志에 평안도平安道 영유현永柔縣 소재 봉화烽火 4처 중 1처로서 현의 서쪽에 소재하며 남으로 평양平壤 불곡佛谷, 북으로 마악입소馬岳立所에 응하였다. 이후 곧 철폐되었다.

48. 영유 마악입소봉수永柔 馬岳立所烽燧

『世宗實錄』 地理志에 평안도平安道 영유현永柔縣 소재 봉화烽火 4처 중 1처로서 북으로 통해현通海縣 주산입소主山立所에 응하였다. 이후 곧 철폐되었다.

49. 영유 주산입소봉수永柔 主山立所烽燧

『世宗實錄』地理志에 평안도平安道 영유현永柔縣 소재 봉화烽火 4처 중 1처로서 북으로 숙천肅川 여을외餘乙外에 응하였다. 이후 곧 철폐되었다.

50. 영유 소산봉수永柔 所山烽燧

평안남도 평원군 용호면 남양리의 해발 74m인 와룡산臥龍山의 서남단 산정에 있다. 지형상 서쪽은 바로 황해의 서한만과 인접하고 있다.

『新增東國輿地勝覽』과 『東國輿地志』에는 평안도平安道 영유현永柔縣에 속하여 현의 북쪽 38리에 있다. 남으로 대선곶大船串, 북으로 숙천부肅川府 여을외餘乙外에 응하였다. 『輿地圖書』에는 와룡산연대臥龍山烟臺 명으로 현 서쪽 35리에 있다. 북으로 숙천 여을외연대와 15리, 남으로 순안順安 대선 곶연대와 15리에 응하였다. 봉군烽軍 12명이 입번入番하였다. 『大東地志』와 『增補文獻備考』에는 다시 소산所山 명칭으로 세주에 『邑誌』에는 와룡 산으로 되어 있다. 영유에 속한다고 하였다. 삼화방어사三和防禦使 소관이며 의주義州 고정주古靜州에서 초기하는 제4거 직봉의 봉수로 최종 무악서 봉母嶽西烽에 응하였다.

『朝鮮後期 地方地圖』의 『永柔縣地圖』(奎10575)에는 해안과 인접한 와룡산 정상에 건물을 표기 후 상부에 횡으로 연대烟臺라 쓰여 있다.

『朝鮮寶物古蹟調査資料』에는 평안남도 평원군 용호면 남양

지도 11 _ 영유 소산봉수

리. 와룡산봉수臥龍山烽燧라 칭한다. 와룡산의 서남단 산정에 있다. 토루를
방형으로 구획하여 중앙에 돌[石]을 퇴적堆積하였다고 하였다.

51. 영유 대선곶봉수永柔 大船串烽燧

『新增東國輿地勝覽』에 평안도平安道 영유현永柔縣에 속하여 남으로 평양
부平壤府 불곡佛谷, 북으로 소산所山에 응하였다. 『輿地圖書』에는 순안현順安
縣에 속하여 대선곶연대大船串烟臺 명으로 현의 서쪽 70리에 있다. 북으로 영
유 소산봉수와 40리, 남으로 평양 불곡봉수와 30리에 응하였다. 『增補文
獻備考』에는 제4거 간봉(1)의 봉수로 소개되어 있다.

52. 의주 통군정봉수義州 統軍亭烽燧

봉수는 명칭이 평안북도 의주군 의주면 소재의 고려 초기 초축된 정자
인 통군정統軍亭에서 유래하고 있다. 위치상 압록강鴨綠江과 인접한 곳이며
강을 경계로 중국 단동과 마주 보고 있다.

『世宗實錄』 地理志에 평안도
平安道 의주목義州牧 소재 봉화烽火
6처 중 1처로서 동으로 수구水口,
남으로 위원威遠 고성古城에 응하
였다. 『輿地圖書』에는 평안도
의주부에 속하여 아사衙舍 북쪽
1리에 있다. 남으로 백마성봉수
白馬城烽燧와 응하는데 20리의 거

지도 12 _ 의주 통군정봉수

리이다라고 하였다. 『增補文獻備考』에는 평안 감사平安監司 소관으로 강계江界 여둔대餘屯臺에서 초기하는 제3거 직봉의 봉수로서 최종 무악동봉毋嶽東烽에 응하였다. 또한 세주에 본부本府 고정주古靜州의 해로봉수海路烽燧와 만난다. 제4거에 보인다고 하였다.

『朝鮮後期 地方地圖』의 「義州地圖」(古4709-111 v.3)에는 압록강과 인접한 산정에 촛불 형태로 표기 후 명칭이 쓰여 있는데, 이하 모든 봉수가 동일한 표기이다. 강을 사이에 두고 맞은편에는 석계봉수石階烽燧가 인접하고 있다.

『朝鮮寶物古蹟調査資料』에는 평안북도 의주군 의주면 읍내. 통군정봉수라 칭한다. 터는 공원화 되어 있다고 하였다.

한편, 순조 32년(1832)과 33년 사이에 동지사겸사은사冬至使兼謝恩使 서경보徐耕輔의 서장관書狀官으로 청清나라에 다녀온 김경선金景善(1788~?)의 사행기록使行記錄인 『燕轅直指』에는 청清으로 가기 전 통군정에서 주연酒宴을 즐기다가 봉수가 거화하는 모습을 기록으로 남기기도 하였다. 이를 소개하면 다음과 같다.

연원직지(燕轅直指) 제1권 출강록(出疆錄) ○ 임진년(1832, 순조 32) 11월 12일 맑음. 의주에 머물렀다. 아침에 주수가 보러 나왔다. 아침밥을 먹은 뒤에 진변헌(鎭邊軒, 곧 동헌임)에 모여 사대(査對)를 행하는데, 주수 및 용강 원이 참여하였다. 사대상계(査對狀啓) 편에 집으로 편지를 부쳤다. 이어 기악을 베풀었다. 밤이 깊은 뒤에 정사, 부사와 함께 기생과 악공을 데리고 달을 따라 통군정(統軍亭)에 올라가 술잔을 들며 야경(夜景)을 대하니, 자못 상쾌함을 느낄 수 있었다. 봉화(烽火) 드는 것을 보다가 돌아왔는데, 봉화란 것은 횃불 하나를 성가퀴[城堞] 위에서 들면 6개의 섬[島], 31개 파수막에서 모두 응답하는 불을 들고, 재차 들면 각기 횃불 2개를 들어 응답하며, 3차 들면 횃불 3개를 들어 삽시간에 호령이 강 연안(沿岸) 상하 80여 리 땅에 행하여지니, 그것 또한 국경 관문의 중요한 일이다. 정자가 성 서쪽에 있는데, 위치가 가장 높고 사방으로 터져, 저들 지방이 모두 눈 안에 들어온다. 장대(將臺)라 하면 좋겠으나, 그 유람하는 명승지가 되기에는 연광정(練光亭)과 너무나도 형체가 달라 비교해 논할 수 없다.

『燕轅直指』卷1, 出疆錄 壬辰 11月 12日

晴 留義州 朝 主倅出見 ○朝飯後 會于鎭邊軒 卽東軒也 行查對 主倅及龍岡倅與焉 查對狀啓便 付家書 因設妓樂 夜深後 偕正副使率妓工 乘月上統軍亭 擧酌酬景 殊 覺快暢 觀擧火而歸 擧火者燃一炬於女堞上 則六島三十一把幕 皆擧應火 再擧則 各擧二炬而應 三炬則三炬 片時間 號令行於沿江上下八十餘里之地 其亦邊門要務 也 亭在城西 占地最高 四望通豁 彼地皆入眼界 謂之將臺則可也 而其爲遊觀之勝 與練光體勢迥異 不可比倂而論

연원직지(燕轅直指) 제1권 출강록(出疆錄) ○ 임진년(1832, 순조 32) 11월 18일 맑음. 의주에 머물렀다. 아침에 정사와 용강 원이 보러 왔고, 주수가 보러 나왔다. 아침을 먹은 뒤에 부사 및 용강 원이 정사의 처소에 모여 다시 사대(查對)하였다. 이는 대개 표문(表文)의 정본 한 통이 잘못 쓴 데가 있어 고쳐 쓰게 한 것이고, 옥 새를 찍은[安寶] 원본은 따로 궤(櫃)에 간직하였다가 돌아올 때에 회자문(回咨文) 과 같이 받들고 와 복명하는 날 정사가 이 뜻으로 연백(筵白)할 것을 결정하였다. 그러므로 계문(啓聞)하지 않았으니, 또한 기왕의 예가 있었기 때문이다.
저녁 무렵에 용강 원과 동문루(東門樓)에 올라 두루 둘러보고 이어 통군정(統軍 亭)에 이르니 정사와 부사가 이미 와 있다. 기악을 벌이고 또 군악을 벌였으며, 봉화 올리는 것을 구경하였다. (下略)

『燕轅直指』卷1, 出疆錄 壬辰 11月 18日

晴 留義州 朝 正使龍岡倅來見 主倅出見 ○朝飯後 會副使及龍岡倅於正使所 復行 查對 蓋表文正本一道 有誤書處 使之改書安寶 原本則貯之別櫃 待回還時 將與回 咨文 同爲奉來 復命日 正使以此意筵白爲定 故不爲啓聞 亦有已例故也
○夕間 與龍岡倅登東門樓周覽 轉到統軍亭 正副使已來會 設妓樂 又張軍樂 觀擧 火 (下略)

53. 의주 수구봉수義州 水口烽燧

『世宗實錄』地理志에 평안도平安道 의주목義州牧 소재 봉화烽火 6처 중 1처 로서 동으로 금동전동중金同田洞中에 응하였다. 『新增東國輿地勝覽』에는 동으로 금동전동, 서로 통군정봉統軍亭峯에 응하였다.

54. 의주 금동전동중봉수義州 金同田洞中烽燧

『世宗實錄』地理志에 평안도平安道 의주목義州牧 소재 봉화烽火 6처 중 1처로서 동으로 려타탄중驢駝灘中에 응하였다. 『新增東國輿地勝覽』에는 금동전동봉수金同田洞烽燧 명으로 주의 동북 74리에 있다. 동으로 노토탄老土灘, 서로 수구水口에 응하였다. 『輿地圖書』에는 평안도 의주부에 속하여 금동동봉수金同洞烽燧 명으로 방산진方山鎭 북쪽 5리에 있다. 남으로 부동봉수浮洞烽燧에 응하는데 15리의 거리이다라고 하였다.

55. 의주 려타탄중봉수義州 驢駝灘中烽燧

『世宗實錄』地理志에 평안도平安道 의주목義州牧 소재 봉화烽火 6처 중 1처로서 동으로 연평延平에 응하였다. 이후 곧 철폐되었다.

56. 의주 노토탄봉수義州 老土灘烽燧

『新增東國輿地勝覽』에 평안도平安道 의주목義州牧에 속하여 주의 동북 97리에 있다. 동으로 삭주부朔州府 전왕구비田往仇非, 서로 금동전동金同田洞에 응하였다. 『輿地圖書』에는 평안도 의주부에 속하여 청수진靑水鎭의 북쪽 8리에 있다. 동으로 삭주 구영진봉수仇寧鎭烽燧, 서로 청성진靑城鎭 정자산봉수亭子山烽燧와 응하는데 15리의 거리이다라고 하였다. 『增補文獻備考』에는 평안 감사平安監司 소관으로 강계江界 여둔대餘屯臺에서 초기하는 제3거 직봉의 봉수로 최종 무악동봉毋嶽東烽에 응하였다.

『朝鮮寶物古蹟調査資料』에는 평안북도 의주군 광평면 청수동. 노토탄老土灘 돌출부 고봉 상부에 잔존한다. 옛 봉수지가 있었다고 칭해진다. 성지는 서방이 겨우 잔존하며 토루를 인식할 수 있는 것은 적고 그 둘레 약 200칸으로 추측된다고 하였다.

57. 의주 연평봉수義州 延平烽燧

『世宗實錄』地理志에 평안도平安道 의주목義州牧 소재 봉화烽火 6처 중 1처로서 동으로 창성昌城 갑파회甲波回에 응하였다. 이후 곧 철폐되었다.

58. 의주 정자산봉수義州 亭子山烽燧

『新增東國輿地勝覽』에 평안도平安道 의주목義州牧에 속하여 고미성보姑未城堡 동북쪽 8리에 소재하며 동북으로 노토탄老土灘, 서로 금동전동金同田洞에 응하였다. 『輿地圖書』에는 의주부 청성진青城鎮의 동쪽 5리에 있다. 남으로 금동동봉수金同洞烽燧와 응하는데 15리의 거리이다라고 하였다. 『增補文獻備考』에는 평안 감사平安監司 소관으로 청성진에 속한다고 하였으며 강계江界 여둔대餘屯臺에서 초기하는 제3거 직봉의 봉수로 최종 무악동봉毋嶽東烽에 응하였다.

봉수군 인원은 『各司謄錄』에 봉수장烽燧將 1인, 봉수군烽燧軍 5명이 번番을 섰다.

『朝鮮寶物古蹟調査資料』에는 평안북도 의주군 가산면 방산동. 정자산봉수라 칭한다. 산정에 둘레 약 40칸의 토루가 있다고 하였다.

59. 의주 송봉봉수義州 松峯烽燧

『新增東國輿地勝覽』에 평안도平安道 의주목義州牧에 속하여 방산진方山鎭 남쪽 3리에 소재하며 동북으로 금동전동金同田洞, 서로 부동浮洞에 응하였다. 『朝鮮寶物古蹟調查資料』에는 평안북도 의주군 가산면 방산동. 송봉봉 수라 칭한다. 터는 거의 경지화 되어 있다고 하였다.

60. 의주 부동봉수義州 浮洞烽燧

『新增東國輿地勝覽』에 평안도平安道 의주목義州牧에 속하여 옥강보玉江堡 서쪽 10리에 소재하며 동북으로 송봉松峯, 서로 수구水口에 응 하였다. 『輿地圖書』에는 평안도 의주부에 속하여 옥강玉江 서쪽 5리에 있다. 서로 금 동곶봉수金洞串烽燧와 응하는데 15리의 거리이다라고 하였다. 『增補文獻備 考』에는 부개浮箇 명으로 평안 감사平安監司 소관의 옥강진玉江鎭에 속한다고 하였으며 강계江界 여둔대餘屯臺에서 초기하는 제3거 직봉의 봉수로 최종 무악동봉毋嶽東烽에 응하였다.

『朝鮮寶物古蹟調查資料』에는 평안북도 의주군 수진면 연하동. 부동봉 수라 칭하는 둘레 약 20칸의 원형 토루지가 있다고 하였다.

61. 의주 석계봉수義州 石階烽燧

봉수에 대한 실록의 기록은 1452년(문종 2) 10월 9일(정유) 의정부에서 병조의 정문呈文에 의거하여 아뢰기를 "평안도 의주의 석계연대石階煙臺는 서북쪽으로 압록강이 있고 동남쪽에는 내川가 있어서 물이 불면 후망하는 자가 건너 다닐 수 없습니다. 청컨대 벌좌리伐坐里의 봉우리 꼭대기로 옮겨서 아래 위의 연대가 서로 상응하여 후망하기에 편하게 하소서" 하니 그대로 따랐다.

『新增東國輿地勝覽』에는 석계봉수石階烽燧 명칭으로 평안도平安道 의주목義州牧에 속하여 송산보松山堡 동북 8리에 소재하며 동북으로 수구水口, 서로 구용연九龍淵에 응하였다. 『輿地圖書』에는 평안도 의주부에 속하여 건천보乾川堡 서쪽 4리에 있다. 서로 통군정봉수統軍亭烽燧와 응하는데 15리의 거리이다라고 하였다.『增補文獻備考』에는 평안 감사平安監司 소관으로 건천보乾川堡에 속한다고 하였으며 강계江界 여둔대餘屯臺에서 초기하는 제3거 직봉의 봉수로 최종 무악동봉毋嶽東烽에 응하였다.

62. 의주 구용연봉수義州 九龍淵烽燧

『新增東國輿地勝覽』에 평안도平安道 의주목義州牧에 속하여 주 북쪽 8리에 소재하며 동북으로 석계石階, 서로 통군정봉統軍亭峯에 응하였다.

『朝鮮寶物古蹟調査資料』에는 평안북도 의주군 주내면 원화동. 구용연봉수라 칭한다. 둘레 약 60칸의 토루 내부는 경지화 되어 있다고 하였다.

63. 의주 오언대봉수義州 吳彦代烽燧

『新增東國輿地勝覽』에 평안도平安道 의주목義州牧에 속하여 주 서쪽 10리에 소재하며 동북으로 통군정봉統軍亭峯, 서로 고정주古靜州에 응하였다.

64. 의주 고정주봉수義州 古靜州烽燧

평안북도 의주군 고성면 정주동에 있다. 봉수가 소재하는 의주는 압록 강을 경계로 중국과 인접하고 있는 국방의 요충지이다. 따라서 인근에는 백마산성白馬山城·정주성靜州城 등의 산성 외에 압록강변을 따라 조선 세종 대 일시에 초축된 연대煙臺가 다수 위치하고 있다.

『新增東國輿地勝覽』에 평안도平安道 의주목義州牧에 속하여 주 서쪽 25리 에 소재하며 동북으로 오언대吳彦代, 서로 쇄아점鎖兒岾에 응하였다. 『輿地 圖書』에는 평안도 의주부에 속하여 고정주연대古正州煙臺 명으로 부의 남쪽 25리 고성방古城坊에 있다. 북으로 통군정봉수統軍亭烽燧, 남으로 기리성연대 岐里城烟臺와 응하는데 15리의 거리라고 하였다. 『增補文獻備考』에는 제4거 직봉의 초기初起 봉수로서 본주本州의 통군정統軍亭에서 육로의 봉수와 만난 다 하였으며 최종 무악서봉毋嶽西烽에 응하였다.

『朝鮮寶物古蹟調査資料』에는 평안북도 의주군 고성면 정주동. 고정주 봉수라 칭하는 주위 약 120칸의 토루가 잔존한다고 하였다.

65. 의주 쇄아점봉수義州 鎖兒岾烽燧

『新增東國輿地勝覽』에 평안도平安道 의주목義州牧에 속하여 주 서쪽 28리 에 소재하며 동으로 고정주古靜州, 서로 인산진麟山鎭에 응하였다.

66. 의주 인산진성서우봉수義州 麟山鎭城西隅烽燧

『新增東國輿地勝覽』에 평안도平安道 의주목義州牧에 속하여 뚜렷한 봉수

명칭이 없이 진성鎭城의 서쪽 모서리에 위치하여 서동으로 쇄아점鎖兒岾, 서로 기이성岐伊城에 응하였다.

67. 의주 기이성봉수義州 岐伊城烽燧

『新增東國輿地勝覽』에 평안도平安道 의주목義州牧에 속하여 인산진麟山鎭 서쪽 6리에 소재하며 동으로 인산진麟山鎭, 서로 진병곳鎭兵串에 응하였다. 『輿地圖書』에는 평안도 의주부에 속하여 기리성연대岐里城煙臺 명으로 인산 진의 서쪽 5리에 있다. 남으로 우리암연대于里巖烟臺와 응하는데 30리의 거 리이다라고 하였다. 『增補文獻備考』에는 인산진에 속하여 의주 고정주古靜 州에서 초기하는 제4거 직봉의 봉수로 최종 무악서봉毋嶽西烽에 응하였다.

68. 의주 진병곳봉수義州 鎭兵串烽燧

『新增東國輿地勝覽』에 평안도平安道 의주목義州牧에 속하여 인산진麟山 鎭 남쪽 9리에 소재하며 동북으로 기이성岐伊城, 서로 미륵당彌勒堂에 응하 였다.

69. 의주 미륵당봉수義州 彌勒堂烽燧

『新增東國輿地勝覽』에 평안도平安道 의주목義州牧에 속하여 인산진麟山 鎭 남쪽 20리에 소재하며 동북으로 진병곳鎭兵串, 서로 우리암于里巖에 응 하였다.

70. 의주 우리암봉수義州 于里巖烽燧

『世宗實錄』地理志에 평안도平安道 인산군麟山郡 소재 봉화烽火 3처 중 1처인 우리암봉화于里岩烽火 명칭으로 남으로 용천龍川 오도곶吾都串에 응하였다. 『新增東國輿地勝覽』에는 평안도 의주목義州牧에 속하여 인산진麟山鎭 남쪽 25리에 있다. 동북으로 미륵당彌勒堂, 서로 용천龍川 대산代山에 응한다고 하여 이때 전체적인 노선의 변동이 있었다. 『輿地圖書』에는 평안도 의주부에 속하여 우리암연대于里巖烟臺 명으로 양하진楊下鎭의 서쪽 2리에 있다. 남으로 용천 용안산연대龍眼山烟臺와 응하였다. 『增補文獻備考』에는 우리암于里巖 명칭으로 세주에 『備局謄錄』에는 우음산암于音山巖으로 되어 있다. 양하진에 속한다 하였으며 의주 고정주古靜州에서 초기하는 제4거 직봉의 봉수로 기이성岐伊城에서 보내는 신호를 받아 용안산에 응하였다. 최종 무악서봉毋嶽西烽에 응하였다.

봉수군 인원은 『各司謄錄』에 봉수장烽燧將 1인, 봉수군烽燧軍 3명이 번番을 섰다.

71. 의주 금동곶봉수義州 金洞串烽燧

『輿地圖書』 평안도平安道 의주목義州府에 속하여 수구진水口鎭 동쪽 5리에 있다. 서로 석계봉수石階烽燧와 응하는데 15리의 거리이다라고 하였다.

72. 의주 위원고성봉수義州 威遠古城烽燧

평안북도 의주군 위원면 성내동의 해발 409m인 백마산 소재 백마산성

白馬山城의 가장 높은 곳에 있다. 달리 백마산봉수로도 지칭된다.

『世宗實錄』地理志에 평안도平安道 의주목義州牧 소재 봉화烽火 6처 중 1처인 위원고성봉화威遠古城烽火 명칭으로 남으로 인산麟山 도산刀山에 응하였다.『新增東國輿地勝覽』에는 위원봉수威遠烽燧 명으로 주의 남쪽 26리에 있으며 이때 북으로 통군정봉統軍亭峯에 응하는 노선이 신설되었다.『輿地圖書』에는 백마성봉수白馬城烽燧 명으로 성내城內에 있다. 남으로 갈산봉수葛山烽燧와 응하는데 20리의 거리이다라고 하였다.『增補文獻備考』에는 평안감사平安監司 소관의 백마산白馬山 명으로 표기되어 있다. 강계江界 여둔대餘屯臺에서 초기하는 제3거 직봉의 봉수로 최종 무악동봉毋嶽東烽에 응하였다.

인조 2년(1624)에는 근무를 태만히 한 봉수군에 대한 근무기강을 바로 잡는 차원에서 백마산과 갈산에서 봉화 5자루[柄]를 잘못 올린 자를 참수하기도 하였다.

『朝鮮寶物古蹟調査資料』에는 평안북도 의주군 위원면 성내동 백마산 소재의 백마산성白馬山城의 가장 높은 곳에 있다. 위원봉수라 칭한다. 터와 내부는 공통적으로 거의 경지화되어 있다고 하였다.

73. 의주 갈산봉수義州 葛山烽燧

『輿地圖書』평안도平安道 의주목義州府에 속하여 부의 남쪽 40리 광화방光化坊에 있다. 남으로 용천龍川 용골산봉수龍骨山烽燧와 응하는데 25리의 거리이다라고 하였다.『增補文獻備考』에는 평안 감사平安監司 소관이며 인산진麟山鎭에 속하여 강계江界 여둔대餘屯臺에서 초기하는 제3거 직봉의 봉수로 최종 무악동봉毋嶽東烽에 응하였다.

인조 2년(1624)에는 근무를 태만히 한 봉수군에 대한 근무기강을 바로 잡는 차원에서 백마산과 갈산에서 봉화 5자루[柄]를 잘못 올린 자를 참수하기도 하였다.

봉수군 인원은 『各司謄錄』에 봉수장烽燧將 1인, 봉수군烽燧軍 5명이 번番을 섰다.

『朝鮮寶物古蹟調査資料』에는 평안북도 용천군 양광면 충열동. 충열동(면사무소 소재)의 동쪽 방향으로 약 800칸의 산정에 주위 15칸, 높이 4척의 석원石垣이 축조되어 있다. 그 중앙에 봉화가 있는데 갈산봉수라 칭한다고 하였다.

74. 정주 미륵당봉수定州 彌勒堂烽燧

『世宗實錄』 地理志에 평안도平安道 정주목定州牧 소재 봉화烽火 7처 중 1처인 수로봉화水路烽火로서 동으로 안주安州 노근강老斤江, 남으로 주의 사산舍山에 응하였다. 『新增東國輿地勝覽』과 『東國輿地志』에는 주의 남쪽 57리에 있다. 서로 사음산舍音山, 동으로 사읍동음沙邑冬音에 응한다고 하였다.

75. 정주 사산봉수定州 舍山烽燧

『世宗實錄』 地理志에 평안도平安道 정주목定州牧 소재 봉화烽火 7처 중 1처인 수로봉화水路烽火로서 서로 잉박곶仍朴串에 응하였다. 『新增東國輿地勝覽』과 『東國輿地志』에는 사음산봉수舍音山烽燧 명으로 주의 남쪽 60리에 있으며 동으로 미륵당彌勒堂에 응하는 노선이 신설되었다. 『輿地圖書』에는 사음산연대舍音山烟臺 명으로 주의 남쪽 50리에 있다. 서로 자성산연대慈聖山烟臺와 30리, 동으로 사읍동음연대沙邑冬音烟臺와 30리에 응하였다. 『增補文獻備考』에는 선천방어사宣川防禦使 소관이며 의주義州 고정주古靜州에서 초기

하는 제4거 직봉의 봉수로 최종
무악서봉母嶽西烽에 응하였다.

『朝鮮後期 地方地圖』의 「定州
地圖」(奎10568)에는 해안에 인접
하여 뾰족하게 표현된 산중심에
횡으로 사동음산沙冬音山 및 산정
에 종으로 연대烟臺라 쓰여 있다.
흑색 실선의 사각형 안에 표기
를 통해 강조하였다.

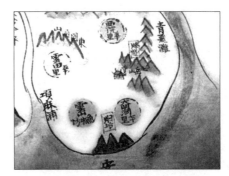

지도 13 _ 정주 사산봉수

76. 정주 잉박곶봉수定州 仍朴串烽燧

『世宗實錄』地理志에 평안도平安道 정주목定州牧 소재 봉화烽火 7처 중 1처
인 수로봉화水路烽火로서 서로 마암馬岩에 응하였다. 『新增東國輿地勝覽』과
『東國輿地志』에는 주의 남쪽 53리에 있으며, 동으로 사음산舍音山에 응하
는 노선이 신설되었다.

77. 정주 마암봉수定州 馬岩烽燧

『世宗實錄』地理志에 평안도平安道 정주목定州牧 소재 봉화烽火 7처 중 1처
인 육로봉화陸路烽火로서 서로 합화蛤和에 응하였다. 『新增東國輿地勝覽』과
『東國輿地志』에는 주의 남쪽 51리에 있다. 서로 광암廣岩, 동으로 잉박곶仍
朴串에 응한다고 하였다.

78. 정주 합화봉수 定州 蛤和烽燧

『世宗實錄』地理志에 평안도平安道 정주목定州牧 소재 봉화烽火 7처 중 1처인 육로봉화陸路烽火로서 서쪽으로 수천隨川 오도곶吾都串에 응하였다.『新增東國輿地勝覽』과『東國輿地志』에는 합화봉수 명으로 주의 남쪽 34리에 있다. 서로 진해곶鎭海串, 동으로 광암廣岩에 응한다고 하였다.

79. 정주 마산봉수 定州 馬山烽燧

『世宗實錄』地理志에 평안도平安道 정주목定州牧 소재 봉화烽火 7처 중 1처인 육로봉화陸路烽火로서 서로 수천隨川 구령仇嶺, 동으로 칠악산七岳山에 응하였다.『輿地圖書』에는 주의 동쪽 42리에 있다. 서로 구영산봉수와 40리, 동으로 칠악산봉수와 30리에 응한다고 하였다.『增補文獻備考』에는 평안감사平安監司 소관이며 강계江界 여둔대餘屯臺에서 초기하는 제3거 직봉의 봉수로 최종 무악동봉毋嶽東烽에 응하였다.

봉수군 인원은『各司謄錄』에 봉수장烽燧將 1인, 봉수군烽燧軍 5명이 번番을 섰다.

지도 14 _ 정주 마산봉수

지도 15 _ 정주 칠악산봉수

『朝鮮後期 地方地圖』의「定州地圖」(奎10568)에는 세 개의 봉우리가 뾰족하게 표현된 산 아래 횡으로 진하게 마산馬山 및 산정에 종으로 봉수烽燧라 쓰여 있다. 인근 오봉산五峯山 아래 표절사表節祠의 표기로 인해 봉수의 위치를 추정할 수 있다.

80. 정주 칠악산봉수定州 七岳山烽燧

『世宗實錄』地理志에 평안도平安道 정주목定州牧 소재 봉화烽火 7처 중 1처인 육로봉화陸路烽火로서 동으로 가산嘉山 연지蓮池에 응하였다. 『新增東國輿地勝覽』에는 칠악산봉수漆岳山烽燧 명으로 주의 동남 71리에 있으며 이때 서로 마산馬山에 응하는 노선이 신설되었다. 『輿地圖書』에는 주의 동남쪽 70리에 있다. 서로 마산봉수와 30리, 동으로 가산 동을랑산봉수와 30리에 응한다고 하였다. 『增補文獻備考』에는 칠악산七嶽山 명으로 평안 감사平安監司 소관이며 강계江界 여둔대餘屯臺에서 초기하는 제3거 직봉의 봉수로서 최종 무악동봉毋嶽東烽에 응하였다.

봉수군 인원은 『各司謄錄』에 봉수장烽燧將 1인, 봉수군烽燧軍 5명이 번番을 섰다.

『朝鮮後期 地方地圖』의「定州地圖」(奎10568)에는 청비탄靑飛灘에 인접하여 여러 봉우리가 뾰족하게 표현된 산 아래에 진하게 칠악산 및 산정에 종으로 봉수烽燧라 쓰여 있다. 봉수 아래에 사명寺名 미상의 사찰 표기로 인해 위치를 추정할 수 있다.

81. 정주 입파산봉수定州 立波山烽燧

『新增東國輿地勝覽』과 『東國輿地志』에 평안도平安道 정주목定州牧에 속

하여 주의 남쪽 32리에 있다. 서로 곽산군郭山郡 방축포防築浦, 동으로 도치
곶都致串에 응한다고 하였다.

82. 정주 진해곶봉수定州 鎭海串烽燧

『新增東國輿地勝覽』과 『東國輿地志』에 평안도平安道 정주목定州牧에 속
하여 주의 남쪽 23리에 있다. 서로 도치곶都致串, 동으로 합화蛤和에 응한다
고 하였다. 『輿地圖書』에는 진해곶연대陳海串烟臺 명으로 주의 남쪽 30리에
있다. 서로 도치곶연대都致串烟臺와 30리, 동으로 자성산연대慈聖山烟臺와 70
리에 응한다고 하여 이전 동으로 합화에 응하던 노선은 철폐되었다. 『增
補文獻備考』에는 선천 방어사宣川防禦使 소관이며 의주義州 고정주古靜州에서
초기하는 제4거 직봉의 봉수로 최종 무악서봉毋嶽西烽에 응하였다.

83. 정주 광암봉수定州 廣巖烽燧

『新增東國輿地勝覽』과 『東國輿地志』에 평안도平安道 정주목定州牧에 속
하여 주의 남쪽 41리에 있다. 서로 합화蛤和, 동으로 마암馬岩에 응한다고
하였다.

84. 정주 사읍동음봉수定州 沙邑冬音烽燧

『新增東國輿地勝覽』과 『東國輿地志』에 평안도平安道 정주목定州牧에 속
하여 주의 동남 70리에 있다. 서로 미륵당彌勒堂, 동으로 가산군嘉山郡 돈산頓

山에 응한다고 하였다. 『輿地圖書』에는 주의 동남쪽 72리에 있다. 서로 사음산연대舍音山烟臺와 30리, 동으로 안주安州 호혈연대虎穴烟臺와 80리에 응한다고 하여 시기별로 노선의 변동이 심하였다.

85. 수천 구영령봉수隨川 仇令嶺烽燧

『世宗實錄』 地理志에 평안도 平安道 수천군隨川郡 소재 봉화烽火 2처 중 1처인 수로봉화水路烽火로서 동으로 정주定州 마산馬山, 서로 곽산郭山 소산所山에 응하였다. 『新增東國輿地勝覽』에는 구영산봉수仇寧山烽燧 명으로 평안도 정주목定州牧에 속하여 서와 동으로 응하는 노선의 변동이

지도 16 _ 정주 구영령봉수

없이 유지되었다. 『輿地圖書』에는 주의 남쪽 7리에 있다. 서로 곽산봉수와 30리, 동으로 마산봉수와 40리에 응한다고 하였다. 『增補文獻備考』에는 평안 감사平安監司 소관으로 강계江界 여둔대餘屯臺에서 초기하는 제3거 직봉의 봉수로 최종 무악동봉毋嶽東烽에 응하였다.

봉수군 인원은 『各司謄錄』에 봉수장烽燧將 1인, 봉수군烽燧軍 5명이 번番을 섰다.

『朝鮮後期 地方地圖』의 「定州地圖」(奎10568)에는 황경포黃景浦에 인접하여 세 개의 봉우리가 뾰족하게 표현된 산 아래에 횡으로 진하게 구영산仇寧山 및 좌측에 종으로 봉수烽燧라 쓰여 있다.

86. 정주 자성산봉수定州 慈聖山烽燧

평안북도 정주군의 해발 254m인 자성산慈聖山에 위치하고 있다. 성격상 해안과 인접하여 있는 연변봉수沿邊烽燧이다. 지형상 서쪽으로는 무수히 많은 크고 작은 도서들이 열도列島를 이루고 있으며, 남쪽으로는 황해의 서한만을 경계로 평안남도 문덕군과 마주보고 있다.

『輿地圖書』에 평안도平安道 정주목定州牧 소속 자성산연대慈聖山烟臺 명으로 주의 남쪽 40리에 있다. 서로 진해곶연대陳海串烟臺와 70리, 동으로 사음산연대舍音山烟臺와 30리에 응한다고 하였다. 『增補文獻備考』에는 선천방어사宣川防禦使 소관으로 의주義州 고정주古靜州에서 초기하는 제4거 직봉의 봉수이며 최종 무악서봉毋嶽西烽에 응하였다.

87. 인산 가산봉수麟山 枷山烽燧

『世宗實錄』地理志에 평안도平安道 인산군麟山郡 소재 봉화烽火 3처 중 1처로서 군의 남쪽에 소재하며 남으로 용천川 서산西山, 북으로 고성원진古成遠鎭 성산城山에 응하였다. 이후 곧 철폐되었다.

88. 인산 진병곶입소봉수麟山 鎭兵串立所烽燧

『世宗實錄』의 地理志에 평안도平安道 인산군麟山郡 소재 봉화烽火 3처 중 1처인 수로봉화水路烽火로서 남으로 우리암于里巖에 응하였다. 이후 곧 철폐되었다.

89. 용천 군서산봉수龍川 郡西山烽燧

『世宗實錄』地理志에 평안도平安道 용천군龍川郡 소재 봉화烽火 4처 중 1처로서 북으로 인산麟山 도산刀山, 남으로 철산鐵山 웅골산熊骨山에 응하였다. 이후 곧 철폐되었다.

90. 용천 석곶입소봉수龍川 石串立所烽燧

『世宗實錄』地理志에 평안도 平安道 용천군龍川郡 소재 봉화烽火 4처 중 1처인 수로봉화水路烽火로서 남으로 철산鐵山 소곶입소所串立所, 북으로 소위포입소少爲浦立所에 응하였다. 『新增東國輿地勝覽』에는 석을곶봉수石乙串烽燧 명으로 서로 사위포沙爲浦, 동으로 철산군 소곶에 응하였다. 『輿地

지도 17 _ 용천 석곶입소봉수

圖書』에는 평안도 용천부에 속하여 돌곶연대乭串烟臺 명으로 부의 남쪽 25리에 있다. 서로 사위포연대와 30리, 동으로 철산 소곶연대와 20리에 응한다고 하였다. 『增補文獻備考』에는 석을곶石乙串 명칭으로 선천방어사宣川防禦使 소관이라 하였다. 의주義州 고정주古靜州에서 초기하는 제4거 직봉의 봉수로 최종 무악서봉毋嶽西烽에 응하였다.

『朝鮮後期 地方地圖』의 「龍川府地圖」(奎10578)에는 해안에 인접한 산정에 적색으로 붉게 타오르는 불꽃 형태를 선명하게 표기 후 우측에 종으로 석곶연대石串烟臺라 쓰여 있다.

91. 용천 소위포입소봉수龍川 少爲浦立所烽燧

평안북도 용천군 부내면 서호동의 연대산烟臺山에 있다. 봉수가 위치한 곳은 압록강을 경계로 중국 단동丹東과 인접하고 있는 국경의 요충지이다. 북쪽으로는 진곶봉수辰串烽燧가 가까운 거리에 있다.

『世宗實錄』地理志에 평안도平安道 용천군龍川郡 소재 봉화烽火 4처 중 1처 인 수로봉화水路烽火로서 북으로 진곶입소辰串立所에 응하였다. 『新增東國輿 地勝覽』에는 사위포봉수沙爲浦烽燧 명으로 서로 진곶辰串, 동으로 석을곶石乙 串에 응하였다. 『輿地圖書』에는 평안도 용천부에 속하여 사위포연대沙爲浦 烟臺 명으로 부의 서쪽 40리에 있다. 서로 진곶연대辰串烟臺와 10리, 동으로 돌곶연대乭串烟臺와 30리에 응한다고 하였다. 『增補文獻備考』에는 소위포 少爲浦 명의 선천방어사宣川防禦使 소관으로 의주義州 고정주古靜州에서 초기하 는 제4거 직봉의 봉수로 최종 무악서봉毋嶽西烽에 응하였다.

『朝鮮後期 地方地圖』의 『龍川府地圖』(奎10578)에는 해안과 인접한 산정

지도 18 _ 용천 소위포입소봉수

에 적색으로 붉게 타오르는 불 꽃 형태를 선명하게 표기 후 우 측에 종으로 사위연대沙爲烟臺라 쓰여 있다.

『朝鮮寶物古蹟調査資料』에는 평안북도 용천군 부내면 서호 동. 소위포입소봉수라 칭한다. 전부 경지화 되었다고 하였다.

92. 용천 진곶봉수龍川 辰串烽燧

평안북도 용천군 부내면 서호동의 해발 53m인 연대산煙臺山에 있다. 봉수가 위치한 곳은 압록강을 경계로 중국 단동丹東과 인접하고 있는 국경의 요충지이다. 남쪽으로는 소위포입소봉수少爲浦立所烽燧와 가까운 거리에 있다.

『世宗實錄』地理志에 평안도平安道 용천군龍川郡 소재 봉화烽火 4처 중 1처인 수로봉화水路烽火로서 북으로 오도곶吾道串에 응하였다. 『新增東國輿地勝覽』에는 서로 용안산龍眼山, 동으로 사위포沙爲浦에 응한다고 하여 대응봉수 노선의 전체적인 변동이 있었다. 『輿地圖書』에는 평안도 용천부에 속하여 진곶연대辰串烟臺 명으로 부의 서쪽 40리에 있다. 북으로 용안산연대龍眼山烟臺와 20리, 동으로 사위포연대沙爲浦烟臺와 10리에 응한다고 하였다. 『增補文獻備考』에는 선천방어사宣川防禦使 소관으로 의주義州 고정주古靜州에서 초기하는 제4거 직봉의 봉수로 최종 무악서봉毋嶽西烽에 응하였다.

봉수군 인원은 『各司謄錄』에 봉수장烽燧將 1인, 봉수군烽燧軍 7명이 번番을 섰으며 미곶구진彌串舊鎭에 속하였다.

『朝鮮寶物古蹟調査資料』에는 평안북도 용천군 부내면 서호동. 진곶봉수라 칭한다. 거의 경지화 되었다고 하였다.

93. 용천 오도곶봉수龍川 吾道串烽燧

『世宗實錄』地理志에 평안도平安道 용천군龍川郡 소재 봉화烽火 4처 중 1처인 수로봉화水路烽火로서 북으로 인산麟山 우리암于里岩에 응한다고 하였다.

94. 용천 용호산봉수龍川 龍虎山烽燧

평안북도 용천군과 피현군의
경계인 해발 477m인 용골산성龍
骨山城 내에 있다.

봉수는 용천군 소재의 용호봉
수龍虎烽燧와 비록 명칭은 같으나,
초축시기와 대응봉수의 노선이
다르다. 최초 지지의 기록은 『新
增東國輿地勝覽』로서 평안도平
安道 용천군龍川郡에 속하여 서로

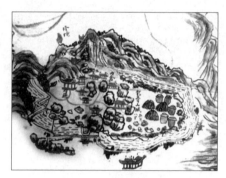

지도 19 _ 용천 용호산봉수

의주義州 도산刀山, 동으로 철산군鐵山郡 웅골산熊骨山에 응하였다. 『興地圖
書』에는 용골산봉수龍骨山烽燧 명으로 부의 동쪽 10리에 있다. 북으로 의주
도산봉수와 20리, 동으로 철산 증봉산봉수甑峯山烽燧와 20리에 응한다고 하
였다. 『增補文獻備考』에는 용골산龍骨山 명으로 세주에 일명 용호산龍虎山
이다 하여 용골산이 곧 용호산과 같음을 알 수 있다. 평안 감사平安監司 소
관으로 강계江界 여둔대餘屯臺에서 초기하는 제3거 직봉의 봉수이며 최종
무악동봉毋嶽東烽에 응하였다.

봉수군 인원은 『各司謄錄』에 봉수장烽燧將 1인, 봉수군烽燧軍 5명이 번番
을 섰다.

『朝鮮後期 地方地圖』의 『龍川府地圖』(奎10578)에는 용골산성 내 산정에
적색으로 붉게 타오르는 불꽃 형태를 선명하게 표기 후 우측에 종으로 봉
수烽燧라 쓰여 있다.

95. 용천 용호봉수龍川 龍虎烽燧

봉수는 용천군 소재의 용호산봉수龍虎山烽燧와 비록 명칭은 같으나, 초축 시기와 대응봉수의 노선이 다르다. 최초 지지의 기록은 『輿地圖書』로서 평안도平安道 용천부龍川府에 속하여 용호연대龍虎烟臺 명으로 부의 남쪽 3리에 있다. 서로 해망연대海望烟臺와 30리에 응하는데 본부本府에만 알린다고 하였다. 『增補文獻備考』에는 용호봉龍虎烽 명으로 제4거 간봉(1)노선의 봉수이며 세주에 본읍本邑에만 응한다고 하였다.

96. 용천 대산봉수龍川 代山烽燧

『新增東國輿地勝覽』에 평안도平安道 용천군龍川郡에 속하여 서로 의주義州 우리암于里岩, 동으로 용안산龍眼山에 응하였다.

『朝鮮寶物古蹟調査資料』에는 평안북도 용천군 동하면 삼인동. 대산봉수臺山烽燧라 칭한다. 산정에 둘레 약 40칸의 타원형 구溝가 있으며 그 외 어떠한 사물도 없다고 하였다.

97. 용천 용안산봉수龍川 龍眼山烽燧

『新增東國輿地勝覽』에 평안도平安道 용천군龍川郡에 속하여 서로 대산代山, 동으로 진곶辰串에 응하였다. 『輿地圖書』에는 평안도 용천부에 속하여 용안산연대龍眼山烟臺 명으로 부의 서쪽 35리에 있다. 북으로 의주義州 우리암연대亐里岩烟臺와 10리, 서로 진곶연대辰串烟臺와 20리에 응한다고 하였다.

지도 20 _ 용천 용안산봉수   지도 21 _ 철산 웅골산봉수

『增補文獻備考』에는 선천방어사宣川防禦使 소관으로 의주義州 고정주古靜州
에서 초기하는 제4거 직봉의 4번째 봉수이자 제4거 간봉(1)의 봉수로 표
기되어 있다.

　『朝鮮後期 地方地圖』의 「龍川府地圖」(奎10578)에는 압록강鴨綠江과 인접
한 산정에 적색으로 불꽃 형태를 표기 후 우측에 종으로 용안연대龍眼烟臺
라 쓰여 있다.

　『朝鮮寶物古蹟調査資料』에는 평안북도 용천군 양서면 용연동·양중면
서용동. 용안산봉수龍眼山烽燧라 칭한다. 용암포龍岩浦의 북방 약 1리 반 서용
동의 후방 용안산 상부에 있다고 하였다.

98. 철산 웅골산봉수鐵山 熊骨山烽燧

　평안북도 철산군과 선천군의 경계인 해발 367m인 설암산雪暗山에 있다.
『世宗實錄』地理志에 평안도平安道 철산군鐵山郡 소재 봉화烽火 3처 중 1처
로서 군의 동쪽에 소재하며, 북으로 용천龍川 용골산龍骨山, 남으로 선천宣川
검산檢山에 응하였다. 『新增東國輿地勝覽』에는 서로 용천군 용호산龍虎山,

동으로 선천군 오도곶吾道串에 응하였다.『輿地圖書』에는 운암산봉수雲暗山烽燧 명으로 황해도 철산부鐵山府에 속하여 부의 서쪽 25리에 있다. 동으로 선천龍川 학현산봉수鶴峴山烽燧와 30리에 응한다고 하였다. 봉군烽軍 2명, 보保 4명이 입번入番하였다.『增補文獻備考』에는 용골산 명으로 세주에 읍지邑誌에는 운암산雲暗山으로 되어 있다 하였으며 평안 감사平安監司 소관으로 강계江界 여둔대餘屯臺에서 초기하는 제3거 직봉의 봉수이며 최종 무악동봉毋嶽東烽에 응하였다.

봉수군 인원은『各司謄錄』에 봉수장烽燧將 1인, 봉수군烽燧軍 5명이 번番을 섰다.

『朝鮮後期 地方地圖』의『鐵山府地圖』(奎10622)에는 웅골산성熊骨山城 북장대와 남문 사이의 봉우리에 정상부에 와가瓦家 형태로 표기 후 상부에 횡으로 명칭이 쓰여 있다.

99. 철산 보현점봉수鐵山 普賢岾烽燧

『世宗實錄』地理志에 평안도平安道 철산군鐵山郡 소재 봉화烽火 3처 중 1처인 수로봉화水路烽火로서 군의 북쪽에 소재하며 동으로 선천宣川 의요蟻腰, 서로 소곶입소所串立所에 응하였다.

100. 철산 소곶봉수鐵山 所串烽燧

『世宗實錄』地理志에 평안도平安道 철산군鐵山郡 소재 봉화烽火 3처 중 1처인 수로봉화水路烽火로서 북으로 용천龍川 석곶石串에 응하였다.『新增東國輿地勝覽』에는 소곶산봉수所串山烽燧 명으로 북으로 용천군 석을곶石乙串, 남

지도 22 _ 철산 소곶봉수

으로 어랑산於郞山에 응하였다. 『輿地圖書』에는 평안도 철산부에 속하여 소곶연대所串烟臺 명으로 부의 서쪽 30리에 있다. 북으로 용천 돌곶연대乭串烟臺와 30리, 남으로 취가산연대鷲家山烟臺와 25리에 응한다고 하였다. 봉수에는 봉군烽軍 2명, 보保 4명이 입번入番하였다. 『增補文獻備考』에는 소곶산所串山 명의 선천방어사宣川防禦使 소관으로 의주義州 고정주古靜州에서 초기하는 제4거 직봉의 봉수이며 최종 무악서봉母嶽西烽에 응하였다.

『朝鮮後期 地方地圖』의 「龍川府地圖」(奎10578)에는 해안과 인접한 산정에 맞배지붕의 와가瓦家 형태를 표기 후 좌우 종으로 명칭 및 대응봉수의 상거 거리가 쓰여 있다. 봉수와 인접하여 차우도車牛島 명의 도서로 인해 위치를 추정할 수 있다.

101. 철산 어랑산봉수鐵山 於郞山烽燧

『新增東國輿地勝覽』에 평안도平安道 철산군鐵山郡에 속하여 남으로 취가산鷲家山, 북으로 소곶所串에 응하였다.

102. 철산 취가산봉수鐵山 鷲家山烽燧

『新增東國輿地勝覽』에 평안도平安道 철산군鐵山郡에 속하여 동으로 기곶

岐串, 서로 어랑산於郎山에 응하였다. 『輿地圖書』에는 평안도 철산부에 속하여 취가산연대鷲家山烟臺 명으로 부의 남쪽 40리에 있다. 동으로 백량연대柏梁烟臺와 25리에 응한다고 하였다. 봉수에는 봉군烽軍 2명, 보保 4명이 입번入番하였다. 『增補文獻備考』에는 선천방어사宣川防禦使 소관으

지도 23 _ 철산 취가산봉수

로 의주義州 고정주古靜州에서 초기하는 제4거 직봉의 봉수로 최종 무악서봉母嶽西烽에 응하였다.

『朝鮮後期 地方地圖』의 『龍川府地圖』(奎10578)에는 산정에 와가瓦家 형태로 표기 후 좌측에 종으로 취가산연대鷲家山烟臺 및 대응봉수와의 거리가 쓰여 있다.

103. 철산 기곶봉수鐵山 岐串烽燧

『新增東國輿地勝覽』에 평안도平安道 철산군鐵山郡에 속하여 동으로 백량산白梁山, 서로 취가산鷲家山에 응하였다.

104. 철산 백양산봉수鐵山 白梁山烽燧

『新增東國輿地勝覽』에 평안도平安道 철산군鐵山郡에 속하여 동으로 선천군宣川郡 우이곶牛耳串, 남으로 기곶岐串에 응하였다. 『輿地圖書』에는 평안도

지도 24 _ 철산 백양산봉수

지도 25 _ 철산 증봉산봉수

철산부에 속하여 백량연대栢梁烟臺 명으로 부의 남쪽 35리에 있다. 동으로 선천宣川 원산연대圓山烟臺와 25리에 응한다고 하였다. 봉수에는 봉군烽軍 2명, 보보保 4명이 입번入番하였다. 『增補文獻備考』에는 백량산白梁山 명칭으로 선천방어사宣川防禦使 소관이라 하였다. 의주義州 고정주古靜州에서 초기하는 제4거 직봉의 봉수로 최종 무악서봉毋嶽西烽에 응하였다.

『朝鮮後期 地方地圖』의 「龍川府地圖」(奎10578)에는 해안과 인접한 산정에 와가瓦家 형태로 표기 후 우측에 종으로 백량산연대栢梁山烟臺라 쓰여 있다.

105. 철산 증봉봉수鐵山 甑峯烽燧

『輿地圖書』에 평안도平安道 철산부鐵山府에 속하여 부의 서쪽 15리에 있다. 북으로 용천龍川 용골산봉수龍骨山烽燧와 35리, 남으로 운암산봉수雲暗山烽燧와 25리에 응한다고 하였다. 봉수에는 봉군烽軍 2명, 보보保 4명이 입번入番하였다. 『增補文獻備考』에는 증봉甑峰 명의 평안 감사平安監司 소관으로 강계江界 여둔대餘屯臺에서 초기하는 제3거 직봉의 봉수로 최종 무악동봉毋嶽東烽에 응하였다.

봉수군 인원은 『各司謄錄』에 봉수장烽燧將 1인, 봉수군烽燧軍 5명이 번番을 섰다.

『朝鮮後期 地方地圖』의 『龍川府地圖』(奎10578)에는 산정에 와가瓦家 형태로 표기 후 좌우에 명칭 및 대응봉수와의 거리가 쓰여 있다.

106. 곽산 소산봉수郭山 所山烽燧

『世宗實錄』地理志에 평안도平安道 곽산군郭山郡 소재 봉화烽火 4처 중 1처로서 군의 북쪽에 소재하며 동으로 수천군영隨川軍營, 서로 청암青岩에 응한다고 하였다. 『新增東國輿地勝覽』과 『東國輿地志』에는 군의 동남 5리에 있다. 서로 송족松足, 동으로 정주定州 구영산仇寧山에 응한다고 하였다. 『輿地圖書』에는 소산봉대所山烽臺 명으로 군의 남쪽 10리에 있다. 서로 통경산봉대通京山烽臺와 10리, 동으로 정주 구영산봉대仇寧山烽臺와 30리에 응한다고 하였다. 『增補文獻備考』에는 소곶所串 명으로 평안 감사平安監司 소관이며 세주에 『輿覽』과 『備局謄錄』에는 모두 소산所山으로 되어 있다. 곽산에 있다고 하였다. 강계江界 여둔대餘屯臺에서 초기하는 제3거 직봉의 봉수로 최종 무악동봉毋嶽東烽에 응하였다.

봉수군 인원은 『各司謄錄』에 봉수장烽燧將 1인, 봉수군烽燧軍 5명이 번番을 섰다.

107. 곽산 청암봉수郭山 青岩烽燧

평안북도 곽산군 안흥면 고현리의 해발 184m인 청암산青岩山에 있다. 봉수기 위치한 곳은 서로 선천군 및 남으로 황해와 바로 인접한 곳이다.

『世宗實錄』地理志에 평안도平安道 곽산군郭山郡 소재 봉화烽火 4처 중 1처인 청암봉화青岩烽火 명칭으로 서로 선천宣川 검산檢山에 응하였다. 『新增東國興地勝覽』에는 청엄산봉수青奄山烽燧 명으로 서로 선천군 의요蟻腰, 동으로 방축포防築浦에 응한다고 하였다. 『興地圖書』에는 청암산연대青岩山烟臺 명으로 군의 서쪽 30리에 있다. 서로 선천 해안연대海岸烟臺와 30리, 동으로 방축포연대防築浦烟臺와 25리에 응한다고 하였다. 『增補文獻備考』에는 청암산青奄山 명칭으로 선천방어사宣川防禦使 소관이며 의주義州 고정주古靜州에서 초기하는 제4거 직봉의 봉수로 최종 무악서봉毋嶽西烽에 응하였다.

108. 곽산 우리곶해망봉수郭山 于里串海望烽燧

『世宗實錄』地理志에 평안도平安道 곽산군郭山郡 소재 봉화烽火 4처 중 1처인 수로봉화水路烽火로서 동으로 수천隨川 도치곶입소都致串立所, 서로 청암남봉青岩南峯에 응하였다.

109. 곽산 남봉봉수郭山 南峯烽燧

『世宗實錄』地理志에 평안도平安道 곽산군郭山郡 소재 봉화烽火 4처 중 1처인 수로봉화水路烽火로서 서로 선천宣川 의요입소蟻腰立所에 응하였다.

110. 곽산 방축포봉수郭山 防築浦烽燧

『新增東國興地勝覽』에 평안도平安道 곽산군郭山郡에 속하여 서로 청엄산青奄山, 동으로 정주定州 입피산立彼山에 응하였다. 『興地圖書』에는 방축포연대防築浦烟臺 명으로 군의 서남간 25리에 있다. 서로 청암산연대青岩山烟臺와 30리, 동으로 정주定州 도치곶연대都致串烟臺와 25리에 응한다고 하였다.『增補文獻備考』에는 선천방어사宣川防禦使 소관으로 의주義州 고정주古靜州에서 초기하는 제4거 직봉의 봉수로 최종 무악서봉母嶽西烽에 응하였다.

111. 곽산 송족봉수郭山 松足烽燧

『新增東國輿地勝覽』에 평안도平安道 곽산군郭山郡에 속하여 서로 선천군宣川郡 오도곶吾道串, 남으로 소산所山에 응하였다.

112. 곽산 통경산봉수郭山 通京山烽燧

『輿地圖書』에 평안도平安道 곽산군郭山郡에 속하여 군의 서쪽 5리에 있다. 서로 선천宣川 서망일봉대西望日烽臺와 30리, 동으로 본군本郡 소산봉대所山烽臺와 10리에 응한다고 하였다.『增補文獻備考』에는 송족산松足山 명으로 평안 감사平安監司 소관이며 세주에『邑誌』에는 통경산通京山으로 되어 있다고 하였다. 강계江界 여둔대餘屯臺에서 초기하는 제3거 직봉의 봉수로 최종 무악동봉母嶽東烽에 응하였다.

봉수군 인원은『各司謄錄』에 봉수장烽燧將 1인, 봉수군烽燧軍 5명이 번番을 섰다.

113. 수천 도치곶봉수隨川 都致串烽燧

『世宗實錄』地理志에 평안도平安道 수천군隨川郡 소재 봉화烽火 2처 중 1처인 수로봉화水路烽火로서 서로 곽산군郭山郡 우리곳于里串, 동으로 정주定州 합화蛤和에 응하였다. 『新增東國輿地勝覽』에는 평안도 정주목에 속하여 서로 입파산立波山, 동으로 진해곳鎭海串에 응하였다. 『輿地圖書』에는 도치곳연대都致串烟臺 명으로 주의 서남쪽 40리에 있다. 서로 곽산 방축포연대防築浦烟臺와 30리, 동으로 진해곳연대와 30리에 응한다고 하였다. 『增補文獻備考』에는 선천방어사宣川防禦使 소관으로 의주義州 고정주古靜州에서 초기하는 제4거 직봉의 봉수이며 최종 무악서봉毋嶽西烽에 응하였다.

114. 선천 오도곳봉수宣川 吾都串烽燧

『世宗實錄』地理志에 평안도平安道 선천군宣川郡 소재 봉화烽火 2처 중 1처로서 군의 서쪽에 소재하며 동으로 곽산郭山 청암靑岩, 서로 철산鐵山 웅골산熊骨山에 응하였다. 『新增東國輿地勝覽』과 『東國輿地志』에는 군 서쪽 20리에 있다. 동으로 곽산군 송족松足, 서로 철산군 웅골산에 응한다고 하여 동으로 응하는 대응봉수 노선의 변동이 있었다.

115. 선천 의요입소봉수宣川 蟻腰立所烽燧

『世宗實錄』地理志에 평안도平安道 선천군宣川郡 소재 봉화烽火 2처 중 1처인 수로봉화水路烽火로서 군의 남쪽에 소재하며 동으로 곽산郭山 청암靑岩, 서로 철산鐵山 보현점普賢岾에 응하였다. 『新增東國輿地勝覽』과 『東國輿地志』에는 의요봉수蟻腰烽燧 명칭으로 군 남쪽 15리에 있다. 서로 입암立岩, 동으로 곽산군 청암산靑奄山에 응한다고 하여 서쪽으로 응하는 노선의 변동이 있었다.

116. 선천 우이곶봉수宣川 牛耳串烽燧

『新增東國輿地勝覽』과 『東國輿地志』에 평안도平安道 선천군宣川郡에 속하여 군 서쪽 25리에 있다. 서로 철산군鐵山郡 백량白梁, 동으로 입암立岩에 응하였다.

117. 선천 입암봉수宣川 立岩烽燧

『新增東國輿地勝覽』과 『東國輿地志』에 평안도平安道 선천군宣川郡에 속하여 군 서쪽 20리에 있다. 서로 우이곶牛耳串, 동으로 의요蟻腰에 응한다고 하였다.

118. 선천 학현봉수宣川 鶴峴烽燧

『輿地圖書』에 평안도平安道 선천부宣川府에 속하여 부의 서쪽 30리에 있다. 서로 철산鐵山 웅골산봉수熊骨山烽燧와 30리, 동으로 원산봉수圓山烽燧와 20리에 응한다고 하였다. 『增補文獻備考』에는 평안 감사平安監司 소관으로 강계江界 여둔대餘屯臺에서 초기하는 제3거 직봉의 봉수이며 최종 무악동봉毋嶽東烽에 응하였다.

봉수군 인원은 『各司謄錄』에 봉수장烽燧將 1인, 봉수군烽燧軍 5

지도 26 _ 선천 학현산봉수

명이 번番을 섰다.

『朝鮮後期 地方地圖』의 『宣川府地圖』(奎10559)에는 어변포禦邊浦 해안과 인접한 산정 우측에 특별한 형태의 표기 없이 종으로 학현봉수鶴峴烽燧라 쓰여 있다. 아울러 봉수가 위치한 학현은 전선戰船이 정박하던 곳이며, 봉수 아래에는 군기고軍器庫의 표시를 통해 수군의 요새지임을 알 수 있다. 주위 대가차도大加次島 · 송도松島 등의 도서를 통해 위치를 추정할 수 있다.

119. 선천 원산봉수宣川 圓山烽燧

『輿地圖書』에 평안도平安道 선천부宣川府에 속하여 부의 남쪽 20리에 있다. 서로 학현봉수鶴峴烽燧와 20리, 동으로 서망일봉수西望日烽燧와 20리에 응한다고 하였다. 『增補文獻備考』에는 세주에 일명 두리산豆里山이다 하였으며 평안 감사平安監司 소관으로 강계江界 여둔대餘屯臺에서 초기하는 제3거 직봉의 봉수로 최종 무악동봉母嶽東烽에 응하였다.

봉수군 인원은 『各司謄錄』에 봉수장烽燧將 1인, 봉수군烽燧軍 5명이 번番을 섰다.

『朝鮮後期 地方地圖』의 『宣川府地圖』(奎10559)에는 읍치에서 해안과 인

지도 27 _ 선천 원산봉수

접한 산정 우측에 특별한 형태의 표기 없이 종으로 원산봉수圓山烽燧라 쓰여 있다. 맞은편 봉수는 소곶연대所串烟臺로 쓰여 있는데 이는 봉수의 성격에 따른 구분으로 볼 수 있다. 주위 접도蝶島 · 노인도老人島 등의 도서로 인해 위치를 추정할 수 있다.

120. 선천 서망일봉수宣川 西望日烽燧

『輿地圖書』에 평안도平安道 선천부宣川府에 속하여 부의 남쪽 30리에 있다. 서로 원산봉수圓山烽燧와 20리, 동으로 곽산郭山 통경산봉수通景山烽燧와 30리에 응한다고 하였다. 『增補文獻備考』에는 서망일봉西望日峰 명으로 평안 감사平安監司 소관으로 강계江界 여둔대餘屯臺에서 초기하는 제3거 직봉의 봉수로 최종 무악동봉毋嶽東烽에 응하였다.

봉수군 인원은 『各司謄錄』에 봉수장烽燧將 1인, 봉수군烽燧軍 5명이 번番을 섰다.

『朝鮮後期 地方地圖』의 「宣川府地圖」(奎10559)에는 읍치에서 가까운 도서의 우측에 특별한 형태의 표기 없이 종으로 명칭이 쓰여 있다.

121. 선천 소곶봉수宣川 所串烽燧

『輿地圖書』에 평안도平安道 선천부宣川府에 속하여 소곶연대所串烟臺 명으로 부의 서쪽 30리에 있다. 서로 철산鐵山 백양산연대栢梁山烟臺와 40리, 동으로 해안연대海岸烟臺와 30리에 응한다고 하였다.

122. 선천 해안봉수宣川 海岸烽燧

『輿地圖書』에 평안도平安道 선천부宣川府에 속하여 해안연대海岸烟臺 명으로 부의 남쪽 30리에 있다. 서로 소곶연대所串烟臺와 30리, 동으로 곽산郭山 청암산연대靑巖山烟臺와 30리에 응한다고 하였다. 『增補文獻備考』에는 선천방어사宣川防禦使 소관으로 의주義州 고정주古靜州에서 초기하는 제4거 직봉의 봉수로 최종 무악서봉母嶽西烽에 응하였다.

『朝鮮後期 地方地圖』의 「宣川府地圖」(奎10559)에는 읍치에서 가까운 도서의 우측에 특별한 형태의 표기 없이 종으로 해안연대海岸烟臺라 쓰여 있다. 주위 신미도身彌島 · 오도梧島 등의 도서표기를 통해 위치를 추정할 수 있다.

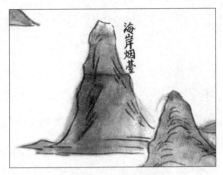

지도 28 _ 선천 해안봉수

123. 선천 대목산봉수宣川 大睦山烽燧

평안북도 선천군 대목동의 해발 349m인 대륙산大陸山에 있다. 동쪽으로 경의선 철도와 인접하고 있는 곳이다.

『輿地圖書』에 평안도平安道 선천부宣川府 소속 권설간봉權設間烽 2기 중 1기로서 부의 남산에 있다. 서로 소곶연대所串烟臺와 30리에 응한다고 하였다. 『增補文獻備考』에는 제4거 간봉(1)노선의 봉수로 본읍本邑에만 응하였다.

124. 선천 동림봉수宣川 東林烽燧

『輿地圖書』에 평안도平安道 선천부宣川府에 속한 권설간봉權設間烽 2기 중 1기로서 성城의 남산에 있다. 남으로 학현봉수鶴峴烽燧와 30리에 응한다고 하였다.

125. 가산 연지산봉수嘉山 蓮池山烽燧

『世宗實錄』地理志에 평안도平安道 가산군嘉山郡 소재 봉화烽火로서 군 동쪽에 소재하며 동으로 안주安州 청산青山, 남으로 안주安州 노근강老斤江, 서로 정주定州 칠악산七岳山에 응한다고 하여 세 방향의 봉수와 대응하였다. 『新增東國輿地勝覽』에는 연지봉수蓮池烽燧 명으로 군 동쪽 18리에 있다. 서로 정주 칠악산, 남으로 안주 청산에 응한다고 하였다.

126. 가산 돈산봉수嘉山 頓山烽燧

『新增東國輿地勝覽』에 평안도平安道 가산군嘉山郡에 속하여 군 서쪽 18리에 있다. 서로 정주定州 사읍동음沙邑冬音, 남으로 박천군博川郡 독산禿山에 응한다고 하였다.

127. 가산 해망간봉嘉山 海望間烽

『輿地圖書』에 평안도平安道 가산군嘉山郡에 속하여 군의 남쪽 3리에 있다. 당현堂峴의 바람이 온화한 6개월 동안만 거화한다고 하여 한시적으로 운용되었음을 알 수 있다.

128. 삭주 성두봉수朔州 城頭烽燧

『世宗實錄』地理志에 평안도平安道 삭주도호부朔州都護府 소재 봉화烽火 5

처 중 1처로서 북으로 이동梨洞, 남으로 주의 소곶所串과 태주泰州 농오리籠吾里에 응하였다. 『新增東國輿地勝覽』에는 성두산봉수城頭山烽燧 명으로 남으로 구성부龜城府 팔영산八嶺山, 남으로 오리동梧里洞에 응하였다. 『輿地圖書』에는 고성두연대古城頭烟臺 명으로 부의 남쪽 60리에 있다. 북으로 오리동봉수吾里洞烽燧와 30리, 남으로 구성 팔영영소곶연대八營嶺所串烟臺와 30리에 응한다고 하였다. 봉군烽軍 10명, 봉군보烽軍保 20명이 수번守番하였다. 『增補文獻備考』에는 고성두산古城頭山 명의 제3거 간봉(2)의 봉수로 여기에 속한 봉수는 이봉산二峰山에서 일로一路로 온다고 하였다.

129. 삭주 이동봉수朔州 梨洞烽燧

『世宗實錄』 地理志에 평안도平安道 삭주도호부朔州都護府 소재 봉화烽火 5처 중 1처로서 북으로 주의 건전동件田洞에 응하였다.

130. 삭주 건전동봉수朔州 件田洞烽燧

『世宗實錄』 地理志에 평안도平安道 삭주도호부朔州都護府 소재 봉화烽火 5처 중 1처로서 북으로 연평延平에 응한다고 하였다. 『新增東國輿地勝覽』에는 건전산봉수件田山烽燧 명으로 북으로 연평산, 남으로 오리동梧里洞에 응한다고 하였다. 『輿地圖書』에는 부의 서쪽 12리에 있다. 북으로 연평영연대延坪嶺烟臺와 18리, 남으로 오리동봉수五里洞烽燧와 20리에 응한다고 하였다. 봉군烽軍 10명, 봉군보烽軍保 20명이 수번守番하였다. 『增補文獻備考』에는 제3거 간봉(2)노선의 봉수로 여기에 속한 봉수는 이봉산二峰山에서 일로一路로 온다고 하였다.

지도 29 _ 삭주 건전동봉수   지도 30 _ 삭주 연평봉수

봉수군 인원은 『各司謄錄』에 봉수장烽燧將 1인, 봉수군烽燧軍 5명이 번番
을 섰다.

『朝鮮後期 地方地圖』의 「朔州地圖」(奎10631)에는 산정에 맞배지붕 건물
표기와 산 중심에 종으로 명칭 및 읍치에서의 거리가 쓰여 있다.

131. 삭주 연평봉수朔州 延平烽燧

『世宗實錄』 地理志에 평안도平安道 삭주도호부朔州都護府 소재 봉화烽火 5
처 중 1처로서 북으로 창성昌城 묘동廟洞에 응하였다. 『新增東國輿地勝覽』
에는 연평산봉수延坪山烽燧 명으로 북으로 창성부 갑암甲岩, 남으로 건전산件
田山에 응한다고 이전 시기와 비교하여 노선의 대폭적인 변동이 있었다.
『輿地圖書』에는 연평영연대延坪嶺烟臺 명으로 부의 북쪽 18리에 있다. 북으
로 창성 이봉산연대二峯山烟臺와 10리, 남으로 건전동봉수件田洞烽燧와 18리에
응한다고 하였다. 봉군烽軍 10명, 봉군보烽軍保 20명이 수번守番하였다. 『增
補文獻備考』에는 제3거 간봉(2)노선의 봉수로 여기에 속한 봉수는 이봉산
二峰山에서 일로一路로 온다고 하였다.

『朝鮮後期 地方地圖』의 「朔州地圖」(奎10631)에는 연평령延坪嶺 능선에 맞배지붕 건물 표기와 산 중심에 종으로 명칭 및 읍치에서의 거리가 쓰여 있다.

132. 삭주 소곶봉수朔州 所串烽燧

『世宗實錄』地理志에 평안도平安道 삭주도호부朔州都護府 소재 봉화烽火 5처 중 1처로서 남으로 구주龜州 합배고성두合排古城頭에 응하였다. 『新增東國輿地勝覽』에는 평안도 구성도호부龜城都護府에 속하여 북으로 삭주부 성두산城頭山, 남으로 고성古城에 응하였다. 『輿地圖書』에는 부의 북쪽 40리에 있다. 북으로 삭주 고성봉수姑城烽燧와 40리, 남으로 본부本府 고성봉수姑城烽燧와 45리에 응한다고 하였다. 『增補文獻備考』에는 제3거 간봉(2)노선의 봉수로서 여기에 속한 봉수는 이봉산二峰山에서 일로一路로 온다고 하였다.

133. 구성 고성봉수龜城 古城烽燧

『新增東國輿地勝覽』에 평안도平安道 구성도호부龜城都護府에 속하여 북으로 소곶所串, 남으로 태천현泰川縣 농오리籠吾里에 응하였다. 『輿地圖書』에는 고성봉수姑城烽燧 명으로 부의 남쪽 5리에 있다. 북으로 소곶봉수와 45리, 동으로 태천 농오리봉수와 40리에 응한다고 하였다. 『增補文獻備考』에는 고성姑城 명의 제3거 간봉(2)노선의 봉수로 여기에 속한 봉수는 이봉산二峰山에서 일로一路로 온다고 하였다.

『朝鮮寶物古蹟調査資料』에는 평안북도 구성군 부내면 상단동 소재로 단순하게 고성봉수라 칭한다고 하였다.

134. 삭주 권적암봉수朔州 權狄岩烽燧

『新增東國輿地勝覽』에 평안
도平安道 삭주도호부朔州都護府에
속하여 동으로 창성부昌城府 갑암
甲岩, 서로 전왕구비산田往仇非山에
응하였다. 『輿地圖書』에는 권적
암봉수權狄巖烽燧 명으로 부의 북
쪽 33리에 있다. 동으로 창성 이
봉산연대二峯山烟臺와 10리, 서로

지도 31 _ 삭주 권적암봉수

전왕구비봉수와 10리에 응한다고 하였다. 봉군烽軍 10명, 봉군보烽軍保 20
명이 수번守番하였다. 『增補文獻備考』에는 평안 감사平安監司 소관으로 강
계江界 여둔대餘屯臺에서 초기하는 직봉의 봉수로 최종 무악동봉毋嶽東烽에
응하였다.

봉수군 인원은 『各司謄錄』에 봉수장烽燧將 1인, 봉수군烽燧軍 5명이 번番
을 섰다.

『朝鮮後期 地方地圖』의 「朔州地圖」(奎10631)에는 압록강鴨綠江과 인접한
산정에 전왕구비산봉수田往仇非山烽燧와 나란히 맞배지붕 건물 표기와 산 중
심에 종으로 명칭 및 읍치에서의 거리가 쓰여 있다.

135. 삭주 전왕구비산봉수朔州 田往仇非山烽燧

『新增東國輿地勝覽』에 평안도平安道 삭주도호부朔州都護府에 속하여 동으
로 권적암權狄岩, 서로 의주義州 노토탄老土灘에 응하였다. 『輿地圖書』에는
전왕구비봉수田往仇非烽燧 명으로 부의 북쪽 35리에 있다. 동으로 권적암봉

수와 10리, 서로 의주 청수진靑水鎭 노토탄봉수와 15리에 응한다고 하였다.
봉군烽軍 10명, 봉군보烽軍保 20명이 수번守番하였다. 『增補文獻備考』에는
평안 감사平安監司 소관으로 강계江界 여둔대餘屯臺에서 초기하는 제3거 직봉
의 봉수로서 최종 무악동봉毋嶽東烽에 응하였다.

봉수군 인원은 『各司謄錄』에 봉수장烽燧將 1인, 봉수군烽燧軍 5명이 번番
을 섰다.

136. 삭주 오리동봉수朔州 梧里洞烽燧

『新增東國輿地勝覽』에 평안
도平安道 삭주도호부朔州都護府에
속하여 북으로 건전산件田山, 남
으로 성두산城頭山에 응하였다.
『輿地圖書』에는 오리동봉수吾里
洞烽燧 명으로 부의 남쪽 25리에
있다. 북으로 건전동봉수件田洞烽
燧와 20리, 남으로 고성두연대古
城頭烟臺와 30리에 응한다고 하였

지도 32 _ 삭주 오리동봉수

다. 봉군烽軍 10명, 봉군보烽軍保 20명이 수번守番하였다. 『增補文獻備考』에
는 제3거 간봉(2)노선의 봉수로 여기에 속한 봉수는 이봉산二峰山에서 일로
一路로 온다고 하였다.

봉수군 인원은 『各司謄錄』에 봉수장烽燧將 1인, 봉수군烽燧軍 5명이 번番
을 섰다.

『朝鮮後期 地方地圖』의 「朔州地圖」(奎10631)에는 산정에 맞배지붕 건물
표기와 산 중심에 종으로 명칭 및 거리가 쓰여 있다.

137. 영변 무산율현봉수寧邊 撫山栗峴烽燧

『世宗實錄』地理志에 평안도平安道 영변대도호부寧邊大都護府 소재 봉화烽火로서 군의 서쪽에 위치하며 서로 태주泰州 농오리籠吾里, 남으로 박천博川 독산禿山에 응하였다. 『新增東國輿地勝覽』에는 율고개봉수栗古介烽燧 명으로 서와 남으로 응하는 대응봉수 노선의 변동이 없이 유지되었다. 『輿地圖書』에는 부의 서북 49리에 있다. 서로 태천현 농오리봉수와 40리, 남으로 덕산봉수德山烽燧와 25리에 응한다고 하였다. 『增補文獻備考』에는 제3거 간봉(2)노선에 속한 봉수로서 여기에 속한 봉수는 이봉산二峰山에서 일로一路로 온다고 하였다.

138. 영변 덕산봉수寧邊 德山烽燧

『輿地圖書』에 평안도平安道 영변부寧邊府에 속하여 부의 서쪽 43리에 있다. 북으로 율고개봉수栗古介烽燧와 25리, 남으로 박천군博川郡 봉인산봉수鳳麟山烽燧와 20리에 응하였다. 『增補文獻備考』에는 제3거 간봉(2)노선에 속한 봉수로서 여기에 속한 봉수는 이봉산二峰山에서 일로一路로 온다고 하였다.

139. 영변 약산봉수寧邊 藥山烽燧

정조 17년(1793) 영변부사 민태혁閔台爀의 건의에 따라 영변부 약산 동대東臺에 신설되었다.

『朝鮮後期 地方地圖』의 「寧邊府地圖」(奎10624)에는 읍성 내 인조 11년(1633) 축조 약산성 내에 적색의 불꽃 형태로 표기 후 좌측에 종으로 봉수烽

| 지도 33 _ 영변 약산봉수(영변부지도) | 지도 34 _ 영변 약산봉수(서성진지도) |

燧라 쓰여 있다. 이와달리 「西城鎭地道」(奎10574)에는 약산성 서장대西將臺 우측에 흙으로 연굴烟窟 5기와 적색으로 거화모습을 삼각형태로 선명하게 표기 후 종으로 명칭이 쓰여 있다.

조선후기 신설 봉수로서 구조·형태와 거화모습 및 관련시설을 추정할 수 있는 좋은 자료이다.

140. 창성 묘동봉수昌城 廟洞烽燧

『世宗實錄』地理志에 평안도平安道 창성군昌城郡 소재 봉화烽火 2처 중 1처로서 군의 북쪽에 위치하며 동으로 회한동廻限同, 남으로 삭주朔州 연평고개延平古介에 응하였다. 『新增東國輿地勝覽』에는 평안도 창성도호부에 속하여 서로 운두리산雲頭里山, 북으로 어정탄於丁灘에 응하였다. 『輿地圖書』에는 평안도 창성부에 속하여 묘동강두동봉수廟洞舡頭洞烽燧 명으로 부의 북쪽 10리에 있다. 북으로 어정보탄봉수於汀堡灘烽燧와 20리, 서로 운두리봉수雲頭里烽燧와 5리에 응한다고 하였다. 『增補文獻備考』에는 선두동船豆洞 명으로 평안 감사平安監司 소관이며 세주에 『輿覽』에는 묘동廟洞으로 되어 있다. 묘

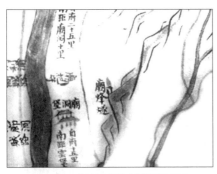

지도 35 _ 창성 묘동봉수(창성지도)　　지도 36 _ 창성 묘동봉수(묘동보지도)

동보廟洞堡에 속한다고 하였다. 강계江界 여둔대餘屯臺에서 초기하는 제3거
직봉의 봉수로 최종 무악동봉毋嶽東烽에 응하였다.

　봉수군 인원은『各司謄錄』에 봉수장烽燧將 1인, 봉수군烽燧軍 5명이 번番
을 섰다.

　『朝鮮後期 地方地圖』의「昌城地圖」(奎10595)에는 압록강鴨綠江과 인접한
산정에 촛불 형태의 표기와 명칭이 쓰여 있는데 이하 모든 봉수에 동일하
게 표현되어 있다. 봉수 아래 강변의 묘동보로 인해 위치를 추정할 수 있
다. 이외에도「廟洞堡地圖」(奎10565)에는 강과 인접한 산정에 건물표기 및
우측에 종으로 선두동봉수船頭洞烽燧의 명칭과 보堡에서의 거리가 쓰여 있
다. 따라서 동일 시기에 작성된 위 두 지도를 통해 화공마다 봉수표기를
촛불 혹은 건물로 표기하는 등 차이를 알 수 있다.

141. 창성 회한동봉수昌城 廻限洞烽燧

　『世宗實錄』地理志에 평안도平安道 창성군昌城郡 소재 봉화烽火 2처 중 1처
로서 동으로 벽동碧潼 호조리胡照里에 응하였다.

142. 창성 갑암봉수昌城 甲岩烽燧

『新增東國輿地勝覽』에 평안도平安道 창성도호부昌城都護府에 속하여 북으로 운두리산雲頭里山, 남으로 삭주부朔州府 연평산延坪山, 서로 동부同府의 권적암權狄岩에 응하였다. 『輿地圖書』에는 갑암일봉산봉수甲岩一峯山烽燧 명으로 부의 남쪽 13리에 있다. 북으로 운두리봉수雲頭里烽燧와 15리, 남으로 삭주 연평삼봉수延坪參烽燧와 7리, 서로 구영진봉수仇寧鎭烽燧와 15리에 응한다고 하였다. 『增補文獻備考』에는 이봉산二峰山 명으로 평안 감사平安監司 소관이며 세주에 『輿覽』에는 갑암甲巖으로 되어 있고, 『邑誌』에는 일봉산一峰山으로 되어 있다. 갑암보甲巖堡에 속한다. 창성昌城에 있다 하였으며 강계江界 여둔대餘屯臺에서 초기하는 제3거 직봉의 봉수로 최종 무악동봉毋嶽東烽에 응하였다.

봉수군 인원은 『各司謄錄』에 봉수장烽燧將 1인, 봉수군烽燧軍 5명이 번番을 섰다.

『朝鮮後期 地方地圖』의 「甲巖堡地圖」(奎10590)에는 갑암보와 강을 사이에 두고 인접한 바위 절벽 상부에 정자 형태의 건물표기로 되어 있다. 우측에 종으로 일봉산봉수一峯山烽燧 및 좌측에 보堡에서의 거리가 쓰여 있다.

143. 창성 운두리산봉수昌城 雲頭里山烽燧

『新增東國輿地勝覽』에 평안도平安道 창성도호부昌城都護府에 속하여 남으로 갑암甲岩, 동으로 묘동廟洞에 응하였다. 『輿地圖書』에는 운두리봉수雲頭里烽燧 명으로 부의 서쪽 5리에 있다. 북으로 묘동 강두동봉수舡頭洞烽燧와 5리, 서로 갑암일봉산봉수甲岩一峯山烽燧와 15리에 응한다고 하였다. 『增補文獻備考』에는 평안 감사平安監司 소관으로 강계江界 여둔대餘屯臺에서 초기하는 제3거 직봉의 봉수이며 최종 무악동봉毋嶽東烽에 응하였다.

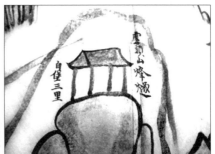

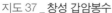

지도 37 _ 창성 갑암봉수　　　　　　지도 38 _ 창성 운두리산봉수

　봉수군 인원은 『各司謄錄』에 봉수장烽燧將 1인, 봉수군烽燧軍 5명이 번番을 섰다.

　『朝鮮後期 地方地圖』의 「雲頭里堡地圖」(奎10616)에는 압록강변에 인접한 운두리보를 내려보기 좋은 절벽 상부에 맞배지붕 정자 형태의 건물로 표기되어 있다. 우측에 종으로 운두산봉수雲頭山烽燧 및 좌측에 보와의 거리가 쓰여 있다.

144. 창성 어정탄봉수昌城 於丁灘烽燧

　『新增東國輿地勝覽』에 평안도平安道 창성도호부昌城都護府에 속하여 서로 묘동廟洞, 북으로 서개동徐介同에 응하였다. 『輿地圖書』에는 어정보탄봉수於汀堡灘烽燧 명으로 부의 북쪽 25리에 있다. 북으로 창주진昌州鎭 서가동봉수徐哥洞烽燧와 10리, 서로 묘동廟洞 강두동봉수舡頭洞烽燧와 20리에 응한다고 하였다. 『增補文獻備考』에는 평안 감사平安監司 소관이며 세주에 어정보於汀堡에 속한다 하였으며 강계江界 여둔대餘屯臺에서 초기하는 제3거 직봉의 봉수로 최종 무악동봉毋嶽東烽에 응하였다.

　봉수군 인원은 『各司謄錄』에 봉수장烽燧將 1인, 봉수군烽燧軍 5명이 번番

을 섰다.

『朝鮮後期 地方地圖』의『於汀
灘堡地圖』(奎10591)에는 강변에
인접한 절벽 상부의 평지에 정
자 형태의 건물로 표기되어 있
다. 건물 상부에 횡으로 명칭 및
좌측에 종으로 보와의 거리가
쓰여 있다.

지도 39 _ 창성 어정탄봉수

145. 창성 서개동봉수 昌城 徐介同烽燧

『新增東國輿地勝覽』에 평안도平安道 창성도호부昌城都護府에 속하여 서로
어정탄於汀灘, 북으로 고림성古林城에 응하였다. 『輿地圖書』에는 창주진昌州
鎭 서가동봉수徐哥洞烽燧 명칭으로 부의 북쪽 40리에 있다. 북으로 대길호리
고림성봉수大吉號里古林城烽燧와 10리, 서로 어정보탄봉수於汀堡灘烽燧와 10리
에 응한다고 하였다. 『增補文獻備考』에는 평안 감사平安監司 소관이며 세주
에 창주진에 속한다고 하였다. 강계江界 여둔대餘屯臺에서 초기하는 제3거
직봉의 봉수로 최종 무악동봉毋嶽東烽에 응하였다.

봉수군 인원은 『各司膽錄』에 봉수장烽燧將 1인, 봉수군烽燧軍 5명이 번番
을 섰다.

146. 창성 고림성봉수 昌城 古林城烽燧

『新增東國輿地勝覽』에 평안도平安道 창성도호부昌城都護府에 속하여 동으
로 벽동군碧潼郡 호조리胡照里, 서로 서개동徐介同에 응하였다. 『輿地圖書』에

는 대길호리大吉號里 고림성봉수
古林城烽燧 명으로 부의 북쪽 50리
에 있다. 북으로 소길호리봉수小
吉號里烽燧와 10리, 서로 창주진昌
州鎭 서가동봉수徐哥洞烽燧와 10리
에 응한다고 하였다. 『增補文獻
備考』에는 평안 감사平安監司 소
관이며 세주에 대길호리보大吉號

지도 40 _ 창성 고림성봉수

里堡에 속한다고 하였다. 강계江界 여둔대餘屯臺에서 초기하는 제3거 직봉의
봉수로 최종 무악동봉毋嶽東烽에 응하였다.

봉수군 인원은 『各司謄錄』에 봉수장烽燧將 1인, 봉수군烽燧軍 5명이 번番
을 섰다.

『朝鮮後期 地方地圖』의 「大吉號里堡地圖」(奎10626)에는 강과 인접한 고
림산성 내 산정에 건물표기 및 아래에 종으로 명칭과 보堡에서의 거리가
쓰여 있다.

147. 벽동 군내구자봉수碧潼 郡內口子烽燧

『世宗實錄』地理志에 평안도平安道 벽동군碧潼郡 소재 봉화烽火 6처 중 1처로
서 서로 호조리胡照里, 북으로 대파아大波兒에 응하였다. 이후 곧 철폐되었다.

148. 벽동 대파아봉수碧潼 大波兒烽燧

『世宗實錄』地理志에 평안도平安道 벽동군碧潼郡 소재 봉화烽火 6처 중 1처
로서 북으로 소파아小波兒에 응하였다. 이후 곧 철폐되었다.

149. 벽동 소파아봉수碧潼 小波兒烽燧

『世宗實錄』地理志에 평안도平安道 벽동군碧潼郡 소재 봉화烽火 6처 중 1처로서 북으로 광평廣坪에 응하였다. 이후 곧 철폐되었다.

150. 벽동 광평봉수碧潼 廣坪烽燧

『世宗實錄』地理志에 평안도平安道 벽동군碧潼郡 소재 봉화烽火 6처 중 1처로서 북으로 아이구자阿耳口子에 응하였다. 『新增東國輿地勝覽』에는 동으로 이산군理山郡 아이阿耳, 서로 소파아송림小坡兒松林에 응하였다. 『輿地圖書』에는 광평보廣坪堡 동연대봉수東烟臺烽燧 명으로 군의 북쪽 65리에 있다. 북으로 리산부理山府 아이진봉수阿耳鎭烽燧와 25리, 서로 소파아보小坡兒堡 송림봉수松林烽燧와 15리에 응하였다. 『增補文獻備考』에는 동연대東烟臺 명으로 평안 감사平安監司 소관이며 세주에『輿覽』과『備局謄錄』에는 모두 광평廣坪으로 되어 있다. 광평진보廣坪鎭堡에 속한다고 하였다. 강계江界 여둔대餘屯臺에서 초기하는 제3거 직봉의 봉수로 최종 무악동봉毋嶽東烽에 응하였다.

『朝鮮寶物古蹟調査資料』에는 평안북도 벽동군 오북면 북상동. 광패연대廣沛烟臺. 돌을 쌓아 주위를 두르고, 봉대烽臺 각 처에는 어떠한 설비도 확인되지 않는다고 하였다.

151. 벽동 아이구자봉수碧潼 阿耳口子烽燧

『世宗實錄』地理志에 평안도平安道 벽동군碧潼郡 소재 봉화烽火 6처 중 1처로서 동으로 매산理山 라한동구자羅漢同口子에 응하였다. 이후 곧 철폐되었다.

152. 벽동 호조리봉수碧潼 胡照里烽燧

『世宗實錄』地理志에 평안도平安道 벽동군碧潼郡 소재 봉화烽火 6처 중 1처로서 서로 고창주구자古昌州口子에 응하였다. 『新增東國輿地勝覽』에는 동으로 추구비楸仇非, 서로 창성부昌城府 고림성古林城에 응하였다. 『輿地圖書』에는 벽단진碧團鎭 호조리봉수胡照里烽燧 명으로 군의 서쪽 60리에 있다. 북으로 추구비보楸仇非堡 추라봉수楸羅烽燧와 30리, 서로 소길호리보小吉號里堡 소현봉수小峴烽燧와 15리에 응한다고 하였다. 『增補文獻備考』에는 평안감사平安監司 소관이며 세주로 벽단진에 속한다 하였으며 강계江界 여둔대餘屯臺에서 초기하는 제3거 직봉의 봉수로서 최종 무악동봉毋嶽東烽에 응하였다.

봉수군 인원은 『各司謄錄』에 봉수장烽燧將 1인, 봉수군烽燧軍 명이 5번番을 섰으며 초산부楚山府에 속하였다.

『朝鮮後期 地方地圖』의 「碧潼郡地圖」(奎10563)에는 압록강鴨綠江과 인접한 산정에 여러 봉수와 나란히 누각 형태의 건물 표기와 명칭이 쓰여 있는데 이하 모든 봉수가 동일한 표현이다. 봉수烽燧 아래에는 파수把守가 표기되어 있다.

지도 41 _ 벽동 호조리봉수

지도 42 _ 벽동 송림봉수

153. 벽동 송림봉수碧潼 松林烽燧

『新增東國輿地勝覽』에 평안도平安道 벽동군碧潼郡에 속하여 동으로 광평廣坪, 서로 두음지豆音只에 응하였다. 『輿地圖書』에는 소파아보小坡兒堡 송림봉수松林烽燧 명으로 군의 북쪽 50리에 있다. 북으로 광평보廣坪堡 동연대봉수東烟臺烽燧와 15리, 서로 대파아보大坡兒堡 두음지봉수豆音只烽燧와 20리에 응하였다. 『增補文獻備考』에는 평안 감사平安監司 소관이며 세주로 소파아보에 속한다 하였으며 강계江界 여둔대餘屯臺에서 초기하는 제3거 직봉의 봉수로 최종 무악동봉毋嶽東烽에 응하였다.

봉수군 인원은 『各司謄錄』에 봉수장烽燧將 1인, 봉수군烽燧軍 5명이 번番을 섰다.

『朝鮮後期 地方地圖』의 「小坡兒堡地圖」(奎10608)에는 압록강鴨綠江과 인접한 소파아보를 내려다 보기 좋은 산정에 건물 표기와 종으로 송림연대松林烟臺라 쓰여 있다.

『朝鮮寶物古蹟調査資料』에는 평안북도 벽동군 오북면 북하동. 송림탄연대松林灘烟臺. 주위는 돌로써 돌계단 모양으로 조성되어 대부분 무너졌다고 하였다.

154. 벽동 두음지봉수碧潼 豆音只烽燧

『新增東國輿地勝覽』에 평안도平安道 벽동군碧潼郡에 속하여 동으로 송림松林, 서로 파한천波限遷에 응하였다. 『輿地圖書』에는 대파아보大坡兒堡 두음지봉수豆音只烽燧 명으로 군 북쪽 30리에 있다. 북으로 소파아보小坡兒堡 송림봉수와 20리, 서로 본군本郡 금창봉수金昌烽燧와 20리에 응하였다. 『增補文獻備考』에는 평안 감사平安監司 소관이며 세주로 대파아보에 속한다 하였

으며 강계江界 여둔대餘屯臺에서 초기하는 제3거 직봉의 봉수로 최종 무악
동봉母嶽東烽에 응하였다.

봉수군 인원은 『各司謄錄』에 봉수장烽燧將 1인, 봉수군烽燧軍 명이 5번番
을 섰다.

155. 벽동 파한천봉수碧潼 波限遷烽燧

『新增東國輿地勝覽』에 평안도平安道 벽동군碧潼郡에 속하여 동으로 두음
지豆音只, 서로 금창산金昌山에 응하였다. 이후 곧 철폐되었다.

156. 벽동 금창산봉수碧潼 金昌山烽燧

『新增東國輿地勝覽』에 평안도平安道 벽동군碧潼郡에 속하여 동으로 파한
천波限遷, 서로 추구비楸仇非에 응하였다. 『輿地圖書』에는 금창봉수金昌烽燧
명으로 군의 북쪽 10리에 있다. 북으로 대파아보大坡兒堡 두음지봉수豆音只烽
燧와 20리, 서로 추구비보楸仇非堡 추라봉수楸羅烽燧와 20리에 응하였다. 『增
補文獻備考』에는 강계江界 여둔대餘屯臺에서 초기하는 제3거 직봉의 봉수
로 최종 무악동봉母嶽東烽에 응하였다.

봉수군 인원은 『各司謄錄』에 봉수장烽燧將 1인, 봉수군烽燧軍 5명이 번番
을 섰다.

157. 벽동 추구비봉수碧潼 楸仇非烽燧

『新增東國輿地勝覽』에 평안도平安道 벽동군碧潼郡에 속하여 동으로 금창산

지도 43 _ 벽동 추구비봉수

金昌山, 서로 호조리胡照里에 응하였다. 『輿地圖書』에는 추구비보楸仇非堡 추라봉수楸羅烽燧 명으로 군의 서쪽 20리에 있다. 북으로 본군本郡 금창봉수와 20리, 서로 벽단진碧團鎭 호조리봉수와 30리에 응하였다. 『增補文獻備考』에는 추라구비楸羅仇非 명으로 평안 감사平安監司 소관이며 세주에 추구비보에 속한다고 하였다. 강계江界 여둔대餘屯臺에서 초기하는 제3거 직봉의 봉수로 최종 무악동봉毋嶽東烽에 응하였다.

봉수군 인원은 『各司謄錄』에 봉수장烽燧將 1인, 봉수군烽燧軍 5명이 번番을 섰다.

『朝鮮後期 地方地圖』의 「楸仇非堡地圖」(奎10641)에는 압록강鴨綠江과 인접한 산정에 건물 형태로 표기 및 좌측에 종으로 추라연대楸羅烟臺라 쓰여 있다.

158. 벽동 소길호리보소현봉수碧潼 小吉號里堡小峴烽燧

『輿地圖書』에 평안도平安道 벽동군碧潼郡에 속하여 군의 서쪽 65리에 있다. 북으로 벽단진碧團鎭 호조리봉수胡照里烽燧와 15리, 서로 창성부昌城府 대길호리보봉수大吉號里堡烽燧와 15리에 응한다고 하였다. 『增補文獻備考』에는 소근고개小斤古介 명으로 평안 감사平安監司 소관이며 세주에 소길호리보에 속한다고 하였다. 강계江界 여둔대餘屯臺에서 초기하는 제3거 직봉의 봉수로 최종 무악동봉毋嶽東烽에 응하였다.

봉수군 인원은 『各司謄錄』에 봉수장烽燧將 1인, 봉수군烽燧軍 5명이 번番을 섰다.

159. 박천 독산봉수博川 禿山烽燧

『世宗實錄』地理志에 평안도平安道 박천군博川郡 소재 봉화烽火 2처 중 1처로서 북으로 고무산율현古撫山栗峴, 남으로 안주安州 청산靑山에 응하였다. 『新增東國輿地勝覽』에는 군 서쪽 3리에 있다. 북으로 영변부寧邊府 율고개栗古介, 남으로 안주 성황당城隍堂에 응한다고 하였다.

160. 박천 덕안리봉수博川 德安里烽燧

『世宗實錄』地理志에 평안도平安道 박천군博川郡 소재 봉화烽火 2처 중 1처인 수로봉화水路烽火로서 군 남쪽에 소재하며 남으로 안주安州 노근강老斤江, 서로 정주定州 미륵당彌勒堂에 응하였다.

161. 박천 덕간곶봉수博川 德間串烽燧

『新增東國輿地勝覽』에 평안도平安道 박천군博川郡에 속하여 군 남쪽 49리에 있다. 서로 정주定州 사읍동음沙邑冬音, 남으로 안주 호혈虎穴에 응한다고 하였다.

162. 박천 심원산봉수博川 深源山烽燧

『輿地圖書』에 평안도平安道 박천군博川郡에 속하여 군의 남쪽 10리에 있다. 북으로 영변寧邊 덕산봉수德山烽燧와 20리, 남으로 안주安州 성황산봉수城

| 지도 44 _ 박천 심원산봉수 | 지도 45 _ 박천 병온산봉수 |

隍山烽燧와 40리에 응한다고 하였다. 『增補文獻備考』에는 제3거 간봉(2)노선에 속한 봉수로서 여기에 속한 봉수는 이봉산二峰山에서 일로一路로 온다고 하였다.

『朝鮮後期 地方地圖』의 「博川郡古蹟」(奎10609)에는 심원사深源寺 배후 산의 우측에 와가瓦家 형태와 산 중심에 종으로 명칭이 쓰여 있다. 주위로 심원사외에 극락암極樂庵 등의 사찰이 다수 있다.

163. 박천 병온산봉수博川 竝溫山烽燧

『輿地圖書』에 평안도平安道 박천군博川郡에 속하여 군의 남쪽 30리에 있다. 북으로 가산嘉山 동을응산봉수冬乙應山烽燧와 10리, 남으로 안주安州 청산봉수靑山烽燧와 10리에 응한다고 하였다. 『增補文獻備考』에는 평안 감사平安監司 소관으로 강계江界 여둔대餘屯臺에서 초기하는 제3거 직봉의 봉수이며 최종 무악동봉毋嶽東烽에 응하였다.

『朝鮮後期 地方地圖』의 「博川郡古蹟」(奎10609)에는 청천강淸川江과 인접한 산정에 와가瓦家 형태로 표기 및 산 중심에 종으로 명칭이 쓰여 있다.

164. 태천 농오리봉수泰川 籠吾里烽燧

『世宗實錄』地理志에 평안도
平安道 태천군泰川郡 소재 농오리
산성 내에 있던 봉수이다. 북으
로 삭주朔州 고성두古城頭, 남으로
고무산 율고개古撫山栗古介에 응하
였다. 『新增東國輿地勝覽』에는
평안도 태천현에 속하여 서로
구성부龜城府 고성古城, 동으로 영

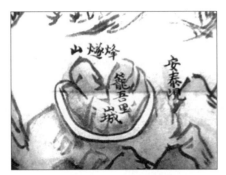

지도 46 _ 태천 농오리봉수

변부寧邊府 율고개栗古介에 응하였다. 『輿地圖書』에는 농오리산봉수籠吾里山
烽燧 명으로 현의 서쪽 15리에 있으며 서와 동으로 응하는 대응봉수의 변
동이 없이 유지되었다. 『增補文獻備考』에는 제3거 간봉(2)노선에 속한 봉
수로서 여기에 속한 봉수는 이봉산二峰山에서 일로一路로 온다고 하였다.

『朝鮮後期 地方地圖』의 「泰川縣地圖」(奎10560)에는 구성龜城과 인접한 농
오리산성 내 산정에 특별한 봉수표기 없이 횡으로 봉수산烽燧山으로 쓰여
있다.

『朝鮮寶物古蹟調査資料』에는 평안북도 태천군 서읍내면 산성동. 농오
리산성籠吾里山城. 본 국유림의 서쪽 모서리에 돌출하여 고봉에 있다. 아카
시아가 외로이 선 나무로 솟아 있다고 하였다.

165. 강계 이차가대봉수江界 伊車加大烽燧

『世宗實錄』地理志에 평안도平安道 강계도호부江界都護府 소재 봉화烽火 6
처 중 1처로서 부의 북쪽에 소재하며 동으로 여둔餘屯, 남으로 혜토兮土에

응하였다. 『新增東國輿地勝覽』에는 부의 서쪽 150리에 소재하며 남으로 재신동宰臣洞, 동으로 여둔에 응하였다. 『輿地圖書』에는 평안도 강계부에 속하여 부의 북쪽 150리에 있다. 동으로 여둔현봉수餘屯峴烽燧와 12리에 응하고, 서로 재신동봉수宰臣洞烽燧와 16리에 전한다고 하였다. 『增補文獻備考』에는 차가대車加大 명으로 평안 감사平安監司 소관이며 강계江界 여둔대餘屯臺에서 초기하는 제3거 직봉의 봉수이며 최종 무악동봉毋嶽東烽에 응하였다.

봉수군 인원은 『各司謄錄』에 봉수장烽燧將 1인, 봉수군烽燧軍 5명이 번番을 섰으며 만포진滿浦鎭에 속하였다.

166. 강계 여둔봉수江界 餘屯烽燧

『世宗實錄』地理志에 평안도平安道 강계도호부江界都護府 소재 봉화烽火 6처 중 1처로서 동으로 산단山端에 응하였다. 『新增東國輿地勝覽』과 『東國輿地志』에는 부의 북쪽 161리에 있다. 서로 이차가대伊車加大, 동으로 여둔현餘屯峴에 응한다고 하였다.

167. 강계 여둔현봉수江界 餘屯峴烽燧

조선시대 5거의 봉수제에서 1거가 초기하는 봉수였다. 초축시기는 조선중기로서 『新增東國輿地勝覽』과 『東國輿地志』에 평안도平安道 강계도호부江界都護府에 속하여 부의 북쪽 150리에 있다. 동으로 김성민가북金成敏家北, 서로 여둔餘屯에 응한다고 하였다. 『輿地圖書』에는 부의 북쪽 160리에 있다. 이로부터 1로路가 시발始發한다. 오리파五里坡에서 동으로 본부本府 1로에 전한다. 이차가대伊車加大로부터 남으로 위원渭原에 전한다. 동으로 오리파봉수五里坡烽燧와 8리에 응하고, 서로 이차가대봉수伊車加大烽燧와 12리에 전한다고 하였다.

168. 강계 혜토봉수江界 兮土烽燧

『世宗實錄』地理志에 평안도平安道 강계도호부江界都護府 소재 봉화烽火 6처 중 1처로서 서로 매산埋山 임리林里에 응하였다. 『新增東國輿地勝覽』에는 분토봉수分土烽燧 명칭으로 부의 서쪽 130리에 있다. 동으로 재신동宰臣洞, 남으로 허린포許麟浦에 응하였다. 『輿地圖書』에는 평안도 강계부에 속하여 부의 서쪽 135리에 있다. 동으로 주토동봉수朱土洞烽燧와 25리에 응하고, 서로 허린포봉수와 20리에 전한다고 하였다. 『增補文獻備考』에는 평안 감사平安監司 소관이며 세주에 소길호리보에 속한다고 하였다. 강계江界 여둔대餘屯臺에서 초기하는 제3거 직봉의 봉수로 최종 무악동봉母嶽東烽에 응하였다.

169. 강계 산단봉수江界 山端烽燧

『世宗實錄』地理志에 평안도平安道 강계도호부江界都護府 소재 봉화烽火 6처 중 1처로서 동으로 호돈好頓에 응하였다. 세조 6년(1460) 4월에 평안, 황해도 도순찰사 김질의 계본에 의거한 병조의 주장에 따라 혁파하였다.

170. 강계 호돈봉수江界 好頓烽燧

『世宗實錄』地理志에 평안도平安道 강계도호부江界都護府 소재 봉화烽火 6

처 중 1처로서 동으로 이라伊羅에 응하였다. 이후 곧 철폐되었다.

171. 강계 이라봉수江界 伊羅烽燧

『世宗實錄』地理志에 평안도平安道 강계도호부江界都護府 소재 봉화烽火 6처 중 1처로서 동으로 여연閭延 다일多日에 응하였다. 이후 곧 철폐되었다.

172. 강계 허실리봉수江界 虛失里烽燧

『新增東國輿地勝覽』과 『東國輿地志』에 평안도平安道 강계도호부江界都護府에 속하여 부의 북쪽 8리에 있다. 북으로 김마흘가북金磨訖家北에 응한다고 하였다. 『輿地圖書』에는 허실리虛實里 명으로 부의 북쪽 8리에 있다. 동으로 김마흘가북봉수金麼屹家北烽燧와 27리에 응하고, 서로 본부本府의 관문官門에 전한다고 하였다. 『增補文獻備考』에는 제3거 간봉(1)노선에 속한 봉수로서 여기에 속한 아홉 봉수는 강계江界에서만 받는다고 하였다.

봉수군 인원은 『各司謄錄』에 봉수장烽燧將 1인, 봉수군烽燧軍 5명이 번番을 섰다.

173. 강계 김마흘가북봉수江界 金磨訖家北烽燧

『新增東國輿地勝覽』에 평안도平安道 강계도호부江界都護府에 속하여 동으로 석용봉石茸峯, 서로 허실리虛失里에 응하였다. 『輿地圖書』에는 부의 북쪽 30리에 있다. 동으로 안흥도가북봉수安興道家北烽燧와 30리에 응하고, 서로 허실리봉수虛實里烽燧와 27에 전한다고 하였다. 『增補文獻備考』에는 김마흘金亇訖 명의 제3거 간봉(1)노선에 속한 봉수로서 여기에 속한 아홉 봉수는 강계江界에서만 받는다고 하였다. 봉수 명칭에 인명人名을 차용한 특이한 사례이다.

봉수군 인원은 『各司謄錄』에 봉수장烽燧將 1인, 봉수군烽燧軍 5명이 번番을 섰다.

174. 강계 석용봉봉수江界 石茸峯烽燧

『新增東國輿地勝覽』과 『東國輿地志』에 평안도平安道 강계도호부江界都護府에 속하여 부의 동북쪽 50리에 있다. 서로 김마흘가북金磨訖家北, 북으로 안홍도가북安興道家北에 응한다고 하였다.

175. 강계 안홍도가북봉수江界 安興道家北烽燧

『新增東國輿地勝覽』에 평안도平安道 강계도호부江界都護府에 속하여 동으로 김마흘가북金磨訖家北, 북으로 안명수가북安明守家北에 응하였다. 『輿地圖書』에는 부의 북쪽 30리에 있다. 동으로 김마흘가북봉수金麽屹家北烽燧와 30리에 전하고, 북으로 안명수가북봉수安明守家北烽燧와 20리에 응한다고 하였다. 『增補文獻備考』에는 안흥도安興道 명으로 세주에 추파진楸坡鎭에 속한다고 하였으며 제3거 간봉(1)노선에 속한 봉수로서 여기에 속한 아홉 봉수는 강계江界에서만 받았다. 봉수 명칭에 인명人名을 차용한 특이한 사례이다.

봉수군 인원은 『各司謄錄』에 봉수장烽燧將 1인, 봉수군烽燧軍 5명이 번番을 섰다.

176. 강계 안명수가북봉수 江界 安明守家北烽燧

『新增東國輿地勝覽』에 평안도平安道 강계도호부江界都護府에 속하여 남으로 안흥도가북安興道家北, 북으로 이현梨峴에 응하였다. 『輿地圖書』에는 부의 북쪽 50리에 있다. 남으로 안흥도가북봉수安興道家北烽燧와 20리에 전하고, 북으로 이현봉수梨峴烽燧와 40리에 응한다고 하였다. 『增補文獻備考』에는 세주에 종포진從浦鎭에 속한다 하였으며 제3거 간봉(1)노선에 속한 봉수로서 여기에 속한 아홉 봉수는 강계江界에서만 받는다고 하였다. 봉수 명칭에 인명人名을 차용한 특이한 사례이다.

봉수군 인원은 『各司謄錄』에 봉수장烽燧將 1인, 봉수군烽燧軍 5명이 번番을 섰다.

177. 강계 이현봉수 江界 梨峴烽燧

『新增東國輿地勝覽』에 평안도平安道 강계도호부江界都護府에 속하여 남으로 안명수가북安明守家北, 북으로 산양천山羊遷에 응하였다. 『輿地圖書』에는 부의 북쪽 70리에 있다. 남으로 안명수가북봉수安明守家北烽燧와 40리에 전하고, 북으로 송봉봉수松峯烽燧와 25리에 응한다고 하였다. 『增補文獻備考』에는 세주에 상토진上土鎭에 속한다 하였으며 제3거 간봉(1)노선에 속한 봉수로서 여기에 속한 아홉 봉수는 강계江界에서만 받는다고 하였다.

178. 강계 산양천봉수 江界 山羊遷烽燧

『新增東國輿地勝覽』에 평안도平安道 강계도호부江界都護府에 속하여 남으로 이현梨峴, 서로 송봉松峯에 응하였다.

179. 강계 송봉봉수江界 松峯烽燧

『新增東國輿地勝覽』에 평안도平安道 강계도호부江界都護府에 속하여 동으로 산양천山羊遷, 서로 김성민가북金成敏家北에 응하였다. 『輿地圖書』에는 부의 북쪽 90리에 있다. 동으로 이현봉수梨峴烽燧와 25리에 전하고, 서로 김성민가북봉수金成敏家北烽燧와 30리에 응한다고 하였다. 『增補文獻備考』에는 송봉松峰 명의 제3거 간봉(1)노선에 속한 봉수로서 여기에 속한 아홉 봉수는 강계江界에서만 받는다고 하였다.

봉수군 인원은 『各司謄錄』에 봉수장烽燧將 1인, 봉수군烽燧軍 5명이 번番을 섰다.

180. 강계 김성민가북봉수江界 金成敏家北烽燧

『新增東國輿地勝覽』에 평안도平安道 강계도호부江界都護府에 속하여 동으로 송봉松峯, 서로 여둔현餘屯峴에 응하였다. 『輿地圖書』에는 부의 북쪽 150리에 있다. 동으로 송봉봉수와 30리에 전하고, 서로 오리파봉수五里坡烽燧와 45리에 응한다고 하여 서로 응하는 대응봉수의 변동이 있었다. 『增補文獻備考』에는 세주에 외질괴진外叱怪鎭에 속한다고 하였으며 제3거 간봉(1)노선에 속한 봉수로서 여기에 속한 아홉 봉수는 강계江界에서만 받는다고 하였다. 봉수 명칭에 인명人名을 차용한 특이한 사례이다.

봉수군 인원은 『各司謄錄』에 봉수장烽燧將 1인, 봉수군烽燧軍 5명이 번番을 섰다.

181. 강계 재신동봉수江界 宰臣洞烽燧

『新增東國輿地勝覽』에 평안도平安道 강계도호부江界都護府에 속하여 북으로 이차가대伊車加大, 서로 분토分土에 응하였다. 『輿地圖書』에는 부의 서쪽 140리에 있다. 동으로 이차가대봉수와 16리에 응하고, 서로 주토동봉수朱土洞烽燧와 15리에 전한다고 하여 서로 응하는 대응봉수의 변동이 있었다. 『增補文獻備考』에는 평안 감사平安監司 소관이며 세주에 만포진滿浦鎭에 속한다고 하였다. 여둔대餘屯臺에서 초기하는 제3거 직봉의 봉수로 최종 무악동봉毋嶽東烽에 응하였다.

봉수군 인원은 『各司謄錄』에 봉수장烽燧將 1인, 봉수군烽燧軍 5명이 번番을 섰다.

182. 강계 허린포봉수江界 許麟浦烽燧

『新增東國輿地勝覽』에 평안도平安道 강계도호부江界都護府에 속하여 북으로 분토分土, 서로 마시리馬時里에 응하였다. 『輿地圖書』에는 부의 서쪽 140리에 있다. 동으로 분토봉수와 20리에 응하고, 서로 마실리봉수馬實里烽燧와 10리에 전한다고 하였다. 『增補文獻備考』에는 평안 감사平安監司 소관이며 강계江界 여둔대餘屯臺에서 초기하는 제3거 직봉의 봉수로 최종 무악동봉毋嶽東烽에 응하였다.

봉수군 인원은 『各司謄錄』에 봉수장烽燧將 1인, 봉수군烽燧軍 4명이 번番을 섰으며 고산리진高山里鎭에 속하였다.

183. 강계 마시리봉수江界 馬時里烽燧

『新增東國輿地勝覽』에 평안도平安道 강계도호부江界都護府에 속하여 동으로 허린포許麟浦, 서로 위원渭原 사장구비舍長仇非에 응하였다. 『輿地圖書』에는 마실리봉수馬實里烽燧 명으로 부의 서쪽 145리에 있다. 동으로 허린포봉수와 10리에 응하고, 서로 봉천대봉수奉天臺烽燧와 10리에 전한다고 하여 서로 응하는 대응봉수의 변동이 있었다. 『增補文獻備考』에는 마시리馬時里 명으로 평안 감사平安監司 소관이며 강계江界 여둔대餘屯臺에서 초기하는 제3거 직봉의 봉수이며 최종 무악동봉毋嶽東烽에 응하였다.

봉수군 인원은 『各司謄錄』에 봉수장烽燧將 1인, 봉수군烽燧軍 4명이 번番을 섰으며 고산리진高山里鎭에 속하였다.

184. 강계 봉천대봉수江界 奉天臺烽燧

『輿地圖書』에 평안도平安道 강계부에 속하여 부의 서쪽 160리에 있다. 동으로 마실리봉수馬實里烽燧와 10리에 응하고, 서로 위원渭原 사장구비봉수舍長仇非烽燧와 10리에 전한다고 하였다. 『增補文獻備考』에는 평안 감사平安監司 소관이며 세주에 고산리진高山里鎭에 속한다고 하였다. 강계江界 여둔대餘屯臺에서 초기하는 제3거 직봉의 봉수로 최종 무악동봉毋嶽東烽에 응하였다.

『朝鮮後期 地方地圖』의 「渭原郡地圖」(奎10583)에는 압록강鴨綠江과 인접한 산정에 누각 형태의

지도 47 _ 강계 봉천대봉수

건물 표기와 우측에 종으로 봉천대봉대奉天臺烽臺의 명칭 및 봉수 옆에 강위양계江渭兩界라 쓰여 있다.

봉수군 인원은 『各司謄錄』에 봉수장烽燧將 1인, 봉수군烽燧軍 5명이 번番을 섰다.

185. 강계 등공구비봉수江界 登公仇非烽燧

『新增東國輿地勝覽』과 『東國輿地志』에 평안도平安道 강계도호부江界都護府에 속하여 부의 북쪽 115리에 있다. 서로 여둔餘屯, 북으로 송봉松峯에 응하였다.

186. 강계 오리파봉수江界 五里坡烽燧

『輿地圖書』에 평안도平安道 강계부江界府에 속하여 부의 북쪽 150리에 있다. 동으로 김성민가북봉수金成敏家北烽燧와 45리에 전하고, 서로 여둔현봉수餘屯峴烽燧와 8리에 응한다고 하였다. 『增補文獻備考』에는 제3거 간봉(1) 노선에 속한 봉수로서 여기에 속한 아홉 봉수는 강계江界에서만 받는다고 하였다.

봉수군 인원은 『各司謄錄』에 봉수장烽燧將 1인, 봉수군烽燧軍 5명이 번番을 섰으며 구외질재진舊外叱在鎭에 속하였다.

187. 강계 주토동봉수江界 朱土洞烽燧

『輿地圖書』에 평안도平安道 강계부江界府에 속하여 부의 서쪽 130리에 있다. 동으로 재신동봉수宰臣洞烽燧와 15리에 응하고, 서로 분토봉수分土烽燧와 25리에 전한다고 하였다. 『增補文獻備考』에는 주토朱土 명으로 평안감사平安監司 소관이며 세주에 벌등진伐登鎭에 속한다고 하였다. 강계江界 여둔대餘屯臺에서 초기하는 제3거 직봉의 봉수로 최종 무악동봉毋嶽東烽에 응하였다.

봉수군 인원은 『各司謄錄』에 봉수장烽燧將 1인, 봉수군烽燧軍 5명이 번番을 섰다.

188. 이산 산양회봉수理山 山羊會烽燧

세종 18년(1436) 5월 평안도 도절제사 이천李蕆에게 보낸 지시에 따라 강계 여연閭延에서 이산理山까지 압록강을 따라 10리 혹은 15리 간격으로 중국의 제도에 의하여 축조된 연대 중 1기이다.

『世宗實錄』地理志에 평안도平安道 이산군理山郡 소재 봉화烽火 4처 중 1처로서 동으로 도을한都乙漢, 서로 라한동羅漢洞에 응하였다. 『輿地圖書』에는 산양회보봉수山羊會堡烽燧 명칭으로 부의 서쪽 25리에 있다. 동으로 북산봉수北山烽燧와 25리, 서로 아이진봉수阿耳鎭烽燧와 35리에 응한다고 하였다.

189. 이산 도을한봉수理山 都乙漢烽燧

세종 18년(1436) 신설되었다. 『世宗實錄』地理志에 평안도平安道 이산군理山郡 소재 봉화烽火 4처 중 1처로서 북으로 임리林里에 응하였다. 이후 곧 철폐되었다.

190. 이산 임리봉수理山 林里烽燧

세종 18년(1436) 신설되었다. 『世宗實錄』 地理志에 평안도平安道 이산군理山郡 소재 봉화烽火 4처 중 1처로서 북으로 강계江界 혜토兮土에 응하였다. 이후 곧 철폐되었다.

191. 이산 나한동봉수理山 羅漢洞烽燧

세종 18년(1436) 신설되었다. 『世宗實錄』 地理志에 평안도平安道 이산군理山郡 소재 봉화烽火 4처 중 1처로서 서로 벽동碧潼 아이구자阿耳口子에 응하였다. 이후 곧 철폐되었다.

192. 이산 합지산봉수理山 蛤池山烽燧

『新增東國輿地勝覽』에 평안도平安道 이산군理山郡에 속하여 동으로 위원군渭原郡 동천산銅遷山, 서로 송봉松峯에 응하였다. 『輿地圖書』에는 합지봉수蛤池烽燧 명으로 부의 동쪽 10리에 있다. 동으로 위원군渭原郡 갈헌동봉수㔔軒洞烽燧와 15리, 서로 북산봉수北山烽燧와 10리에 응한다고 하였다. 『增補文獻備考』에는 평안 감사平安監司 소관이며 강계江界 여둔대餘屯臺에서 초기하는 제3거 직봉의 봉수로 최종 무악동봉母嶽東烽에 응하였다.

봉수군 인원은 『各司謄錄』에 봉수장烽燧將 1인, 봉수군烽燧軍 5명이 번番을 섰으며 초산부楚山府에 속하였다.

193. 이산 송봉봉수理山 松峯烽燧

『新增東國輿地勝覽』과 『東國輿地志』에 평안도平安道 이산군理山郡에 속하여 군의 북쪽 18리에 있다. 동으로 합지산蛤池山, 서로 구천산九天山에 응한다고 하였다.

194. 이산 구천산봉수理山 九天山烽燧

『新增東國輿地勝覽』과 『東國輿地志』에 평안도平安道 이산군理山郡에 속하여 군의 북쪽 21리에 있다. 동으로 송봉松峯, 서로 고연대산古煙臺山에 응한다고 하였다.

195. 이산 고연대산봉수理山 古煙臺山烽燧

『新增東國輿地勝覽』과 『東國輿地志』에 평안도平安道 이산군理山郡에 속하여 군의 서쪽 31리에 있다. 동으로 구천산九天山, 서로 아이보阿耳堡에 응한다고 하였다.

196. 이산 아이보봉수理山 阿耳堡烽燧

『新增東國輿地勝覽』에 평안도平安道 이산군理山郡에 속하여 동으로 고연대산古煙臺山, 서로 벽동군碧潼郡 광평廣坪에 응하였다. 『輿地圖書』에는 아이진봉수阿耳鎭烽燧 명으로 부의 서쪽 55리에 있다. 동으로 산양회보봉수山羊會

堡烽燧와 35리, 서로 벽동군 광평봉수와 20리에 응한다고 하였다. 『增補文獻備考』에는 동연대東煙臺 명으로 평안 감사平安監司 소관이며 세주에 『興覽』에는 아이阿耳로 되어 있다. 아이진阿耳鎭에 속한다고 하였다. 강계江界 여둔대餘屯臺에서 초기하는 제3거 직봉의 봉수로 최종 무악동봉毋嶽東烽에 응하였다.

봉수군 인원은 『各司謄錄』에 봉수장烽燧將 1인, 봉수군烽燧軍 5명이 번番을 섰다.

197. 이산 북산봉수理山 北山烽燧

『興地圖書』에 평안도平安道 이산군理山郡에 속하여 부의 동쪽 10리에 있다. 동으로 합지봉수蛤池烽燧와 15리, 서로 산양회보봉수山羊會堡烽燧와 10리에 응한다고 하였다. 『增補文獻備考』에는 평안 감사平安監司 소관이며 강계江界 여둔대餘屯臺에서 초기하는 제3거 직봉의 봉수로 최종 무악동봉毋嶽東烽에 응하였다.

봉수군 인원은 『各司謄錄』에 봉수장烽燧將 1인, 봉수군烽燧軍 명이 5번番을 섰으며 초산부楚山府에 속하였다.

198. 여연 축대봉수閭延 築臺烽燧

세종 18년(1436) 5월 평안도 도절제사 이천李蕆에게 보낸 지시에 따라 강계 여연閭延에서 이산理山까지 압록강을 따라 10리 혹은 15리 간격으로 중국의 제도에 의하여 축조된 연대 중 1기이다.

『世宗實錄』地理志에 평안도平安道 여연군閭延郡 소재 봉화烽火 4처 중 1처로서 군의 서쪽에 소재하며 서로 무로無路에 응하였다. 이후 곧 철폐되었다.

199. 여연 무로봉수閭延 無路烽燧

세종 18년(1436) 신설되었다. 『世宗實錄』地理志에 평안도平安道 여연군閭延郡 소재 봉화烽火 4처 중 1처로서 서로 우예虞芮에 응하였다. 이후 곧 철폐되었다.

200. 여연 우예봉수閭延 虞芮烽燧

세종 18년(1436) 신설되었다. 『世宗實錄』地理志에 평안도平安道 여연군閭延郡 소재 봉화烽火 4처 중 1처로서 서로 다일多日에 응하였다. 이후 곧 철폐되었다.

201. 여연 다일봉수閭延 多日烽燧

세종 18년(1436) 신설되었다. 『世宗實錄』地理志에 평안도平安道 여연군閭延郡 소재 봉화烽火 4처 중 1처로서 남으로 강계江界 이라伊羅에 응하였다. 이후 곧 철폐되었다.

202. 자성 소보리봉수慈城 小甫里烽燧

세종 18년(1436) 신설되었다. 『世宗實錄』地理志에 평안도平安道 자성군慈

城郡 소재 연대烟臺 7처 중 1처로서 동으로 우예虞芮 태일泰日, 서로 소탄所灘
에 응하였다. 이후 곧 철폐되었다.

203. 자성 소탄봉수慈城 所灘烽燧

세종 18년(1436) 신설되었다. 『世宗實錄』地理志에 평안도平安道 자성군慈
城郡 소재 연대烟臺 7처 중 1처로서 서로 서해西解에 응하였다. 이후 곧 철폐
되었다.

204. 자성 서해봉수慈城 西解烽燧

세종 18년(1436) 신설되었다. 『世宗實錄』地理志에 평안도平安道 자성군慈
城郡 소재 연대烟臺 7처 중 1처로서 서로 이라伊羅에 응하였다. 이후 곧 철폐
되었다.

205. 자성 이라봉수慈城 伊羅烽燧

세종 18년(1436) 신설되었다. 『世宗實錄』地理志에 평안도平安道 자성군慈
城郡 소재 연대烟臺 7처 중 1처로서 서로 호둔好屯에 응하였다. 이후 곧 철폐
되었다.

206. 자성 호둔봉수慈城 好屯烽燧

세종 18년(1436) 신설되었다. 『世宗實錄』地理志에 평안도平安道 자성군慈

城郡 소재 연대烟臺 7처 중 1처로서 서로 유파楡坡에 응하였다. 이후 곧 철폐되었다.

207. 자성 유파봉수慈城 楡坡烽燧

세종 18년(1436) 5월 평안도 도절제사 이천李蕆에게 보낸 지시에 따라 강계 여연閭延에서 이산理山까지 압록강을 따라 10리 혹은 15리 간격으로 중국의 제도에 의하여 축조된 연대 중 1기이다. 세종 23년(1441) 9월 평안도 도관찰사 정분鄭苯이 여진족 오량합吾良哈이 유파에 침입하여 군인과 부녀자 및 우마를 노략질한 사건을 중앙에 보고하자 이에대한 방어책이 여러 각도로 강구되었다.

『世宗實錄』地理志에 평안도平安道 자성군慈城郡 소재 연대烟臺 7처 중 1처로서 서로 남파南坡에 응하였다. 이후 곧 철폐되었다.

208. 자성 남파봉수慈城 南坡烽燧

세종 18년(1436) 신설되었다. 『世宗實錄』地理志에 평안도平安道 자성군慈城郡 소재 연대烟臺 7처 중 1처로서 서로 강계江界 산단山端에 응하였다. 이후 곧 철폐되었다.

209. 무창 후주동봉봉수茂昌 厚州東峯烽燧

세종 18년(1436) 신설되었다. 『世宗實錄』地理志에 평안도平安道 무창군茂昌郡 소재 연대烟臺 11처 중 1처로서 서로 서봉西峯에 응하였다. 이후 곧 철폐되었다.

210. 무창 서봉봉수茂昌 西峯烽燧

세종 18년(1436) 신설되었다. 『世宗實錄』地理志에 평안도平安道 무창군茂
昌郡 소재 연대烟臺 11처 중 1처로서 서로 보산甫山 남봉南峯에 응하였다. 이
후 곧 철폐되었다.

211. 무창 보산남봉봉수茂昌 甫山南峯烽燧

세종 18년(1436) 신설되었다. 『世宗實錄』地理志에 평안도平安道 무창군茂
昌郡 소재 연대烟臺 11처 중 1처로서 서로 점리占里에 응하였다. 이후 곧 철
폐되었다.

212. 무창 점리봉수茂昌 占里烽燧

세종 18년(1436) 신설되었다. 『世宗實錄』地理志에 평안도平安道 무창군茂
昌郡 소재 연대烟臺 11처 중 1처로서 서로 시개時介에 응하였다. 이후 곧 철
폐되었다.

213. 무창 시개봉수茂昌 時介烽燧

세종 18년(1436) 신설되었다. 『世宗實錄』地理志에 평안도平安道 무창군茂

昌郡 소재 연대烟臺 11처 중 1처로서 서로 읍성서봉邑城西峯에 응하였다. 이후 곧 철폐되었다.

214. 무창 읍성서봉봉수茂昌 邑城西峯烽燧

세종 18년(1436) 신설되었다. 『世宗實錄』 地理志에 평안도平安道 무창군茂昌郡 소재 연대烟臺 11처 중 1처로서 서로 봉포奉浦에 응하였다. 명칭을 통해 무창읍성茂昌邑城의 서쪽 봉우리에 설치되었던 봉수이다. 이후 곧 철폐되었다.

215. 무창 봉포봉수茂昌 奉浦烽燧

세종 18년(1436) 신설되었다. 『世宗實錄』 地理志에 평안도平安道 무창군茂昌郡 소재 연대烟臺 11처 중 1처로서 서로 송충구비宋充仇非에 응하였다. 이후 곧 철폐되었다.

216. 무창 송충구비봉수茂昌 宋充仇非烽燧

세종 18년(1436) 신설되었다. 『世宗實錄』 地理志에 평안도平安道 무창군茂昌郡 소재 연대烟臺 11처 중 1처로서 서로 보포산甫浦山에 응하였다. 이후 곧 철폐되었다.

217. 무창 보포산봉수 茂昌 甫浦山烽燧

세종 18년(1436) 신설되었다. 『世宗實錄』 地理志에 평안도平安道 무창군茂昌郡 소재 연대烟臺 11처 중 1처로서 서로 가사동家舍洞에 응하였다. 이후 곧 철폐되었다.

218. 무창 가사동봉수 茂昌 家舍洞烽燧

세종 18년(1436) 신설되었다. 『世宗實錄』 地理志에 평안도平安道 무창군茂昌郡 소재 연대烟臺 11처 중 1처로서 서로 화구비禾仇非에 응하였다. 이후 곧 철폐되었다.

219. 무창 화구비봉수 茂昌 禾仇非烽燧

세종 18년(1436) 신설되었다. 『世宗實錄』 地理志에 평안도平安道 무창군茂昌郡 소재 연대烟臺 11처 중 1처로서 서로 여연閭延 손양孫梁에 응하였다. 이후 곧 철폐되었다.

220. 우예 조명간주산봉수 虞芮 趙明干主山烽燧

세종 18년(1436) 5월 평안도 도절제사 이천李蕆에게 보낸 지시에 따라 강계 여연閭延에서 이산理山까지 압록강을 따라 10리 혹은 15리 간격으로 중국의 제도에 의하여 축조된 연대 중 1기이다. 세종 19년(1437) 5월 야인 도적 300여 기병 중 40여 기병이 먼저 강을 건너 침입하자 연대에서 두 번 신포信砲를 발사하여 목책 밖의 들에서 농사짓던 사람들에게 대피하게 하여 피해를 줄임으로서 연대의 유용함을 알게 되었다. 그리하여 조명간 외에 소용괴所用怪·어괴용於怪用의 연대에 중국식 제도를 모방하여 대臺를 축조하고 대 밑에는 참호를 파서 적의 침입에 대비하였다.

『世宗實錄』地理志에 평안도平安道 우예군虞芮郡 소재 연대烟臺 5처 중 1처로서 동으로 여연閭延 하무로下無路, 서로 신송동申松洞에 응하였다. 이후 곧 철폐되었다.

221. 우예 신송동봉수虞芮 申松洞烽燧

세종 18년(1436) 신설되었다. 『世宗實錄』地理志에 평안도平安道 우예군虞芮郡 소재 연대烟臺 5처 중 1처로서 서로 유파楡坡에 응하였다. 이후 곧 철폐되었다.

222. 우예 유파봉수虞芮 楡坡烽燧

세종 18년(1436) 신설되었다. 『世宗實錄』地理志에 평안도平安道 우예군虞芮郡 소재 연대烟臺 5처 중 1처로서 서로 소우예小虞芮에 응하였다. 이후 곧 철폐되었다.

223. 우예 소우예봉수虞芮 小虞芮烽燧

세종 18년(1436) 신설되었다. 『世宗實錄』地理志에 평안도平安道 우예군虞

芮郡 소재 연대烟臺 5처 중 1처로서 서로 태일泰日에 응하였다. 이후 곧 철폐되었다.

224. 우예 태일봉수虞芮 泰日烽燧

세종 18년(1436) 신설되었다. 『世宗實錄』 地理志에 평안도平安道 우예군虞芮郡 소재 연대烟臺 5처 중 1처로서 서로 자성慈城 소보리小甫里에 응하였다. 이후 곧 철폐되었다.

225. 위원 사장구비산봉수渭原 舍長仇非山烽燧

『世宗實錄』 地理志에 평안도平安道 위원군渭原郡 소재 연대烟臺 3처 중 1기로서 동으로 강계江界 마실리馬實里, 서로 남파산南坡山에 응하였다. 『輿地圖書』에는 사장구비봉수舍長仇非烽燧 명으로 군의 북쪽 13리에 있다. 동으로 임리봉수林里烽燧와 10리, 서로 남파봉수南坡烽燧와 10리에 응한다.고 하여 종전에 동쪽으로 응하던 봉수노선의 변동이 있었다. 『增補文獻備考』에는 평안 감사平安監司 소관이며 오노량진吾老梁鎭에 속한다고 하였다. 강계江界 여둔대餘屯臺에서 초기하는 제3거 직봉의 봉수로 최종 무악동봉毋嶽東烽에 응하였다.

226. 위원 남파산봉수渭原 南坡山烽燧

『世宗實錄』 地理志에 평안도平安道 위원군渭原郡 소재 연대烟臺 3처 중 1처

로 서로 동천산銅遷山에 응하였
다. 『新增東國輿地勝覽』에는 동
으로 사장구비舍長仇非에 응하는
노선이 신설되었으며 이후 조선
후기 발간의『輿地圖書』에는 남
파봉수南坡烽燧 명으로 군의 서쪽
22리에 있다. 동으로 사장구비
봉수舍長仇非烽燧와 10리, 서로 신
연대봉수新烟臺烽燧와 10리에 응

지도 48 _ 위원 남파산봉수

한다고 하여 서쪽에 응하는 노선의 변동이 있었다. 『增補文獻備考』에는
평안 감사平安監司 소관이며 강계江界 여둔대餘屯臺에서 초기하는 제3거 직봉
의 봉수로 최종 무악동봉毋嶽東烽에 응하였다.

　　『朝鮮後期 地方地圖』의 「渭原郡地圖」(奎10583)에는 압록강鴨綠江과 인접
한 산정에 정자 형태의 건물 표기와 산 아래에 종으로 남파봉대南坡烽臺의
명칭이 쓰여 있다. 산 아래에는 파수把守가 조밀하게 있다.

227. 위원 동천산봉수渭原 銅遷山烽燧

　　『世宗實錄』地理志에 평안도平安道 위원군渭原郡 소재 연대烟臺 3처 중 1처
로서 서로 이산理山 합지산蛤池山에 응하였다. 『新增東國輿地勝覽』에는 동
으로 남파산南波山에 응하는 노선이 신설되었다. 『輿地圖書』에는 동천봉수
銅遷烽燧 명으로 군의 서쪽 58리에 있다. 동으로 신연대봉수新烟臺烽燧와 10
리, 서로 이산理山 합지연봉수蛤池淵烽燧와 10리에 응한다고 하였다. 『增補文
獻備考』에는 동천銅遷 명으로 평안 감사平安監司 소관이며 세주에 가을헌동
보加乙軒洞堡에 속한다고 하였다. 강계江界 여둔대餘屯臺에서 초기하는 제3거

직봉의 봉수로 최종 무악동봉母嶽東烽에 응하였다.

228. 위원 임리봉수渭原 林里烽燧

『輿地圖書』에 평안도平安道 위원군渭原郡에 속하여 군의 북쪽 19리에 있다. 동으로 강계江界 봉천대봉수奉天臺烽燧와 10리, 서로 사장구비봉수舍長仇非烽燧와 10리에 응한다고 하였다. 『增補文獻備考』에는 평안 감사平安監司 소관이며 오노량진吾老梁鎭에 속한다고 하였다. 강계 여둔대餘屯臺

지도 49 _ 위원 임리봉수

에서 초기하는 제3거 직봉의 봉수로 최종 무악동봉母嶽東烽에 응하였다.

『朝鮮後期 地方地圖』의 「渭原郡地圖」(奎10583)에는 압록강鴨綠江과 인접한 산정에 정자 형태의 건물 표기와 산 중심에 종으로 임리봉대林里烽臺의 명칭이 쓰여 있다. 산 아래에는 파수把守가 조밀하게 있다. 강변에 오노량진吾老梁鎭으로 인해 위치를 추정할 수 있다.

229. 위원 신연대봉수渭原 新烟臺·烽燧

『輿地圖書』에 평안도平安道 위원군渭原郡에 속하여 군의 서쪽 50리에 있다. 동으로 남파봉수南坡烽燧와 10리, 서로 동천봉수銅遷烽燧와 10리에 응한다고 하였다. 『增補文獻備考』에는 평안 감사平安監司 소관이며 강계江界 여둔대餘屯臺에서 초기하는 제3거 직봉의 봉수로 최종 무악동봉毋嶽東烽에 응하였다.

230. 강서 정림산봉수江西 淨林山烽燧

『輿地圖書』에 평안도平安道 강서현江西縣에 속하여 현의 10리에 있다. 함종咸從 굴영산봉屈嶺山烽에 응하는데, 이미 간봉間烽임으로 응하는 곳이 없다고 하였다.

04 咸鏡道

1. 함흥 석문봉수咸興 石門烽燧

『世宗實錄』地理志에 함길도咸吉道 함흥부咸興府 소재 봉화烽火 8처 중 1처로서 북으로 청산靑山 개점芥岾, 남으로 문암門巖에 응하였다. 이후 곧 철폐되었다.

2. 함흥 문암봉수咸興 門巖烽燧

『世宗實錄』地理志에 함길도咸吉道 함흥부咸興府 소재 봉화烽火 8처 중 1처로서 남으로 호삼구미蒿三仇未에 응하였다. 이후 곧 철폐되었다.

3. 함흥 호삼구미봉수咸興 蒿三仇未烽燧

『世宗實錄』地理志에 함길도咸吉道 함흥부咸興府 소재 봉화烽火 8처 중 1처로서 남으로 야퇴耶堆에 응하였다. 이후 곧 철폐되었다.

4. 함흥 야퇴봉수咸興 耶堆烽燧

『世宗實錄』地理志에 함길도咸吉道 함흥부咸興府 소재 봉화烽火 8처 중 1처로서 남으로 마구미馬仇未에 응하였다. 이후 곧 철폐되었다.

5. 함흥 마구미봉수咸興 馬仇未烽燧

『世宗實錄』地理志에 함길도咸吉道 함흥부咸興府 소재 봉화烽火 8처 중 1처로서 남으로 혼동점昏同岾에 응하였다. 『新增東國輿地勝覽』에는 이전 남으로 혼동점에 응하는 대신 북으로 적구미狄仇未에 응하는 노선이 신설되었다. 『東國輿地志』에는 부의 동쪽 63리에 있다. 북으로 적구미, 서로 안양외곶安陽外串에 응한다고 하였다.

6. 함흥 혼동점봉수咸興 昏同岾烽燧

『世宗實錄』地理志에 함길도咸吉道 함흥부咸興府 소재 봉화烽火 8처 중 1처로서 남으로 안야회安也會에 응하였다. 『新增東國輿地勝覽』과 『東國輿地志』에는 동으로 마구미馬仇未, 서로 안양외곶安陽外串에 응한다고 하였다.

7. 함흥 안야회봉수咸興 安也會烽燧

『世宗實錄』地理志에 함길도咸吉道 함흥부咸興府 소재 봉화烽火 8처 중 1처로서 남으로 성곶산城串山에 응하였다. 『新增東國輿地勝覽』과 『東國輿地

志』에는 안양외곶安陽外串 명으로 동으로 혼동점昏東帖, 북으로 성곶산城串山
에 응하였다.

8. 함흥 성곶산봉수咸興 城串山烽燧

『世宗實錄』地理志에 함길도咸吉道 함흥부咸興府 소재 봉화烽火 8처 중 1처
로서 남으로 정평성定平城에 응하였다. 『新增東國輿地勝覽』에는 남으로 안
양외곶安陽外串, 서로 정평부定平府 비백산鼻白山에 응하는 노선이 신설되었
다. 『輿地圖書』에는 성내城內 북록상두北麓上頭에 있다. 동으로 초곶령봉수
草串嶺烽燧, 서로 정평定平 비백산봉수와 응하는데 봉무사烽武士 100명이 윤번
수직輪番守直하였다고 한다. 『增補文獻備考』에는 성곶城串 명의 함경남병사
咸鏡南兵使 소관으로 우암牛巖에서 초기하는 제1거 직봉의 봉수이며 최종 아
차산峨嵯山에 응하였다.

9. 함흥 적구미봉수咸興 狄仇未烽燧

『新增東國輿地勝覽』과 『東國輿地志』에 함경도咸鏡道 함흥부咸興府 소재
봉수 6기 중 1기로서 부의 동쪽 80리에 소재하며 동으로 무을계無乙界, 남
으로 마구미馬仇未에 응한다고 하였다.

10. 함흥 무을계점봉수咸興 無乙界帖烽燧

『新增東國輿地勝覽』과 『東國輿地志』에 함경도咸鏡道 함흥부咸興府 소재

봉수 6기 중 1기로서 부의 동쪽 107리에 소재하며 동으로 홍원현洪原縣 남산南山, 서로 적구미狄仇未에 응한다고 하였다.

11. 함흥 집삼미봉수咸興 執三昧烽燧

『興地圖書』의 발간을 전후하여 신설되었다. 함경도咸鏡道 함흥부咸興府에 속하여 부의 동쪽 70리 보청사甫青社에 있다. 북으로 홍원洪原 남산봉수南山烽燧, 서로 창령봉수倉嶺烽燧와 응하는데 봉무사烽武士 100명이 윤번수직輪番守直하였다. 『增補文獻備考』에는 고삼구미藁三仇未 명칭으로 세주에 『邑誌』에는 집삼미執三昧로 되어 있다 하였으며 함경남병사咸鏡南兵使 소관이며 경흥慶興 서수라西水羅 우암牛巖에서 초기하는 제1거 직봉의 봉수로 최종 아차산峩嵯山에 응하였다.

『朝鮮後期 地方地圖』의 「咸興府地圖」(奎10686)에는 호연천湖連川을 사이에 두고 읍성과 인접한 산능선에 5기의 길쭉한 장대長臺 표기와 우측에 종으로 집삼봉執三烽으로 쓰여 있다. 장대 5기의 표기는 연조를 상징화한 형태로 추측된다. 남쪽 능선으로는 창령봉倉嶺烽・초고대봉草古坮烽 등의 봉수

지도 1 _ 함흥 집삼미봉수

지도 2 _ 함흥 창령봉수

와 정화릉定和陵 · 순릉純陵 및 독동사獨洞寺 · 송동사松洞寺 · 귀주사歸州寺 등
의 사찰이 위치하고 있다.

12. 함흥 창령봉수咸興 倉嶺烽燧

『輿地圖書』의 발간을 전후하여 신설되었다. 함경도咸鏡道 함흥부咸興府에
속하여 부의 동쪽 60리 퇴조사退潮社에 있다. 동으로 집삼미봉수執三昧烽燧,
서로 초곶령봉수草串嶺烽燧와 응하는데 봉무사烽武士 100명이 윤번수직輪番守
直하였다. 『增補文獻備考』에는 함경남병사咸鏡南兵使 소관으로 경흥慶興 서
수라西水羅 우암牛巖에서 초기하는 제1거 직봉의 봉수로 최종 아차산峩嵯山에
응하였다.
　『朝鮮後期 地方地圖』의 「咸興府地圖」(奎10686)에는 호연천湖連川을 사이
에 두고 읍성과 인접한 산능선에 5기의 길쭉한 장대長臺 표기와 우측에 종
으로 창령봉倉嶺烽으로 쓰여 있다. 봉수 바로 아래 초곶령봉수草串嶺烽燧 역
시 동일한 표현으로 위치하고 있다.

13. 함흥 초곶령봉수咸興 草串嶺烽燧

『輿地圖書』의 발간을 전후하여 신설되었다. 함경도咸鏡道 함흥부咸興府에
속하여 부의 동쪽 35리 주동사州東社에 있다. 동으로 창령봉수倉嶺烽燧, 서로
성곶산영봉수城串山嶺烽燧와 응하는데 봉무사烽武士 100명이 윤번수직輪番守直
하였다. 『增補文獻備考』에는 초고대草古臺 명으로 함경남병사咸鏡南兵使 소
관이며 경흥慶興 서수라西水羅 우암牛巖에서 초기하는 제1거 직봉의 봉수로
최종 아차산峩嵯山에 응하였다.

14. 정평 부성내봉수定平 府城內烽燧

『世宗實錄』地理志에 함길도咸吉道 정평도호부定平都護府 소재 봉화烽火로서 북으로 함흥부咸興府 성곶산城串山, 남으로 예원預原 원정현元定峴에 응하였다.

15. 정평 비백산봉수定平 鼻白山烽燧

『新增東國輿地勝覽』의 발간을 전후하여 신설되었다. 함경도咸鏡道 정평도호부定平都護府 소재 봉수로서 북으로 함흥부咸興府 성곶산城串山, 남으로 원정현元定峴에 응하였다. 『東國輿地志』에는 북으로 응하는 노선은 변동이 없는 반면, 남으로 도안현道安峴에 응하는 등 차이가 확인된다. 『輿地圖書』에는 함경도 정평부에 속하여 부의 북쪽 4리에 있다. 북으로 함흥 성곶산봉수, 남으로 왕금이동봉수王金伊洞烽燧에 응한다고 하였다. 『增補文獻備考』에는 함경남병사咸鏡南兵使 소관으로 경흥慶興 서수라西水羅 우암牛巖에서 초기하는 제1거 직봉의 봉수로 최종 아차산峨嵯山에 응하였다.

16. 정평 왕금이동봉수定平 王金伊洞烽燧

『輿地圖書』의 발간을 전후하여 신설되었다. 함경도咸鏡道 정평부定平府에 속하여 부의 남쪽 30리에 있다. 북으로 비백산봉수鼻白山烽燧, 남으로 영흥永興 덕산봉수德山烽燧에 응하는데 옛 원정현봉수元定峴烽燧라 칭하며 지금은 왕금이동봉수라고 칭한다고 하였다. 『增補文獻備考』에는 왕금동王金洞 명으로 함경남병사咸鏡南兵使 소관이며 경흥慶興 서수라西水羅 우암牛巖에서 초기하는 제1거 직봉의 봉수로 최종 아차산峨嵯山에 응하였다.

봉수의 명칭에 있어 미상의 인명인 왕금이王金伊가 거주하는 고을을 차용하여 표기한 특이한 사례이다. 아마도 정평부 소재의 봉수를 관리·감독하였던 봉수장烽燧將으로 여겨진다.

17. 정평 도안현봉수定平 道安峴烽燧

『新增東國輿地勝覽』과 『東國輿地志』에 함경도咸鏡道 정평도호부定平都護府에 속하여 부의 남쪽 50리에 있다. 북으로 비백산鼻白山, 남으로 영흥永興 말응도末應島에 응하였는데, 정덕경오正德庚午(1510) 원정현봉수元定峴烽燧를 혁파하고 이곳에 옮겨 합하였다고 하였다.

18. 갑산 인차외서봉봉수甲山 因遮外西峯烽燧

『新增東國輿地勝覽』에 함경도咸鏡道 갑산도호부甲山都護府에 속하여 부의 북쪽 143리에 있다. 동으로 진지달榛遲達, 서로 삼수三水 가남봉家南峯에 응한다고 하였다.

19. 갑산 진지달봉수甲山 榛遲達烽燧

『新增東國輿地勝覽』에 함경도咸鏡道 갑산도호부甲山都護府에 속하여 부의 북쪽 126리에 있다. 동으로 허천강구虛川江口, 서로 인차외서봉因遮外西峯에 응한다고 하였다.

20. 갑산 허천강구봉수甲山 虛川江口烽燧

『新增東國輿地勝覽』과 『東國輿地志』에 함경도咸鏡道 갑산도호부甲山都護府에 속하여 동으로 혜산동봉惠山東峯, 서로 진지달榛遲達에 응한다고 하였다.

봉수의 명칭을 통해 허천강虛川江 입구에 위치하였던 봉수로 추정된다.

21. 갑산 혜산동봉봉수甲山 惠山東峯烽燧

『新增東國輿地勝覽』과 『東國輿地志』에 함경도咸鏡道 갑산도호부甲山都護府에 속하여 부의 북쪽 100리에 있다. 남으로 도산刀山, 서로 허천강구虛川江口에 응한다고 하였다.

22. 갑산 도산봉수甲山 刀山烽燧

『東國輿地志』에 함경도咸鏡道 갑산도호부甲山都護府에 속하여 부의 북쪽 78리에 있다. 남으로 시린포時麟浦, 북으로 혜산동봉惠山東峯에 응한다고 하였다.

23. 갑산 시린포봉수甲山 時麟浦烽燧

『新增東國輿地勝覽』과 『東國輿地志』에 함경도咸鏡道 갑산도호부甲山都護府에 속하여 부의 북쪽 70리에 있다. 남으로 녹반현綠礬峴, 북으로 도산刀山

에 응한다고 하였다.

24. 갑산 녹반현봉수甲山 綠礬峴烽燧

『新增東國輿地勝覽』과 『東國輿地志』에 함경도咸鏡道 갑산도호부甲山都護府에 속하여 남으로 광생천廣生遷, 북으로 시린포時麟浦에 응한다고 하였다.

25. 갑산 광생천봉수甲山 廣生遷烽燧

『新增東國輿地勝覽』과 『東國輿地志』에 함경도咸鏡道 갑산도호부甲山都護府에 속하여 부의 북쪽 90리에 있다. 남으로 후지厚知, 북으로 녹반현綠礬峴에 응한다고 하였다.

26. 갑산 후지봉수甲山 厚知烽燧

『新增東國輿地勝覽』과 『東國輿地志』에 함경도咸鏡道 갑산도호부甲山都護府에 속하여 부의 북쪽 35리에 있다. 남으로 남산南山, 북으로 광생천廣生遷에 응한다고 하였다.

27. 갑산 남산봉수甲山 南山烽燧

『新增東國輿地勝覽』과 『東國輿地志』에 함경도咸鏡道 갑산도호부甲山都護

府에 속하여 부의 남쪽 4리에 있다. 북으로 후지厚知, 남으로 유파현楡坡峴에 응한다고 하였다.

28. 갑산 유파현봉수甲山 楡坡峴烽燧

『新增東國輿地勝覽』과 『東國輿地志』에 함경도咸鏡道 갑산도호부甲山都護府에 속하여 북으로 남산南山, 남으로 응덕령鷹德嶺에 응한다고 하였다.

29. 갑산 응덕령봉수甲山 鷹德嶺烽燧

『新增東國輿地勝覽』과 『東國輿地志』에 함경도咸鏡道 갑산도호부甲山都護府에 속하여 북으로 유파현楡坡峴, 남으로 북청北靑 마본령馬本嶺에 응하였다. 『輿地圖書』에는 응덕봉鷹德烽 명으로 북으로 용연봉龍淵烽, 남으로 북청北靑 마저봉馬底烽에 응하였다. 『增補文獻備考』에는 석용石茸 명으로 세주에 『備局謄錄』에는 응덕鷹德으로 되어 있고, 『邑誌』에는 응덕·용연이 모두 남봉南峰 아래에 들어 있다. 갑산에 있다 하였으며 제1거 간봉(5)노선의 봉수로서 여기에 속한 봉수는 어면보魚面堡에서 온다고 하였다.

30. 갑산 남봉봉수甲山 南峯烽燧

『新增東國輿地勝覽』과 『東國輿地志』에 함경도咸鏡道 갑산도호부甲山都護府에 속하여 부의 남쪽 15리에 있다. 남으로 유파현楡坡峴, 북으로 서봉西峯에 응하였는데, 중종 7년(1512) 남산봉수를 혁파하고 이곳에 옮겼다고 하였다.

31. 갑산 서봉봉수甲山 西峯烽燧

『新增東國輿地勝覽』과 『東國輿地志』에 함경도咸鏡道 갑산도호부甲山都護府에 속하여 부의 서쪽 13리에 있다. 남으로 남봉南峯, 북으로 마산馬山에 응한다고 하였다.

32. 갑산 마산봉수甲山 馬山烽燧

『新增東國輿地勝覽』과 『東國輿地志』에 함경도咸鏡道 갑산도호부甲山都護府에 속하여 부의 서쪽 25리에 있다. 남으로 서봉西峯, 북으로 후지厚知에 응한다고 하였다.

33. 갑산 하방소덕봉수甲山 何方所德烽燧

『輿地圖書』의 발간을 전후하여 신설되었다. 함경도咸鏡道 갑산부甲山府에 속하여 서로 삼수三水 수영동봉水永洞烽, 남으로 운총소리덕봉雲寵所里德烽에 응하였다. 『增補文獻備考』에는 하방김덕何方金德 명으로 세주에 혜산진惠山鎭에 속한다 하였으며 제1거 간봉(5)노선의 봉수로서 여기에 속한 봉수는 어면보魚面堡에서 온다고 하였다.

34. 갑산 소리덕봉수甲山 所里德烽燧

『輿地圖書』의 발간을 전후하여 신설되었다. 함경도咸鏡道 갑산부甲山府에 속하여 서로 하방소덕봉何方所德烽, 남으로 동인아질간봉同仁阿叱間烽에 응하였다. 『增補文獻備考』에는 세주에 운총보雲寵堡에 속한다 하였으며 제1거 간봉(5)노선의 봉수로서 여기에 속한 봉수는 어면보魚面堡에서 온다고 하였다.

35. 갑산 아질간봉수甲山 阿叱間烽燧

『輿地圖書』의 발간을 전후하여 신설되었다. 함경도咸鏡道 갑산부甲山府에 속하여 북으로 소리덕봉所里德烽, 남으로 이질가을봉伊叱加乙烽에 응하였다. 『增補文獻備考』에는 세주에 동인보同仁堡에 속한다 하였으며 제1거 간봉(5)노선의 봉수로서 여기에 속한 봉수는 어면보魚面堡에서 온다고 하였다.

『朝鮮後期 地方地圖』의 「甲山府地圖」(奎10681)에는 읍성의 배후 산정에 선인장 모양으로 표기와 좌측에 종으로 명칭이 쓰여 있다. 부府에서 북으로 50리 거리이며 하천을 사이에 두고 맞은편에 동인사同仁社가 있다.

지도 3 _ 갑산 아질간봉수

지도 4 _ 갑산 이질가을봉수

36. 갑산 이질가을봉수甲山 伊叱加乙烽燧

『輿地圖書』의 발간을 전후하여 신설되었다. 함경도咸鏡道 갑산부甲山府에 속하여 북으로 아질간봉阿叱間烽, 남으로 남봉南烽에 응하였다. 『增補文獻備考』에는 이질간伊叱間 명으로 제1거 간봉(5)노선의 봉수이며 여기에 속한 봉수는 어면보魚面堡에서 온다고 하였다.

『朝鮮後期 地方地圖』의 「甲山府地圖」(奎10681)에는 읍성의 배후 산정에 선인장 모양으로 표기와 좌측에 종으로 명칭이 쓰여 있다.

37. 갑산 남봉수甲山 南烽燧

『輿地圖書』의 발간을 전후하여 신설되었다. 함경도咸鏡道 갑산부甲山府에 속하여 북으로 이질가을봉伊叱加乙烽, 남으로 용연봉龍淵烽에 응하였다. 『增補文獻備考』에는 제1거 간봉(5)노선의 봉수로서 여기에 속한 봉수는 어면보魚面堡에서 온다고 하였다.

38. 갑산 용연봉수甲山 龍淵烽燧

『輿地圖書』의 발간을 전후하여 신설되었다. 함경도咸鏡道 갑산부甲山府에 속하여 북으로 남봉南烽, 남으로 응덕봉鷹德烽에 응하였다. 『增補文獻備考』에는 우두령牛頭領 명칭으로 세주에 일명 용연龍淵이라고 한다 하였으며 제1거 간봉(5)노선의 봉수로서 여기에 속한 봉수는 어면보魚面堡에서 온다고 하였다.

39. 북청 다보봉수北靑 多甫烽燧

『世宗實錄』地理志에 함길도咸吉道 북청도호부北靑都護府 소재 봉화烽火 4
처 중 1처로서 북으로 단천端川 마운령磨雲嶺, 남으로 소응거태所應巨台에 응
하였다. 『新增東國輿地勝覽』에는 함경도咸鏡道 이성현利城縣에 속한 다포산
봉수多布山烽燧 명으로 북으로 마운령, 서로 소응거대所應居大에 응하였다.

40. 북청 소응거태봉수北靑 所應巨台烽燧

『世宗實錄』地理志에 함길도咸吉道 북청도호부北靑都護府 소재 봉화烽火 4
처 중 1처로서 남으로 다탄태多灘台에 응하였다. 『新增東國輿地勝覽』에는
소응거대所應居大 명으로 부의 동쪽 57리에 있다. 동으로 이성利城 다포산多
布山, 서로 가대加代에 응한다고 하였다. 『東國輿地志』에도 대응봉수의 변
동이 없이 유지되었으나 이후 곧 철폐되었다.

41. 북청 다탄태봉수北靑 多灘台烽燧

『世宗實錄』地理志에 함길도咸吉道 북청도호부北靑都護府 소재 봉화烽火 4
처 중 1처로서 남으로 산개山芥에 응하였다.

42. 북청 산개봉수北靑 山芥烽燧

『世宗實錄』地理志에 함길도咸吉道 북청도호부北靑都護府 소재 봉화烽火 4

처 중 1처로서 남으로 함흥부咸興府 석문石門에 응하였다. 『新增東國輿地勝覽』과 『東國輿地志』에는 산개동봉수山芥洞烽燧 명으로 부의 서쪽 35리에 있다. 북으로 자라이者羅耳, 동으로 가대加代, 남으로 홍원洪原 황가라산黃加羅山에 응하였다.

43. 북청 마본령봉수北青 馬本嶺烽燧

『新增東國輿地勝覽』의 발간을 전후하여 신설되었다. 함경도咸鏡道 북청도호부北青都護府에 속하여 북으로 갑산甲山 응덕령鷹德嶺, 남으로 허건려이虛件驢耳에 응하였다. 『東國輿地志』에도 대응봉수의 변동이 없이 유지되었으나, 이후 곧 철폐되었다.

44. 북청 마저봉수北青 馬底烽燧

『輿地圖書』에 함경도咸鏡道 북청부北青府에 속하여 부의 북쪽 170리 니곡사泥穀社에 있다. 북으로 갑산부甲山府 응덕봉鷹德烽, 남으로 본부本府 허화봉虛火烽에 응하였다. 『增補文獻備考』에는 제1거 간봉(4)노선에 속하여 여기에 속한 봉수는 오을족보吾乙足堡에서 온다 하였다.

『朝鮮後期 地方地圖』의 「北青府地圖」(奎10675)에는 여러 봉우리 중 가장 크고 우뚝 솟은 산정에 흰색과 붉은색으로 5기의 연조 표기 후 우측에 종으로 마저봉馬底烽이라 쓰여 있다. 갑산甲山과의 경계에 위치했던 봉수이며, "自邑二百六十里" 표기를 통해 읍에서 가장 멀리 있던 봉수이다.

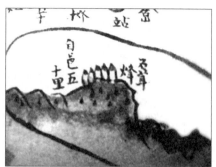

지도 5 _ 북청 마저봉수   지도 6 _ 북청 석용봉수

45. 북청 석용봉수北靑 石茸烽燧

『輿地圖書』에 함경도咸鏡道 북청부北靑府에 속하여 부의 동쪽 60리 보청
사甫靑社에 있다. 북으로 이성현利城縣 진조봉眞鳥烽, 서로 본부本府의 산성봉
山城烽에 응한다고 하였다. 『增補文獻備考』에는 함경남병사咸鏡南兵使 소관
으로 우암牛巖에서 초기하는 제1거 직봉의 봉수로 최종 아차산峨嵯山에 응
하였다.

『朝鮮後期 地方地圖』의 「北靑府地圖」(奎10675)에는 해안과 인접한 산정
에 흰색과 붉은색으로 5기의 연조 표기 후 석용봉石茸烽의 명칭 및 읍에서
의 거리가 쓰여 있다.

46. 북청 허화봉수北靑 虛火烽燧

『輿地圖書』에 함경도咸鏡道 북청부北靑府에 속하여 부의 북쪽 140리 니곡
사泥穀社에 있다. 북으로 마저봉馬底烽, 남으로 후치봉厚峙烽에 응한다고 하였
다. 『增補文獻備考』에는 제1거 간봉(4)노선에 속하여 여기에 속한 봉수는
오을족보吾乙足堡에서 온다고 하였다.

47. 북청 허건려이봉수北靑 虛件驢耳烽燧

『新增東國輿地勝覽』과 『東國輿地志』에는 함경도咸鏡道 북청도호부北靑都護府에 속하여 북으로 마본령馬本嶺, 남으로 장항獐項에 응하였다. 이후 곧 철폐되었다.

48. 북청 장항봉수北靑 獐項烽燧

『新增東國輿地勝覽』과 『東國輿地志』에는 함경도咸鏡道 북청도호부北靑都護府에 속하여 부의 북쪽 125리에 있다. 북으로 허건려이虛件驢耳, 남으로 후치현厚致峴에 응하였다. 이후 곧 철폐되었다.

49. 북청 후치현봉수北靑 厚致峴烽燧

『新增東國輿地勝覽』과 『東國輿地志』에 함경도咸鏡道 북청도호부北靑都護府에 속하여 북으로 장항獐項, 남으로 망덕望德에 응하였다. 『輿地圖書』에는

지도 7 _ 북청 후치현봉수

후치봉厚峙烽 명으로 부의 북쪽 100리 니곡사泥穀社에 있다. 북으로 허화봉虛火烽, 남으로 신설봉新設烽에 응한다고 하였다. 『增補文獻備考』에는 후치厚峙 명으로 제1거 간봉(4)노선에 속하여 여기에 속한 봉수는 오을족보吾乙足堡에서 온다고 하였다.

『朝鮮後期 地方地圖』의 「北青府地圖」(奎10675)에는 여러개의 봉우리 중 가장 크고 우뚝 솟은 산정에 흰색과 붉은색으로 5기의 연조 표기 후 후치봉厚致烽의 명칭 및 읍에서의 거리가 쓰여 있다.

50. 북청 망덕봉수北青 望德烽燧

『新增東國輿地勝覽』과 『東國輿地志』에 함경도咸鏡道 북청도호부北青都護府에 속하여 부의 북쪽 59리에 있다. 북으로 후치현厚致縣, 남으로 자라이者羅耳에 응한다고 하였다.

51. 북청 자라이봉수北青 者羅耳烽燧

『新增東國輿地勝覽』과 『東國輿地志』에 함경도咸鏡道 북청도호부北青都護府에 속하여 부의 북쪽 25리에 있다. 북으로 망덕望德, 남으로 가대加代에 응한다고 하였다. 『輿地圖書』에는 부의 북쪽 10리 덕성사德城社에 있다. 북으로 사을이봉沙乙耳烽, 남으로 산성봉山城烽에 응한다고 하였다. 『增補文獻備考』에는 제1거 간봉(4)노선의 봉수로서 여기에 속한 봉수는 오을족보吾乙足堡에서 온다고 하였다.

『朝鮮後期 地方地圖』의 「北青府地圖」(奎10675)에는 여러 봉우리 중 우뚝 솟은 산정에 흰색과 붉은색으로 5기의 연조 표기 후

지도 8 _ 북청 자라이봉수

자라봉者羅烽의 명칭 및 읍에서의 거리가 쓰여 있다.

52. 북청 가대봉수北靑 加代烽燧

『新增東國輿地勝覽』과 『東國輿地志』에 함경도咸鏡道 북청도호부北靑都護府에 속하여 부의 남쪽 18리에 있다. 북으로 자라이者羅耳, 동으로 소응거대所應居大, 서로 산개동山芥洞에 응한다고 하였다.

53. 북청 장진봉수北靑 長津烽燧

『新增東國輿地勝覽』과 『東國輿地志』에 함경도咸鏡道 북청도호부北靑都護府에 속하여 부의 동남 50리에 있다. 동으로 이성현利城縣 다포산多布山, 남으로 예적曳積에 응한다고 하였다.

54. 북청 예적봉수北靑 曳積烽燧

『新增東國輿地勝覽』과 『東國輿地志』에 함경도咸鏡道 북청도호부北靑都護府에 속하여 부의 남쪽 50리에 있다. 남으로 육도陸島와 응한다고 하였다.

55. 북청 육도봉수北靑 陸島烽燧

『新增東國輿地勝覽』과 『東國輿地志』에 함경도咸鏡道 북청도호부北靑都護

府에 속하여 남으로 홍원현洪原縣 천도穿島에 응하였다. 『興地圖書』에는 부의 남쪽 80리 양화사陽化社에 있다. 동으로 불당봉佛堂烽, 서로 홍원현洪原縣 남산봉南山烽에 응한다고 하였다. 『增補文獻備考』에는 육도六島 명으로 함경남병사咸鏡南兵使 소관이며 경흥慶興 서수라西水羅 우암牛巖에서 초기하는 제1거 직봉의 봉수로 최종 아차산嵯峨山에 응하였다.

『朝鮮後期 地方地圖』의 「北靑府地圖」(奎10675)에는 바다와 인접한 도서의 산능선에 흰색과 붉은색으로 5기의 연조 표기 후 육도봉陸島烽의 명칭과 읍에서의 거리가 쓰여 있다. 주위 육도진陸島津과 육도창陸島倉의 표기를 통해 위치를 추정할 수 있다.

56. 북청 불당봉수北靑 佛堂烽燧

『興地圖書』에 함경도咸鏡道 북청부北靑府에 속하여 부의 남쪽 40리 양화사陽化社에 있다. 북으로 산성봉山城烽, 남으로 육도봉陸島烽에 응한다고 하였다. 『增補文獻備考』에는 함경남병사咸鏡南兵使 소관이며 경흥慶興 서수라西水羅

지도 9 _ 북청 육도봉수   지도 10 _ 북청 불당봉수

우암牛巖에서 초기하는 제1거 직봉의 봉수로 최종 아차산峨嵯山에 응하였다.

『朝鮮後期 地方地圖』의 「北靑府地圖」(奎10675)에는 해안과 인접한 산정에 흰색과 붉은색으로 5기의 연조 표기 후 우측에 불당봉佛堂烽의 명칭과 읍에서의 거리가 쓰여 있다.

57. 북청 신설봉수北靑 新設烽燧

『輿地圖書』에 함경도咸鏡道 북청부北靑府에 속하여 부의 북쪽 70리 니곡사泥穀社에 있다. 북으로 후치봉厚峙烽, 남으로 사을이봉沙乙耳烽에 응한다고 하였다. 『增補文獻備考』에는 제1거 간봉(4)노선의 봉수로서 여기에 속한 봉수는 오을족보吾乙足堡에서 온다고 하였다.

『朝鮮後期 地方地圖』의 「北靑府地圖」(奎10675)에는 여러 봉우리 중 우뚝 솟은 산정에 흰색과 붉은색으로 5기의 연조 표기 후 상부에 신설봉新設烽이라 쓰여 있다.

지도 11 _ 북청 신설봉수

지도 12 _ 북청 사을봉수

58. 북청 사을이봉수北靑 沙乙耳烽燧

『輿地圖書』에 함경도咸鏡道 북청부北靑府에 속하여 부의 북쪽 50리 성대
사聖代社에 있다. 북으로 신설봉新設烽, 남으로 자라이봉者羅耳烽에 응한다고
하였다. 『增補文獻備考』에는 제1거 간봉(4)노선의 봉수로서 여기에 속한
봉수는 오을족보吾乙足堡에서 온다고 하였다.

『朝鮮後期 地方地圖』의 「北靑府地圖」(奎10675)에는 여러개의 봉우리 중
가장 크고 우뚝 솟은 산정에 흰색과 붉은색으로 5기의 연조 표기 후 상부
에 사을봉沙乙烽의 명칭 및 읍에서의 거리가 쓰여 있다.

59. 북청 산성봉수北靑 山城烽燧

『輿地圖書』에 함경도咸鏡道 북
청부北靑府에 속하여 부의 남쪽
20리 중산사中山社에 있다. 북으
로 자라이봉者羅耳烽, 동으로 석용
봉石茸烽, 남으로 불당봉佛堂烽에
응한다고 하였다. 『增補文獻備
考』에는 함경남병사咸鏡南兵使 소
관이며 경흥慶興 서수라西水羅 우
암牛巖에서 초기하는 제1거 직봉

지도 13 _ 북청 산성봉수

의 봉수로 최종 아차산峨嵯山에 응하였다.

『朝鮮後期 地方地圖』의 「北靑府地圖」(奎10675)에는 해안과 인접한 산능
선에 흰색과 붉은색으로 5기의 연조 표기 후 상부에 종으로 산성봉山城烽과
읍에서의 거리가 쓰여 있다.

60. 홍원 황가라산봉수洪原 黃加羅山烽燧

『新增東國輿地勝覽』과 『東國輿地志』에 함경도咸鏡道 홍원현洪原縣에 속하여 동으로 북청부北靑府 산개동山芥洞, 남으로 남산南山에 응한다고 하였다.

61. 홍원 남산봉수洪原 南山烽燧

『新增東國輿地勝覽』과 『東國輿地志』에 함경도咸鏡道 홍원현洪原縣에 속하여 현의 남쪽 2리에 있다. 서로 함흥부咸興府 무을계無乙界, 동으로 황가라산黃加羅山에 응한다고 하였다. 『輿地圖書』에는 남산봉대南山烽臺 명으로 현의 남산에 있다. 동으로 북청北靑 육도봉수陸島烽燧와 40리, 남으로 함흥 호산구미봉수蔦山仇味烽燧와 30리이다고 하였다. 『大東地志』에는 봉수가 있는 남산의 소재를 남삼리南三里로 소개하였다. 『增補文獻備考』에는 남산南山 명의 함경남병사咸鏡南兵使 소관으로 우암牛巖에서 초기하는 제1거 직봉의 봉수로 최종 아차산峨嵯山에 응하였다.

『朝鮮後期 地方地圖』의 「洪原縣地圖」(奎10676)에는 읍성의 남쪽 해안과 인접하여 해발고도가 낮은 산능선에 와가瓦家와 가가假家 형태로 2동의 건물을 표기 후 우측에 종으로 남산봉대南山烽臺라 쓰여 있다.

지도 14 _ 홍원 남산봉수

62. 영흥 고영인봉수 永興 古寧仁烽燧

『世宗實錄』地理志에 함길도咸吉道 영흥대도호부永興大都護府 소재 봉화烽火 2처 중 1처로서 북으로 예원預原 원정현元定峴, 남으로 진술鎭戌에 응하였다. 『新增東國輿地勝覽』에는 고영인성봉수古寧仁城烽燧 명으로 부의 동쪽 40리에 있다. 북으로 정평부元定峴 원정현, 남으로 진술산에 응한다고 하였다.

63. 영흥 진술봉수 永興 鎭戌烽燧

『世宗實錄』地理志에 함길도咸吉道 영흥대도호부永興大都護府 소재 봉화烽火 2처 중 1처로서 서남으로 고원高原 웅망산熊望山, 남으로 용진龍津 유점楡岾에 응하였다. 『新增東國輿地勝覽』에는 진술산鎭戌山 명으로 서로 고원군 웅망산, 북으로 고영인성古寧仁城에 응한다고 하여 종전 남으로 응하는 노선 대신 북쪽으로 응하는 노선이 신설되었다.

『朝鮮寶物古蹟調査資料』에는 함경남도 영흥군 진평면 진ㅇ리. 진술산 봉수鎭戌山烽燧지라 칭한다. 진흥리 부락의 북방 약 18정 경지내에 우뚝 선 진ㅇ봉 정상에 있다. 주위 약 200칸 타원형의 석루가 있으며 루는 거의 붕괴되었다고 하였다.

64. 영흥 말응도봉수 永興 末應島烽燧

『新增東國輿地勝覽』의 발간을 전후하여 신설되었다. 함경도咸鏡道 영흥대도호부永興大都護府에 속하여 북으로 정평定平 도안현道安峴, 남으로 문천文川 황석점黃石岾에 응하였는데, 중종 5년(1510) 영을 내려 진술산鎭戌山・고영인성古寧仁城 양 봉수를 혁파하여 이곳에 옮기고 합하였다고 한다.『東國輿地志』에는 말웅덕봉수末應德烽燧 명으로 대응봉수의 변동이 없이 유지되었다.

65. 영흥 덕치봉수永興 德峙烽燧

『新增東國輿地勝覽』의 발간을 전후하여 신설되었다. 함경도咸鏡道 영흥대도호부永興大都護府에 속하여 북으로 정평定平 도안현道安峴, 남으로 문천文川 황석점黃石岾에 응하였는데, 중종 5년(1510) 영을 내려 진술산鎭戍山・고영인성古寧仁城 양 봉수를 혁파하여 이곳에 옮기고 합하였다고 한다.『輿地圖書』에는 부의 북쪽 10리에 있다. 북으로 정평 삼금동봉수三金洞烽燧, 남으로 성황봉수城隍烽燧에 응한다고 하였다.『大東地志』에는 봉수가 위치하는 곳을 북北 20리라 하였다.『增補文獻備考』에는 함경남병사咸鏡南兵使 소관으로 경흥慶興 서수라西水羅 우암牛巖에서 초기하는 제1거 직봉의 봉수로 최종 아차산峨嵯山에 응하였다.

66. 영흥 성황치봉수永興 城隍峙烽燧

『輿地圖書』에 함경도咸鏡道 영흥부永興府에 속하여 부의 서쪽 3리에 있다. 북으로 덕치봉수德峙烽燧, 남으로 고원高原 웅망산熊望山에 응한다고 하였다.『大東地志』에는 봉수가 위치하는 곳을 서西 5리라 하였다.『增補文獻備考』에는 함경남병사咸鏡南兵使 소관으로 세주에『邑誌』에는 성력산聖歷山으로 되어 있다 하였으며 경흥慶興 서수라西水羅 우암牛巖에서 초기하는 제1거 직봉의 봉수로 최종 아차산峨嵯山에 응하였다.

67. 고원 웅망산봉수高原 熊望山烽燧

『世宗實錄』地理志에 함길도 咸吉道 고원군高原郡 소재 봉화烽火로서 동으로 영흥永興 진수鎭戍, 남으로 문천文川 천불산天佛山에 응하였다. 『輿地圖書』에는 북으로 성황치봉城隍峙峯, 남으로 천불산봉에 응하였다. 『增補文獻備考』에는 함경남병사咸鏡南兵使 소

지도 15 _ 고원 웅망산봉수

관으로 경흥慶興 서수라西水羅 우암牛巖에서 초기하는 제1거 직봉의 봉수로 최종 아차산羡嵯山에 응하였다.

『朝鮮後期 地方地圖』의 「高原郡地圖」(奎10683)에는 북쪽 사박포沙朴浦와 인접한 산정에 연조를 상징하는 5기의 원형과 와가瓦家 형태로 표현되어 있다. 연조를 원형으로 표기한 유일한 사례이다. 우측에 종으로 봉대烽臺 및 좌측 상부에는 종으로 "熊望山舊邑基"라 쓰여 있다.

『朝鮮寶物古蹟調査資料』에는 함경남도 고원군 군내면 하고읍리. 웅망산봉수라 칭한다. 높이 1칸 반, 폭 1칸, 주위 무릇 20칸의 원형 토석 혼축 루지壘址이다. 웅망산의 남측에 있다. 터의 내부는 약간 오목하며 겉으로 볼만한 것이 없다고 하였다.

68. 고원 봉의현봉수高原 烽儀峴烽燧

『輿地圖書』의 발간을 전후하여 신설되었다. 함경도咸鏡道 고원군高原郡에 속하여 신설된 봉수이나 대응관계는 알 수 없다.

『朝鮮寶物古蹟調査資料』에는 함경남도 고원군 상산면 봉현리. 봉현봉수鳳峴烽燧라 칭한다. 터는 높이 1칸, 폭 1칸, 주위 약 10칸의 원형 토루지土壘址이다. 현재 지금은 각 소가 붕괴된 곳도 있고 산정에는 지금도 원형으로 둘러싸인 누지壘址를 알아볼 수 있다고 하였다.

69. 예원 천불산봉수預原 天佛山烽燧

함경남도 문천시와 천내군 경계의 천불산天佛山에 있다. 지형상 동으로 동해를 조망하면서 호도반도虎島半島로 가로 막힌 송전만松田灣을 통해 침입하려는 왜적의 동태를 조망하기 좋은 곳이다.

『世宗實錄』 地理志에 함길도咸吉道 예원군預原郡 소속 천불산봉화天佛山烽火 명칭으로 북으로 고원高原 웅망산熊望山, 남으로 의천宜川 술점戌岾에 응하였다. 『新增東國輿地勝覽』과 『東國輿地志』에는 함경도咸鏡道 문천군文川郡에 속하여 북으로 고원군 웅망산, 남으로 덕원부德源府 유현楡峴에 응한다고 하여 남으로 응하는 대응봉수 소재지 및 노선의 변동이 있었다. 『輿地圖書』에는 북으로 고원 웅망산봉수, 남으로 덕원 소달산봉수蘇達山烽燧에 응하였다. 『增補文獻備考』에는 천달산天達山 명으로 세주에 『邑誌』에는 천불

지도 16 _ 예원 천불산봉수

산으로 되어 있다 하였으며 함경남병사咸鏡南兵使 소관으로 경흥慶興 서수라西水羅 우암牛巖에서 초기하는 제1거 직봉의 봉수로 최종 아차산峩嵯山에 응하였다.

『朝鮮後期 地方地圖』의 『文川郡地圖』(奎10678)에는 숙릉淑陵과 인접한 산정에 연조를 상징하는

5기의 촛불과 초가草家 형태로 표현되어 있다. 산 중심에 종으로 명칭이 쓰여 있다. 회화적인 표현수법이 매우 아름답다.

『朝鮮寶物古蹟調査資料』에는 함경남도 문천군 도초면 봉오리·용암리. 석축 둘레 38칸. 대략 4각형의 벽이 둘러져 다소 온전하며 천불산 정상에 있다고 하였다.

70. 문천 황석점봉수 文川 黃石岾烽燧

『新增東國輿地勝覽』의 발간을 전후하여 신설되었다. 함경도咸鏡道 문천군文川郡에 속하여 서로 영흥永興 말응도末應島, 남으로 덕원德源 장덕長德에 응하였는데, 중종 5년(1510) 천불산봉수天佛山烽燧를 혁파하여 이곳으로 옮기고 합하였다고 하였다.

71. 문천 원정현봉수 文川 元定峴烽燧

『世宗實錄』地理志에 함길도咸吉道 문천군文川郡 소재 봉화烽火로서 북으로 정평定平 성산城山, 남으로 영흥永興 고영인古寧仁에 응하였다. 『新增東國輿地勝覽』에는 함경도咸鏡道 정평도호부定平都護府에 속하여 남으로 영흥부 고영인성, 북으로 비백산鼻白山에 응하였다. 이후 봉수는 왕금이동봉수王金伊洞烽燧로 명칭이 바뀐 채 유지되었다.

72. 안변 산성봉수 安邊 山城烽燧

『世宗實錄』地理志에 함길도咸吉道 안변도호부安邊都護府 소재 봉화烽火 5

처 중 1처로서 북으로 의천宜川 견산見山, 동으로 진사원進士院, 남으로 사개현沙介峴에 응하였다. 『新增東國輿地勝覽』에는 학성봉수鶴城烽燧 명으로 북으로 덕원부德源府 견산, 남으로 사현沙峴에 응하였다. 『輿地圖書』에는 함경도咸鏡道 안변부에 속하여 북으로 파동巴洞, 남으로 사현에 응하였다. 봉무사烽武士 100명이 배속되어 있었다. 『增補文獻備考』에는 산성山城 명칭으로 함경남병사咸鏡南兵使 소관이며 세주에 『여람興覽』에는 학산鶴山으로 되어 있다고 하였다. 경흥慶興 서수라西水羅 우암牛巖에서 초기하는 제1거 직봉의 봉수로 최종 아차산峨嵯山에 응하였다.

73. 안변 사개현봉수安邊 沙介峴烽燧

『世宗實錄』地理志에 함길도咸吉道 안변도호부安邊都護府 소재 봉화烽火 5처 중 1처로서 남으로 철령鐵嶺에 응하였다. 『新增東國輿地勝覽』과 『東國輿地志』에는 사현沙峴 명으로 남으로 철령, 북으로 학성鶴城에 응하였다. 『輿地圖書』에는 북으로 산성山城, 남으로 철령에 응하였다. 봉무사烽武士 100명이 배속되어 있었다. 『增補文獻備考』에는 사고개沙古介 명칭으로 함경남병사咸鏡南兵使 소관이며 경흥慶興 서수라西水羅 우암牛巖에서 초기하는 제1거 직봉의 봉수로 최종 아차산峨嵯山에 응하였다.

74. 안변 철령봉수安邊 鐵嶺烽燧

『世宗實錄』地理志에 함길도咸吉道 안변도호부安邊都護府 소재 봉화烽火 5처 중 1처로서 남으로 강원도江原道 회양부淮陽府 은계銀溪에 응하였다. 『新

增東國輿地勝覽』과 『東國輿地志』에는 북으로 사현沙峴, 남으로 강원도 회양부 소산所山에 응하였다. 『輿地圖書』에는 북으로 사현, 남으로 회양 송산松山에 응하였다. 봉무사烽武士 100명이 배속되어 있었다. 『增補文獻備考』에는 함경남병사咸鏡南兵使 소관으로 경흥慶興 서수라西水羅 우암牛巖에서 초기하는 제1거 직봉의 봉수로 최종 아차산峩嵯山에 응하였다.

『朝鮮寶物古蹟調査資料』에는 함경남도 안변군 위익면 고산리. 철령봉수. 주위 약 50칸. 높이 약 2칸의 석원石垣이 있다. 높이 5척의 봉화대 3개가 있다고 하였다.

75. 안변 파동봉수安邊 巴洞烽燧

『輿地圖書』의 발간을 전후하여 신설되었다. 함경도咸鏡道 안변부安邊府에 속하여 북으로 덕원德源 장덕산長德山, 남으로 산성山城에 응하였다. 봉무사烽武士 100명이 배속되어 있었다. 『增補文獻備考』에는 사동蛇洞 명의 함경남병사咸鏡南兵使 소관으로 세주에 『비국등록』에는 사동巳洞으로 되어 있다고 하였다. 우암牛巖에서 초기하는 제1거 직봉의 봉수로 최종 아차산峩嵯山에 응하였다.

76. 안변 낭성현봉수安邊 浪城峴烽燧

『新增東國輿地勝覽』과 『東國輿地志』에 함경도咸鏡道 안변도호부安邊都護府에 속하여 부의 북쪽 31리에 있다. 동으로 압융곶壓戎串, 서로 덕원德源 장덕산長德山에 응한다고 하였다.

77. 안변 압융곶봉수安邊 壓戎串烽燧

『新增東國輿地勝覽』과 『東國輿地志』에 함경도咸鏡道 안변도호부安邊都護府에 속하여 부의 동쪽 63리에 있다. 동으로 마암馬巖, 서로 낭성현浪城峴에 응한다고 하였다.

78. 안변 마암봉수安邊 馬巖烽燧

『新增東國輿地勝覽』과 『東國輿地志』에 함경도咸鏡道 안변도호부安邊都護府에 속하여 부의 동쪽 91리에 있다. 서로 압융곶壓戎串, 동으로 강원도江原道 흡곡현歙谷縣 치공산致空山에 응한다고 하였다.

79. 덕원 유현봉수德源 楡峴烽燧

『新增東國輿地勝覽』과 『東國輿地志』에 함경도咸鏡道 덕원도호부德源都護府에 속하여 부의 북쪽 35리에 있다. 북으로 문천군文川郡 천불산天佛山, 남으로 발산拔山에 응한다고 하였다.

80. 덕원 발산봉수德源 拔山烽燧

『新增東國輿地勝覽』에 함경도咸鏡道 덕원도호부德源都護府에 속하여 부의 북쪽 7리에 있다. 북으로 유현楡峴, 남으로 견산見山에 응한다고 하였다.
『朝鮮寶物古蹟調査資料』에는 함경남도 덕원군 현면 중청리 · 적전면 신풍리. 발산봉수라 칭한다. 주위 약 50칸의 석원石垣이 현존한다고 하였다.

81. 덕원 견산봉수德源 見山烽燧

『新增東國輿地勝覽』과 『東國輿地志』에 함경도咸鏡道 덕원도호부德源都護府에 속하여 부의 남쪽 22리에 있다. 북으로 발산拔山, 남으로 안변부安邊府 학성鶴城에 응한다고 하였다.

『朝鮮寶物古蹟調査資料』에는 함경남도 덕원군 현면 지경리·현동리. 견산봉수라 칭한다. 대략 원형에 직경 약 40칸. 전부 붕괴되어 흔적만 남아 있다고 하였다.

82. 덕원 장덕산봉수德源 長德山烽燧

『新增東國輿地勝覽』에 함경도咸鏡道 덕원도호부德源都護府에 속하여 부의 동쪽 7리에 있다. 북으로 문천文川 황석점黃石岾, 동으로 안변安邊 낭성현浪城縣에 응하였는데, 중종 5년(1510) 영을 내려 유현楡峴·발산拔山·견산見山 등의 봉수를 혁파하고 이곳에 옮기어 합하였다고 하였다. 『東國輿地志』의 기록 역시 같은 내용이며, 『輿地圖書』에는 부의 동쪽 10리에 있다. 북으로 본부本府의 소달산봉素達山烽, 남으로 안변安邊 파동봉巴洞烽에 응한다. 숙묘조肅廟朝에 유현·발산·견산을 혁파하고 이곳에 옮기어 합하였다고 하였다. 『增補文獻備考』에는 함경남병사咸鏡南兵使 소관으로 경흥慶興 서수라西水羅 우암牛巖에서 초기하는 제1거 직봉의 봉수로 최종 아차산峩嵯山에 응하였다.

『朝鮮後期 地方地圖』의 『德源府地圖』(奎10682)에는 해안과 인접하여 여러 봉우리가 이어지는 높은 곳에 정자 형태로 표현되어 있다. 우측에 종으

지도 17 _ 덕원 장덕산봉수   지도 18 _ 덕원 소달산봉수

로 명칭과 부에서의 거리가 쓰여 있다.

83. 덕원 소달산봉수德源 素達山烽燧

『輿地圖書』에 함경도 덕원부德源府에 속하여 부의 북쪽 18리에 있다. 북으로 문천文川 천불산봉天佛山烽, 남으로 본부本府의 장덕산봉長德山烽에 응하였다. 『增補文獻備考』에는 함경남병사咸鏡南兵使 소관으로 경흥慶興 서수라西水羅 우암牛巖에서 초기하는 제1거 직봉의 봉수로 최종 아차산峩嵯山에 응하였다.

『朝鮮後期 地方地圖』의 「德源府地圖」(奎10682)에는 해안과 인접하여 산정 아래 능선에 정자 형태로 표현되어 있다. 산 중심에 종으로 명칭과 부에서의 거리가 쓰여 있다.

84. 안변 진사원봉수安邊 進士院烽燧

『世宗實錄』地理志에 함길도咸吉道 안변도호부安邊都護府 소재 봉화烽火 5처 중 1처로서 남으로 학포현鶴浦縣 강현舡峴에 응하였다. 이후 곧 철폐되었다.

85. 안변 강현봉수安邊 舡峴烽燧

『世宗實錄』地理志에 함길도咸吉道 안변도호부安邊都護府 소재 봉화烽火 5처 중 1처로서 남으로 강원도江原道 흡곡현歙谷縣 제공포提控浦에 응하였다. 이후 곧 철폐되었다.

86. 의천 술점봉수宜川 戌岾烽燧

『世宗實錄』地理志에 함길도咸吉道 의천군宜川郡 소재 봉화烽火 2처 중 1처로서 북으로 문천文川 천불산天佛山, 남南으로 견산見山에 응하였다. 이후 곧 철폐되었다.

87. 의천 견산봉수宜川 見山烽燧

『世宗實錄』地理志에 함길도咸吉道 의천군宜川郡 소재 봉화烽火 2처 중 1처로서 남으로 안변부安邊府 산성山城에 응하였다. 이후 곧 철폐되었다.

88. 용진 유점봉수龍津 楡岾烽燧

『世宗實錄』地理志에 함길도咸吉道 용진현龍津縣 소재 봉화烽火 2처 중 1처로서 북으로 영흥永興 진술鎭戌, 남으로 의천宜川 술점戌岾에 응하였다. 이후 곧 철폐되었다.

89. 길주 팔하봉수吉州 八下烽燧

『世宗實錄』地理志에 함길도咸吉道 길주목吉州牧 소재 봉화烽火 9처 중 1처로서 북으로 경성鏡城 주촌朱村, 남으로 니마퇴泥馬退에 응하였다. 이후 곧 철폐되었다.

90. 길주 니마퇴봉수吉州 泥馬退烽燧

『世宗實錄』地理志에 함길도咸吉道 길주목吉州牧 소재 봉화烽火 9처 중 1처로서 남으로 장항獐項에 응하였다. 이후 곧 철폐되었다.

91. 길주 장항봉수吉州 獐項烽燧

『世宗實錄』地理志에 함길도咸吉道 길주목吉州牧 소재 봉화烽火 9처 중 1처로서 남으로 고점古岾에 응하였다. 이후 곧 철폐되었다.

92. 길주 고점봉수吉州 古岾烽燧

『世宗實錄』地理志에 함길도咸吉道 길주목吉州牧 소재 봉화烽火 9처 중 1처로서 남으로 약수藥水에 응하였다. 이후 곧 철폐되었다.

93. 길주 약수봉수吉州 藥水烽燧

『世宗實錄』地理志에 함길도咸吉道 길주목吉州牧 소재 봉화烽火 9처 중 1처로서 남으로 신읍新邑, 북으로 녹반암綠磻巖에 응하였다. 이후 곧 철폐되었다.

94. 길주 산성봉수吉州 山城烽燧

『世宗實錄』地理志에 함길도咸吉道 길주목吉州牧 소재 봉화烽火 9처 중 1처로서 남으로 고영古營에 응하였다. 『增補文獻備考』에는 함경북병사咸鏡北兵使 소관으로 향교현鄕校峴에서 보내는 신호를 받아 장고개場古介에 보내는 역할을 하였다. 우암牛巖에서 초기하는 제1거 직봉의 봉수로 최종 아차산峨嵯山에 응하였다.

95. 길주 고영봉수吉州 古營烽燧

『世宗實錄』地理志에 함길도咸吉道 길주목吉州牧 소재 봉화烽火 9처 중 1처로서 남으로 기이동岐伊洞에 응하였다.

96. 길주 기이동봉수吉州 岐伊洞烽燧

『世宗實錄』地理志에 함길도咸吉道 길주목吉州牧 소재 봉화烽火 9처 중 1처

로서 남으로 단천端川 경호예境好禮에 응하였다. 『輿地圖書』에는 주의 남쪽
95리에 있다. 북으로 쌍포령봉雙浦嶺烽, 남으로 단천 호타리봉胡打里烽에 응
하는데 성진진城津鎭에 속한다고 하였다. 『增補文獻備考』에는 기리동岐里洞
명으로 세주에 성진진에 속한다. 함경북병사咸鏡北兵使 소관이다 하였으며
경흥慶興 서수라西水羅 우암牛巖에서 초기하는 제1거 직봉의 봉수로 최종 아
차산峨嵯山에 응하였다.

봉수에 대한 『備邊司謄錄』의 기록은 숙종 12년(1686) 4월 무신당상武臣堂
上 최숙崔橚의 계啓에 "단천 호타리봉수와 길주 기이동봉수는 서로 응하는
것인데, 한달안에 거화擧火는 적고 오히려 절화絶火가 많아서 단천군端川郡
에서 삼가하지 않을 폐단이 있을까 염려되어, 여러번 적간摘奸한 즉 봉군烽
軍이 하루도 점화點火하지 않은 일 없고, 매양 길주 봉수가 구름이 끼고 불
이 끊어져서 서로 응하지 못하였다고 하니, 길주와 단천의 두 봉수 사이에
반드시 변통變通하는 일이 있은 후에야 절화의 폐를 없앨 수 있습니다"하
여 봉수가 해변海邊이나 고산高山에 설치되어 있어 운암雲暗으로 인하여 상
절相絶하게 됨으로, 봉대의 이설과 가설이 건의되기도 하였다.

『朝鮮後期 地方地圖』의 「吉州地圖」(奎10685)에는 진진성鎭津城과 인접하

지도 19 _ 길주 기이동봉수

지도 20 _ 길주 쌍포령봉수

여 여러 봉우리가 이어지는 산정에 붉은 방형으로 표기 및 기동봉岐洞烽의 명칭과 읍에서의 거리가 쓰여 있다. 산 아래 해안가로는 기동진岐洞鎭·쌍용진雙龍津·세동진細洞津 등의 여러 진津이 조밀하게 있다.

97. 길주 쌍포령봉수吉州 雙浦嶺烽燧

『輿地圖書』에 함경도咸鏡道 길주목吉州牧에 속하여 주의 남쪽 80리에 있다. 북으로 장고개봉場古介烽, 남으로 기리동봉歧里洞烽에 응하는데 성진진城津鎭에 속한다고 하였다. 『增補文獻備考』에는 함경북병사咸鏡北兵使 소관으로 경흥慶興 서수라西水羅 우암牛巖에서 초기하는 제1거 직봉의 봉수로 최종 아차산峨嵯山에 응하였다.

『朝鮮後期 地方地圖』의 「吉州地圖」(奎10685)에는 해안 성진진과 쌍포진雙浦津 사이의 산정에 붉은 방형으로 표기 및 명칭과 읍에서의 거리가 쓰여 있다.

98. 길주 장군파봉수吉州 將軍坡烽燧

『輿地圖書』에 함경도咸鏡道 길주목吉州牧에 속하여 주의 서북쪽 66리에 있다. 동으로 최세동봉崔細洞烽, 서로 고봉봉高峯烽에 응하는데 서북진西北鎭에 속한다고 하였다. 『增補文獻備考』에는 서산西山 명으로 제1거 간봉(3) 노선이 초기初起하는 봉수로서 『邑誌』에는 장군파로 되어 있다. 서북진에 속한다고 하였다.

99. 길주 고봉봉수吉州 高峯烽燧

『輿地圖書』에 함경도咸鏡道 길주목吉州牧에 속하여 주의 서북쪽 70리에 있다. 동으로 장군파봉將軍坡烽, 서로 서산봉西山烽에 응하는데 서북진西北鎭에 속한다고 하였다. 『增補文獻備考』에는 고봉高峰 명으로 제1거 간봉(3) 노선에 속하여 세주로 서북진에 속한다고 하였다.

100. 길주 서산봉수吉州 西山烽燧

『輿地圖書』에 함경도咸鏡道 길주목吉州牧에 속하여 주의 서북쪽 90리에 있다. 동으로 고봉봉高峯烽에 응하는데 서북진西北鎭에 속한다고 하였다. 『增補文獻備考』에는 동산東山 명으로 제1거 간봉(3)노선에 속하여 세주로 『邑誌』에는 서산西山으로 되어 있다. 서북진에 속한다고 하였다.

101. 길성 향교현봉수吉城 鄕校峴烽燧

『新增東國輿地勝覽』에 함경도咸鏡道 길성현吉城縣에 속하여 현의 남쪽 3리에 있다. 남으로 산성山城, 북으로 녹반점綠礬岾, 서로 최세동崔世洞과 김만덕金萬德에 응한다고 하였다. 『輿地圖書』에는 함경도 길주목吉州牧에 속하여 주의 남쪽 3리에 있다. 북으로

지도 21 _ 길성 향교현봉수

녹반봉磲礌烽, 남으로 산성봉山城烽에 응하는데 본주本州에 속한다고 하였다. 『增補文獻備考』에는 함경북병사咸鏡北兵使 소관이며 경흥慶興 서수라西水羅 우암牛巖에서 초기하는 제1거 직봉의 봉수로 최종 아차산峩嵯山에 응하였다.

『朝鮮後期 地方地圖』의 「吉州地圖」(奎10685)에는 명천明川과의 경계인 장덕산長德山 아래 여러 봉우리가 이어지는 산정에 붉은 방형으로 표현되어 있다. 산 아래 향교鄕校로 인해 봉수의 위치를 추정할 수 있다.

102. 길주 녹반암봉수吉州 綠礌巖烽燧

『世宗實錄』 地理志에 함길도咸吉道 길주목吉州牧 소재 봉화烽火 9처 중 1처로서 남으로 산성山城에 응하였다. 『新增東國輿地勝覽』에는 녹반점봉수綠礬岾烽燧 명으로 현의 북쪽 12리에 있다. 북으로 명천현明川縣 고점현古岾縣, 서로 입암立巖, 남으로 향교현鄕校峴에 응한다고 하였다. 『輿地圖書』에는 녹반봉수磲礌烽燧 명으로 주의 북쪽 10리에 있다. 북으로 명천明川 고참봉古站烽, 서로 최세동봉崔細洞烽, 남으로 향교현봉鄕校峴烽에 응하는데 본주本州에 속한다고 하였다. 『增補文獻備考』에는 함경북병사咸鏡北兵使 소관으로 경흥慶興 서수라西水羅 우암牛巖에서 초기하는 제1거 직봉의 봉수로 최종 아차산峩嵯山에 응하였다.

103. 길성 산성봉수吉城 山城烽燧

『新增東國輿地勝覽』에 함경도咸鏡道 길성현吉城縣에 속하여 현의 남쪽 28리에 있다. 북으로 향교현鄕校峴, 남으로 유진楡津에 응한다고 하였다. 『輿

지도 22 _ 길성 산성봉수

地圖書』에는 주의 남쪽 38리에 있다. 북으로 향교현봉, 남으로 장고개봉場古介烽에 응하는데 본주本州에 속한다고 하였다. 『增補文獻備考』에는 함경북병사咸鏡北兵使 소관으로 경흥慶興 서수라西水羅 우암牛巖에서 초기하는 제1거 직봉의 봉수로 최종 아차산峨嵯山에 응하였다.

『朝鮮後期 地方地圖』의 「吉州地圖」(奎10685)에는 길성 향교현봉수吉城 鄕校峴烽燧 아래 우측으로 해안과 인접한 산정에 붉은 방형으로 표현되어 있다. 좌측으로 엇비슷하게 명칭과 읍에서의 거리가 쓰여 있다. 해안과 인접하여 있는 대포진大浦津으로 인해 봉수의 위치를 추정할 수 있다.

104. 길성 유진봉수吉城 楡津烽燧

『新增東國輿地勝覽』에 함경도咸鏡道 길성현吉城縣에 속하여 남으로 벌장포伐長浦, 북으로 산성山城에 응한다고 하였다.

105. 길성 벌장포봉수吉城 伐長浦烽燧

『新增東國輿地勝覽』에 함경도咸鏡道 길성현吉城縣에 속하여 남으로 단천군端川郡 호타리胡打里, 북으로 유진楡津에 응한다고 하였다.

106. 길성 최세동봉수吉城 崔世洞烽燧

『新增東國輿地勝覽』에 함경
도咸鏡道 길성현吉城縣에 속하여
현의 서쪽 26리에 있다. 동으로
향교현鄕校縣, 서로 장항獐項에 응
한다고 하였다. 『輿地圖書』에는
함경도 길주목吉州牧에 속하여 주
의 서쪽 26리에 있다. 서로 장군
파봉將軍坡烽, 동으로 녹반봉碌磻烽
에 응하는데 본주本州에 속한다

지도 23 _ 길성 최세동봉수

고 하였다. 『大東地志』에는 간봉間烽으로 소개하였다. 『增補文獻備考』에
는 제1거 간봉(3)노선의 봉수로서 세주에 서북진西北鎭에 속한다고 하였으
며 여기에 속한 봉수는 각진各鎭에서 온다고 하였다.

봉수의 명칭에 있어 미상의 인명인 최세崔世가 거주하는 고을을 차용하
여 표기한 특이한 사례이다. 아마도 길성현 소재의 봉수를 관리·감독하
였던 봉수별장烽燧別將으로 여겨진다.

『朝鮮後期 地方地圖』의 「吉州地圖」(奎10685)에는 맞은편 서북진과 인접
한 산정에 붉은 방형으로 표현되어 있다. 좌측으로 엇비슷하게 명칭을 크
게 쓰고 작게 읍에서의 거리가 쓰여 있다.

107. 길성 장항봉수吉城 獐項烽燧

『新增東國輿地勝覽』에 함경도咸鏡道 길성현吉城縣에 속하여 현의 서쪽 49
리에 있다. 동으로 최세동崔世洞, 북으로 옥천동玉泉洞에 응한다고 하였다.

108. 길성 옥천동봉수吉城 玉泉洞烽燧

『新增東國興地勝覽』에 함경도咸鏡道 길성현吉城縣에 속하여 현의 서쪽 68 리에 있다. 서로 대동大洞, 남으로 장항獐項에 응한다고 하였다.

109. 길성 대동봉수吉城 大洞烽燧

『新增東國興地勝覽』에 함경도咸鏡道 길성현吉城縣에 속하여 현의 서쪽 87 리에 있다. 동으로 옥천동玉泉洞에 응한다고 하였다.

110. 길성 김만덕봉수吉城 金萬德烽燧

『新增東國興地勝覽』에 함경도咸鏡道 길성현吉城縣에 속하여 현의 서쪽 34 리에 있다. 동으로 향교현鄕校峴, 서로 방장防墻에 응한다고 하였다.

봉수의 명칭에 있어 미상의 인명인 김만덕金萬德이 거주하는 고을을 차용하여 표기한 특이한 사례이다. 앞의 최세동봉수崔世洞烽燧와 마찬가지로 길성현 소재의 봉수를 관리 · 감독하였던 봉수장烽燧將으로 여겨진다.

111. 길성 방장봉수吉城 防墻烽燧

『新增東國興地勝覽』에 함경도咸鏡道 길성현吉城縣에 속하여 현의 서쪽 47 리에 있다. 동으로 김만덕金萬德에 응한다고 하였다.

112. 길성 서산봉수吉城 西山烽燧

『新增東國輿地勝覽』의 발간을 전후하여 신설되었다. 함경도咸鏡道 길성
현吉城縣에 속하여 주의 북쪽 70리에 있다. 북으로 명천明川 기운봉起雲峯, 동
으로 중봉中峯에 응한다고 하였다.

113. 길성 장고개중봉봉수吉城 長古介中峯烽燧

『新增東國輿地勝覽』의 발간을 전후하여 신설되었다. 함경도咸鏡道 길성
현吉城縣에 속하여 주의 북쪽 56리에 있다. 서로 서산西山, 남으로 최세동崔世
洞에 응한다고 하였다.

114. 길성 장동봉수吉城 場洞烽燧

『新增東國輿地勝覽』의 발간을 전후하여 신설되었다. 함경도咸鏡道 길성
현吉城縣에 속하여 주의 남쪽 60리에 있다. 북으로 산성山城, 남으로 기이리
동岐伊里洞에 응하였으나, 홍치기미弘治己未(1499)에 유진봉수楡津烽燧를 혁파하
고 이곳으로 옮기었다고 하였다. 『輿地圖書』에는 장고개봉수場古介烽燧 명
으로 주의 남쪽 55리에 있다. 북으로 산성봉山城烽, 남으로 쌍포령봉雙浦嶺烽
에 응하는데 본주本州에 속한다고 하였다. 『增補文獻備考』에는 장고개場古
介 명으로 세주에 『輿覽』에는 장동場洞으로 되어 있다고 하였다. 함경북병
사咸鏡北兵使 소관으로 경흥慶興 서수라西水羅 우암牛巖에서 초기하는 제1거 직
봉의 봉수로 최종 아차산莪嵯山에 응하였다.

115. 길성 오갈암봉수吉城 烏曷巖烽燧

『新增東國輿地勝覽』의 발간을 전후하여 신설되었다. 함경도咸鏡道 길성 현吉城縣에 속하여 주의 서쪽 72리에 있다. 서로 대동大洞, 남으로 장항獐項에 응하였으나, 중종 11년(1516) 옥천동봉수玉泉洞烽燧를 혁파하고 이곳으로 옮 기었다고 하였다.

116. 길성 응봉봉수吉城 鷹峯烽燧

『新增東國輿地勝覽』의 발간을 전후하여 신설되었다. 함경도咸鏡道 길성 현吉城縣에 속하여 주의 서쪽 130리에 있다. 북으로 유덕楡德, 남으로 서산 중봉西山中峯, 서로 단천端川 백덕栢德에 응한다고 하였다.

117. 길성 서산중봉봉수吉城 西山中峯烽燧

『新增東國輿地勝覽』의 발간을 전후하여 신설되었다. 함경도咸鏡道 길성 현吉城縣에 속하여 주의 서쪽 102리에 있다. 북으로 응봉鷹峯, 동으로 유덕楡 德에 응한다고 하였다.

118. 길성 유덕봉수吉城 楡德烽燧

『新增東國輿地勝覽』의 발간을 전후하여 신설되었다. 함경도咸鏡道 길성 현吉城縣에 속하여 주의 서쪽 65리에 있다. 서로 서산중봉西山中峯, 동으로 향교현鄕校峴에 응한다고 하였다.

119. 길성 기이리동봉수吉城 岐伊里洞烽燧

『新增東國輿地勝覽』의 발간을 전후하여 신설되었다. 함경도咸鏡道 길성
현吉城縣에 속하여 주의 남쪽 95리에 있다. 북으로 장동場洞, 남으로 단천端川
호타리胡打里에 응하였으나, 중종 7년(1512) 벌장포봉수伐長浦烽燧를 혁파하고
이곳으로 옮기었다고 하였다.

120. 경원 남산봉수慶源 南山烽燧

『世宗實錄』 地理志에 함길도咸吉道 경원도호부慶源都護府 소재 봉화烽火 2
처 중 한개소로서 남으로 여배자개余背者介에 응하였다. 『新增東國輿地勝
覽』과 『東國輿地志』에는 부의 남쪽 66리에 있다. 북으로 후훈厚訓과 훈융訓
戎, 남으로 동림東林에 응한다고 하여 북과 남으로 응하는 노선의 변동이
있었다. 『輿地圖書』에는 부의 남쪽 7리에 있다. 남으로 동림봉東林烽, 북으
로 후훈봉厚訓烽에 알린다고 하였다. 『增補文獻備考』에는 함경북병사咸鏡北
兵使 소관이며 우암牛巖에서 초기하는 제1거 직봉의 봉수로 최종 아차산峩嵯
山에 응하였다.

121. 경원 여배자개봉수慶源 余背者介烽燧

『世宗實錄』 地理志에 함길도咸吉道 경원도호부慶源都護府 소재 봉화烽火 2

처 중 1처로서 남으로 경성鏡城 청암靑巖에 응하였다. 이후 곧 철폐되었다.

122. 경원 호례봉수慶源 好禮烽燧

『世宗實錄』地理志에 함길도咸吉道 단천군端川郡 소재 봉화烽火 4처 중 1처로서 북으로 길주吉州 기곡岐谷, 남으로 오라퇴吾羅退에 응하였다. 이후 곧 철폐되었다.

123. 단천 오라퇴봉수端川 吾羅退烽燧

『世宗實錄』地理志에 함길도咸吉道 단천군端川郡 소재 봉화烽火 4처 중 1처로서 남으로 말흘라末訖羅에 응하였다. 『新增東國輿地勝覽』과 『東國輿地志』에는 서로 말흘라末訖羅, 남으로 수차덕水差德, 동으로 호타리胡打里에 응하였다. 『輿地圖書』에는 함경도 단천부에 속한 직로直路의 봉수로서 부의 동쪽 45리에 있다. 북으로 호타리봉수, 남으로 말흘내봉수末訖乃烽燧와 응한다고 하였다. 『增補文獻備考』에는 함경남병사咸鏡南兵使 소관으로 경흥慶興 서수라西水羅 우암牛巖에서 초기하는 제1거 직봉의 봉수로 최종 아차산峨嵯山에 응하였다.

『朝鮮後期 地方地圖』의 『端川府地圖』(奎10691)에는 바다와 인접하여 여러 봉우리가 이어지는 산정에 가느다란 원통의 중간에 붉은 원점圓點으로 표현되어 있

지도 24 _ 단천 오라퇴봉수

다. 좌우로 명칭과 읍에서의 거리가 쓰여 있다.

124. 단천 말흘라봉수端川 末訖羅烽燧

『世宗實錄』地理志에 함길도咸吉道 단천군端川郡 소재 봉화烽火 4처 중 1처로서 남으로 마운령磨雲嶺에 응하였다. 『新增東國輿地勝覽』과 『東國輿地志』에는 동으로 오라퇴吾羅退, 서로 파독지波獨只, 북으로 수차덕水差德에 응하였다. 『輿地圖書』에는 함경도 단

지도 25 _ 단천 말흘라봉수

천부에 속한 직로直路의 말흘내봉수末訖乃烽燧 명으로 부의 동쪽 15리에 있다. 북으로 오라퇴봉수, 남으로 증산봉수甑山烽燧와 응한다고 하였다. 『增補文獻備考』에는 마흘내厂訖乃 명으로 함경남병사咸鏡南兵使 소관이며 경흥慶興 서수라西水羅 우암牛巖에서 초기하는 제1거 직봉의 봉수로 최종 아차산峩嵯山에 응하였다.

『朝鮮後期 地方地圖』의 『端川府地圖』(奎10691)에는 읍성과 인접하여 여러 봉우리가 이어지는 능선에 붉은 원점圓點으로 표현되어 있다. 산 아래에 종으로 마허내봉厂許乃烽의 명칭과 읍에서의 거리가 쓰여 있다. 산 아래에 북대천北大川과 향교鄕校로 인해 위치를 추정할 수 있다.

125. 단천 마운령봉수端川 磨雲嶺烽燧

『世宗實錄』地理志에 함길도咸吉道 단천군端川郡 소재 봉화烽火 4처 중 1처

로서 남으로 북청北青 다포多布에 응하였다. 『新增東國輿地勝覽』에는 함경
도咸鏡道 이성현利城縣에 속하여 북으로 단천군 파독지波獨只에 응하는 노선
이 신설되었다.

126. 단천 호타리봉수端川 胡打里烽燧

『新增東國輿地勝覽』의 발간을 전후하여 신설되었다. 함경도咸鏡道 단천
군端川郡에 속하여 서로 오라퇴吾羅退, 동으로 길성吉城 벌장포伐長浦에 응하였
다. 『輿地圖書』에는 함경도 단천부에 속한 직로直路의 호타봉수胡打烽燧 명
으로 부의 동쪽 60리에 있다. 북으로 길주목吉州牧 거리동봉수巨里洞烽燧, 남
으로 오라퇴봉수吾羅退烽燧와 응하는 등 노선의 변동이 있었다. 『增補文獻
備考』에는 호타리胡打里 명으로 함경남병사咸鏡南兵使 소관이며 경흥慶興 서
수라西水羅 우암牛巖에서 초기하는 제1거 직봉의 봉수로 최종 아차산峨嵯山에
응하였다.

『朝鮮後期 地方地圖』의 「端川府地圖」(奎10691)에는 여러 봉우리가 이어
지는 산정 아래 가는 원통 중간에 붉은 원점圓點으로 표현되어 있다. 산 아
래 종으로 명칭과 읍에서의 거리가 쓰여 있다. 봉수 상부에는 사기령沙器嶺
이라 쓰여 있다.

127. 단천 증산봉수端川 甑山烽燧

『輿地圖書』에 함경도 단천부端川府에 속한 직로直路의 봉수로 부의 남쪽
15리에 있다. 북으로 말흘내봉수末訖乃烽燧, 남으로 이성利城 성문현봉수城門

지도 26 _ 단천 호타리봉수   지도 27 _ 단천 증산봉수

峴烽燧와 응한다고 하였다. 『增補文獻備考』에는 함경남병사咸鏡南兵使 소관으로 우암牛巖에서 초기하는 제1거 직봉의 봉수로 최종 아차산峩嵯山에 응하였다.

　『朝鮮後期 地方地圖』의 「端川府地圖」(奎10691)에는 복대천福大川에 인접하여 이어지는 여러 봉우리 중에 붉은 원점圓點으로 표현되어 있다. 좌측에 종으로 명칭과 읍에서의 거리가 쓰여 있다. 봉수 아래 복귀사福貴社로 인해 위치를 추정할 수 있다.

128. 단천 수차덕봉수端川 水差德烽燧

　『新增東國輿地勝覽』의 발간을 전후하여 신설되었다. 함경도咸鏡道 단천군端川郡에 속하여 군 북쪽 42리에 있다. 남으로 말흘라末訖羅, 북으로 국사당國祠堂과 오라퇴吾羅退에 응한다고 하였다. 『東國輿地志』에도 대응봉수의 변동 없이 유지되었다.

129. 단천 국사당봉수端川 國祠堂烽燧

『新增東國輿地勝覽』의 발간을 전후하여 신설되었다. 함경도咸鏡道 단천군端川郡에 속하여 군 북쪽 73리에 있다. 남으로 수차덕水差德, 북으로 오을족구자북봉吾乙足口子北峯에 응한다고 하였다. 『東國輿地志』에도 대응봉수의 변동 없이 유지되었다.

130. 단천 오을족구자북봉봉수端川 吾乙足口子北峯烽燧

『新增東國輿地勝覽』의 발간을 전후하여 신설되었다. 함경도咸鏡道 단천군端川郡에 속하여 군 북쪽 108리에 있다. 남으로 국사당國祠堂에 응한다고 하였다. 『東國輿地志』에도 대응봉수의 변동 없이 유지되었다.

131. 단천 파독지봉수端川 波獨只烽燧

『新增東國輿地勝覽』의 발간을 전후하여 신설되었다. 함경도咸鏡道 단천군端川郡에 속하여 군 서쪽 10리에 있다. 남으로 이성利城 마운령磨雲嶺, 북으로 장항獐項, 동으로 말흘라末訖羅에 응한다고 하였다. 『東國輿地志』에도 대응봉수의 변동 없이 유지되었다.

132. 단천 장항봉수端川 獐項烽燧

『新增東國輿地勝覽』의 발간을 전후하여 신설되었다. 함경도咸鏡道 단천

군端川郡에 속하여 군 북쪽 35리에 있다. 남으로 파독지波獨只, 북으로 고소리古所里에 응한다고 하였다. 『輿地圖書』에는 함경도 단천부에 속한 산로山路의 봉수로서 부의 북쪽 30리에 있으며 본부本府 소관이다. 북으로 고소리봉수, 남으로 사기沙器·일언봉수日彦烽燧와 응한다고 하였다. 숙종 42년(1716) 동 부의 곽령藿嶺·가사家舍·고소리古所里·사기沙器 등과 함께 파하여졌다. 『增補文獻備考』에는 제1거 간봉(4)노선의 봉수로서 여기에 속한 봉수는 오을족보吾乙足堡에서 온다 하였으며 세주에 영조英祖 경오년庚午年(1750)도로 복구하였다고 하였다.

133. 단천 고소리봉수端川 古所里烽燧

『新增東國輿地勝覽』의 발간을 전후하여 신설되었다. 함경도咸鏡道 단천군端川郡에 속하여 군 북쪽 65리에 있다. 남으로 장항㺚項, 북으로 가사家舍에 응한다고 하였다. 『輿地圖書』에는 함경도 단천부에 속한 산로山路의 봉수로서 부의 북쪽 65리에 있으며 본부本府 소관이다. 북으로 가사봉수, 남으로 장항봉수와 응한다고 하였다. 숙종 42년(1716) 동 부의 곽령藿嶺·가사家舍·장항㺚項·사기일산沙器日産 등과 함께 파하여 졌다. 『增補文獻備考』에는 제1거 간봉(4)노선의 봉수로서 여기에 속한 봉수는 오을족보吾乙足堡에서 온다 하였으며 세주에 영조英祖 경오년庚午年(1750) 도로 복구하였다고 하였다.

134. 단천 가사봉수端川 家舍烽燧

『新增東國輿地勝覽』의 발간을 전후하여 신설되었다. 함경도咸鏡道 단천

군端川郡에 속하여 군 북쪽 92리에 있다. 남으로 고소리古所里, 북으로 쌍청구자북봉雙淸口子北峯에 응한다고 하였다. 『輿地圖書』에는 함경도 단천부에 속한 산로山路의 봉수로서 부의 북쪽 100리에 있으며 쌍청보雙靑堡 소관이다. 북으로 곽영봉수藿嶺烽燧, 남으로 고소리봉수와 응한다고 하였다. 숙종 42년(1716) 동 부의 곽령藿嶺·고소리古所里·장항獐項·사기沙器 등과 함께 파하여졌다. 『增補文獻備考』에는 제1거 간봉(4)노선의 봉수로서 여기에 속한 봉수는 오을족보吾乙足堡에서 온다 하였으며 세주에 영조 26년(1750) 도로 복구하였다고 하였다.

135. 단천 마등령봉수端川 馬騰嶺烽燧

『輿地圖書』의 발간을 전후하여 신설되었다. 함경도 단천부端川府에 속한 산로山路의 봉수로서 부의 북쪽 185리에 있으며 이동보梨洞堡 소관이다. 동으로 은용덕봉수隱龍德烽燧, 남으로 검의덕봉수撿義德烽燧와 응한다고 하였다. 『增補文獻備考』에는 제1거 간봉(4)노선의 봉수로서 세주에 오을족보吾乙足堡에 속한다고 하였다.

136. 단천 구자봉수端川 口字烽燧

『輿地圖書』의 발간을 전후하여 신설되었다. 함경도 단천부端川府에 속한 산로山路의 봉수로서 부의 북쪽 233리에 있으며 쌍청보雙靑堡 소관이다. 동으로 검의덕봉수撿義德烽燧, 남으로 곽영봉수藿嶺烽燧와 응한다고 하였다. 『增補文獻備考』에는 제1거 간봉(4)노선의 봉수로서 세주에 쌍청보에 속한다고 하였다.

137. 단천 사기봉수端川 沙器烽燧

『輿地圖書』의 발간을 전후하여 신설되었다. 함경도 단천부端川府에 속한 산로山路의 봉수로서 부의 서쪽 10리에 있으며 본부本府 소관이다. 북으로 장항봉수獐項烽燧, 남으로 증산봉수甑山烽燧와 응한다고 하였다. 숙종 42년(1716) 동 부의 가사家舍・고소리古所里・장항獐項・곽령藿嶺 등과 함께 파하여 졌다. 『增補文獻備考』에는 제1거 간봉(4)노선에 속하여 여기에 속한 봉수는 오을족보吾乙足堡에서 온다 하였으며 세주에 영조 26년(1750) 도로 복구하였다고 하였다. 일언日彦에서 보내는 신호를 장항獐項에 보내는 역할을 하였다.

138. 단천 일언봉수端川 日彦烽燧

『輿地圖書』의 발간을 전후하여 신설되었다. 함경도 단천부端川府에 속한 산로山路의 봉수로서 부의 서쪽 10리에 있으며 본부本府 소관이다. 북으로 장항봉수獐項烽燧, 남으로 증산봉수甑山烽燧와 응한다고 하였다. 숙종 42년(1716) 동 부의 가사家舍・고소리古所里・장항獐項・곽령藿嶺 등과 함께 파하여 졌다. 『增補文獻備考』에는 제1거 간봉(4)노선의 봉수로서 여기에 속한 봉수는 오을족보吾乙足堡에서 온다 하였으며 세주에 영조 26년(1750) 도로 복구하였다고 하였다. 쌍청보 구자口字에서 보내는 신호를 사기沙器에 보내는 역할을 하였다.

139. 단천 쌍청구자북봉봉수端川 雙淸口子北峯烽燧

『新增東國輿地勝覽』의 발간을 전후하여 신설되었다. 함경도咸鏡道 단천

군端川郡에 속하여 남으로 가사家舍에 응하였다.

140. 단천 신오을족보백덕봉수端川 新吾乙足堡栢德烽燧

『新增東國輿地勝覽』의 발간을 전후하여 신설되었다. 함경도咸鏡道 단천군端川郡에 속하여 동으로 길주吉州 응봉鷹峯, 서로 은용덕隱龍德에 응하였다.

141. 단천 은용덕봉수端川 隱龍德烽燧

『新增東國輿地勝覽』과 『東國輿地志』에 함경도咸鏡道 단천군端川郡 소속으로 신오을족보新吾乙足堡에서 남쪽 20리에 소재하며 남으로 검의덕檢義德에 응한다고 하였다. 『輿地圖書』에는 함경도 단천부에 속한 산로山路의 봉수로서 부의 북쪽 162리에 있으며 이동보梨洞堡 소관의 화저火底이다. 북으로 마등령봉수馬騰嶺烽燧와 응한다고 하였다. 『增補文獻備考』에는 제1거 간봉(4)노선의 초기봉수로서 세주에 오을족보에 속한다고 하였다.

142. 단천 검의덕봉수端川 檢義德烽燧

『新增東國輿地勝覽』의 발간을 전후하여 신설되었다. 함경도咸鏡道 단천군端川郡에 속하여 신오을족보新吾乙足堡에서 서로 30리에 소재하며 서로 신쌍청보북봉新雙青堡北峯에 응한다고 하였다. 『東國輿地志』에는 신오을족보新吾乙足堡에서 서로 30리에 있다. 동으로 은용덕隱龍德, 서로 신쌍청보북봉에 응한다고 하였다. 『輿地圖書』에는 함경도 단천부端川府에 속한 산로山路의 봉수로서 부의 북쪽 215리에 있으며 이동보梨洞堡 소관이다. 북으로 마등령봉수馬騰嶺烽燧, 서로 구자봉수口字烽燧와 응한다고 하였다. 『增補文獻備考』
에는 제1거 간봉(4)노선의 봉수로서 세주에 오을족보에 속한다고 하였다.

143. 단천 신청보북봉봉수端川 新靑堡北峯烽燧

『新增東國輿地勝覽』의 발간을 전후하여 신설되었다. 함경도咸鏡道 단천
군端川郡 소속으로 보堡의 북쪽 4리에 소재하며 남으로 곽령藿嶺에 응한다고
하였다. 『東國輿地志』에도 대응봉수의 변동 없이 유지되었다.

144. 단천 곽령봉수端川 藿嶺烽燧

『新增東國輿地勝覽』의 발간을 전후하여 신설되었다. 함경도咸鏡道 단천
군端川郡 소속으로 신쌍청보新雙靑堡의 남쪽 10리에 소재하며 남으로 가사家
舍에 응한다고 하였다. 『輿地圖書』에는 함경도 단천부에 속한 산로山路의
봉수로서 부의 서쪽 130리에 있으며 쌍청보雙靑堡 소관이다. 북으로 구자
봉수口字烽燧, 남으로 가사봉수家舍烽燧와 응한다고 하였다. 숙종 42년(1716)
동 부의 가사家舍·고소리古所里·장항獐項·사기일산沙器日産 등과 함께 파
하여 졌다. 『增補文獻備考』에는 제1거 간봉(4)노선의 봉수로서 세주에 영
조 경오년庚午年(1750) 도로 복구하였다고 하였다.

145. 단천 슬고개봉수端川 瑟古介烽燧

『增補文獻備考』에 함경도咸鏡道 단천군端川郡에 속하여 제1거 간봉(4)와

간봉(5)노선의 봉수이다. 제1거 간봉(4) 노선은 오을족보_{吾乙足堡} 은용덕_隱
_{龍德}에서 초기하여 최종 북청 석용_{石茸}에 집결하는 노선이며, 세주에 『備局
謄錄』에는 곽고개_{藿古介}로 되어 있고, 쌍청보_{雙靑堡}에 속한다고 하였다. 제1
거 간봉(5) 노선은 어면보_{魚面堡} 용봉_{龍峰}에서 초기하여 최종 단천 슬고개에
집결하였다.

146. 단천 삼봉봉수_{端川 杉峰烽燧}

『增補文獻備考』에 함경도_{咸鏡道} 단천군_{端川郡}에 속하여 제1거 간봉(4)노
선의 봉수이다. 제1거 간봉(4) 노선은 오을족보_{吾乙足堡} 은용덕_{隱龍德}에서 초
기하여 최종 북청 석용_{石茸}에 집결하는 노선이며, 세주에 삼봉과 여기에 속
한 슬고개_{瑟古介} 두 봉수는 영조 26년(1750)에 이미 폐지되어 폐봉_{廢烽}이라고
하였다.

147. 천수령봉수_{天秀嶺烽燧}

『增補文獻備考』에 어면보_{魚面堡} 용봉_{龍峰}에서 초기하는 제1거 간봉(5) 노
선에 속하여 함경도_{咸鏡道} 갑산_{甲山} 석용_{石茸}에서 보내는 신호를 최종 단천_端
_川 슬고개_{瑟古介}에 보내는 역할을 하였다.

148. 경성 청암봉수_{鏡城 靑巖烽燧}

『世宗實錄』 地理志에 함길도_{咸吉道} 경성군_{鏡城郡} 소재 봉화_{烽火} 5처 중 1처

로서 북으로 경원慶源 여배자개餘背者介, 남으로 어이관於伊管에 응하였다. 이후 곧 철폐되었다.

149. 경성 어이관봉수鏡城 於伊管烽燧

『世宗實錄』地理志에 함길도咸吉道 경성군鏡城郡 소재 봉화烽火 5처 중 1처로서 남으로 장평長平에 응하였다. 이후 곧 철폐되었다.

150. 경성 장평봉수鏡城 長平烽燧

『世宗實錄』地理志에 함길도咸吉道 경성군鏡城郡 소재 봉화烽火 5처 중 1처로서 남으로 주을온朱乙溫에 응하였다. 『新增東國輿地勝覽』에는 장평長坪 명으로 함경도咸鏡道 경성도호부鏡城都護府에 속하여 남으로 요참要站, 북으로 북봉北峯에 응하였다. 『輿地圖書』에는 북으로 나적羅赤, 남으로 영강永康에 응하였다. 『增補文獻備考』에는 함경북병사咸鏡北兵使 소관으로 우암牛巖에서 초기하는 제1거 직봉의 봉수이자, 제1거 간봉(3) 노선의 봉수로 소개하고 있다.

151. 경성 주을온봉수鏡城 朱乙溫烽燧

『世宗實錄』의 地理志에 함길도咸吉道 경성군鏡城郡 소재 봉화烽火 5처 중 1처로서 남으로 주촌朱村에 응하였다.

152. 경성 주을온보상봉봉수鏡城 朱乙溫堡上峯烽燧

『輿地圖書』에 함경도咸鏡道 경성도호부鏡城都護府에 속하여 동으로 하봉下峯에 응하였다.

153. 경성 주촌봉수鏡城 朱村烽燧

『世宗實錄』地理志에 함길도咸吉道 경성군鏡城郡 소재 봉화烽火 5처 중 1처로서 남으로 길주吉州 팔하八下에 응하였다. 『輿地圖書』에는 북으로 영강永康, 남으로 중덕中德에 응하였다. 『增補文獻備考』에는 함경북병사咸鏡北兵使 소관으로 우암牛巖에서 초기하는 제1거 직봉의 봉수로 최종 아차산峩嵯山에 응하였다.

154. 경성 북봉봉수鏡城 北峯烽燧

『新增東國輿地勝覽』에 함경도咸鏡道 경성도호부鏡城都護府에 속하여 남으로 장평長坪, 북으로 강덕姜德, 서로 어유간魚遊澗에 응하였다.

155. 경성 강덕봉수鏡城 姜德烽燧

『新增東國輿地勝覽』에 함경도咸鏡道 경성도호부鏡城都護府에 속하여 부의 북쪽 37리에 있다. 남으로 북봉北峯, 북으로 부영부富寧府 최달동崔達洞에 응한다고 하였다. 『輿地圖書』에는 북으로 송곡현松谷峴, 남으로 나적羅赤에 응하였다. 『增補文獻備考』에는 함경북병사咸鏡北兵使 소관으로 경흥慶興 서수라西水羅 우암牛巖에서 초기하는 제1거 직봉의 봉수로 최종 아차산峩嵯山에 응하였으며, 또한, 제1거 간봉(3) 노선의 봉수로 소개하고 있다.

156. 경성 요참봉수鏡城 要站烽燧

『新增東國輿地勝覽』에 함경도咸鏡道 경성도호부鏡城都護府에 속하여 부의 남쪽 55리에 있다. 남으로 주촌남봉朱村南峯, 북으로 장평長坪에 응한다고 하였다.

157. 경성 주촌남봉봉수鏡城 朱村南峯烽燧

『新增東國輿地勝覽』에 함경도咸鏡道 경성도호부鏡城都護府에 속하여 부의 남쪽 84리에 있다. 남으로 팔을하八乙下, 북으로 요참要站에 응한다고 하였다.

158. 경성 팔을하봉수鏡城 八乙下烽燧

『新增東國輿地勝覽』에 함경도咸鏡道 경성도호부鏡城都護府에 속하여 부의 남쪽 165리에 있다. 북으로 남봉南峯, 서로 니마퇴尼麼退에 응한다고 하였다.

159. 경성 니마퇴봉수鏡城 尼麼退烽燧

『新增東國輿地勝覽』에 함경도咸鏡道 경성도호부鏡城都護府에 속하여 부의 남쪽 192리에 있다. 서로 명천明川 건가토件加土, 동으로 팔을하八乙下에 응한다고 하였다.

160. 경성 어유간보봉수鏡城 魚遊澗堡烽燧

『新增東國輿地勝覽』에 함경도咸鏡道 경성도호부鏡城都護府에 속하여 부의 북쪽 35리에 있다. 동으로 북봉北峯, 남으로 아양덕阿陽德에 응한다고 하였다.

161. 경성 아양덕봉수鏡城 阿陽德烽燧

『新增東國輿地勝覽』에 함경도咸鏡道 경성도호부鏡城都護府에 속하여 부의 북쪽 40리에 있다. 남으로 차덕생동중봉車德生洞中峯, 북으로 어유간서봉魚遊澗西峯에 응한다고 하였다.

162. 경성 차덕생동중봉봉수鏡城 車德生洞中峯烽燧

『新增東國輿地勝覽』에 함경도咸鏡道 경성도호부鏡城都護府에 속하여 부의 북쪽 54리에 있다. 남으로 김득로가하중봉金得老家下中峯, 북으로 아양덕阿陽德에 응한다고 하였다. 명칭을 통해 알듯이 당시 경성도호부내 차덕생車德生이 거주하고 있던 동리의 중봉에 위치하였던 봉수이다. 위치표기를 인명에서 차용한 특이한 사례이다.

163. 경성 김득로가하중봉봉수鏡城 金得老家下中峯烽燧

『新增東國輿地勝覽』에 함경도咸鏡道 경성도호부鏡城都護府에 속하여 부의 서쪽 68리에 있다. 서로 오촌보서봉吾村堡西峯, 북으로 차덕생동중봉車德生洞中峯에 응한다고 하였다.

명칭을 통해 알듯이 당시 경성도호부내 김득로金得老 가옥家屋 아래의 중봉에 위치하였던 봉수이다. 위치표기를 거주민의 가옥을 기점삼아 차용한 특이한 사례이다.

164. 경성 오촌보서봉봉수鏡城 吾村堡西峯烽燧

『新增東國輿地勝覽』에 함경도咸鏡道 경성도호부鏡城都護府에 속하여 부의 서쪽 71리에 있다. 동으로 김득로가하중봉金得老家下中峯, 남으로 주을온보서봉朱乙溫堡西峯과 산성山城에 응한다고 하였다.

165. 경성 산성봉수鏡城 山城烽燧

『新增東國輿地勝覽』에 함경도咸鏡道 경성도호부鏡城都護府에 속하여 부의 남쪽 5리에 있다. 서로 주을온보서봉朱乙溫堡西峯, 북으로 오촌보서봉吾村堡西峯에 응한다고 하였다.

166. 경성 주을온보서봉봉수1鏡城 朱乙溫堡西峯烽燧1

『新增東國輿地勝覽』에 함경도咸鏡道 경성도호부鏡城都護府에 속하여 부의 서쪽 33리에 있다. 북으로 오촌보서봉吾村堡西峯, 동으로 산성山城, 남으로 동보同堡 남봉南峯에 응한다고 하였다.

167. 경성 주을온보남봉봉수鏡城 朱乙溫堡南峯烽燧

『新增東國輿地勝覽』에 함경도咸鏡道 경성도호부鏡城都護府에 속하여 부의 남쪽 65리에 있다. 남으로 보노지보신봉수甫老知堡新烽燧, 북으로 동보同堡 서봉西峯에 응한다고 하였다.

168. 경성 보노지보신봉수鏡城 甫老知堡新烽燧

『新增東國輿地勝覽』에 함경도咸鏡道 경성도호부鏡城都護府에 속하여 부의 서쪽 67리에 있다. 남으로 동보同堡와 독봉수禿烽燧, 북으로 주을온보남봉朱乙溫堡南峯에 응한다고 하였다.

169. 경성 독봉수鏡城 禿烽燧

『新增東國輿地勝覽』에 함경도咸鏡道 경성도호부鏡城都護府에 속하여 부의 서쪽 86리에 있다. 남으로 보화덕보甫化德堡와 석봉수石烽燧, 북으로 보노지신봉수甫老知新烽燧에 응한다고 하였다.

170. 경성 석봉수鏡城 石烽燧

『新增東國輿地勝覽』에 함경도咸鏡道 경성도호부鏡城都護府에 속하여 부의
서쪽 89리에 있다. 남으로 보화덕보중산甫化德堡中山, 북으로 독봉수禿烽燧에
응한다고 하였다.

171. 경성 보화덕보중산봉수鏡城 甫化德堡中山烽燧

『新增東國輿地勝覽』에 함경도咸鏡道 경성도호부鏡城都護府에 속하여 부의
서쪽 91리에 있다. 남으로 삼삼파적목森森坡赤木, 북으로 석봉수石烽燧와 독
봉수禿烽燧에 응한다고 하였다.

172. 경성 삼삼파적목봉수鏡城 森森坡赤木烽燧

『新增東國輿地勝覽』에 함경도咸鏡道 경성도호부鏡城都護府에 속하여 부의
서쪽 125리에 있다. 남으로 동보판봉수同堡板烽燧, 북으로 보화덕보중산甫化
德堡中山에 응한다고 하였다.

173. 경성 삼삼파판봉수鏡城 森森坡板烽燧

『新增東國輿地勝覽』에 함경도咸鏡道 경성도호부鏡城都護府에 속하여 부의
서쪽 127리에 있다. 남으로 이파석봉수梨坡石烽燧, 북으로 적목赤木에 응한다
고 하였다.

174. 경성 이파석봉수鏡城 梨坡石烽燧

『新增東國輿地勝覽』과 『東國輿地志』에 함경도咸鏡道 경성도호부鏡城都護府에 속하여 부의 서쪽 136리에 있다. 남으로 명천明川 사마동斜亇洞과 원산圓山, 북으로 삼삼파판森森坡板에 응한다고 하였다.

175. 경성 어유간보이순덕봉수鏡城 魚遊澗堡李順德烽燧

『新增東國輿地勝覽』의 발간을 전후하여 신설되었다. 함경도咸鏡道 경성도호부鏡城都護府에 속하여 부의 북쪽 55리에 있다. 남으로 아양덕阿陽德, 북으로 부영富寧 림수덕林秀德에 응한다고 하였다.

176. 경성 오촌보남봉수鏡城 吾村堡南烽燧

『新增東國輿地勝覽』의 발간을 전후하여 신설되었다. 함경도咸鏡道 경성도호부鏡城都護府에 속하여 부의 서쪽 40리에 있다. 남으로 주을온보서봉朱乙溫堡西峯, 북으로 차덕생동중봉車德生洞中峯에 응한다고 하였다.

177. 경성 주을온보서봉봉수2鏡城 朱乙溫堡西峯烽燧2

『新增東國輿地勝覽』의 발간을 전후하여 신설되었다. 함경도咸鏡道 경성도호부鏡城都護府에 속하여 부의 서쪽 47리에 있다. 북으로 오촌보남봉수吾村堡南烽燧, 남으로 판봉수板烽燧에 응하였는데, 정덕계유正德癸酉(1513)에 혁파하고 고서봉古西峯을 이곳으로 옮기었다고 하였다.

178. 경성 보노지보화파봉수鏡城 甫老知堡樺坡烽燧

『新增東國輿地勝覽』의 발간을 전후하여 신설되었다. 함경도咸鏡道 경성 도호부鏡城都護府에 속하여 부의 서쪽 105리에 있다. 북으로 판봉수板烽燧, 남 으로 석용봉石茸峯에 응한다고 하였다.

179. 경성 청덕봉수鏡城 淸德烽燧

『增補文獻備考』에 제1거 간봉(3) 노선에 속한 봉수로서 세주에 『備局謄 錄』에는 청덕으로 되어 있다. 보로지보甫老知堡에 속한다. 『邑誌』에는 실리 지 않았다고 하였다.

180. 경성 하전파봉수鏡城 下田坡烽燧

『增補文獻備考』에 제1거 간봉(3) 노선에 속한 봉수로서 세주에 남로지 보南老知堡에 속한다. 보로지보甫老知堡인 듯하다. 『邑誌』에는 실리지 않았다 고 하였다.

181. 경성 석용봉봉수鏡城 石茸峯烽燧

『新增東國輿地勝覽』의 발간을 전후하여 신설되었다. 함경도咸鏡道 경성도호부鏡城都護府에 속하여 부의 서쪽 115리에 있다. 남으로 독송봉獨松峯, 북으로 화파樺坡에 응한다고 하였다.

182. 경성 독송봉봉수鏡城 獨松峯烽燧

『新增東國輿地勝覽』의 발간을 전후하여 신설되었다. 함경도咸鏡道 경성도호부鏡城都護府에 속하여 부의 서쪽 110리에 있다. 남으로 황세동黃細洞, 북으로 석용봉石茸峯에 응한다고 하였다.

183. 경성 황세동봉수鏡城 黃細洞烽燧

『新增東國輿地勝覽』의 발간을 전후하여 신설되었다. 함경도咸鏡道 경성도호부鏡城都護府에 속하여 부의 서쪽 90리에 있다. 남으로 보화보중령상寶化堡中嶺上, 북으로 독송봉獨松峯에 응한다고 하였다.

봉수의 명칭에 있어 미상의 인명인 황세동黃細洞이 거주하는 고을을 기준으로 표기한 특이한 사례이다.

184. 경성 보화보중령상봉수鏡城 寶化堡中嶺上烽燧

『新增東國輿地勝覽』의 발간을 전후하여 신설되었다. 함경도咸鏡道 경성도호부鏡城都護府에 속하여 부의 서쪽 170리에 있다. 남으로 삼삼판보대가퇴森森坂堡大加退, 북으로 황세동黃細洞에 응한다고 하였다.

185. 경성 삼삼판보대가퇴봉수鏡城 森森坂堡大加退烽燧

『新增東國輿地勝覽』의 발간을 전후하여 신설되었다. 함경도咸鏡道 경성
도호부鏡城都護府에 속하여 부의 서쪽 150리에 있다. 남으로 소가퇴봉수小加
退烽燧, 북으로 중령상中嶺上에 응한다고 하였다.

186. 경성 소가퇴봉수鏡城 小加退烽燧

『新增東國輿地勝覽』의 발간을 전후하여 신설되었다. 함경도咸鏡道 경성
도호부鏡城都護府에 속하여 부의 서쪽 134리에 있다. 남으로 강가덕姜加德, 북
으로 대가퇴大加退에 응하는데, 정덕신사正德辛巳(1521)에 혁파하고 판봉수板烽
燧를 이곳으로 옮기었다고 하였다.

187. 경성 강가덕봉수鏡城 姜加德烽燧

『新增東國輿地勝覽』의 발간을 전후하여 신설되었다. 함경도咸鏡道 경성
도호부鏡城都護府에 속하여 부의 서쪽 160리에 있다. 남으로 명천明川 사마동
斜亇洞 이홍도대李興道代, 북으로 소가퇴小加退에 응하는데, 정덕신사正德辛巳
(1521)에 혁파하고 이파석梨坡石을 이곳으로 옮기었다고 하였다.

봉수의 명칭에 있어 미상의 인명인 강가덕姜加德이 거주하는 고을을 차
용하여 표기한 특이한 사례이다. 아마도 해당 봉수의 관리·감독자였던
봉수장烽燧將으로 여겨진다.

188. 경성 송곡현봉수鏡城 松谷峴烽燧

『輿地圖書』에 함경도咸鏡道 경성도호부鏡城都護府에 속하여 북으로 부영富寧 장항璋項, 남으로 강덕姜德에 응하였다. 『增補文獻備考』에는 함경북병사咸鏡北兵使 소관으로 경흥慶興 서수라西水羅 우암牛巖에서 초기하는 제1거 직봉의 봉수로 최종 아차산峨嵯山에 응하였다.

189. 경성 어유간진응봉봉수鏡城 漁遊澗鎭鷹峯烽燧

『輿地圖書』에 함경도咸鏡道 경성도호부鏡城都護府에 속하여 동으로 강덕姜德에 응하였다. 『增補文獻備考』에는 제1거 간봉(3) 노선에 속한 차산遮山 명으로 세주에 『邑誌』에는 응봉鷹峰으로 되어 있다. 어유간진漁遊澗鎭에 속한다고 하였다.

190. 경성 나적봉수鏡城 羅赤烽燧

『輿地圖書』에 함경도咸鏡道 경성도호부鏡城都護府에 속하여 북으로 강덕姜德, 남으로 장평長坪에 응하였다. 『增補文獻備考』에는 나적동羅赤洞 명으로 함경북병사咸鏡北兵使 소관이며 경흥慶興 서수라西水羅 우암牛巖에서 초기하는 제1거 직봉이자, 제1거 간봉(3) 노선에 속한 봉수로 소개하고 있다.

191. 경성 오촌보하봉봉수鏡城 吾村堡下峯烽燧

『輿地圖書』에 함경도咸鏡道 경성도호부鏡城都護府에 속하여 동으로 장평長

坪에 응하였다. 『增補文獻備考』에는 제1거 간봉(3) 노선의 봉수로서 세주에 오촌보吾村堡에 속한다고 하였다.

192. 경성 영강봉수鏡城 永康烽燧

『輿地圖書』에 함경도咸鏡道 경성도호부鏡城都護府에 속하여 북으로 장평長坪, 남으로 주촌朱村에 응하였다. 『增補文獻備考』에는 함경북병사咸鏡北兵使 소관으로 우암牛巖에서 초기하는 제1거 직봉의 봉수로 최종 아차산峩嵯山에 응하였으며, 제1거 간봉(3) 노선의 봉수이기도 하였다.

193. 경성 하봉봉수鏡城 下峯烽燧

『輿地圖書』에 함경도咸鏡道 경성도호부鏡城都護府에 속하여 서로 상봉上峯, 동으로 영강永康에 응하였다. 『大東地志』에는 오촌吾村의 서쪽에 있으며 간봉間烽이 초기初起하는 봉수로 소개하고 있다.

194. 경성 보화보하봉봉수鏡城 寶化堡下峯烽燧

『輿地圖書』에 함경도咸鏡道 경성도호부鏡城都護府에 속하여 동으로 영강永康에 응하였다.

195. 경성 삼삼파보상봉봉수鏡城 森森坡堡上峯烽燧

『輿地圖書』에 함경도咸鏡道 경성도호부鏡城都護府에 속하여 동으로 모덕牟

德에 응하였다. 『增補文獻備考』에는 제1거 간봉(3) 노선의 동봉東峯 명으로 세주로 『邑誌』에는 삼삼파상봉森森坡上峰으로 되어 있다. 삼삼파진森森坡鎭에 속한다고 하였다.

196. 경성 모덕봉수鏡城 牟德烽燧

『輿地圖書』에 함경도咸鏡道 경성도호부鏡城都護府에 속하여 서로 상봉上峯, 동으로 영강永康에 응하였다. 『增補文獻備考』에는 제1거 간봉(3) 노선에 속하여 세주로 삼삼파진森森坡鎭에 속한다고 하였다.

197. 경성 중덕봉수鏡城 中德烽燧

『輿地圖書』에 함경도咸鏡道 경성도호부鏡城都護府에 속하여 북으로 주촌朱村, 남으로 수만덕壽萬德에 응하였다. 『增補文獻備考』에는 함경북병사咸鏡北兵使 소관으로 우암牛巖에서 초기하는 제1거 직봉의 봉수로 최종 아차산峩嵯山에 응하였다.

198. 경성 수만덕봉수鏡城 壽萬德烽燧

『輿地圖書』에 함경도咸鏡道 경성도호부鏡城都護府에 속하여 북으로 중덕中德, 남으로 명천明川 북봉北峯에 응하였다. 『增補文獻備考』에는 함경북병사咸鏡北兵使 소관으로 경흥慶興 서수라西水羅 우암牛巖에서 초기하는 제1거 직봉의 봉수로 최종 아차산峩嵯山에 응하였다.

199. 경원 백안가사봉수慶源 伯顏家舍烽燧

『世宗實錄』地理志에 함길도咸吉道 경원도호부慶源都護府 소재 연대烟臺 8처 중 1처로서 동으로 경흥慶興 무안전산撫安前山, 서로 아산阿山에 응하였다. 『新增東國輿地勝覽』과 『東國輿地志』에는 백안봉수伯顏烽燧 명으로 부의 남쪽 139리에 있다. 북으로 아산, 남으로 경흥아오지보동봉阿吾地堡東峯에 응한다고 하였다. 『輿地圖書』에는 백안봉白顏烽 명으로 부의 동쪽 90리에 있다. 남으로 경흥 아오지봉阿吾地烽, 북으로 건가퇴봉件加退烽에 알린다고 하였다. 『增補文獻備考』에는 백안白顏 명으로 아산보阿山堡에 속한다고 하였다. 함경북병사咸鏡北兵使 소관이며 우암牛巖에서 초기하는 제1거 직봉의 봉수로 최종 아차산峨嵯山에 응하였다.

봉수의 명칭에 있어 미상의 인명인 백안이 거주하는 고을을 기준으로 표기한 특이한 사례이다.

200. 경원 건가퇴봉수慶源 件加退烽燧

『輿地圖書』에 함경도咸鏡道 경원부慶源府에 속하여 건가퇴봉件加退烽 명으로 부의 동쪽 70리에 있다. 남으로 백안봉白顏烽, 북으로 수정봉水汀烽에 응한다고 하였다. 『大東地志』에는 봉수가 소재하는 곳을 동남東南 70리라 하였다. 『增補文獻備考』에는 아산보阿山堡에 속한다 하였으며 함경북병사咸鏡北兵使 소관으로 우암牛巖에서 초기하는 제1거 직봉의 봉수로 최종 아차산峨嵯山에 응하였다.

201. 경원 아산봉수 慶源 阿山烽燧

『世宗實錄』地理志에 함길도咸吉道 경원도호부慶源都護府 소재 연대烟臺 8 처 중 1처로서 북으로 수정守貞에 응하였다. 『新增東國輿地勝覽』과 『東國輿地志』에는 부의 남쪽 115리에 있다 하였으며 이때 남으로 백안伯顔에 응하는 노선이 신설되었다.

202. 경원 수정봉수 慶源 守貞烽燧

『世宗實錄』地理志에 함길도咸吉道 경원도호부慶源都護府 소재 연대烟臺 8 처 중 1처로서 북으로 동림東林에 응하였다. 『新增東國輿地勝覽』과 『東國輿地志』에는 부의 남쪽 97리에 있으며 남으로 아산阿山에 응하는 노선이 신설되었다. 『輿地圖書』에는 수정봉水汀烽 명으로 부의 동쪽 45리에 있다. 남으로 가퇴봉加退烽, 북으로 동림봉東林烽에 알린다고 하였다. 『增補文獻備考』에는 수정水汀 명으로 건원보乾原堡에 속한다 하였으며 함경북병사咸鏡北兵使 소관으로 우암牛巖에서 초기하는 제1거 직봉이자 남효랑南孝郎에서 초기하는 제1거 간봉(1) 노선에 속하였던 봉수이다.

203. 경원 동림봉수 慶源 東林烽燧

『世宗實錄』地理志에 함길도咸吉道 경원도호부慶源都護府 소재 연대烟臺 8 처 중 1처로서 북으로 부남산府南山, 서로 자미하者未下에 응하였다. 『新增東國輿地勝覽』과 『東國輿地志』에는 부의 남쪽 89리에 있다. 북으로 남산南山, 남으로 수정水貞에 응한다고 하였다. 『輿地圖書』에는 부의 남쪽 40리에

있다. 남으로 수정봉水汀烽, 북으로 남산봉南山烽에 알린다고 하였다. 『增補
文獻備考』에는 동림東臨 명으로 안원보安原堡에 속한다 하였으며 함경북병
사咸鏡北兵使 소관으로 우암牛巖에서 초기하는 제1거 직봉의 봉수로 최종 아
차산峩嵯山에 응하였다.

204. 경원 자미하봉수慶源 者未下烽燧

『世宗實錄』地理志에 함길도咸吉道 경원도호부慶源都護府 소재 연대烟臺 8
처 중 1처로서 서로 종성鍾城 내상內廂에 응하였다. 이후 곧 철폐되었다.

205. 경원 부남산봉수慶源 府南山烽燧

『世宗實錄』地理志에 함길도咸吉道 경원도호부慶源都護府 소재 연대烟臺 8
처 중 1처로서 북으로 중봉中峯에 응하였다. 이후 곧 철폐되었다.

206. 경원 중봉봉수慶源 中峯烽燧

『世宗實錄』地理志에 함길도咸吉道 경원도호부慶源都護府 소재 연대烟臺 8
처 중 1처로서 동으로 마유馬乳에 응하였다. 『新增東國輿地勝覽』과 『東國
輿地志』에는 부의 북쪽 15리에 있다. 동으로 마유, 서로 온성부穩城府 입암
立巖에 응한다고 하였다. 『輿地圖書』에는 중봉봉中峯烽 명으로 부의 서북쪽
30리에 있다. 동으로 마유봉馬乳烽, 서로 온성 황척파봉黃拓坡烽에 알린다고
하였다. 『增補文獻備考』에는 중봉中峰 명으로 표기되어 함경북병사咸鏡北兵

使 소관이며 우암牛巖에서 초기하는 제1거 직봉의 봉수로 최종 아차산峩嵯山
에 응하였다.

207. 경원 마유봉수慶源 馬乳烽燧

『世宗實錄』地理志에 함길도咸吉道 경원도호부慶源都護府 소재 연대烟臺 8
처 중 1처로서 북으로 온성穩城 입암立巖에 응하였다. 『新增東國輿地勝覽』
과 『東國輿地志』에는 부의 북쪽 15리에 있다. 동으로 훈융진訓戎鎭 장항獐
項, 남으로 후훈厚訓, 서로 중봉中峯에 응한다고 하였다. 『輿地圖書』에는 마
유봉馬乳烽 명으로 부의 북쪽 21리에 있다. 동으로 장항봉獐項烽, 서로 중봉
봉中峯烽에 알린다고 하였다. 『增補文獻備考』에는 함경북병사咸鏡北兵使 소
관이며 우암牛巖에서 초기하는 제1거 직봉의 봉수로 최종 아차산峩嵯山에
응하였다.

208. 경원 훈융진장항봉수慶源 訓戎鎭獐項烽燧

『新增東國輿地勝覽』과 『東國輿地志』에는 함경도咸鏡道 경원도호부慶源都
護府에 속하여 부의 동쪽 18리에 있다. 남으로 남산南山, 서로 마유馬乳에 응
한다고 하였다. 『輿地圖書』에는 장항봉수獐項烽燧 명으로 부의 북쪽 30리에
있다. 동으로 훈융성상봉訓戎城上烽, 서로 마유봉馬乳烽에 알린다고 하였다.
『增補文獻備考』에는 장항獐項 명으로 훈융진訓戎鎭에 속한다고 하였으며
함경북병사咸鏡北兵使 소관으로 우암牛巖에서 초기하는 제1거 직봉의 봉수
로 최종 아차산峩嵯山에 응하였다.

209. 경원 훈융성상봉수慶源 訓戎城上烽燧

『輿地圖書』에 함경도咸鏡道 경원부慶源府에 속하여 부의 북쪽 30리에 있다. 남으로 후훈봉厚訓烽, 북으로 장항봉璋項烽에 알린다고 하였다. 『增補文獻備考』에는 성상城上 명으로 훈융진訓戎鎭에 속한다고 하였으며 함경북병사咸鏡北兵使 소관으로 우암牛巖에서 초기하는 제1거 직봉의 봉수로 최종 아차산峩嵯山에 응하였다.

210. 경원 진보봉수慶源 進堡烽燧

『輿地圖書』에 함경도咸鏡道 경원부慶源府에 속하여 부의 남쪽 40리에 있다. 동으로 건원보乾原堡 수정봉水汀烽, 서로 종성부계금적곡봉鍾城府界金迪谷烽에 알린다. 옛날엔 없었으나 지금은 있다 하였다. 『大東地志』에는 권설봉수權設烽燧로서 남서 10리로 표기하였다. 『增補文獻備考』에는 남효랑南孝郎에서 초기하는 제1거 간봉(1) 노선의 봉수로서 최종 아오지보동봉봉수阿吾地堡東峯烽燧에 응하였는데 세주에 행영行營에 알린다고 하였다.

211. 경원 피덕봉수慶源 皮德烽燧

『輿地圖書』에 함경도咸鏡道 경원부慶源府에 속하여 부의 남쪽 90리 종성지鍾城地에 있다. 동으로 금적곡金迪谷, 서로 행영行營 진북루鎭北樓에 알린다고 하였다. 『增補文獻備考』에는 남효랑南孝郎에서 초기하는 제1거 간봉(1) 노선의 봉수로서 최종 아오지보동봉봉수阿吾地堡東峯烽燧에 응했다.

212. 경원 후훈봉수慶源 厚訓烽燧

『新增東國輿地勝覽』과『東國
輿地志』에 함경도咸鏡道 경원도
호부慶源都護府에 속하여 부의 동
쪽 57리에 있다. 남으로 남산南
山, 북으로 마유馬乳에 응한다고
하였다.『輿地圖書』에는 후훈봉
厚訓烽 명으로 부의 북쪽 9리에
있다. 남으로 남산봉南山烽, 북으
로 훈융성상봉訓戎城上烽에 알린

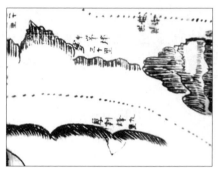

지도 28 _ 경원 후훈봉수

다고 하였다.『增補文獻備考』에는 함경북병사咸鏡北兵使 소관이며 우암牛巖
에서 초기하는 제1거 직봉의 봉수로 최종 아차산峩嵯山에 응하였다.

　『朝鮮後期 地方地圖』의「慶源地圖」(奎10689)에는 여러 봉우리가 평평하
게 이어지는 산정에 특별한 표기없이 횡으로 명칭과 읍에서의 거리가 쓰
여 있다.

213. 회령 북면하을개봉수會寧 北面下乙介烽燧

　세종 16년(1434)부터 본격화되어 세종 31년(1449) 일단락된 두만강 하류
지역의 6진鎭 방어와 관련하여 신설되었다.

　『世宗實錄』地理志에 함길도咸吉道 회령도호부會寧都護府 소재 연대烟臺 13
처 중 1처로서 북으로 종성鍾城, 남으로 고령북봉高嶺北峯에 응하였다.

214. 회령 고령북봉봉수會寧 高嶺北峯烽燧

세종 16년(1434) 신설되었다.
『世宗實錄』地理志에 함길도咸吉
道 회령도호부會寧都護府 소재 연
대烟臺 13처 중 1처로 남으로 고
령전봉高嶺前峯에 응하였다. 『新
增東國輿地勝覽』에 함경도咸鏡道
회령도호부會寧都護府에 속하여
북으로 하을포下乙浦, 남으로 죽
포竹苞에 응한다고 하였다. 『增

지도 29 _ 회령 고령북봉봉수

補文獻備考』에는 북봉北峰 명으로 세주에 고영진高嶺鎭에 속한다고 하였으
며 함경북병사咸鏡北兵使 소관으로 경흥慶興 서수라西水羅 우암牛巖에서 초기
하는 제1거 직봉의 봉수로 최종 아차산峨嵯山에 응하였다.
　『朝鮮後期 地方地圖』의 「會寧府地圖」(奎10680)에는 고영진과 인접한 산
정에 하을포봉수와 나란히 붉게 연대 형태로 표기 및 좌측에 명칭이 쓰여
있다.

215. 회령 고령전봉봉수會寧 高嶺前峯烽燧

세종 16년(1434) 신설되었다. 『世宗實錄』地理志에 함길도咸吉道 회령도호
부會寧都護府 소재 연대烟臺 13처 중 1처로 남으로 오농초吾弄草에 응하였다.

216. 회령 오농초봉수會寧 吾弄草烽燧

세종 16년(1434) 신설되었다. 『世宗實錄』 地理志에 함길도咸吉道 회령도호
부會寧都護府 소재 연대烟臺 13처 중 1처로서 남으로 오산鰲山에 응하였다.
『新增東國輿地勝覽』에는 북으로 죽포竹芭에 응하는 노선이 신설되었다.
『增補文獻備考』에는 함경북병사咸鏡北兵使 소관으로 우암牛巖에서 초기하는
제1거 직봉의 봉수로 최종 아차산峨嵯山에 응하였다.

『朝鮮後期 地方地圖』의 「會寧府地圖」(奎10680)에는 고영진高嶺鎭과 인접
한 산정에 죽포봉수와 나란히 붉게 연대 형태로 표기 및 좌측에 명칭이 쓰
여 있다.

217. 회령 오산봉수會寧 鰲山烽燧

세종 16년(1434) 신설되었다. 『世宗實錄』의 地理志에 함길도咸吉道 회령도
호부會寧都護府 소재 연대烟臺 13처 중 1처로서 남으로 부동우府東隅에 응하였
다. 『新增東國輿地勝覽』에는 서로 하문下門, 북으로 오농초吾弄草에 응하였

지도 30 _ 회령 오농초봉수

지도 31 _ 회령 오산봉수

다. 『輿地圖書』에는 북으로 오농초, 남으로 고연대_{高烟臺}, 동으로 내지덕_{內地德}에 응한다고 하였다. 『增補文獻備考』에는 함경북병사_{咸鏡北兵使} 소관으로 우암_{牛巖}에서 초기하는 제1거 직봉의 봉수로 최종 아차산_{峩嵯山}에 응하였다.

『朝鮮後期 地方地圖』의 「會寧府地圖」_(奎10680)에는 부의 북쪽으로 두만강과 인접한 산정에 붉게 연대 형태로 표기 및 우측에 명칭이 쓰여 있다.

218. 회령 부동우봉수_{會寧 府東隅烽燧}

세종 16년₍₁₄₃₄₎ 신설되었다. 『世宗實錄』 地理志에 함길도_{咸吉道} 회령도호부_{會寧都護府} 소재 연대_{烟臺} 13처 중 1처로서 남으로 영안_{永安}에 응하였다. 이후 곧 철폐되었다.

219. 회령 영안봉수_{會寧 永安烽燧}

세종 16년₍₁₄₃₄₎ 신설되었다. 『世宗實錄』 地理志에 함길도_{咸吉道} 회령도호부_{會寧都護府} 소재 연대_{烟臺} 13처 중 1처로서 남으로 염통_{念通}에 응하였다. 이후 곧 철폐되었다.

220. 회령 염통봉수_{會寧 念通烽燧}

세종 16년₍₁₄₃₄₎ 신설되었다. 『世宗實錄』 地理志에 함길도_{咸吉道} 회령도호부_{會寧都護府} 소재 연대_{烟臺} 13처 중 1처로서 남으로 전괘_{錢掛}에 응하였다.

『新增東國輿地勝覽』에는 염통산念通山 명으로 북으로 봉화현烽火峴, 남으로 풍산보천장豊山堡泉場에 응한다고 하였다.

221. 회령 전괘봉수會寧 錢掛烽燧

세종 16년(1434) 신설되었다. 『世宗實錄』地理志에 함길도咸吉道 회령도호부會寧都護府 소재 연대烟臺 13처 중 1처로서 남으로 부녕富寧 고봉高峯에 응하였다. 『新增東國輿地勝覽』에는 전괘현錢掛峴 명으로 북으로 천장泉場, 남으로 부영富寧 양영만동梁永萬洞에 응한다고 하였다.

222. 회령 서면보화봉수會寧 西面保和烽燧

세종 16년(1434) 신설되었다. 『世宗實錄』地理志에 함길도咸吉道 회령도호부會寧都護府 소재 연대烟臺 13처 중 1처로서 동으로 보을하甫乙下에 응하였다. 이후 곧 철폐되었다.

223. 회령 보을하봉수會寧 甫乙下烽燧

세종 16년(1434) 신설되었다. 『世宗實錄』地理志에 함길도咸吉道 회령도호부會寧都護府 소재 연대烟臺 13처 중 1처로서 동으로 독산禿山에 응하였다. 세조 5년(1459) 4월, 함길도 도체찰사 신숙주의 계본에 의거한 병조의 주장에 따라 연대가 야인들의 경계에 깊이 들어가 있어 형세가 고단할 뿐만 아니라 여진족의 한 부족인 알타리斡朵里가 거주하는 곳과 너무 가까워 지형상

불리함으로 연대를 폐하고 석성을 쌓을 것을 청함에 따라 혁파하였다.

224. 회령 독산봉수會寧 禿山烽燧

세종 16년(1434) 신설되었다. 『世宗實錄』地理志에 함길도咸吉道 회령도호부會寧都護府 소재 연대烟臺 13처 중 1처로서 동으로 관문關門에 응하였다. 『新增東國輿地勝覽』에는 동으로 옹산瓮山, 북으로 상문上門에 응한다고 하였다.

225. 회령 관문봉수會寧 關門烽燧

세종 16년(1434) 신설되었다. 『世宗實錄』地理志에 함길도咸吉道 회령도호부會寧都護府 소재 연대烟臺 13처 중 1처로서 동으로 부동우府東隅에 응하였다. 이후 곧 철폐되었다.

226. 회령 고영진하을포봉수會寧 高嶺鎭下乙浦烽燧

『新增東國輿地勝覽』에 함경도咸鏡道 회령도호부會寧都護府에 속하여 남으로 고영진북봉高嶺鎭北峯, 북으로 종성鍾城 세천보포항細川堡浦項에 응하였다. 『輿地圖書』에는 북으로 종성 세천포항, 남으로 북봉에 응한다고 하였다. 『增補文獻備考』에는 하을포下乙浦 명으로 세주에 『備局謄錄』에는 활포豁浦로 되어 있다. 고영진高嶺鎭에 속한다고 하였으며 함경북병사咸鏡北兵使 소관으로 경흥慶興 서수라西水羅 우암牛巖에서 초기하는 제1거 직봉의 봉수로 최종 아차산峩嵯山에 응하였다.

227. 회령 죽포봉수會寧 竹苞烽燧

『新增東國輿地勝覽』에 함경도咸鏡道 회령도호부會寧都護府에 속하여 남으로 오농초吾弄草, 북으로 북봉北峯에 응하였다. 『輿地圖書』에도 대응봉수의 변동이 없이 유지되었다. 『增補文獻備考』에는 죽보竹堡 명으로 세주에 『邑誌』에는 죽포竹苞로 되어 있다. 고령진高嶺鎭에 속한다고 하였으며 함경북병사咸鏡北兵使 소관으로 경흥慶興 서수라西水羅 우암牛巖에서 초기하는 제1거 직봉의 봉수로 최종 아차산峩嵯山에 응하였다.

228. 회령 하문봉수會寧 下門烽燧

『新增東國輿地勝覽』에 함경도咸鏡道 회령도호부會寧都護府에 속하여 남으로 상문上門, 북으로 오산鰲山에 응하였다. 이후 곧 철폐되었다.

229. 회령 상문봉수會寧 上門烽燧

『新增東國輿地勝覽』에 함경도咸鏡道 회령도호부會寧都護府에 속하여 남으로 독산禿山, 북으로 하문下門에 응하였다. 이후 곧 철폐되었다.

230. 회령 옹산봉수會寧 瓮山烽燧

『新增東國輿地勝覽』에 함경도咸鏡道 회령도호부會寧都護府에 속하여 남으로 봉화현烽火峴, 서로 독산禿山에 응하였다. 이후 곧 철폐되었다.

231. 회령 봉화현봉수會寧 烽火峴烽燧

『新增東國輿地勝覽』에 함경도咸鏡道 회령도호부會寧都護府에 속하여 북으로 옹산瓮山, 남으로 염통산念通山에 응하였다. 이후 곧 철폐되었다.

232. 회령 천장봉수會寧 泉場烽燧

『新增東國輿地勝覽』과 『東國輿地志』에 함경도咸鏡道 회령도호부會寧都護府에 속하여 부의 남쪽 50리에 있다. 북으로 염통산念通山, 남으로 전괘현錢掛峴에 응한다고 하였다. 이후 곧 철폐되었다.

233. 회령 고연대봉수會寧 古烟臺烽燧

『新增東國輿地勝覽』에 함경도咸鏡道 회령도호부會寧都護府에 속하여 부의 서쪽 20리에 있다. 남으로 보을하진남봉甫乙下鎭南峯, 북으로 상문上門에 응하였는데, 정덕기사正德己巳(1509)에 독산禿山을 혁파하고 이곳으로 옮기었다고 하였다. 『輿地圖書』에는 고연대봉수高烟臺烽燧 명으로 북으로 오산鰲山, 남으로 운두봉雲頭峯에 응한다고 하였다. 『增補文獻備考』에는 고연대古煙臺 명으로 세주에 『邑誌』에는 고연대高煙臺로 되어 있다고 하였

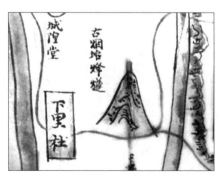

지도 32 _ 회령 고연대봉수

다. 함경북병사咸鏡北兵使 소관으로 경흥慶興 서수라西水羅 우암牛巖에서 초기하는 제1거 직봉이자 남효랑南孝郞에서 초기하는 제1거 간봉(1) 노선에 속하였던 봉수이다.

『朝鮮後期 地方地圖』의 「會寧府地圖」(奎10680)에는 오국산성五國山城의 동문과 인접한 산정에 붉게 연대 형태로 표기 및 좌측에 명칭이 쓰여 있다.

234. 회령 보을하진남봉봉수會寧 甫乙下鎭南峯烽燧

『新增東國輿地勝覽』과 『東國輿地志』에 함경도咸鏡道 회령도호부會寧都護府에 속하여 부의 서쪽 29리에 있다. 남으로 송봉松峯, 북으로 고연대古烟臺에 응한다고 하였다.

235. 회령 보을하진중봉봉수會寧 甫乙下鎭中峯烽燧

『輿地圖書』에 함경도咸鏡道 회령부會寧府에 속하여 북으로 송봉松峯, 남으

지도 33 _ 회령 보을하진중봉봉수

지도 34 _ 회령 송봉봉수

地誌와 古地圖로 본
北韓의 烽燧

로 봉현奉峴에 응하였다. 『增補文獻備考』에는 중봉中峰 명으로 세주에 보을
하진甫乙下鎭에 속한다고 하였다. 함경북병사咸鏡北兵使 소관으로 경흥慶興 서
수라西水羅 우암牛巖에서 초기하는 제1거 직봉의 봉수로 최종 아차산峨嵯山에
응하였다.

『朝鮮後期 地方地圖』의 「會寧府地圖」(奎10680)에는 두만강의 지류와 인
접한 산정에 붉게 연대 형태로 표기 및 우측에 명칭이 쓰여 있다.

236. 회령 송봉봉수會寧 松峯烽燧

『新增東國輿地勝覽』과 『東國輿地志』에 함경도咸鏡道 회령도호부會寧都護
府에 속하여 부의 서쪽 40리에 있다. 남으로 풍산서봉豊山西峯, 북으로 보을
하남봉甫乙下南峯에 응한다고 하였다. 『輿地圖書』에는 북으로 남봉南峯, 남
으로 중봉中峯에 응하였다. 『增補文獻備考』에는 세주로 보을하진甫乙下鎭에
속한다 하였으며 함경북병사咸鏡北兵使 소관으로 우암牛巖에서 초기하는 제
1거 직봉의 봉수로 최종 아차산峨嵯山에 응하였다.

『朝鮮後期 地方地圖』의 「會寧府地圖」(奎10680)에는 두만강의 지류와 인
접한 산정에 붉게 연대 형태로 표기 및 우측에 명칭이 쓰여 있다.

237. 회령 풍산보서봉봉수會寧 豊山堡西峯烽燧

『新增東國輿地勝覽』과 『東國輿地志』에 함경도咸鏡道 회령도호부會寧都護
府에 속하여 부의 서쪽 50리에 있다. 남으로 남봉南峯, 북으로 송봉松峯에 응
한다고 하였다.

238. 회령 남봉봉수會寧 南峯烽燧

『新增東國輿地勝覽』과 『東國
輿地志』에 함경도咸鏡道 회령도
호부會寧都護府에 속하여 부의 서
쪽 65리에 있다. 남으로 김세동
金世洞, 북으로 서봉西峯에 응한다
고 하였다. 『輿地圖書』에는 서
북으로 운두봉雲頭峯, 남으로 송
봉松峯에 응한다고 하였다. 『增
補文獻備考』에는 함경북병사咸

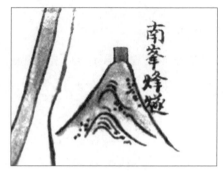

지도 35 _ 회령 남봉봉수

鏡北兵使 소관으로 우암牛巖에서 초기하는 제1거 직봉의 봉수로 최종 아차산
峨嵯山에 응하였다.

『朝鮮後期 地方地圖』의 『會寧府地圖』(奎10680)에는 오국산성五國山城의 남
쪽 산정에 붉게 연대 형태로 표기 및 우측에 명칭이 쓰여 있다.

239. 회령 김세동봉수會寧 金世洞烽燧

『新增東國輿地勝覽』과 『東國輿地志』에 함경도咸鏡道 회령도호부會寧都護
府에 속하여 부의 서쪽 75리에 있다. 남으로 부령富寧 우무개亏無介, 북으로
남봉南峯에 응한다고 하였다.

봉수 명칭에 미상의 인물인 김세金世가 거주하였던 고을 이름을 차용한
사례이다.

240. 회령 운두봉봉수會寧 頭峯烽燧

『輿地圖書』에 함경도咸鏡道 회령부會寧府에 속하여 동북으로 고연대高烟臺, 서로 무산茂山 호박덕琥珀德, 동남으로 남봉南峯에 응하였다. 『增補文獻備考』에는 함경북병사咸鏡北兵使 소관이며 경흥慶興 서수라西水羅 우암牛巖에서 초기하는 제1거 직봉의 봉수로 최종 아차산峩嵯山에 응하였다. 또한, 무산茂山 남령南嶺에서 초기하는 제1거 간봉(2) 노선의 봉수가 최종 집결하는 곳이었다.

『朝鮮後期 地方地圖』의 「會寧府地圖」(奎10680)에는 오국산성五國山城의 서쪽에 인접한 산정에 붉게 연대 형태로 표기 및 우측에 명칭이 쓰여 있다. 봉수 아래 두만강변으로는 파수把守가 표기되어 있다.

241. 회령 봉현봉수會寧 奉峴烽燧

『輿地圖書』에 함경도咸鏡道 회령부會寧府에 속하여 북으로 중봉中峯, 남으로 이현梨峴에 응하였다. 『增補文獻備考』에는 봉덕奉德 명으로 읍지邑誌에

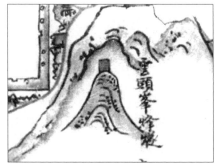

지도 36 _ 회령 운두봉봉수

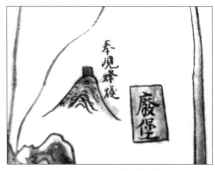

지도 37 _ 회령 봉현봉수

는 봉현奉峴으로 되어 있다. 보을하진甫乙下鎭에 속한다고 하였다. 함경북병
사咸鏡北兵使 소관으로 경흥慶興 서수라西水羅 우암牛巖에서 초기하는 제1거 직
봉의 봉수로 최종 아차산峨嵯山에 응하였다.

『朝鮮後期 地方地圖』의 「會寧府地圖」(奎10680)에는 두만강의 지류와 인
접한 산정에 붉게 연대 형태로 표기 및 우측에 명칭이 쓰여 있다. 봉수 아
래에는 폐보廢堡가 있다.

242. 회령 이현봉수會寧 梨峴烽燧

『輿地圖書』에 함경도咸鏡道 회령부會寧府에 속하여 북으로 봉현奉峴, 남으
로 고현古峴에 응하였다. 『增補文獻備考』에는 세주로 고풍산보古豊山堡에
속한다고 하였다. 함경북병사咸鏡北兵使 소관으로 경흥慶興 서수라西水羅 우
암牛巖에서 초기하는 제1거 직봉의 봉수로 최종 아차산峨嵯山에 응하였다.

『朝鮮後期 地方地圖』의 「會寧府地圖」(奎10680)에는 두만강의 지류와 인
접한 산정에 붉게 연대 형태로 표기 및 우측에 명칭이 쓰여 있다. 좌측 상
부에는 고현봉수가 인접하고 있다.

243. 회령 고풍산보고현봉수會寧 古豊山堡古峴烽燧

『輿地圖書』에 함경도咸鏡道 회령부會寧府에 속하여 북으로 이현梨峴, 남으
로 부령富寧 흑모노黑毛老에 응하였다. 『增補文獻備考』에는 고현古峴 명으로
세주에 폐무산보廢茂山堡에 속한다고 하였다. 함경북병사咸鏡北兵使 소관으
로 경흥慶興 서수라西水羅 우암牛巖에서 초기하는 제1거 직봉의 봉수로 최종
아차산峨嵯山에 응하였다.

지도 38 _ 회령 이현봉수 　　　　　　　지도 39 _ 회령 내지덕봉수

244. 회령 내지덕봉수會寧 內地德烽燧

봉수는 기능이 조선후기 행영行營으로만 응하였던 권설봉수이다. 『輿地
圖書』에 함경도咸鏡道 회령부會寧府에 속하여 서로 오산鰲山, 동북으로 남효
랑南孝郞에 응하였다.

『朝鮮後期 地方地圖』의 「會寧府地圖」(奎10680)에는 두만강의 지류와 인
접한 산정에 붉게 연대 형태로 표기 및 좌측에 명칭이 쓰여 있다. 좌측에
는 남효랑봉수가 인접하고 있다.

245. 회령 남효랑봉수會寧 南孝郞烽燧

『輿地圖書』에 함경도咸鏡道 회령부會寧府에 속하여 서남으로 내지덕內地德,
동북으로 행영망대行營望臺에 응한다. 봉수는 10월 초 병사兵使가 옮겨 머무
르면서 행영行營 뒤에 번番을 세웠다고 하였다. 『增補文獻備考』에는 제1거
간봉(1)노선의 초기봉수로서 세주에 『邑誌』에 남효랑봉수는 행영에 알린
다고 하였다.

246. 종성 보청포봉수 鍾城 甫青浦烽燧

『世宗實錄』地理志에 함길도 咸吉道 종성도호부鍾城都護府 소재 연대烟臺 8처 중 1처로서 북으로 온성穩城 동건고성童巾古城, 남으로 동관보북봉童關堡北峯에 응하였다. 『新增東國輿地勝覽』에 함경도咸鏡道 종성도호부鍾城都護府에 속하여 부의 북쪽 21리에 있다. 남으로 동관진潼關鎭, 북으로

지도 40 _ 종성 보청포봉수

온성穩城 소동건小童巾에 응한다고 하였다. 『輿地圖書』에는 동관보청포봉수潼關甫青浦烽燧 명으로 본진本鎭을 나누어 지킨다. 부의 북쪽 28리에 있다. 남으로 동관북봉潼關北烽, 북으로 온성경소동중봉수穩城境小童中烽燧와 응한다고 하였다. 『增補文獻備考』에는 보청포甫淸浦 명으로 동관진에 속한다고 하였다. 함경북병사咸鏡北兵使 소관으로 경흥慶興 서수라西水羅 우암牛巖에서 초기하는 제1거 직봉의 봉수로 최종 아차산峩嵯山에 응하였다.

『朝鮮後期 地方地圖』의 「鍾城府地圖」(奎10677)에는 두만강과 인접한 산 사면에 5기의 연조 형태로 표기 및 상부에 명칭이 쓰여 있다. 특이하게 5기의 연조 중 가장 앞의 연조 1기만 적색으로 길게 표기하고 나머지 4기는 이보다 뒤에 흑색으로 작게 표기하였다. 따라서 평상시의 1거는 가장 앞에 적색으로 표기된 연조에서 거화하였을 것으로 추정된다. 우측에 동관북봉봉수潼關北峰烽燧가 인접하여 표기되어 있다.

247. 종성 동관보북봉봉수鍾城 童關堡北峯烽燧

『世宗實錄』地理志에 함길도咸吉道 종성도호부鍾城都護府 소재 연대烟臺 8처 중 1처로서 남으로 부북봉府北峯에 응하였다. 『輿地圖書』에는 동관북봉봉수潼關北峰烽燧 명으로 본진本鎭을 나누어 지킨다. 부의 북쪽 23리에 있다. 남으로 동관장성문봉수潼關長城門烽燧, 북으로 동관보청포봉수潼關甫青浦烽燧와 응한다고 하였다. 『增補文獻備考』에는 북봉北峰 명으로 동관진潼關鎭에 속한다고 하였다. 함경북병사咸鏡北兵使 소관으로 경흥慶興 서수라西水羅 우암牛巖에서 초기하는 제1거 직봉의 봉수로 최종 아차산峩嵯山에 응하였다.

248. 종성 부북봉봉수鍾城 府北峯烽燧

『世宗實錄』地理志에 함길도咸吉道 종성도호부鍾城都護府 소재 연대烟臺 8처 중 1처로서 남으로 부남봉府南峯에 응하였다. 『新增東國輿地勝覽』에는 북봉봉수北峯烽燧 명으로 부의 북쪽 9리에 있다. 남으로 남산南山, 북으로 동관진潼關鎭에 응한다고 하였다. 『輿地圖書』에는 부의 북쪽 9리에 있다. 남으로 남봉南峰, 북으로 장성문봉수長城門烽燧에 응한다고 하였다. 『增補文獻備考』에는 함경북병사咸鏡北兵使 소관이며 북봉北峰 명으로 경흥慶興 서수라西水羅 우암牛巖에서 초기하는 제1거 직봉의 봉수로 최종 아차산峩嵯山에 응하였다.

『朝鮮後期 地方地圖』의 『鍾城府地圖』(奎10677)에는 두만강과 인접한 산 사면에 5기의 연조 형태로 표기 및 상부에 명칭이 쓰여 있다. 특이하게 5기의 연조 중 가장 앞의 연조 1기만 적색으로 길게 표기하고 나머지 4기는 이보다 뒤에 흑색으로 작게 표기하였다. 따라서 평상시의 1거는 가장 앞에 적색으로 표기된 연조에서 거화하였을 것으로 추정된다. 하천을 경계로 맞은편에는 동관진이 인접하고 있다.

지도 41 _ 종성 부북봉봉수

지도 42 _ 종성 동관장성문봉수

249. 종성 동관장성문봉수鍾城 潼關長城門烽燧

『輿地圖書』에 함경도咸鏡道 종성부鍾城府에 속하여 본진本鎭을 나누어 지킨다. 부의 북쪽 18리에 있다. 남으로 본부북봉本府北烽, 북으로 동관북봉潼關北烽와 응한다고 하였다. 『增補文獻備考』에는 장성문長城門 명으로 세주에 동관진潼關鎭에 속한다고 하였다. 함경북병사咸鏡北兵使 소관이며 경흥慶興 서수라西水羅 우암牛巖에서 초기하는 제1거 직봉의 봉수로 최종 아차산峨嵯山에 응하였다.

『朝鮮後期 地方地圖』의 「鍾城府地圖」(奎10677)에는 두만강변 동관진과 인접하여 산사면에 5기의 연조 형태로 표기 및 상부에 명칭이 쓰여 있다. 특이하게 5기의 연조 중 가장 앞의 연조 1기만 적색으로 길게 표기하고 나머지 4기는 이보다 뒤에 흑색으로 작게 표기하였다. 따라서 평상시의 1거는 가장 앞에 적색으로 표기된 연조에서 거화하였을 것으로 추정된다. 좌측에는 망후대望後臺로 표기된 산이 인접하고 있다.

250. 종성 부남봉수鍾城 府南烽燧

『世宗實錄』地理志에 함길도咸吉道 종성도호부鍾城都護府 소재 연대烟臺 8처 중 1처로서 남으로 중봉中峯에 응하였다. 『新增東國輿地勝覽』과 『東國輿地志』에는 남산봉수南山烽燧 명으로 부의 남쪽 5리에 있다. 북으로 북봉北峯, 남으로 중산中山에 응한다고 하

지도 43 _ 종성 부남봉수

였다. 『輿地圖書』에는 부의 남쪽 5리에 있다. 북으로 북봉, 남으로 삼봉三峰에 응한다고 하였다. 『增補文獻備考』에는 남봉南峰 명으로 함경북병사咸鏡北兵使 소관이며 경흥慶興 서수라西水羅 우암牛巖에서 초기하는 제1거 직봉의 봉수로 최종 아차산峩嵯山에 응하였다.

『朝鮮後期 地方地圖』의 「鍾城府地圖」(奎10677)에는 두만강변의 지류와 인접하여 산사면에 5기의 연조 형태로 표기 및 상부에 명칭이 쓰여 있다. 특이하게 5기의 연조 중 가장 앞의 연조 1기만 적색으로 길게 표기하고 나머지 4기는 이보다 뒤에 흑색으로 작게 표기하였다. 따라서 평상시의 1거는 가장 앞에 적색으로 표기된 연조에서 거화하였을 것으로 추정된다. 봉수 맞은편은 성기城基이다.

251. 종성 중봉봉수鍾城 中峯烽燧

『世宗實錄』地理志에 함길도咸吉道 종성도호부鍾城都護府 소재 연대烟臺 8처 중 1처로서 남으로 삼봉三峯에 응하였다. 『新增東國輿地勝覽』에는 중산봉

수中山烽燧 명으로 부의 남쪽 11리에 있다. 북으로 남산南山, 남으로 삼산三山에 응한다고 하였다. 『東國輿地志』에도 대응봉수의 변동없이 유지되었다.

252. 종성 삼봉봉수鍾城 三峯烽燧

『世宗實錄』地理志에 함길도咸吉道 종성도호부鍾城都護府 소재 연대烟臺 8처 중 1처로서 남으로 고방원북봉古防垣北峯에 응하였다. 『新增東國輿地勝覽』과 『東國輿地志』에는 삼산봉수三山烽燧 명으로 부의 남쪽 16리에 있다. 북으로 중산中山, 남으로 오갈암烏碣巖에 응한다고 하였다. 『輿地

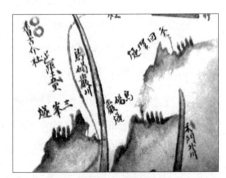

지도 44 _ 종성 삼봉봉수

圖書』에는 함경도 종성부에 속하여 부의 남쪽 15리에 있다. 북으로 남봉, 남으로 오갈암봉수와 응한다고 하였다. 『增補文獻備考』에는 삼봉三峰 명으로 함경북병사咸鏡北兵使 소관이며 경흥慶興 서수라西水羅 우암牛巖에서 초기하는 제1거 직봉의 봉수로 최종 아차산峩嵯山에 응하였다.

『朝鮮後期 地方地圖』의 「鍾城府地圖」(奎10677)에는 두만강의 지류인 오갈암천烏碣巖川과 인접하여 산사면에 5기의 연조 형태로 표기 및 상부에 명칭이 쓰여 있다. 특이하게 5기의 연조 중 가장 앞의 연조 1기만 적색으로 길게 표기하고 나머지 4기는 이보다 뒤에 흑색으로 작게 표기하였다. 따라서 평상시의 1거는 가장 앞에 적색으로 표기된 연조에서 거화하였을 것으로 추정된다. 오갈암천을 경계로 맞은편에는 오갈암봉수가 인접하고 있다.

253. 종성 동관진봉수鍾城 潼關鎭烽燧

『新增東國輿地勝覽』에 함경도咸鏡道 종성도호부鍾城都護府에 속하여 남으로 북봉北峯, 북으로 보청포甫青浦에 응하였다. 『東國輿地志』에도 대응봉수의 변동없이 유지되었다.

254. 종성 오갈암봉수鍾城 烏碣巖烽燧

『新增東國輿地勝覽』에 함경도咸鏡道 종성도호부鍾城都護府에 속하여 북으로 삼산三山, 남으로 방원보防垣堡에 응한다고 하였으며, 『東國輿地志』에도 대응봉수의 변동없이 유지되었다. 『輿地圖書』에는 부의 남쪽 20리에 있다. 북으로 삼봉三峰, 남으로 방원봉수防垣烽燧와 응한다고 하였다. 『增補文獻備考』에는 함경북병사咸鏡北兵使 소관으로 경흥慶興 서수라西水羅 우암牛巖에서 초기하는 제1거 직봉의 봉수로 최종 아차산峨嵯山에 응하였다.

255. 종성 방원보봉수鍾城 防垣堡烽燧

『新增東國輿地勝覽』과 『東國輿地志』에 함경도咸鏡道 종성도호부鍾城都護府에 속하여 부의 남쪽 31리에 있다. 북으로 오갈암烏碣巖, 남으로 신기이新岐伊에 응한다고 하였다. 『輿地圖書』에는 방원남봉봉수防垣南峰烽燧 명으로 부의 남쪽 32리에 있다. 북으로 오갈암, 남으로 신기이봉수와 응한다고 하였다.

256. 종성 신기이봉수鍾城 新岐伊烽燧

『新增東國輿地勝覽』과『東國輿地志』에 함경도咸鏡道 종성도호부鍾城都護府에 속하여 부의 남쪽 40리에 있다. 북으로 방원防垣, 남으로 세천보포항細川堡浦項에 응한다고 하였다. 『輿地圖書』에는 방원을 나누어 지킨다. 부의 남쪽 40리에 있다. 북으로 방원, 남으로 세천보포항과 응한다고 하였다. 『增補文獻備考』에는 신기리新岐里 명으로 세주에 방원보防垣堡에 속한다고 하였다. 함경북병사咸鏡北兵使 소관으로 경흥慶興 서수라西水羅 우암牛巖에서 초기하는 제1거 직봉의 봉수로 최종 아차산峨嵯山에 응하였다.

257. 종성 부회환봉수鍾城 釜回還烽燧

함경도咸鏡道 종성도호부鍾城都護府에 속하여 오갈암烏碣巖에서 보내는 신호를 받아 신기리新岐里에 보내는 역할을 하였다. 『增補文獻備考』에는 세주에 『備局謄錄』에는 부회암釜回巖으로 되어 있다. 방원보防垣堡에 속한다고 하였다. 함경북병사咸鏡北兵使 소관으로 경흥慶興 서수라西水羅 우암牛巖에서 초기하는 제1거 직봉의 봉수로 최종 아차산峨嵯山에 응하였다.

258. 종성 세천보포항봉수鍾城 細川堡浦項烽燧

『新增東國輿地勝覽』에 함경도咸鏡道 종성도호부鍾城都護府에 속하여 북으로 신기이新岐伊, 남으로 회령會寧 고영진하을포高嶺鎭下乙浦에 응하였다. 『東國輿地志』에도 대응봉수의 변동없이 유지되었다. 『輿地圖書』에는 방원防

垣을 나누어 지킨다. 부의 남쪽 50리에 있다. 북으로 신기이, 남으로 회령 하을포봉수와 응한다고 하였다. 『增補文獻備考』에는 포항浦項 명으로 세 주에 방원보防垣堡에 속한다고 하였다. 함경북병사咸鏡北兵使 소관으로 경흥 慶興 서수라西水羅 우암牛巖에서 초기하는 제1거 직봉의 봉수로 최종 아차산 峩嵯山에 응하였다.

259. 종성 하수구봉수鍾城 下水口烽燧

『新增東國輿地勝覽』에 함경도咸鏡道 종성도호부鍾城都護府에 속하여 북으 로 북봉北峯, 남으로 상수구上水口에 응하였다. 『東國輿地志』에도 대응봉수 의 변동없이 유지되었다.

260. 종성 상수구봉수鍾城 上水口烽燧

『新增東國輿地勝覽』에 함경도咸鏡道 종성도호부鍾城都護府에 속하여 남으 로 남산南山, 북으로 하수구下水口에 응하였다. 『東國輿地志』에도 대응봉수 의 변동없이 유지되었다.

261. 종성 세천전덕봉수鍾城 細川前德烽燧

『輿地圖書』에 함경도咸鏡道 종성부鍾城府에 속하여 부의 남쪽 40리에 있 다. 서로 신기이新岐伊, 동으로 행영行營에 알린다고 하였다.

262. 종성 광덕봉수 鍾城 廣德烽燧

『輿地圖書』에 함경도咸鏡道 종성부鍾城府에 속하여 부의 남쪽 30리에 있다. 온성穩城·경원慶源·경홍慶興 3읍을 여기에서 나누어 지키며 행영行營에 전보傳報한다고 하였다.

263. 종성 소백산봉수 鍾城 小白山烽燧

『輿地圖書』에 함경도咸鏡道 종성부鍾城府에 속하여 부의 동남쪽 50리에 있다. 온성穩城·경원慶源·경홍慶興 3읍을 여기에서 나누어 지키며 행영行營에 전보傳報한다고 하였다. 『大東地志』에는 권설봉수權設烽燧로서 동남쪽 35리. 단지 행영行營에만 알린다고 하였다.

지도 45 _ 종성 소백산봉수

　『朝鮮後期 地方地圖』의 「鍾城府地圖」(奎10677)에는 특별한 봉수의 표기 없이 산 중심에 산명과 읍에서의 거리만 쓰여 있다.

264. 종성 회중동봉수 鍾城 回仲洞烽燧

『大東地志』에 함경도咸鏡道 종성鍾城에 속하여 권설봉수權設烽燧로서 남쪽 65리에 있다. 단지 행영行營에만 알린다고 하였다.

地誌와 古地圖로 본
北韓의 烽燧

265. 종성 비덕봉수鍾城 枇德烽燧

『輿地圖書』에 함경도咸鏡道 종성부鍾城府에 속하여 부의 동쪽 60리에 있다. 온성穩城·경원慶源·경흥慶興 3읍을 여기에서 나누어 지키며 행영行營에 전보傳報한다고 하였다.

266. 종성 엄중동봉수鍾城 嚴仲洞烽燧

『輿地圖書』에 함경도咸鏡道 종성부鍾城府에 속하여 부의 동남쪽 70리에 있다. 온성穩城·경원慶源·경흥慶興 3읍을 여기에서 나누어 지키며 행영行營에 전보傳報한다고 하였다.

267. 종성 고방원북봉봉수鍾城 古防垣北峯烽燧

『世宗實錄』 地理志에 함길도咸吉道 종성도호부鍾城都護府 소재 연대烟臺 8처 중 1처로서 남으로 시응거이時應巨伊에 응하였다.

268. 종성 시응거이봉수鍾城 時應巨伊烽燧

『世宗實錄』 地理志에 함길도咸吉道 종성도호부鍾城都護府 소재 연대烟臺 8처 중 1처로서 남으로 회령會寧에 응하였다.

269. 온성 입암봉수 穩城 立巖烽燧

『世宗實錄』地理志에 함길도 咸吉道 온성도호부穩城都護府 소재 연대烟臺 15처 중 1처로서 동으로 경원慶源 마유馬乳, 북으로 석봉石峯에 응하였다. 『新增東國輿地勝覽』에는 입암봉수立岩燧 명으로 부의 동쪽 51리에 있다. 북으로 전강錢江, 동으로 경원부 중봉中峯에 응한다고 하였다.

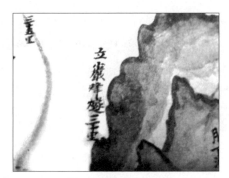

지도 46 _ 온성 입암봉수

『東國輿地志』에는 입암봉수立巖烽燧로 표기된 채 대응봉수는 동일하다. 『輿地圖書』에는 부의 동쪽 31리에 있다. 동으로 경원 중봉, 북으로 전강에 응하는데 황척파보黃拓坡堡 소관이다고 하였다.

『朝鮮後期 地方地圖』의 「慶興府地圖」(奎10695)에는 두만강과 인접한 황척파보 인근에 특별한 봉수의 표기없이 명칭과 거리가 쓰여 있다.

270. 온성 석봉봉수 穩城 石峯烽燧

『世宗實錄』地理志에 함길도咸吉道 온성도호부穩城都護府 소재 연대烟臺 15처 중 1처로서 동으로 전강錢江에 응하였다. 이후 곧 철폐되었다.

271. 온성 전강봉수 穩城 錢江烽燧

『世宗實錄』地理志에 함길도咸吉道 온성도호부穩城都護府 소재 연대烟臺 15

처 중 1처로서 서로 미전迷錢에 응하였다.『新增東國輿地勝覽』과『東國輿地志』에는 부의 동쪽 44리에 있다. 북으로 송봉松峯, 남으로 입암立岩에 응한다고 하였다.『輿地圖書』에는 북쪽으로 응하던 대응봉수가 미전봉美錢峰으로 변동이 있었다.『大東地志』에는 봉수가 위치하는 곳을 동서東西 10리라 하였다.『增補文獻備考』에는 미전진美錢鎭에 속한다 하였으며 함경북병사咸鏡北兵使 소관으로 경흥慶興 서수라西水羅 우암牛巖에서 초기하는 제1거 직봉의 봉수로 최종 아차산峩嵯山에 응하였다.

　『朝鮮後期 地方地圖』의「慶興府地圖」(奎10695)에는 두만강과 인접한 미전진 상부에 특별한 봉수의 표기없이 명칭과 거리가 쓰여 있다.

272. 온성 미전봉수穩城 迷錢烽燧

　『世宗實錄』地理志에 함길도咸吉道 온성도호부穩城都護府 소재 연대烟臺 15처 중 1처로서 서로 포항浦項에 응하였다.『新增東國輿地勝覽』과『東國輿地志』에는 미전봉수美錢烽燧로 표기된 채 부의 동쪽 25리에 있다. 서로 포항, 동으로 송봉松峯에 응한다고 하였다.『輿地圖書』에는 동으로 응하던

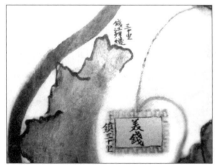

지도 47 _ 온성 전강봉수

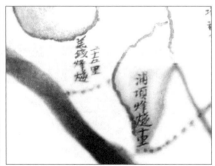

지도 48 _ 온성 미전봉수

대응봉수가 전강錢江으로의 변동이 있었으며 미전진美錢鎭 소관이라고 하였다. 『大東地志』에는 봉수가 위치하는 곳을 동東 25리라 하였다. 『增補文獻備考』에는 미전美錢 명으로 세주에 미전진에 속한다고 하였다. 함경북병사咸鏡北兵使 소관이며 경흥慶興 서수라西水羅 우암牛巖에서 초기하는 제1거 직봉의 봉수로서 최종 아차산峨嵯山에 응하였다.

『朝鮮後期 地方地圖』의 『慶興府地圖』(奎10695)에는 두만강과 인접한 미전진 아래에 특별한 봉수의 표기없이 명칭과 거리가 쓰여 있다. 우측에는 포항봉수浦項烽燧가 인접하고 있다.

273. 온성 장성현봉수穩城 長城峴烽燧

함경도咸鏡道 온성도호부穩城都護府에 속하여 경원慶源 중봉中峰에서 보내는 신호를 받아 온성穩城 전강錢江에 응하였다. 『增補文獻備考』에는 황자파보黃柘坡堡에 속한다. 『邑誌』에 실리지 않았다고 하였다. 함경북병사咸鏡北兵使 소관으로 경흥慶興 서수라西水羅 우암牛巖에서 초기하는 제1거 직봉의 봉수로 최종 아차산峨嵯山에 응하였다.

274. 온성 포항봉수穩城 浦項烽燧

『世宗實錄』 地理志에 함길도咸吉道 온성도호부穩城都護府 소재 연대烟臺 15처 중 1처로서 서로 평봉화坪烽火에 응하였다. 『新增東國輿地勝覽』과 『東國輿地志』에는 부의 동쪽 14리에 있다. 서로 부평府坪, 동으로 미전美錢에 응한다고 하였다. 『輿地圖書』에는 서쪽으로 응하던 대응봉수가 평봉坪烽으로의 변화가 있었다. 『增補文獻備考』에는 경흥慶興 서수라西水羅 우암牛巖에서 초기하는 제1거 직봉의 봉수로 최종 아차산峨嵯山에 응하였다.

275. 온성 평봉화봉수穩城 坪烽火烽燧

『世宗實錄』地理志에 함길도咸吉道 온성도호부穩城都護府 소재 연대烟臺 15처 중 1처로서 서로 남산南山에 응하였다. 『新增東國輿地勝覽』과 『東國輿地志』에는 부평봉수府坪烽燧 명으로 부의 북쪽 5리에 있다. 서로 사장射場, 동으로 포항浦項에 응한다고 하였다. 『輿地圖書』에는 대응봉수는 변동이 없는 대신 평봉수坪烽燧로 명칭의 변화와 위치하는 곳을 부의 북쪽 5리에 있다고 하였다. 『大東地志』에는 평연대坪烟臺 명으로 달리 평봉平峯이라 한다. 서西 13리로 표기하였다. 『增補文獻備考』에는 평연대 명으로 세주에 『輿覽』에는 부평府坪으로 되어 있다고 하였다. 함경북병사咸鏡北兵使 소관으로 경흥慶興 서수라西水羅 우암牛巖에서 초기하는 제1거 직봉의 봉수로 최종 아차산峨嵯山에 응하였다.

276. 온성 사장봉수穩城 射場烽燧

『新增東國輿地勝覽』과 『東國輿地志』에 함경도咸鏡道 온성도호부穩城都護府에 속하여 부의 서쪽 4리에 있다. 서로 유원평柔遠坪, 동으로 부평府坪에 응한다고 하였다. 『輿地圖書』에는 동으로 응하던 대응봉수가 평봉坪烽으로의 변화가 있었으며 본부本府 소관이라고 하였다. 『增補文獻備考』에는 함경북병사咸鏡北兵使 소관으로 경흥慶興 서수라西水羅 우암牛巖에서 초기하는 제1거 직봉의 봉수로 최종 아

지도 49 _ 온성 사장봉수

차산戱嵯山에 응하였다.

『朝鮮後期 地方地圖』의『慶興府地圖』(奎10695)에는 두만강과 인접한 곳에 특별한 봉수의 표기없이 명칭과 거리만 쓰여 있다.

277. 온성 유원평봉수穩城 柔遠坪烽燧

『新增東國輿地勝覽』에 함경도咸鏡道 온성도호부穩城都護府에 속하여 부의 서쪽 13리에 있다. 동으로 사장射場, 남으로 압강壓江에 응한다고 하였다. 이후『東國輿地志』와『輿地圖書』에도 대응봉수의 변동이 없이 유지되었다.『增補文獻備考』에는 평연대坪烟臺 명으로 세주에『輿覽』에는 유원평柔遠坪으로 되어 있다. 유원진柔遠鎭에 속한다 하였으며 함경북병사咸鏡北兵使 소관으로 경흥慶興 서수라西水羅 우암牛巖에서 초기하는 제1거 직봉의 봉수로 최종 아차산戱嵯山에 응하였다.

278. 온성 남산봉수穩城 南山烽燧

『世宗實錄』地理志에 함길도咸吉道 온성도호부穩城都護府 소재 연대烟臺 15처 중 1처로 서로 수원綏遠에 응하였다.

279. 온성 수원봉수穩城 綏遠烽燧

『世宗實錄』地理志에 함길도咸吉道 온성도호부穩城都護府 소재 연대烟臺 15처 중 1처로 서로 압강壓江에 응하였다.

280. 온성 압강봉수穩城 壓江烽燧

『世宗實錄』 地理志에 함길도
咸吉道 온성도호부穩城都護府 소재
연대烟臺 15처 중 1처로 서로 고
성古城에 응하였다. 이후 발간된
『新增東國輿地勝覽』과 『東國輿
地志』 및 『輿地圖書』에는 부의
서쪽 23리에 있다. 북으로 유원
평柔遠坪, 남으로 고성에 응한다
고 하였다. 『增補文獻備考』에는

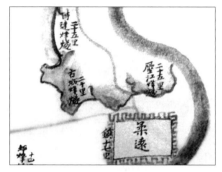

지도 50 _ 온성 압강봉수

세주로 유원진에 속한다 하였으며 함경북병사咸鏡北兵使 소관으로 경흥慶興
서수라西水羅 우암牛巖에서 초기하는 제1거 직봉의 봉수로 최종 아차산峩嵯山
에 응하였다.

　『朝鮮後期 地方地圖』의 「慶興府地圖」(奎10695)에는 두만강과 인접한 유
원진 상부에 특별한 봉수의 표기없이 명칭과 거리가 쓰여 있다. 주위 강변
으로 고성봉수古城烽燧・시건봉수時建烽燧 등이 인접하여 분포하고 있다.

281. 온성 고성봉수穩城 古城烽燧

『世宗實錄』 地理志에 함길도咸吉道 온성도호부穩城都護府 소재 연대烟臺 15
처 중 1처로서 남으로 시건時建에 응하였다. 『新增東國輿地勝覽』과 『東國
輿地志』에는 부의 서쪽 35리에 있다. 북으로 압강壓江, 남으로 시건에 응한
다고 하였다. 이후 『輿地圖書』에도 대응봉수의 변동이 없었으며 유원진柔
遠鎭 소관이라고 하였다. 『增補文獻備考』에는 세주로 유원진에 속한다 하

였으며 함경북병사咸鏡北兵使 소관으로 우암牛巖에서 초기하는 제1거 직봉의 봉수로 최종 아차산峩嵯山에 응하였다.

282. 온성 시건봉수穩城 時建烽燧

『世宗實錄』地理志에 함길도咸吉道 온성도호부穩城都護府 소재 연대烟臺 15처 중 1처로서 서로 견탄犬灘에 응하였다. 『新增東國輿地勝覽』에는 부의 서쪽 46리에 있다. 북으로 고성古城, 남으로 견탄에 응한다고 하였다. 『增補文獻備考』에는 함경북병사咸鏡北兵使 소관으로 경흥慶興 서수라西水羅 우암牛巖에서 초기하는 제1거 직봉의 봉수로 최종 아차산峩嵯山에 응하였다.

283. 온성 견탄봉수穩城 犬灘烽燧

『世宗實錄』地理志에 함길도咸吉道 온성도호부穩城都護府 소재 연대烟臺 15처 중 1처로서 남으로 중봉中峯에 응하였다. 『新增東國輿地勝覽』과 『東國輿地志』에는 부의 서쪽 56리에 있다. 북으로 시건時建, 남으로 중봉에 응한

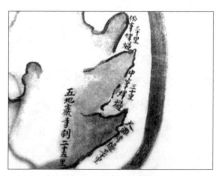

지도 51 _ 온성 견탄봉수

다고 하였다. 『輿地圖書』에도 대응봉수의 변동이 없었으며 본부本府 소관이라고 하였다. 『增補文獻備考』에는 대탄大灘 명으로 세주에 『輿覽』과 『備局謄錄』에는 모두 견탄犬灘으로 되어 있다. 『비국등록』에는 견탄·시건時建 두 봉수가 모두 유원진柔遠鎭

에 속한다고 하였다. 함경북병사咸鏡北兵使 소관으로 경흥慶興 서수라西水羅 우암牛巖에서 초기하는 제1거 직봉의 봉수로 최종 아차산峩嵯山에 응하였다.

『朝鮮後期 地方地圖』의 「慶興府地圖」(奎10695)에는 두만강과 인접한 곳에 특별한 봉수의 표기없이 명칭과 거리가 쓰여 있다. 주위 강변으로 중봉봉수中峯烽燧·송봉봉수松峯建烽燧 등이 인접하여 분포하고 있다.

284. 온성 중봉봉수穩城 中峯烽燧

『世宗實錄』地理志에 함길도咸吉道 온성도호부穩城都護府 소재 연대烟臺 15처 중 1처로 남으로 송봉松峯에 응하였다. 『新增東國輿地勝覽』에는 부의 서쪽 67리에 있다. 북으로 견탄犬灘, 남으로 송봉에 응한다고 하였다. 이후 발간된 『東國輿地志』 및 『輿地圖書』에도 대응봉수의 변동없이 유지되었다. 『增補文獻備考』에는 중봉中峰 명으로 세주에 영달보永達堡에 속한다고 하였다. 함경북병사咸鏡北兵使 소관으로 경흥慶興 서수라西水羅 우암牛巖에서 초기하는 제1거 직봉의 봉수로 최종 아차산峩嵯山에 응하였다.

285. 온성 송봉봉수1穩城 松峯烽燧1

『世宗實錄』의 地理志에 함길도咸吉道 온성도호부穩城都護府 소재 연대烟臺 15처 중 1처로 남으로 소동건小童巾에 응하였다. 『新增東國輿地勝覽』에는 부의 서쪽 71리에 있다. 북으로 중봉中峯, 남으로 소동건小童巾에 응한다고 하였다. 『增補文獻備考』에는 송봉松峰 명으로 세주에 영달보永達堡에 속한다고 하였다. 함경북병사咸鏡北兵使 소관으로 경흥慶興 서수라西水羅 우암牛巖에서 초기하는 제1거 직봉의 봉수로서 최종 아차산峩嵯山에 응하였다.

286. 온성 송봉봉수2穩城 松峯烽燧2

『新增東國輿地勝覽』에 함경도咸鏡道 온성도호부에 속하여 부의 동쪽 31
리에 있다. 북으로 미전美錢, 남으로 전강錢江에 응한다고 하였다.『增補文
獻備考』에는 송봉松峰 명으로 세주에 미전진美錢鎭에 속한다고 하였다. 함
경북병사咸鏡北兵使 소관으로 경흥慶興 서수라西水羅 우암牛巖에서 초기하는
제1거 직봉의 봉수로 최종 아차산峩嵯山에 응하였다.

287. 온성 소동건봉수穩城 小童巾烽燧

『世宗實錄』의 地理志에 함길도咸吉道 온성도호부穩城都護府 소재 연대烟臺
15처 중 1처로 남으로 종성鍾城 보청포甫靑浦에 응하였다.『新增東國輿地勝
覽』과『東國輿地志』에는 부의 서남쪽 78리에 있다. 북으로 송봉松峯, 남으
로 종성부 보청포에 응한다고 하였다.『輿地圖書』에는 북으로 송봉, 남으
로 동관진潼關鎭 보청포봉수甫靑浦烽燧에 응하는데 영달보永達堡 소관이라고
하였다.『增補文獻備考』에는 소동건小童建 명으로 영달보에 속한다고 하였
다. 함경북병사咸鏡北兵使 소관으
로 경흥慶興 서수라西水羅 우암牛巖
에서 초기하는 제1거 직봉의 봉
수로 최종 아차산峩嵯山에 응하였
다.

『朝鮮後期 地方地圖』의『慶興
府地圖』(奎10695)에는 두만강과 인
접한 곳에 특별한 봉수의 표기없
이 명칭과 거리가 쓰여 있다.

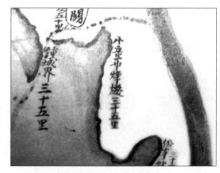

지도 52 _ 온성 소동건봉수

288. 경흥 장항봉수慶興 獐項烽燧

『世宗實錄』地理志에 함길도咸吉道 경흥도호부慶興都護府 소재 연대烟臺 6
처 중 1처로서 북으로 진변보전봉鎭邊堡前峯에 응하였다. 이후 곧 철폐되
었다.

289. 경흥 진변보전봉봉수慶興 鎭邊堡前峯烽燧

『世宗實錄』地理志에 함길도咸吉道 경흥도호부慶興都護府 소재 연대烟臺 6
처 중 1처로서 북으로 구신포仇信浦에 응하였다. 이후 곧 철폐되었다.

290. 경흥 구신포봉수慶興 仇信浦烽燧

『世宗實錄』地理志에 함길도咸吉道 경흥도호부慶興都護府 소재 연대烟臺 6
처 중 1처로서 북으로 다농개가북산多弄介家北山에 응하였다. 『新增東國輿
地勝覽』과 『東國輿地志』에는 구신포봉수仇申浦烽燧 명으로 부의 남쪽 18리
에 있다. 남으로 조산포남산造山浦南山, 북으로 남봉南峯에 응한다고 하였다.
『輿地圖書』에는 굴신포봉수屈伸浦烽燧 명으로 남으로 두리산豆里山, 북으로
망덕산望德山에 응한다고 하였다. 『增補文獻備考』에는 구신포 명으로 함경
북병사咸鏡北兵使 소관이며 경흥慶興 서수라西水羅 우암牛巖에서 초기하는 제1
거 직봉의 봉수로 최종 아차산峩嵯山에 응하였다.
　『朝鮮後期 地方地圖』의 「慶興府地圖」(奎10695)에는 두만강의 지류인 굴
신포와 인접한 산사면에 6기의 연조 형태로 표기 및 명칭과 읍에서의 거
리가 쓰여 있다. 특이하게 6기의 연조 중 가장 앞의 연조 1기만 적색이며

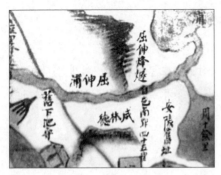

지도 53 _ 경흥 구신포봉수

나머지 5기는 흑색이다. 따라서 평상시의 1거는 가장 앞에 적색으로 표기된 연조에서 거화하였을 것으로 추정된다.

『朝鮮寶物古蹟調査資料』에는 함경북도 경흥군 노서면 증산동. 구신포봉수라 칭한다. 증산동 동쪽 방향의 산 상부에 있다. 직경 약 5~6칸의 원형으로 약간 높게 돌이 쌓여 있다고 하였다.

291. 경흥 다농개가북산봉수慶興 多弄介家北山烽燧

『世宗實錄』地理志에 함길도咸吉道 경흥도호부慶興都護府 소재 연대烟臺 6처 중 1처로서 북으로 파태가북산波泰家北山에 응하였다.

292. 경흥 파태가북산봉수慶興 波泰家北山烽燧

『世宗實錄』地理志에 함길도咸吉道 경흥도호부慶興都護府 소재 연대烟臺 6처 중 1처로서 서로 무안전산撫安前山에 응하였다.

293. 경흥 파태봉수慶興 波泰烽燧

함경북도 경흥군 경흥면 원정동의 해발 417m인 천덕산天德山에 있다.

『新增東國輿地勝覽』과 『東國輿地志』에는 함경도咸鏡道 경흥도호부慶興都護府에 속하여 부의 북쪽 18리에 있다. 북으로 무이북봉撫夷北峯, 남으로 다농합多弄哈에 응한다고 하였다.

지도 54 _ 경흥 파태봉수

『朝鮮後期 地方地圖』의 「慶興府地圖」(奎10695)에는 두만강과 인접하여 해발고도가 높게 뾰족하게 표기된 산 아래에 종으로 산명과 읍에서의 거리가 쓰여 있다. 당시 봉수는 철폐된 듯 특별한 표기는 없으며, 산 아래에 동봉봉수東峯烽燧가 6기의 연조 형태로 표기되어 있다.

『朝鮮寶物古蹟調査資料』에는 함경북도 경흥군 경흥면 원정동. 파태봉수라 칭한다. 천덕산天德山의 상부에 있다. 직경 10칸의 원형으로 돌이 쌓여 있다고 하였다.

294. 경흥 무안전산봉수慶興 撫安前山烽燧

『世宗實錄』地理志에 함길도咸吉道 경흥도호부慶興都護府 소재 연대烟臺 6처 중 1처로서 북으로 경원慶源 백안가사伯顏家舍에 응하였다.

295. 경흥 남봉봉수慶興 南峯烽燧

『新增東國輿地勝覽』과 『東國輿地志』에 함경도咸鏡道 경흥도호부慶興都護

府에 속하여 부의 남쪽 4리에 있다. 남으로 구신포仇申浦, 북으로 망덕산望德山에 응하였다.

『朝鮮寶物古蹟調査資料』(1942)에는 함경북도 경흥군 경흥면 적지동. 남봉 상부에 있으며 남봉봉수南峰烽燧라 칭한다. 직경 약 8칸의 원형으로 다소 약간 높이 돌이 쌓여 있다고 하였다.

296. 경흥 거수보봉수慶興 居愁堡烽燧

『新增東國輿地勝覽』과 『東國輿地志』에 함경도咸鏡道 경흥도호부慶興都護府에 속하여 부의 남쪽 54리에 있다. 북으로 남산南山에 응한다고 하였다.

297. 경흥 망덕산봉수慶興 望德山烽燧

함경북도 경흥군 경흥면 고읍동의 해발 421m인 망덕산望德産에 있다.

『新增東國輿地勝覽』과 『東國輿地志』에 함경도咸鏡道 경흥도호부慶興都護府에 속하여 부의 북쪽 10보步에 있다. 북으로 다농합多弄哈, 남으로 남봉南峯에 응한다고 하였다. 『輿地圖書』에는 부성내府城內에 있다. 북으로 굴신포屈伸浦, 북으로 포항현浦項峴에 응한다고 하였다. 『大東地志』에는 망덕望德 명으로 봉수가 위치하는 곳을 무이진동撫夷鎭東이라 하였다. 『增補文獻備考』에는 망덕 명으로 함경북병사咸鏡北兵使 소관이며 경흥慶興 서수라西水羅 우암牛巖에서 초기하는 제1거 직봉의 봉수로 최종 아차산峨嵯山에 응하였다.

『朝鮮後期 地方地圖』의 「慶興府地圖」(奎10695)에는 두만강과 인접한 산정에 6기의 연조 형태로 표기 및 명칭과 읍에서의 거리가 쓰여 있다. 특이

지도 55 _ 경흥 망덕산봉수

지도 56 _ 경흥 포항현봉수

하게 6기의 연조 중 가장 앞의 연조 1기만 적색이며 나머지 5기는 흑색이다. 따라서 평상시의 1거는 가장 앞에 적색으로 표기된 연조에서 거화하였을 것으로 추정된다. 봉수 아래 강변으로는 파수把守가 조밀하게 표기되어 있다.

『朝鮮寶物古蹟調查資料』에는 함경북도 경흥군 경흥면 고읍동. 망덕산봉수라 칭한다. 망덕산 상부에 있다. 봉수터에는 삼각점외에 어떠한 유물도 없다고 하였다.

298. 경흥 포항현봉수慶興 浦項峴烽燧

『輿地圖書』에 함경도咸鏡道 경흥도호부慶興都護府에 속하여 부의 북쪽 15보步에 있다. 남으로 망덕산望德山, 북으로 무이보서봉撫夷堡西峯에 응한다고 하였다. 『大東地志』에는 포항浦項 명으로 남南 15리라 하였다. 『增補文獻備考』에는 포항현浦項峴 명으로 함경북병사咸鏡北兵使 소관이며 경흥慶興 서수라西水羅 우암牛巖에서 초기하는 제1거 직봉의 봉수로 최종 아차산峨嵯山에 응하였다.

『朝鮮後期 地方地圖』의『慶興府地圖』(奎10695)에는 두만강과 인접한 산 사면에 6기의 연조 형태로 표기 및 산 아래에 명칭과 읍에서의 거리가 쓰여 있다. 특이하게 6기의 연조 중 가장 앞의 연조 1기만 적색이며 나머지 5기는 흑색이다. 따라서 평상시의 1거는 가장 앞에 적색으로 표기된 연조에서 거화하였을 것으로 추정된다. 봉수 아래 강변으로는 파수把守가 표기되어 있다.

299. 경흥 무이북봉봉수慶興 撫夷北峯烽燧

『新增東國輿地勝覽』과『東國輿地志』에 함경도咸鏡道 경흥도호부慶興都護府에 속하여 부의 북쪽 28리에 있다. 남으로 경원부慶源府 고아오지보동봉古阿吾地堡東峯, 남으로 파태波泰에 응한다고 하였다.『輿地圖書』에는 무이보서봉봉수撫夷堡西峯烽燧 명으로 부의 북쪽 35보步에 있다. 남으로 포항현浦項峴, 서로 아오지동봉阿吾地東峯에 응한다고 하였다.『增補文獻備考』에는 서봉西峰 명으로 세주에『輿覽』에는 북봉北峰으로 되어 있다. 무이보撫夷堡에 속한다고 하였다. 경흥慶興 서수라西水羅 우암牛巖에서 초기하는 제1거 직봉의 봉수로 최종 아차산峨嵯山에 응하였다.

지도 57 _ 경흥 무이북봉봉수

『朝鮮後期 地方地圖』의『慶興府地圖』(奎10695)에는 두만강변 서봉대 좌측 산정에 6기의 연조 형태로 표기 및 상부 서봉수西烽燧로 쓰여 있다. 특이하게 6기의 연조 중 가장 앞의 연조 1기만 적색이며 나머지 5기는 흑색이다. 따라서 평상시의 1거는 가장

地誌와 古地圖로 본
北韓의 烽燧

앞에 적색으로 표기된 연조에서 거화하였을 것으로 추정된다. 봉수 아래 해안과 강변으로는 파수把守가 표기되어 있다.

『朝鮮寶物古蹟調査資料』에는 함경북도 경흥군 경흥면. 무이북봉봉수라 칭한다. 경흥읍 주산 상부에 있다. 천연암이 노출한 외부는 어떠한 인공의 흔적이 없다.『邑誌』에 기재된 서봉봉수는 의심된다고 하였다.

300. 경흥 다농합봉수慶興 多弄哈烽燧

『新增東國輿地勝覽』과 『東國輿地志』에 함경도咸鏡道 경흥도호부慶興都護府에 속하여 부의 북쪽 8리에 있다. 북으로 파태波泰, 남으로 망덕산望德山에 응한다고 하였다.

『朝鮮寶物古蹟調査資料』에는 함경북도 경흥군 경흥면 은계동. 다농합봉수多弄哈烽燧라 칭한다. 은계동 부락의 남방 약 10정의 산 상부에 있다. 직경 20칸의 원형으로 다소 약간 높이 돌이 쌓여 있다. 읍지에 기재된 포항현봉수浦項峴烽燧가 아닐까 의심된다고 하였다.

301. 경흥 우암봉수慶興 牛巖烽燧

함경북도 경흥군 노서면 토리동의 해발 266m인 우암령牛巖嶺 정상부에 있다. 동쪽은 두만강豆滿江을 경계로 러시아와 국경을 마주하는 곳이다.

최초 지지의 기록은 『輿地圖書』로서 함경도咸鏡道 경흥도호부慶興都護府에 속하여 부의 남쪽 55리에 있다. 남으로 서수라보西水羅堡와 10리의 거리이며, 북으로 조산造山 남산南山과 응한다고 하였다. 『大東地志』에는 우암牛巖 명으로 동남 70리에 소재하는 초기봉수初起烽燧로 소개하고 있다. 『增補文

지도 58 _ 경흥 우암봉수

獻備考』에는 세주에 서수라보에서 15리이다 하였으며 제1거 직봉노선의 초기 봉수로서 최종 아차산峨嵯山에 응하였다.

『朝鮮後期 地方地圖』의 「慶興府地圖」(奎10695)에는 해안변 우암령으로 표기된 산사면에 6기의 연조 형태로 표기 및 명칭과 읍에서의 거리가 쓰여 있다. 특이하게 6기의 연조 중 가장 앞의 연조 1기만 적색이며 나머지 5기는 흑색이다. 따라서 평상시의 1거는 가장 앞에 적색으로 표기된 연조에서 거화하였을 것으로 추정된다. 봉수 아래 해안과 강변으로는 파수把守가 표기되어 있다.

『朝鮮寶物古蹟調査資料』에는 함경북도 경흥군 노서면 토리동. 우암봉수牛岩烽燧라 칭하며 우암산 상부에 잔존한다. 가장 높은 부분에는 높이 5척, 폭 약 2칸, 주위 약 110칸의 석벽이 있다. 그 서북방 30칸의 다소 아래 부분에 위치한 곳에 주위 약 50칸의 원형으로 된 석벽이 있다. 대체로 온전하다. 『輿地勝覽』에 기재된 거수보봉수居愁堡烽燧가 아닐까 한다고 하였다.

302. 경흥 남산봉수慶興 南山烽燧

『新增東國輿地勝覽』과 『東國輿地志』에 함경도咸鏡道 경흥도호부慶興都護府에 속하여 부의 남쪽 42리에 있다. 남으로 거수보居愁堡, 북으로 구신포仇申浦에 응한다고 하였다. 『輿地圖書』에는 부의 남쪽 42리에 있다. 남으로 우암牛巖, 북으로 두리산豆里山에 응한다고 하였다. 『大東地志』에는 봉수가 위치하는 곳을 조산진造山鎭의 남쪽이라 하였다. 『增補文獻備考』에는 조산보造山堡에 속한다고 하였다. 함경북병사咸鏡北兵使 소관이며 경흥慶興 서수라西水羅 우암牛巖에서 초기하는 제1거 직봉의 봉수로 최종 아차산峩嵯山에 응하였다.

『朝鮮後期 地方地圖』의 「慶興府地圖」(奎10695)에는 우암봉수와 인접하여 조산造山으로 표기된 산정에 6기의 연조 형태로 표기 및 상부 명칭과 읍에서의 거리가 쓰여 있다. 특이하게 6기의 연조 중 가장 앞의 연조 1기만 적색이며 나머지 5기는 흑색이다. 따라서 평상시의 1거는 가장 앞에 적색으로 표기된 연조에서 거화하였을 것으로 추정된다. 봉수 아래 강변으로는 파수把守가 표기되어 있다.

『朝鮮寶物古蹟調査資料』에는 함경북도 경흥군 노서면 조산동. 남산봉수南山烽燧라 칭하며 남산 상부에 있다. 동서 약 10칸, 남북 약 5칸의 타원형에 돌로 쌓은 흔적이 잔존한다. 그 동쪽에도 점점 작아지는 석원石垣의 흔적이 존재하는데 여전히 대臺 위에는 삼각점이 설치되어 있다고 하였다.

303. 경흥 두리산봉수慶興 豆里山烽燧

『輿地圖書』에 함경도咸鏡道 경흥도호부慶興都護府에 속하여 부의 남쪽 25리에 있다. 남으로 조산造山 남산南山, 북으로 굴신포屈伸浦와 응한다고 하였다. 『增補文獻備考』에는 함경북병사咸鏡北兵使 소관이며 우암牛巖에서 초기하는 제1거 직봉의 봉수로 최종 아차산峩嵯山에 응하였다.

『朝鮮後期 地方地圖』의 「慶興府地圖」(奎10695)에는 두만강변 남산과 굴신봉수 사이의 산정에 6기의 연조 형태로 표기 및 명칭과 읍에서의 거리가 쓰여 있다. 특이하게 6기의 연조 중 가장 앞의 연조 1기만 적색이며 나

지도 59 _ 경흥 두리산봉수

지도 60 _ 경흥 아오지보동봉봉수

머지 5기는 흑색이다. 따라서 평상시의 1거는 가장 앞에 적색으로 표기된 연조에서 거화하였을 것으로 추정된다. 봉수 아래 강변으로는 파수把守가 표기되어 있다.

『朝鮮寶物古蹟調査資料』에는 함경북도 경흥군 노서면 용현동. 두리봉 봉수豆里峰烽燧라 칭하며 두리봉 상부에 있다. 직경 약 8칸의 원형으로 다소 높이 돌이 쌓여 있으며 중앙 상부에는 삼각점이 있다고 하였다.

304. 경흥 아오지보동봉봉수慶興 阿吾地堡東峯烽燧

함경북도 경흥군 경흥면 하여평동의 해발 285m인 봉우리에 있다.

『新增東國輿地勝覽』과 『東國輿地志』에 함경도咸鏡道 경흥도호부慶興都護府에 속하여 부의 서쪽 32리에 있다. 북으로 경원慶源 백안伯顔, 동으로 무이 북봉撫夷北峯에 응한다고 하였다. 『輿地圖書』에는 아오지동봉봉수阿吾地東峯烽燧 명으로 부의 서쪽 32보步에 있다. 동으로 이보서봉夷堡西峯, 북으로 경원慶源 백안伯顔에 응한다고 하였다. 『大東地志』에는 동봉 명으로 아오지진동阿吾地鎭東이라 하였다. 『增補文獻備考』에는 동봉東峰 명으로 아오지보阿吾地

堡에 속한다고 하였다. 함경북병사咸鏡北兵使 소관이며 경흥 서수라보西水羅堡 우암牛巖에서 초기하는 제1거 직봉이자 간봉(1)노선 봉수의 집결지로서 최종 아차산峩嵯山에 응하였다.

『朝鮮後期 地方地圖』의 「慶興府地圖」(奎10695)에는 두만강과 인접한 천덕산天德山 아래 봉우리에 6기의 연조 형태로 표기 및 산 아래에 동봉봉수東峯烽燧의 명칭과 읍에서의 거리가 쓰여 있다. 특이하게 6기의 연조 중 가장 앞의 연조 1기만 적색이며 나머지 5기는 흑색이다. 따라서 평상시의 1거는 가장 앞에 적색으로 표기된 연조에서 거화하였을 것으로 추정된다. 봉수에서 두만강의 지류를 사이에 두고 맞은편에는 아오지가 인접하고 있다.

『朝鮮寶物古蹟調査資料』에는 함경북도 경흥군 경흥면 하여평동. 아오지보동봉봉수阿吾地堡東峯烽燧라 칭한다. 연대봉 상부에 있다. 직경 약 8칸의 원형으로 돌이 쌓여 있고 주위에 폭 2칸, 깊이 5척의 호壕가 있다고 하였다.

305. 온성 금석산봉수穩城 金石山烽燧

『增補文獻備考』에 세주로 『邑誌』에는 금적곡金迪谷으로 되어 있고 서쪽으로 피덕皮德에 응한다. 『備局謄錄』에는 온성穩城에 속한다고 하였다. 남효랑南孝郎에서 초기하는 제1거 간봉(1) 노선의 봉수로서 피덕에서 보내는 신호를 받아 아오지보동봉봉수阿吾地堡東峯烽燧에 응했다.

306. 지덕봉수池德烽燧

『增補文獻備考』에 세주로 『邑誌』에는 지덕地德으로 되어 있고 서쪽으로 오산鰲山, 동북으로 남효랑南孝郎에 응한다고 하였다. 제1거 간봉(1) 노선의 봉수로서 아오지보동봉봉수阿吾地堡東峯烽燧에 응했다.

307. 부령 고봉봉수富寧 高峯烽燧

『世宗實錄』地理志에 함길도咸吉道 부령도호부富寧都護府 소재 연대烟臺 5
처 중 1처로서 북으로 회녕會寧 전괘錢掛, 남으로 무산보북봉茂山堡北峯에 응
하였다. 이후 곧 철폐되었다.

308. 부령 무산보북봉봉수富寧 茂山堡北峯烽燧

『世宗實錄』地理志에 함길도咸吉道 부령도호부富寧都護府 소재 연대烟臺 5
처 중 1처로서 남으로 읍성서봉邑城西峯에 응하였다. 이후 곧 철폐되었다.

309. 부령 읍성서봉봉수富寧 邑城西峯烽燧

『世宗實錄』地理志에 함길도咸吉道 부령도호부富寧都護府 소재 연대烟臺 5
처 중 1처로서 남으로 상장항上獐項에 응하였다. 이후 곧 철폐되었다.

310. 부령 상장항봉수富寧 上獐項烽燧

『世宗實錄』地理志에 함길도咸吉道 부령도호부富寧都護府 소재 연대烟臺 5
처 중 1처로서 남으로 하장항下獐項에 응하였다. 이후 곧 철폐되었다.

311. 부령 하장항봉수富寧 下獐項烽燧

『世宗實錄』地理志에 함길도咸吉道 부령도호부富寧都護府 소재 연대烟臺 5처 중 1처로서 남으로 경성鏡城 라적동점羅赤洞岾에 응하였다. 이후 곧 철폐되었다.

312. 삼수 농소봉수三水 農所烽燧

『世宗實錄』地理志에 함길도咸吉道 삼수군三水郡 소재 연대烟臺 6처 중 1처로서 서로 무창茂昌 후주보厚州堡, 서로 가을파지加乙波知에 응하였다. 연대군烟臺軍 1명이 배치되어 있었다. 이후 곧 철폐되었다.

313. 삼수 가을파지봉수三水 加乙波知烽燧

『世宗實錄』地理志에 함길도咸吉道 삼수군三水郡 소재 연대烟臺 6처 중 1처로서 서로 송봉松峯에 응하였다. 연대군烟臺軍 1명이 배치되어 있었다. 이후 곧 철폐되었다.

314. 삼수 가을파지서봉봉수三水 加乙波知西峯烽燧

『新增東國輿地勝覽』과 『東國輿地志』에는 함경도咸鏡道 삼수군에 속하여 군의 서쪽 21리에 있다. 동으로 송봉松峯에 응한다고 하였다.

315. 삼수 송봉봉수三水 松峯烽燧

『世宗實錄』地理志에 함길도咸吉道 삼수군三水郡 소재 연대烟臺 6처 중 1처로서 남으로 남봉南峯에 응하였다. 연대군烟臺軍 1명이 배치되어 있었다. 『新增東國輿地勝覽』과 『東國輿地志』에는 군의 서쪽 5리에 있다. 동으로 남봉, 서로 가을파지서봉加乙波地西峯에 응한다고 하였다. 『大東地志』에는 봉수의 소재를 구갈파지보舊乫波地堡 남南 10리라 하였다.

316. 삼수 남봉봉수三水 南峯烽燧

『世宗實錄』地理志에 함길도咸吉道 삼수군三水郡 소재 연대烟臺 6처 중 1처로서 동으로 독탕禿湯에 응하였다. 연대군烟臺軍 1명이 배치되어 있었다. 『新增東國輿地勝覽』과 『東國輿地志』에는 군의 남쪽 1리에 있다. 동으로 독탕, 서로 송봉松峯, 남으로 김용기덕金龍己德에 응한다고 하였다.

317. 삼수 독탕봉수三水 禿湯烽燧

『世宗實錄』地理志에 함길도咸吉道 삼수군三水郡 소재 연대烟臺 6처 중 1처로서 동으로 라난羅暖에 응하였다. 연대군烟臺軍 1명이 배치되어 있었다. 『新增東國輿地勝覽』과 『東國輿地志』에는 군의 동쪽 11리에 있다. 동으로 나난서봉羅暖西峯, 서로 남봉南峯에 응한다고 하였다.

318. 삼수 라난봉수三水 羅暖烽燧

『世宗實錄』地理志에 함길도咸吉道 삼수군三水郡 소재 연대烟臺 6처 중 1처로서 동으로 갑산甲山 최을춘가난봉崔乙春家暖峯에 응하였다. 연대군烟臺軍 1명이 배치되어 있었다.

319. 삼수 라난서봉봉수三水 羅暖西峯烽燧

『新增東國輿地勝覽』과 『東國輿地志』에 함경도咸鏡道 삼수군에 속하여 군의 동쪽 34리에 있다. 동으로 가남봉家南峯, 서로 독탕禿湯에 응한다고 하였다.

320. 삼수 가남봉봉수三水 家南峯烽燧

『新增國輿地勝覽』과 『東國輿地志』에 함경도咸鏡道 삼수군三水郡에 속하여 군의 동쪽 57리에 있다. 동으로 갑산부甲山府 인차외서봉因遮外西峯, 서로 나난서봉羅暖西峯에 응한다고 하였다. 『大東地志』에는 봉수의 소재를 나원진羅援鎭 동東 20리라 하였다.

321. 삼수 교전봉수三水 窖田烽燧

『新增國輿地勝覽』과 『東國輿地志』에 함경도咸鏡道 삼수군三水郡에 속하여 군의 남쪽 120리에 있다. 북으로 가응계加應戒에 응한다고 하였다.

322. 삼수 가응계봉수三水 加應戒烽燧

『新增國輿地勝覽』과 『東國輿地志』에 함경도咸鏡道 삼수군三水郡에 속하여 군의 남쪽 155리에 있다. 남으로 교전窖田, 북으로 신파新坡에 응한다고 하였다.

323. 삼수 신파봉수三水 新坡烽燧

『新增國輿地勝覽』과 『東國輿地志』에 함경도咸鏡道 삼수군三水郡에 속하여 군의 남쪽 33리에 있다. 남으로 가응계加應戒, 북으로 김을덕산金乙德山에 응한다고 하였다.

324. 삼수 김을덕산봉수三水 金乙德山烽燧

『新增國輿地勝覽』과 『東國輿地志』에 함경도咸鏡道 삼수군三水郡에 속하여 군의 남쪽 32리에 있다. 남으로 신파新坡, 북으로 김용기덕金龍己德에 응한다고 하였다.

325. 삼수 김용기덕봉수三水 金龍己德烽燧

『新增國輿地勝覽』과 『東國輿地志』에 함경도咸鏡道 삼수군三水郡에 속하여 군의 남쪽 15리에 있다. 남으로 김을덕산金乙德山, 북으로 남봉南峯에 응한다고 하였다.

326. 삼수 수영동봉수三水 水永洞烽燧

『輿地圖書』에 함경도咸鏡道 삼
수부三水府에 속하여 동으로 혜산
진惠山鎭 아방금덕봉阿房金德峯, 북
으로 인차외보서봉仁遮外堡西峯에
응하였다.『大東地志』에는 봉수
의 소재를 동東 15리라 하였다.
『增補文獻備考』에는 어면보魚面
堡 용봉龍峰에서 초기하는 제1거
간봉(5)노선의 봉수로 이 노선의

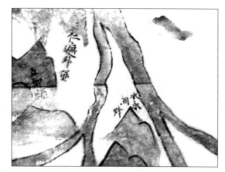

지도 61 _ 삼수 수영동봉수

봉수는 단천端川의 슬고개瑟古介에 집결하였다.

『朝鮮後期 地方地圖』의『三水府地圖』(奎10696)에는 읍성을 내려보기 좋
은 뾰족한 삼각형태의 산정에 특별한 봉수의 표기 없이 명칭만 쓰여 있다.

327. 삼수 인차외보서봉봉수三水 仁遮外堡西峯烽燧

『輿地圖書』에 함경도咸鏡道 삼수부三水府에 속하여 서로 라난보가남봉羅暖
堡家南峯, 남으로 수영동봉水永洞峯에 응하였다.『增補文獻備考』에는 서봉西峰
명으로 인차외보仁遮外堡에 속한다고 하였다. 이 노선의 봉수는 어면보魚面
堡 용봉龍峰에서 초기하는 제1거 간봉(5)노선의 봉수로 단천端川의 슬고개瑟
古介에 집결하였다.

『朝鮮後期 地方地圖』의『三水府地圖』(奎10696)에는 인차외보 좌측 두 봉
우리 사이에 특별한 봉수의 표기 없이 명칭만 쓰여 있다.

328. 삼수 라난보가남봉수三水 羅暖堡家南烽燧

『輿地圖書』에 함경도咸鏡道 삼수부三水府에 속하여 동으로 인차외서봉仁遮外西峯, 서로 본보서봉本堡西峯에 응하였다. 『增補文獻備考』에는 가남家南 명으로 나난보羅暖堡에 속한다고 하였다. 이 노선의 봉수는 어면보魚面堡 용봉龍峰에서 초기하는 제1거 간봉(5)노선의 봉수로 단천端川의 슬고개瑟古介에 집결하였다.

329. 삼수 라난보서봉봉수三水 羅暖堡西峯烽燧

『輿地圖書』에 함경도咸鏡道 삼수부三水府에 속하여 동으로 본보가남봉本堡家南峯, 서로 가을파지진옹동봉茄乙波知鑛瓮洞峯에 응하였다. 『增補文獻備考』에는 서봉西峰 명으로 나난보羅暖堡에 속한다고 하였다. 이 노선의 봉수는 어면보魚面堡 용봉龍峰에서 초기하는 제1거 간봉(5)노선의 봉수로 최종 단천端川의 슬고개瑟古介에 집결하였다.

지도 62 _ 삼수 라난보서봉봉수

『朝鮮後期 地方地圖』의 「三水府地圖」(奎10696)에는 라난보 좌측 두 봉우리 사이에 특별한 봉수의 표기 없이 명칭만 쓰여 있다.

330. 삼수 가을파지진옹동봉봉수
三水 茄乙波知鎭瓮洞峯烽燧

『輿地圖書』에 함경도咸鏡道 삼수부三水府에 속하여 동으로 라난서봉羅暖西峯, 서로 구가을파지송봉舊茄乙波知松峯에 응하였다. 『大東地志』에는 옹동봉수瓮洞烽燧 명으로 갈파지진乫坡知鎭 서西 5리라 하였다. 『增補文獻備考』에는 옹동瓮洞 명으로 가을파지진茄乙坡知鎭에 속한다고 하였다. 이 노선의 봉수는 어면보魚面堡 용봉龍峰에서 초기하는 제1거 간봉(5)노선의 봉수로 단천端川의 슬고개瑟古介에 집결하였다.

『朝鮮後期 地方地圖』의 「三水府地圖」(奎10696)에는 신파진新波鎭 좌측의 압록강과 인접한 두 봉우리 사이에 특별한 봉수의 표기 없이 옹동봉瓮洞烽이라 쓰여 있다.

331. 삼수 가을파지진용기봉봉수
三水 茄乙波知鎭龍騎峯烽燧

『輿地圖書』에 함경도咸鏡道 삼수부三水府에 속하여 서로 구가을파지송봉舊茄乙波知松峯, 남으로 자작보을산덕自作堡乙山德에 응하였다. 『增補文獻備考』에는 용기봉龍起峰 명으로 『비국등록備局謄錄』에는 구연대舊煙臺로 되어 있고 가을파지보茄乙坡知堡에 들어 있다고 하였다. 이 노선의 봉수는 어면보魚面堡 용봉龍峰에서 초기하는 제1거 간봉(5)노선의 봉수로 단천端川의 슬고개瑟古介에 집결하였다.

332. 삼수 구가을파지송봉봉수三水 舊茄乙波知松峯烽燧

『輿地圖書』에 함경도咸鏡道 삼수부三水府에 속하여 동으로 가을파지진옹동봉茄乙波知鎭瓮洞峯, 남으로 가을지진용기봉茄乙知鎭龍騎峯에 응하였다. 『增補文獻備考』에는 송봉松峯 명으로 『비국등록備局謄錄』에는 토지봉兎知峯으로 되어 있다. 구가을파지보舊茄乙坡知堡에 속한다고 하였다. 이 노선의 봉수는 어면보魚面堡 용봉龍峰에서 초기하는 제1거 간봉(5)노선의 봉수로 단천端川의 슬고개瑟古介에 집결하였다.

333. 삼수 자작보을산덕봉수三水 自作堡乙山德烽燧

『輿地圖書』에 함경도咸鏡道 삼수부三水府에 속하여 남으로 어면보용봉魚面堡龍峯, 북으로 가을파지진용기봉茄乙波知鎭龍騎峯에 응하였다. 『增補文獻備考』에는 을산덕乙山德 명으로 『비국등록備局謄錄』에는 기림봉起林峰으로 되어 있다. 자작구비보自作仇非堡에 속한다고 하였다. 이 노선의 봉수는 어면보魚面堡 용봉龍峰에서 초기하는 제1거 간봉(5)노선의 봉수로 단천端川의 슬고개瑟古介에 집결하였다.

334. 삼수 어면보용봉봉수三水 魚面堡龍峯烽燧

『輿地圖書』에 함경도咸鏡道 삼수부三水府에 속하여 북으로 자작보을산덕봉화저自作堡乙山德峯火底에 응하였다. 『增補文獻備考』에는 용봉龍峰 명으로 『비국등록備局謄錄』에는 십팔봉十八峰으로 되어 있다. 어면보魚面堡에 속한다고 하였다. 제1거 간봉(5)노선의 봉수가 초기初起하는 곳으로서 단천端川의 슬고개瑟古介에 집결하였다.

335. 삼수 별해진노탄봉봉수三水 別害鎭蘆灘峯烽燧

『輿地圖書』에 함경도咸鏡道 삼수부三水府에 속하여 서방西方으로 상응하는 곳이 없으나, 다만 별해진에서 이를 알고 있는 이유로 본부(삼수부)의 보고 사항에 넣지 않았다고 하였다.

336. 삼수 신봉봉수三水 新峯烽燧

『大東地志』의 발간을 전후하여 신설되었다. 함경도咸鏡道 삼수三水 봉수烽燧에 구갈파지진舊乫坡知鎭 서西 10리라 하였다.

337. 명천 건가토봉수明川 件加土烽燧

『新增國輿地勝覽』과 『東國輿地志』에 함경도咸鏡道 명천현明川縣에 속하여 현의 북쪽 8리에 있다. 북으로 경성鏡城 니마퇴尼磨退, 남으로 영평산永平山, 서로 화파樺坡에 응한다고 하였다.

338. 명천 영평산봉수明川 永平山烽燧

『新增國輿地勝覽』과 『東國輿地志』에 함경도咸鏡道 명천현明川縣에 속하여 북으로 건가토件加土, 남으로 고참현古站峴에 응하였다.

339. 명천 고참현봉수明川 古站峴烽燧

『新增國輿地勝覽』과 『東國輿地志』에 함경도咸鏡道 명천현明川縣에 속하여 현의 남쪽 42리에 있다. 북으로 영평산永平山, 남으로 길성吉城 녹반현綠礬峴에 응한다고 하였다. 『輿地圖書』에는 함경도 명천목明川牧에 속하여 읍邑의 서남쪽 45리에 있다. 북으로 항포동봉項浦洞烽에 응하고, 남으로 길주吉州 녹반봉祿礬烽에 알린다고 하였다. 『增補文獻備考』에는 함경북병사咸鏡北兵使 소관으로 경흥慶興 서수라西水羅 우암牛巖에서 초기하는 제1거 직봉의 봉수로 최종 아차산峨嵯山에 응하였다.

340. 명천 화파봉수明川 樺坡烽燧

『新增國輿地勝覽』과 『東國輿地志』에 함경도咸鏡道 명천현明川縣에 속하여 현의 북쪽 20리에 있다. 동으로 건가토件加土, 북으로 원산圓山과 사마동남봉斜亇洞南峯, 서로 임연세동林延世洞, 남으로 농보전현農堡前峴에 응한다고 하였다.

341. 명천 사마동남봉봉수明川 斜亇洞南峯烽燧

『新增國輿地勝覽』과 『東國輿地志』에 함경도咸鏡道 명천현明川縣에 속하여 현의 북쪽 21리에 있다. 남으로 화파樺坡와 임연세동林延世洞, 북으로 원산圓山에 응한다고 하였다.

342. 명천 농보전현봉수明川 農堡前峴烽燧

『新增國輿地勝覽』과 『東國輿地志』에 함경도咸鏡道 명천현明川縣에 속하여 현의 남쪽 46리에 있다. 북으로 화파樺坡, 서로 입암立巖에 응한다고 하였다.

343. 명천 임연세동봉수明川 林延世洞烽燧

『新增國輿地勝覽』과 『東國輿地志』에 함경도咸鏡道 명천현明川縣에 속하여 현의 남쪽 34리에 있다. 동으로 화파樺坡, 남으로 우화농보전현弓禾農堡前峴에 응한다고 하였다.

명칭을 통해 당시 명천현내 임연세林延世가 거주하고 있던 동리를 봉수 명칭으로 사용한 사례이다.

344. 명천 입암봉수明川 立巖烽燧

『新增國輿地勝覽』과 『東國輿地志』에 함경도咸鏡道 명천현明川縣에 속하여 현의 남쪽 58리에 있다. 북으로 농보전현農堡前峴, 남으로 길성吉城 녹반현綠礬峴에 응한다고 하였다.

345. 명천 원산봉수明川 圓山烽燧

『新增國輿地勝覽』과 『東國輿地志』에 함경도咸鏡道 명천현明川縣에 속하

여 현의 북쪽 40리에 있다. 남으로 사마동남봉斜乄洞南峯과 화파樺坡, 북으로 경성鏡城 이파梨坡에 응한다고 하였다.

346. 명천 북봉수明川 北烽燧

『輿地圖書』에 함경도咸鏡道 명천목明川牧에 속하여 읍邑의 서쪽 10리에 있다. 북으로 경성鏡城 수만덕봉水萬德烽에 응하고, 남으로 항포동봉項浦洞烽에 알린다고 하였다. 『增補文獻備考』에는 함경북병사咸鏡北兵使 소관으로 경흥慶興 서수라西水羅 우암牛巖에서 초기하는 제1거 직봉의 봉수로 최종 아차산峩嵯山에 응하였다.

『朝鮮後期 地方地圖』의 「明川地圖」(奎10693)에는 동해의 지류와 인접한 산사면에 와가瓦家 형태로 표기 후 엇비슷하게 명칭과 부에서의 거리가 쓰여 있다.

347. 명천 항포동봉수明川 項浦洞烽燧

『輿地圖書』에 함경도咸鏡道 명천목明川牧에 속하여 읍邑의 서남쪽 30리에 있다. 북으로 북봉수北烽燧에 응하고, 남으로 고참현봉古站峴烽에 알린다고 하였다. 『增補文獻備考』에는 함경북병사咸鏡北兵使 소관으로 경흥慶興 서수라西水羅 우암牛巖에서 초기하는 제1거 직봉의 봉수로 최종 아차산峩嵯山에 응하였다.

『朝鮮後期 地方地圖』의 「明川地圖」(奎10693)에는 동해의 지류와 인접하여 여러 능선이 이어지는 산정에 와가瓦家 형태로 표기 후 상부에 종으로 명칭과 부에서의 거리가 쓰여 있다.

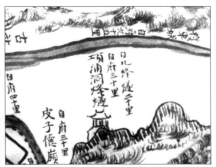

지도 63 _ 명천 북봉수　　　　　　　지도 64 _ 명천 항포동봉수

348. 명천 사마동이흥도대봉수明川 斜亇洞李興道代烽燧

『新增國輿地勝覽』과 『東國輿地志』에 함경도咸鏡道 명천현明川縣에 속하여 현의 북쪽 65리에 있다. 북으로 경성鏡城 강가덕姜加德, 남으로 송치생대宋致生代에 응하였는데, 중종 16년(1521) 원산봉수圓山烽燧를 혁파하여 이곳에 옮기고 합하였다고 하였다. 이후 곧 철폐되었다.

349. 명천 송치생대봉수明川 宋致生代烽燧

『新增國輿地勝覽』과 『東國輿地志』에 함경도咸鏡道 명천현明川縣에 속하여 현의 북쪽 95리에 있다. 북으로 이흥도대李興道代, 남으로 기운봉起雲峯에 응한다고 하였다. 이후 곧 철폐되었다.

봉수의 명칭상 인명人名을 차용한 특이한 사례이다. 여기의 송치생은 아마도 해당 봉수를 관리·감독하던 봉수군 또는 봉수장으로 추정된다.

350. 명천 기운봉봉수 明川 起雲峯烽燧

『新增國輿地勝覽』과 『東國輿地志』에 함경도咸鏡道 명천현明川縣에 속하여 현의 북쪽 139리에 있다. 북으로 송치생대宋致生代, 남으로 길주吉州 서산西山에 응한다고 하였다. 이후 곧 철폐되었다.

351. 부령 무산보동량동봉수 富寧 茂山堡東良洞烽燧

『新增國輿地勝覽』과 『東國輿地志』에 함경도咸鏡道 부령도호부富寧都護府에 속하여 남으로 부의 북쪽 20리에 있다. 남으로 부의 남봉南峯, 북으로 양영만동梁永萬洞에 응한다고 하였다.

352. 부령 양영만동봉수 富寧 梁永萬洞烽燧

『新增國輿地勝覽』과 『東國輿地志』에 함경도咸鏡道 부령도호부富寧都護府에 속하여 부의 북쪽 50리에 있다. 남으로 동량동東良洞, 북으로 회령會寧 전괘현錢掛峴에 응한다고 하였다.

명칭을 통해 알듯이 당시 부령도호부 내 양영만梁永萬이 거주하고 있던 동리를 봉수명칭으로 사용한 특이한 사례이다.

353. 부령 남봉봉수 富寧 南峯烽燧

『新增國輿地勝覽』과 『東國輿地志』에 함경도咸鏡道 부령도호부富寧都護府

에 속하여 부의 남쪽 7리에 있다. 남으로 허통동虛通洞, 북으로 동량동東良洞
에 응한다고 하였다. 『輿地圖書』에는 부의 남쪽 5리에 있다. 북으로 흑모
로봉수黑毛老烽燧, 남으로 구정판봉수仇正坂烽燧에 알린다고 하였다. 『增補文
獻備考』에는 함경북병사咸鏡北兵使 소관으로 경흥慶興 서수라西水羅 우암牛巖
에서 초기하는 제1거 직봉의 봉수로 최종 아차산峨嵯山에 응하였다.

354. 부령 구정판봉수富寧 仇正坂烽燧

『輿地圖書』에 함경도咸鏡道 부령부富寧府에 속하여 부의 남쪽 25리에 있다.
북으로 남봉봉수南峯烽燧, 남으로 칠전산봉수柒田山烽燧에 알린다고 하였다.
『增補文獻備考』에는 함경북병사咸鏡北兵使 소관으로 경흥慶興 서수라西水羅 우
암牛巖에서 초기하는 제1거 직봉의 봉수로 최종 아차산峨嵯山에 응하였다.

355. 부령 칠전산봉수富寧 柒田山烽燧

『輿地圖書』에 함경도咸鏡道 부령부富寧府에 속하여 부의 남쪽 45리에 있
다. 북으로 구정판봉수仇正坂烽燧, 남으로 경성慶城 송곡현봉수松谷峴烽燧에 알
린다고 하였다. 『增補文獻備考』에는 칠전산漆田山 명의 함경북병사咸鏡北兵
使 소관으로 경흥慶興 서수라西水羅 우암牛巖에서 초기하는 제1거 직봉의 봉
수로 최종 아차산峨嵯山에 응하였다.

356. 부령 허통동봉수富寧 虛通洞烽燧

『新增國輿地勝覽』과 『東國輿地志』에 함경도咸鏡道 부령도호부富寧都護府

에 속하여 부의 남쪽 27리에 있다. 남으로 옥연보북봉_{玉蓮堡北峯}, 북으로 남봉_{南峯}에 응한다고 하였다.

357. 부령 옥연보북봉봉수_{富寧 玉蓮堡北峯烽燧}

『新增國輿地勝覽』과 『東國輿地志』에 함경도_{咸鏡道} 부령도호부_{富寧都護府}에 속하여 부의 남쪽 50리에 있다. 남으로 최달동_{崔達洞}, 북으로 허통동_{虛通洞}에 응한다고 하였다.

358. 부령 최달동봉수_{富寧 崔達洞烽燧}

『新增國輿地勝覽』과 『東國輿地志』에 함경도_{咸鏡道} 부령도호부_{富寧都護府}에 속하여 부의 남쪽 78리에 있다. 북으로 옥연북봉_{玉蓮北峯}, 남으로 경성부_{鏡城府} 강덕_{姜德}에 응한다고 하였다.

명칭을 통해 당시 부령도호부내 최달_{崔達}이 거주하고 있던 동리를 봉수명칭으로 사용한 특이한 사례이다.

359. 부령 임수덕봉수_{富寧 林秀德烽燧}

『新增國輿地勝覽』과 『東國輿地志』에 함경도_{咸鏡道} 부령도호부_{富寧都護府}에 속하여 부의 남쪽 98리에 있다. 북으로 옥연보북봉_{玉蓮堡北峯}, 남으로 경성_{鏡城} 강가덕_{姜加德}과 이순덕_{李順德}에 응한다. 정덕갑술_{正德甲戌(1514)}에 최달동_{崔達洞}을 혁파하고 이곳으로 옮기었다고 하였다.

360. 부령 무산보남봉봉수 富寧 茂山堡南峯烽燧

『新增國興地勝覽』과 『東國興地志』에 함경도咸鏡道 부령도호부富寧都護府에 속하여 부의 북쪽 40리에 있다. 남으로 동량동東良洞, 북으로 우무개亐無介에 응한다. 정덕기사正德己巳(1509)에 양영만동梁永萬洞을 혁파하고 이곳으로 옮기었다고 하였다.

361. 부령 우무개봉수 富寧 亐無介烽燧

『新增國興地勝覽』과 『東國興地志』에 함경도咸鏡道 부령도호부富寧都護府에 속하여 부의 북쪽 50리에 있다. 남으로 무산보남봉茂山堡南峯, 북으로 풍산豊山 김세동金世洞에 응한다고 하였다.

362. 부령 흑모로봉수 富寧 黑毛老烽燧

함경도咸鏡道 부령富寧에 속하여 고현古峴에서 보내는 신호를 남봉南峰에 전하는 역할을 하였다. 『增補文獻備考』에는 세주로 폐무산보廢茂山堡에 속한다 하였으며 함경북병사咸鏡北兵使 소관으로 경흥慶興 서수라西水羅 우암牛巖에서 초기하는 제1거 직봉의 봉수로 최종 아차산峨嵯山에 응하였다.

『朝鮮後期 地方地圖』의 『富寧

지도 65 _ 부령 흑모로봉수

府地圖」(奎10684)에는 읍성 북문의 하천에 인접한 산 아래 특별한 표기 없이 산 아래에 흑모우봉黑毛隅烽으로 쓰여 있다.

363. 이성 성문치봉수利城 城門峙烽燧

『輿地圖書』에 함경도咸鏡道 이성현利城縣에 속하여 북으로 단천端川 중산봉甑山烽, 남으로 진조봉眞鳥烽에 응하였다. 봉무사烽武士 100명이 매월 5일 5명씩 정하여 돌아가며 번갈아 번을 섰다. 『大東地志』에는 성고개[城峴]의 상부에 있다고 하였다. 『增補文獻備考』에는 성문城門 명으로 세주에『비국등록備局謄錄』에는 성문현城門峴으로 되어 있다 하였으며 함경남병사咸鏡南兵使 소관으로 경흥慶興 서수라西水羅 우암牛巖에서 초기하는 제1거 직봉의 봉수로 최종 아차산峩嵯山에 응하였다.

364. 이성 읍주봉봉수利城 邑主峰烽燧

함경도咸鏡道 이성현利城縣에 속하여 이성현 성문城門에서 보내는 신호를 받아 진조봉眞鳥烽에 응하였다. 『增補文獻備考』에는 세주로『읍지』에는 진조봉 아래에 읍주봉·을응치乙應峙 두 봉수가 있다고 하였다. 함경남병사咸鏡南兵使 소관이며 경흥慶興 서수라西水羅 우암牛巖에서 초기하는 제1거 직봉의 봉수로 최종 아차산峩嵯山에 응하였다.

365. 이성 진조봉봉수利城 眞鳥烽烽燧

『輿地圖書』에 함경도咸鏡道 이성현利城縣에 속하여 북으로 성문치봉城門峙

烽, 남으로 북청北靑 석용봉石茸烽에 응하였다. 봉무사烽武士 100명이 매 5일 5명씩 정하여 돌아가며 번갈아 번을 섰다. 『增補文獻備考』에는 세주로『비국등록備局謄錄』에는 진안봉眞鴈峰으로 되어 있다고 하였다. 함경남병사咸鏡南兵使 소관으로 경흥慶興 서수라西水羅 우암牛巖에서 초기하는 제1거 직봉의 봉수로 최종 아차산嵯峨山에 응하였다.

366. 무산 남영화저봉수茂山 南嶺火底烽燧

『輿地圖書』에 함경도咸鏡道 무산부茂山府에 속하여 부의 남쪽 10리에 있다. 북으로 쟁현봉錚峴烽에 알린다고 하였다.『大東地志』에는 남령南嶺 명으로 남쪽 10리에 소재하는 초기봉수初起烽燧로 소개하고 있다. 『增補文獻備考』에는 제1거 간봉(2)노선의 봉수가 초기初起하는 곳으로서 회령會寧 운두봉雲頭峰에 집결하였다.

『朝鮮後期 地方地圖』의 「茂山地圖」(奎10694)에는 두만강豆滿江과 인접한 산정에 촛불 형태로 표기와 상부 횡으로 남영봉南嶺烽으로 쓰여 있다.

지도 66 _ 무산 남영화저봉수

지도 67 _ 무산 쟁현봉수

367. 무산 쟁현봉수茂山 錚峴烽燧

『輿地圖書』에 함경도咸鏡道 무산부茂山府에 속하여 부의 북쪽 15리에 있다. 남으로 남영봉南嶺烽에 응하고, 북으로 서현봉西峴烽에 알린다고 하였다. 『增補文獻備考』에는 양영보梁永堡에 속한다고 하였으며 제1거 간봉(2)노선의 봉수로 여기에 속한 봉수는 무산茂山에서 온다고 하였다. 회령會寧 운두봉雲頭峰에 집결하였다.

『朝鮮後期 地方地圖』의 「茂山地圖」(奎10694)에는 두만강豆滿江의 지류와 인접한 산정에 촛불 형태로 표기와 상부 횡으로 쟁현봉錚峴烽으로 쓰여 있다.

368. 무산 서현봉수茂山 西峴烽燧

『輿地圖書』에 함경도咸鏡道 무산부茂山府에 속하여 부의 북쪽 40리에 있다. 남으로 쟁현봉錚峴烽에 응하고, 북으로 대암봉大巖烽에 알린다고 하였다. 『增補文獻備考』에는 양영보梁永堡에 속한다. 제1거 간봉(2)노선의 봉수로 여기에 속한 봉수는 무산茂山에서 온다고 하였다. 회령會寧 운두봉雲頭峰에 집결하였다.

『朝鮮後期 地方地圖』의 「茂山地圖」(奎10694)에는 두만강豆滿江의 지류와 인접한 산정에 촛불 형태로 표기와 상부 횡으로 명칭이 쓰여 있다.

369. 무산 대암봉수茂山 大巖烽燧

『輿地圖書』에 함경도咸鏡道 무산부茂山府에 속하여 부의 북쪽 50리에 있다. 남으로 서현봉西峴烽에 응하고, 북으로 호박덕봉琥珀德烽에 알린다고 하

| 지도 68 _ 무산 서현봉수 | 지도 69 _ 무산 대암봉수 |

였다. 『增補文獻備考』에는 풍산보豊山堡에 속한다. 제1거 간봉(2)노선의 봉수로 여기에 속한 봉수는 무산茂山에서 온다고 하였다. 회령會寧 운두봉雲頭峰에 집결하였다.

무산진茂山鎭 병마만호兵馬萬戶 진秦 아무개가 순조 4년(1804) 정월 11일에 관할하는 두 봉수의 입번인원을 도사都事에게 해서체와 이두로 보고한 청명일기晴明日記가 한국국학진흥원에 소장되어 있다.

『朝鮮後期 地方地圖』의 「茂山地圖」(奎10694)에는 두만강豆滿江과 인접한 산정에 촛불 형태로 표기와 상부 횡으로 대암봉大岩烽으로 쓰여 있다.

370. 무산 호박덕봉수茂山 琥珀德烽燧

『輿地圖書』에 함경도咸鏡道 무산부茂山府에 속하여 부의 북쪽 80리에 있다. 남으로 대암봉大巖烽에 응하고, 북으로 회영會寧 경운성봉境雲城烽에 알린다고 하였다. 『增補文獻備考』에는 세주에 풍산보豊山堡에 속한다. 제1거 간봉(2)노선의 봉수로 여기에 속한 봉수는 무산茂山에서 온다고 하였다. 회령會寧 운두봉雲頭峰에 집결하였다.

지도 70 _ 무산 호박덕봉수

이상 지지地誌의 기록과 달리 최근 발굴된 봉수일기烽燧日記를 통해 호박덕봉수를 포함한 당시 무산부 무산진 소속 봉수의 운용상황을 소개하고자 한다. 일기는 무산진茂山鎭 병마만호兵馬萬戶 진秦 아무개가 순조 4년(1804) 정월 11일에 관할하는 두 봉수(대암 · 호박덕)의 입번인원을 도사道事에게 해서체와 이두로 보고한 청명일기晴明日記이다. 일기에는 수신자와 첩보 연월일 및 보고자가 적혀 있으며 관인官印이 5개 찍혀 있다. 대암봉수大岩烽燧와 호박덕봉수琥珀德烽燧 말미에 작게 초6일부터 초10일까지 각 봉수마다 총 5일의 날짜표기 및 횡선을 그은 후 종으로 크게 皆晴明 烟氣相乖이라 표기하였다.

〈원문〉

(茂)山鎭兵馬萬戶爲上道事本鎭兩處烽燧今月初六日以初十日至皆晴明日記後錄 (缺落)

留日入番烽杷㥦將座及次知兵房軍官色吏幷錄成册修正上 道爲臥乎事是(缺落)

合行牒呈伏請

(缺落) 驗施行須至牒呈者

右牒呈

事道

嘉慶九年正月十一日行萬戶秦 (手決)

上道

俴大岩烽燧排日秩

初六日 初七日 初八日 初九日 初十日 (小字)

琥珀德烽燧排日秩

初六日 初七日 初八日 初九日 初十日 (小字)

皆晴明 烟氣相乖

際

호박덕봉수의 표기형태는『朝鮮後期 地方地圖』의「茂山地圖」(奎10694)에 두만강豆滿江과 인접한 산정에 촛불 형태로 표기와 상부 횡으로 호박덕봉琥朴德烽으로 쓰여 있다.

무산진 양처봉수 청명일기

제3부

地誌記錄

1. 『世宗實錄』地理志(1454)

『世宗實錄』地理志 卷148, 舊都開城留後司
烽火三處 松嶽 南准海豊德積山
首岬山 北准松嶽 南准海豊芚民達
開城神堂 西准首岬山

『世宗實錄』地理志 卷152, 黃海道 黃州牧
烽火二處 天柱山 在州東 南准鳳山巾之山 北准平安道中和神主院
琵琶串 在州西 西准安岳月乎山 北准州西吾實山

『世宗實錄』地理志 卷152, 黃海道 瑞興都護府
烽火二處 所乙麼山 在府西 北准鳳山巾之山 南准本府回山
回山 在府南 南准平山禿鍊山

『世宗實錄』地理志 卷152, 黃海道 鳳山郡
烽火一處 在郡東 巾之山 東准瑞興所乙麼山 西准黃州天柱山

『世宗實錄』地理志 卷152, 黃海道 安岳郡
烽火三處 甘積山 在郡北 南准郡內所山 北准長連今音卜只
所山 東准月乎山
月乎山 北准黃州琵琶串

『世宗實錄』地理志 卷152, 黃海道 海州牧
烽火五處 皮串 在州東 東准平山聲衣串 西准州松山

地誌와 古地圖로 본
北韓의 烽燧

松山 在州東 西准馬兒彌

馬兒彌 在州東 西准州內南山

南山 在州內 南准沙串

沙串 在州南 西准康翎堅羅

『世宗實錄』地理志 卷152, 黃海道 瓮津縣
烽火二處 炭項 在縣南 東准康翎蜜岾 西准今音余
開龍山 東准今音余 北准長淵大串

『世宗實錄』地理志 卷152, 黃海道 長淵縣
烽火四處 几串 在縣西 南准彌羅山 北准豊川古里串
彌羅山 在縣西 東准靑石山
靑石山 在縣南 東准大串
大串 在縣南 南准瓮津開龍山

『世宗實錄』地理志 卷152, 黃海道 康翎縣
烽火三處 堅羅山 在縣東 北准海州沙串 西准本縣九月山
九月山 在縣南 西准蜜岾山
蜜岾山 在縣南 西准瓮津炭項

『世宗實錄』地理志 卷152, 黃海道 延安都護府
烽火五處 走之串 在府西 西准聲衣串 南准定山
定山 南准看月
看月山 東准白石山
白石山 東准角山
角山 東准白川車子山 南准京畿喬桐主山

『世宗實錄』地理志 卷152, 黃海道 平山都護府

烽火四處 禿鉢山 在府北 南准奉子山 北准瑞興回山

奉子山 在府北 南准南山

南山 南准江陰城山

聲衣串 在府南 南准海州皮串 東准延安走之串

『世宗實錄』地理志 卷152, 黃海道 白川郡

烽火二處 奉子山 在郡南 東准彌陀山 西准延安角山

彌陀山 在郡南北間 東准開城西江神堂

『世宗實錄』地理志 卷152, 黃海道 江陰縣

烽火一處 城山 在縣東 北准平山南山 東准開城松嶽山

『世宗實錄』地理志 卷152, 黃海道 豐川郡

烽火軍七

烽火二處 古里串 在郡西 南准長淵几串 北准本郡所山

所山 在郡北 東准殷栗巾之山

『世宗實錄』地理志 卷152, 黃海道 殷栗縣

烽火一處 巾之山 在縣北 西准豐川所山 東准安岳甘積

『世宗實錄』地理志 卷152, 黃海道 長連縣

烽火一處 今音卜只 在縣北 南准安岳積山 北准平安道三和新寧江

『世宗實錄』地理志 卷154, 平安道 平壤府

烽火四處 賓堂岾 南准晝寺 北准雜藥山

雜藥山 北准斧耳山

斧耳山 北准順安獨子山

晝寺 南准中和神主院

『世宗實錄』地理志 卷154, 平安道 中和郡
烽火一處 神主院 南准黃海道黃州天柱山 北准平壤畫寺

『世宗實錄』地理志 卷154, 平安道 順安縣
烽火一處 獨子山 在縣西 南准平壤斧耳山 北准永柔來頭山

『世宗實錄』地理志 卷154, 平安道 甑山縣
烽火一處 炭串立所 在縣西 南准咸從吾串立所 北准平壤佛谷

『世宗實錄』地理志 卷154, 平安道 咸從縣
烽火二處 曹士地 在縣西 南准龍岡所山立所 北准吾串立所
吾串立所 北准甑山炭串立所

『世宗實錄』地理志 卷154, 平安道 三和縣
烽火二處 新寧江 在縣南 南准黃海道長連檢卜 北准縣貴林串
貴林串立所 在縣西 北准龍岡所山立所

『世宗實錄』地理志 卷154, 平安道 龍岡縣
烽火一處 所山立所 在縣西 南准三和貴林串立所 北准咸從曹士池立所

『世宗實錄』地理志 卷154, 平安道 安州牧
烽火五處 城隍堂 西准青山 北准博川禿山
青山 南准所山 西准老斤江 北准定州漆岳山
所山 東准烏頭山
烏頭山 南准肅川通寧山 西准老斤江
老斤江立所 南准肅川餘乙外 北准定州彌勒堂

『世宗實錄』地理志 卷154, 平安道 肅川都護府

烽火二處 通寧山 在府南 北准安州所伊山 南准永柔米頭山
水路 餘乙外立所 南准永柔通海縣 北准安戎老斤江

『世宗實錄』地理志 卷154, 平安道 永柔縣
烽火四處 米頭山 在縣東 南准順安獨子山 北准肅川通寧山
闊谷立所 在縣西 南准平壤佛谷 北准馬岳立所
馬岳立所 北准通海縣主山立所
通海縣主山立所 北准肅川餘乙外

『世宗實錄』地理志 卷154, 平安道 義州牧
烽火六處 城內統軍亭 東准水口 南准威遠古城
水口 東准金同田洞中
金同田洞中 東准驢駝灘中
驢駝灘中 東准延平
延平 東准昌城甲波回
威遠古城 南准麟山刀山

『世宗實錄』地理志 卷154, 平安道 定州牧
烽火七處 水路 彌勒堂 東准安州老斤江 南准州舍山
舍山 西准仍朴串
仍朴串 西准馬岩
陸路 馬岩 西准蛤和
蛤和 西准隨川吾都串
馬山 西准隨川仇嶺 東准七岳山
七岳山 東准嘉山蓮池

『世宗實錄』地理志 卷154, 平安道 麟山郡
烽火三處 枷山 在郡南 南准龍川西山 北准古成遠鎭城山

水路 鎭兵串立所 南准干里巖

干里岩 南准龍川吾都串

『世宗實錄』地理志 卷154, 平安道 龍川郡

烽火四處 郡西山 北准麟山刀山 南准鐵山熊骨山

水路石串立所 南准鐵山所串立所 北准少爲浦立所

少爲浦立所 北准辰串立所

辰串 北准吾道串

吾道串 北准麟山于里岩

『世宗實錄』地理志 卷154, 平安道 鐵山郡

烽火三處 熊骨山 在郡東 北准龍川龍骨山 南准宣川檢山

水路 普賢岾 在郡北 東准宣川蟻腰 西准所串立所

所串 北准龍川石串

『世宗實錄』地理志 卷154, 平安道 郭山郡

烽火四處 所山 在郡北 東准隨川軍營 西准靑岩

靑岩 西准宣川檢山

水路 于里串海望 東准隨川都致串立所 西准靑岩南峯

南峯 西准宣川蟻腰立所

『世宗實錄』地理志 卷154, 平安道 隨川郡

烽火二處 水路 都致串 西准郭山郡于里串 東准定州蛤和

仇令嶺 東准定州馬山 西准郭山所山

『世宗實錄』地理志 卷154, 平安道 宣川郡

烽火二處 吾都串 在郡西 東准郭山靑岩 西准鐵山熊骨山

水路 蟻腰立所 在郡南 東准郭山靑岩 西准鐵山普賢岾

『世宗實錄』地理志 卷154, 平安道 嘉山郡
烽火一處 蓮池山 在郡東 東准安州靑山 南准安州老斤江 西南准定州七岳山

『世宗實錄』地理志 卷154, 平安道 朔州都護府
烽火五處 城頭 北准梨洞 南准州所串及泰州籠吾里
梨洞 北准州件田洞
件田洞 北准延平
延平 北准昌城廟洞
所串 南准龜州合排古城頭

『世宗實錄』地理志 卷154, 平安道 寧邊大都護府
烽火一處 撫山栗峴 在郡西 西准泰州籠吾里 南准博川禿山

『世宗實錄』地理志 卷154, 平安道 昌城郡
烽火二處 廟洞 在郡北 東准廻限同 南准朔州延平古介
廻限洞 東准碧潼胡照里

『世宗實錄』地理志 卷154, 平安道 碧潼郡
烽火六處 郡內口子 西准胡照里 北准大波兒
大波兒 北准小波兒
小波兒 北准廣坪
廣坪 北准阿耳口子
阿耳口子 東准埋山羅漢同口子
胡照里 西准古昌州口子

『世宗實錄』地理志 卷154, 平安道 博川郡
烽火二處 禿山 北准古撫山栗峴 南准安州靑山
郡南水路德安里 南准安州老斤江 西准定州彌勒堂

『世宗實錄』地理志 卷154, 平安道 泰川郡
烽火一處 籠吾里 北准朔州古城頭 南准古撫山栗古介

『世宗實錄』地理志 卷154, 平安道 江界都護府
烽火六處 伊車加大 在府北 東准餘屯 南准兮土
餘屯 東准山端
兮土 西准埋山林里
山端 東准好頓
好頓 東准伊羅
伊羅 東准閭延多日

『世宗實錄』地理志 卷154, 平安道 理山郡
烽火四處 山羊會 東准都乙漢 西准羅漢洞
都乙漢 北准林里
林里 北准江界兮土
羅漢洞 西准碧潼阿耳口子

『世宗實錄』地理志 卷154, 平安道 閭延郡
烽火四處 築臺 在郡西 西准無路
無路 西准虞芮
虞芮 西准多日
多日 南准江界伊羅

『世宗實錄』地理志 卷154, 平安道 慈城郡
烟臺七 小甫里 東准虞芮泰日 西准郡所灘
所灘 西准西解
西解 西准伊羅
伊羅 西准好屯

好屯 西准楡坡

楡坡 西准南坡

南坡 西准江界山端

『世宗實錄』地理志 卷154, 平安道 茂昌郡

烟臺十一 厚州東峯 西准西峯

西峯 西准甫山南峯

甫山南峯 西准占里

占里 西准時介

時介 西准邑城西峯

邑城西峯 西准奉浦

奉浦 西准宋充仇非

宋充仇非 西准甫浦山

甫浦山 西准家舍洞

家舍洞 西准禾仇非

禾仇非 西准閭延孫梁

『世宗實錄』地理志 卷154, 平安道 虞芮郡

烟臺五 趙明于主山 東准閭延下無路 西准郡申松洞

申松洞 西准郡楡坡

楡坡 西准小虞芮

小虞芮 西准郡泰日

泰日 西准慈城小甫里

『世宗實錄』地理志 卷154, 平安道 渭原郡

烟臺三 舍長仇非山 東准江界馬實里 西准郡南坡山

南坡山 西准銅遷山

銅遷山 西准理山蛤池山

『世宗實錄』地理志 卷155, 咸吉道 咸興府

烽火八處 石門 北准靑山芥岾 南准門巖

門巖 南准蒿三仇未

蒿三仇未 南准耶堆

耶堆 南准馬仇未

馬仇未 南准昏同岾

昏同岾 南准安也會

安也會 南准府治城串山

城串山 南准定平城

『世宗實錄』地理志 卷155, 咸吉道 定平都護府

烽火一處 府城內 北准咸興府城串山 南准預原元定峴

『世宗實錄』地理志 卷155, 咸吉道 北青都護府

烽火四處 多甫 北准端川磨雲嶺 南准所應巨台

所應巨台 南准多灘台

多灘台 南准山芥

山芥 南准咸興府石門

『世宗實錄』地理志 卷155, 咸吉道 永興大都護府

烽火二處 古寧仁 北准預原元定峴 南准鎭戌

鎭戌 西南准高原熊望山 南准龍津楡岾

『世宗實錄』地理志 卷155, 咸吉道 高原郡

烽火一處 熊望山 東北准永興鎭戌 南准文川天佛山

『世宗實錄』地理志 卷155, 咸吉道 文川郡

烽火一處 天佛山 北准高原熊望山 南准宜川戌岾

『世宗實錄』地理志 卷155, 咸吉道 預原郡
烽火一處 元定峴 北准定平城山 南准永興古寧仁

『世宗實錄』地理志 卷155, 咸吉道 安邊都護府
烽火五處 山城 北准宜川見山 東准進士院 南准沙介峴
沙介峴 南准鐵嶺
鐵嶺 南准江原道淮陽府銀溪
進士院 南准鶴浦縣舡峴
舡峴 南准江原道歙谷縣提控浦

『世宗實錄』地理志 卷155, 咸吉道 宜川郡
烽火二處 戌岾 北准文川天佛山 南准見山
見山 南准安邊府山城

『世宗實錄』地理志 卷155, 咸吉道 龍津縣
烽火一處 楡岾 北准永興鎭戌 南准宜川戌岾

『世宗實錄』地理志 卷155, 咸吉道 吉州牧
烽火九處 八下 北准鏡城朱村 南准泥馬退
泥馬退 南准獐項
獐項 南准古岾
古岾 南准藥水
藥水 南准新邑 北綠磻巖
北綠磻巖 南准山城
山城 南准古營
古營 南准岐伊洞
岐伊洞 南准端川境好禮

『世宗實錄』地理志 卷155, 咸吉道 慶源都護府
烽火二處 南山 南准余背者介
余背者介 南准鏡城靑巖

『世宗實錄』地理志 卷155, 咸吉道 端川郡
烽火四處 好禮 北准吉州岐谷 南准吾羅退
吾羅退 南准末訖羅
末訖羅 南准磨雲嶺
磨雲嶺 南准北靑多布

『世宗實錄』地理志 卷155, 咸吉道 鏡城郡
烽火五處 靑巖 北准慶源餘背者介 南准於伊管
於伊管 南准長平
長平 南准朱乙溫
朱乙溫 南准朱村
朱村 南准吉州八下

『世宗實錄』地理志 卷155, 咸吉道 慶源都護府
烟臺八處 伯顏家舍 東准慶興撫安前山 西准阿山
阿山 北准守貞
守貞 北准東林
東林 北准府南山 西准者未下
者未下 西准鍾城內廂
府南山 北准中峯
中峯 東准馬乳
馬乳 北准穩城立巖

『世宗實錄』地理志 卷155, 咸吉道 會寧都護府

烟臺十三 北面下乙介 北准鍾城 南准高嶺北峯

高嶺北峯 南准高嶺前峯

高嶺前峯 南准吾弄草

吾弄草 南准鰲山

鰲山 南准府東隅

府東隅 南准永安

永安 南准念通

念通 南准錢掛

錢掛 南准富寧高峯

西面保和 東准甫乙下

甫乙下 東准禿山

禿山 東准關門

關門 東准府東隅

『世宗實錄』地理志 卷155, 咸吉道 鍾城都護府

烟臺八 甫靑洞 北准穩城童巾古城 南准童關堡北峯

童關堡北峯 南准府北峯

府北峯 南准府南峯

府南 南准中峯

中峯 南准三峯

三峯 南准古防垣北峯

古防垣北峯 南准時應巨伊

時應巨伊 西准會寧

『世宗實錄』地理志 卷155, 咸吉道 穩城都護府

烟臺十五 立巖 東准慶源馬乳 北准石峯

石峯 東准錢江

錢江 西准迷錢

迷錢 西准浦項

浦項 西准坪烽火

坪烽火 西准南山

南山 西准綏遠

綏遠 西准壓江

壓江 西准古城

古城 南准時建

時建 西准犬灘

犬灘 南准中峯

中峯 南准松峯

松峯 南准小童巾

小童巾 南准鍾城甫靑浦

『世宗實錄』地理志 卷155, 咸吉道 慶興都護府
烟臺六 獐項 北准鎭邊堡前峯

鎭邊堡前峯 北准仇信浦

仇信浦 北准多弄介家北山

多弄介家北山 北准波泰家北山

波泰家北山 西准撫安前山

撫安前山 北准慶源伯顔家舍

『世宗實錄』地理志 卷155, 咸吉道 富寧都護府
烟臺五 高峯 北准會寧錢掛 南准茂山堡北峯

茂山堡北峯 南准邑城西峯

邑城西峯 南准上獐項

上獐項 南准下獐項

下獐項 南准鏡城羅赤洞岾

『世宗實錄』地理志 卷155, 咸吉道 三水郡

烟臺軍六

烟臺六 農所烽火 西准茂昌厚州堡 西准加乙波知

加乙波知 西准松峯

松峯 南准南峯

南峯 東准禿湯

禿湯 東准羅暖

羅暖 東准甲山崔乙春家暖峯

2. 『新增東國輿地勝覽』(1530)

『新增東國輿地勝覽』卷4, 開城府 烽燧

松岳山國師堂烽燧 在府北十一里 北應黃海道江陰縣城山 東應長湍府天壽山

松岳山城隍堂烽燧 在府北十一里 南應豊德郡德積山 西應首鴨山

首鴨山烽燧 在府西三十四里 東應城隍堂 南應神堂

神堂烽燧 在府南三十六里 北應首鴨山 西應黃海道白川郡夫毛里

『新增東國輿地勝覽』卷41, 黃海道 黃州牧 烽燧

天柱山烽燧 南應鳳山郡乾之山 北應平安道中和郡雲峯山

琵琶串烽燧 西應安岳郡月乎山

『新增東國輿地勝覽』卷41, 黃海道 平山都護府 烽燧

禿鉢山烽燧 在府北三十九里 南應奉子山 北應瑞興府回山

奉子山烽燧 在府北二十一里 北應禿鉢山 南應南山

南山烽燧 在府南三里 北應奉子山 南應江陰縣城山

聲串烽燧 在府南一百二十里 西准海州皮串 東應延安走之串

『新增東國輿地勝覽』卷41, 黃海道 瑞興都護府 烽燧
所乙麿山烽燧 在府西三十里 北應鳳山郡乾之山 南應回山
回山烽燧 在府南三十里 南應平山府禿鉢山 北應所乙麿山

『新增東國輿地勝覽』卷41, 黃海道 鳳山郡 烽燧
乾之山烽燧 南應瑞興所乙麿山 北應黃州天柱山

『新增東國輿地勝覽』卷42, 黃海道 安岳郡 烽燧
所山烽燧 東應月乎山 北應甘積山
月乎山烽燧 南應所山 東應黃州琵琶串
甘積山烽燧 南應所山 北應長連縣今音卜山

『新增東國輿地勝覽』卷42, 黃海道 長連縣 烽燧
今音卜山烽燧 在縣北十里 南應安岳郡甘積山 北應平安道三和縣新寧江

『新增東國輿地勝覽』卷43, 黃海道 海州牧 烽燧
南山烽燧 東應馬兒彌 南應沙浦串
松山烽燧 在州東四十五里 東應皮串 南應馬兒彌
皮串烽燧 在州東六十九里 東應平山府聲串 西應松山
沙浦串烽燧 在州南三十五里 東應南山 西應康翎縣堅羅山
馬兒彌烽燧 在州東二十七里 東應松山 西應南山

『新增東國輿地勝覽』卷43, 黃海道 延安都護府 烽燧
定山烽燧 在府南三十二里 北應走之串 南應看月山
白石山烽燧 在府南二十里 西應看月山 東應角山
走之串烽燧 在府西二十五里 西應平山府聲串 南應定山
看月山烽燧 在府南三十三里 北應定山 東應白石山
角山烽燧 在角山津上 西應白石山 東應白川郡鳳在山 南應京畿喬桐縣修井山

『新增東國輿地勝覽』卷43, 黃海道 豊川都護府 烽燧
所山烽燧 在府北三十里 北應殷栗縣乾之山 西應古里串
古里串烽燧 在府西二十里 南應長淵縣几串 北應所山

『新增東國輿地勝覽』卷43, 黃海道 白川郡 烽燧
奉子山烽燧 東應彌羅山 西應延安府角山
彌羅山烽燧 在郡東三十里 東應夫毛里 西應鳳在山
夫毛里烽燧 在郡東三十五里 東應開城府神堂 西應彌羅山

『新增東國輿地勝覽』卷43, 黃海道 瓮津縣 烽燧
開龍山烽燧 西應長淵縣大串梁 東應今勿餘山
今勿餘山烽燧 在縣西四十五里 東應炭項山 西應開龍山
炭項山烽燧 在縣南十五里 東應康翎縣蜜岾 西應今勿餘山

『新增東國輿地勝覽』卷43, 黃海道 殷栗縣 烽燧
乾止山烽燧 西應豊州府所山 東應安岳郡甘積山

『新增東國輿地勝覽』卷43, 黃海道 江陰縣 烽燧
城山烽燧 北應平山府南山 南應開城府松岳山國師堂

『新增東國輿地勝覽』卷43, 黃海道 康翎縣 烽燧
蜜岾烽燧 在縣南五十五里 西應瓮津縣炭項山 東應九月山
堅羅山烽燧 在縣南十三里 東應海州沙浦串 西應九月山
九月山烽燧 在縣南三十里 西應蜜岾 東應堅羅山

『新增東國輿地勝覽』卷43, 黃海道 長淵縣 烽燧
几串烽燧 在縣西六十一里 南應彌羅山 北應豊川府古里串
彌羅山烽燧 在縣西五十二里 南應青石山 北應几串

地誌와 古地圖로 본
北韓의 烽燧

靑石山烽燧 在縣西三十四里 東應大串梁 北應彌羅山

大串梁烽燧 在縣南六十三里 南應瓮津縣開龍山 西應靑石山

『新增東國輿地勝覽』卷48, 咸鏡道 咸興府 烽燧

無乙界岾烽燧 在府東一百七里 東應洪原縣南山 西應狄仇未

狄仇未烽燧 在府東八十里 東應無乙界 南應馬仇未

馬仇未烽燧 在府東六十三里 北應狄仇未

昏同岾烽燧 在府東三十八里 東應馬仇未 西應安陽外串

安陽外串烽燧 在府南二十四里 東應昏東岾 北應城串山

城串山烽燧 南應安陽外串 西應定平府鼻白山

『新增東國輿地勝覽』卷48, 咸鏡道 永興大都護府 烽燧

鎭戌山烽燧 西應高原郡熊望山 北應古寧仁城

古寧仁城烽燧 在府東四十里 北應定平府元定峴 南應鎭戌山

新增 末應島烽燧 北應定平道安峴 南應文川黃石岾 令上五年 革鎭戌山古寧仁
　　城 兩烽燧移合于此

『新增東國輿地勝覽』卷48, 咸鏡道 定平都護府 烽燧

鼻白山烽燧 北應咸興府城串山 南應元定峴

元定峴烽燧 南應永興府古寧仁城 北應鼻白山

新增 道安峴烽燧 在府南五十里 北應鼻白山 南應永興末應島 正德庚午 草元定
　　峴烽燧 移合于此

『新增東國輿地勝覽』卷48, 咸鏡道 高原郡 烽燧

熊望山烽燧 東應永興府鎭戌山 南應文川郡天佛山

『新增東國輿地勝覽』卷49, 咸鏡道 安邊都護府 烽燧

沙峴烽燧 南應鐵嶺 北應鶴城

鶴城烽燧 北應德源府見山 南應沙峴

鐵嶺烽燧 北應寫峴 南應江原道淮陽府所山

新增 浪城峴烽燧 在府北三十一里 東應壓戎串 西應德源長德山

新增 壓戎串烽燧 在府東六十三里 東應馬巖 西應浪城峴

新增 馬巖烽燧 在府東九十一里 西應壓戎串 東應江原道歙谷縣致空山

『新增東國輿地勝覽』卷49, 咸鏡道 德源都護府 烽燧

楡峴烽燧 在府北三十五里 北應文川郡天佛山 南應拔山

拔山烽燧 在府北七里 北應楡峴 南應見山

見山烽燧 在府南二十二里 北應拔山 南應安邊府鶴城

新增 長德山烽燧 在府東七里 北應文川黃石岾 東應安邊浪城縣 今上五年革 楡
　　峴拔山見山等處烽燧 移合于此

『新增東國輿地勝覽』卷49, 咸鏡道 文川郡 烽燧

天佛山烽燧 北應高原郡熊望山 南應德源府楡峴

新增 黃石岾烽燧 西應永興末應島 南應德源長德 上五年革天佛山烽燧 移合于此

『新增東國輿地勝覽』卷49, 咸鏡道 北青都護府 烽燧

馬本嶺烽燧 北應甲山鷹德嶺 南應虛件驢耳

虛件驢耳烽燧 北應馬本嶺 南應獐項

獐項烽燧 在府北一百二十五里 北應虛件驢耳 南應厚致峴

厚致峴烽燧 北應獐項 南應望德

望德烽燧 在府北五十九里 北應厚致縣 南應者羅耳

者羅耳烽燧 在府北二十五里 北應望德 南應加代

加代烽燧 在府南十八里 北應者羅耳 東應所應居大 西應山芥洞

所應居大烽燧 在府東五十七里 東應利城多布山 西應加代

山芥洞烽燧 在府西三十五里 東應加代 南應洪原黃加羅山

新增 長津烽燧 在府東南五十里 東應利城縣多布山 南應曳積

新增 曳積烽燧 在府南五十里 南應陸島

新增 陸島烽燧 在府南六十里 南應洪原縣穿島

『新增東國輿地勝覽』卷49, 咸鏡道 端川郡 烽燧

末訖羅烽燧 東應吾羅退 西應波獨只 北應水差德

吾羅退烽燧 在郡東四十五里 西應末訖羅 南應水差德 東應胡打里

胡打里烽燧 在郡東六十五里 西應吾羅退 東應吉城伐長浦

水差德烽燧 在郡北四十二里 南應末訖羅 北應國祠堂及吾羅退

國祠堂烽燧 在郡北七十三里 南應水差德 北應吾乙足口子北峯

吾乙足口子北峯烽燧 在郡北一百八里 南應國祠堂

波獨只烽燧 在郡西十里 南應利城磨雲嶺 北應獐項 東應末訖羅

獐項烽燧 在郡北三十五里 南應波獨只 北應古所里

古所里烽燧 在郡北六十五里 南應獐項 北應家舍

家舍烽燧 在郡北九十二里 南應古所里 北應雙淸口子北峯

雙淸口子北峯烽燧 在郡北一百十七里 南應家舍

新增 新吾乙足堡栢德烽燧 在堡東十里 東應吉州鷹峯 西應隱龍德

新增 隱龍德烽燧 在新吾乙足堡南二十里 西應檢義德

新增 檢義德烽燧 在新吾乙足堡西三十里 西應新雙靑堡北峯

新增 新靑堡北峯烽燧 在堡北四里 南應藿嶺

新增 藿嶺烽燧 在新雙靑堡南十里 南應家舍

『新增東國輿地勝覽』卷49, 咸鏡道 利城縣 烽燧

多布山烽燧 北應磨雲嶺 西應北靑所應居大

磨雲嶺烽燧 北應端川郡波獨只 南應多布山

『新增東國輿地勝覽』卷49, 咸鏡道 洪原縣 烽燧

黃加羅山烽燧 東應北靑府山芥洞 南應南山

南山烽燧 在縣南二里 西應咸興府無乙界 東應黃加羅山

『新增東國輿地勝覽』卷49, 咸鏡道 甲山都護府 烽燧

因遮外西峯烽燧 在府北一百四十三里 東應榛遲達 西應三水家南峯

榛遲達烽燧 在府北一百二十六里 東應虛川江口 西應因遮外西峯

虛川江口烽燧 東應惠山東峯 西應榛遲達

惠山東峯烽燧 在府北一百里 南應刀山 西應虛川江口

時麟浦烽燧 在府北七十里 南應綠礐峴 北應刀山

綠礐峴烽燧 南應廣生遷 北應時麟浦

廣生遷烽燧 在府北九十里 南應厚知 北應綠礐峴

厚知烽燧 在府北三十五里 南應南山 北應廣生遷

南山烽燧 在府南四里 北應厚知 南應楡坡峴

楡坡峴烽燧 北應南山 南應鷹德嶺

鷹德嶺烽燧 北應楡坡峴 南應北靑馬本嶺

新增 南峯烽燧 在府南十五里 南應楡坡峴 北應西峯今 上七年革南山烽燧移于此

新增 西峯烽燧 在府西十三里 南應南峯 北應馬山

新增 馬山烽燧 在府西二十五里 南應西峯 北應厚知

『新增東國輿地勝覽』卷49, 咸鏡道 三水郡 烽燧

加乙波地西峯烽燧 在郡西二十一里 東應松峯

松峯烽燧 在郡西五里 東應南峯 西應加乙波地西峯

南峯烽燧 在郡南一里 東應禿湯 西應松峯 南應金龍己德

禿湯烽燧 在郡東十一里 東應羅暖西峯 西應南峯

羅暖西峯烽燧 在郡東三十四里 東應家南峯 西應禿湯

家南峯烽燧 在郡東五十七里 東應甲山府因遮外西峯 西應羅暖西峯

窖田烽燧 在郡南一百二十里 北應加應戒

加應戒烽燧 在郡南一百五十五里 南應窖田 北應新坡

新坡烽燧 在郡南三十三里 南應加應戒 北應金乙德山

金乙德山烽燧 在郡南三十二里 南應新坡 北應金龍己德

金龍己德烽燧 在郡南十五里 南應金乙德山 北應南峯

新增 因遮外西峯烽燧 在郡東九十里 東應榛遲達 西應家南峯

新增 榛遲達烽燧 在郡東一百里 東應惠山江岐伊 西應因遮外西峯

已上二烽燧 舊屬甲山 今移于此

『新增東國輿地勝覽』卷50, 咸鏡道 鏡城都護府 烽燧

北峯烽燧 在府北八里 南應長坪 北應姜德 西應魚遊澗

姜德烽燧 在府北三十七里 南應北峯 北應富寧府崔達洞

長坪烽燧 在府南三十里 南應要站 北應北峯

要站烽燧 在府南五十五里 南應應朱村南峯 北應長坪

朱村南峯烽燧 在府南八十四里 南應八乙下 北應要站

八乙下烽燧 在府南一百六十五里 北應南峯 西應尼麼退

尼麼退烽燧 在府南一百九十二里 西應明川件加土 東應八乙下

魚遊澗堡烽燧 在府北三十五里 東應北峯 南應阿陽德

阿陽德烽燧 在府北四十里 南應車德生洞中峯 北應魚遊澗西峯

車德生洞中峯烽燧 在府北五十四里 南應金得老家下中峯 北應阿陽德

金得老家下中峯烽燧 在府西六十八里 西應吾村堡西峯 北應車德生洞中峯

吾村堡西峯烽燧 在府西七十一里 東應金得老家下中峯 南應朱乙溫堡西峯及
　山城

山城烽燧 在府南五里 西應朱乙溫堡西峯 北應吾村堡西峯

朱乙溫堡西峯烽燧 在府西三十三里 北應吾村堡西峯 東應山城 南應同堡南峯

朱乙溫堡南峯烽燧 在府南六十五里 南應甫老知堡新烽燧 北應同堡西峯

甫老知堡新烽燧 在府西六十七里 南應同堡及禿烽燧 北應朱乙溫堡南峯

禿烽燧 在府西八十六里 南應甫化德堡及石烽燧 北應甫老知新烽燧

石烽燧 在府西八十九里 南應甫化德堡中山 北應禿烽燧

甫化德堡中山烽燧 在府西九十一里 南應森森坡赤木 北應石烽燧及禿烽燧

森森坡赤木烽燧 在府西一百二十五里 南應同堡板烽燧 北應甫化德堡中山

森森坡板烽燧 在府西一百二十七里 南應梨坡石烽燧 北應赤木

梨坡石烽燧 在府西一百三十六里 南應明川斜竹亇洞及圓山 北應森森坡板烽燧

新增 魚遊澗堡李順德烽燧 在府北五十五十里 南應阿陽德 北應富寧林秀德

新增 吾村堡南烽燧 在府西四十里 南應朱乙溫堡西峯 北應車德生洞中峯

新增 朱乙溫堡西峯烽燧 在府西四十七里 北應吾村堡南烽燧 南應板烽燧 正德
　　癸酉革 古西峯移于此

新增 甫老知堡樺坡烽燧 在府西一百五里 北應板烽燧 南應石茸峯

新增 石茸峯烽燧 在府西一百十五里 南應獨松峯 北應樺坡

新增 獨松峯烽燧 在府西一百十里 南應黃細洞 北應石茸峯

新增 黃細洞烽燧 在府西九十里 南應寶化堡中嶺上 北應獨松峯

新增 寶化堡中嶺上烽燧 在府西一百七十里 南應森森坂堡大加退 北應黃細洞

新增 森森坂堡大加退烽燧 在府西一百五十里 南應小加退烽燧 北應中嶺上

新增 小加退烽燧 在府西一百三十四里 南應姜加德 北應大加退 正德辛巳革 板
　　烽燧 移于此

新增 姜加德烽燧 在府西一百六十里 南應明川斜竹洞李興道代 北應小加退 正
　　德辛巳革 梨坡石 移于此

『新增東國輿地勝覽』卷50, 咸鏡道 吉城縣 烽燧

鄕校峴烽燧 在縣南三里 南應山城 北應綠礬岾 西應崔世洞及金萬德

綠礬岾烽燧 在縣北十二里 北應明川縣古岾縣 西應同縣立巖 南應鄕校峴

山城烽燧 在縣南二十八里 北應鄕校峴 南應楡津

楡津烽燧 南應伐長浦 北應山城

伐長浦烽燧 南應端川郡胡打里 北應楡津

崔世洞烽燧 在縣西二十六里 東應鄕校縣 西應獐項

獐項烽燧 在縣西四十九里 東應崔世洞 北應玉泉洞

玉泉洞烽燧 在縣西六十八里 西應大洞 南應獐項

大洞烽燧 在縣西八十七里 東應玉泉洞

金萬德烽燧 在縣西三十四里 東應鄕校峴 西應防墻

防墻烽燧 在縣西四十七里 東應金萬德

新增 西山烽燧 在州北七十里 北應明川起雲峯 東應中峯

新增 長古介中峯烽燧 在州北五十六里 西應西山 南應崔世洞

新增 鳥曷嚴烽燧 在州西七十二里 西應大洞 南應獐項今 上十一年革 玉泉洞烽
　　燧 移于此

新增 鷹峯烽燧 在州西一百三十里 北應楡德 南應西山中峯 西應端川栢德

新增 西山中峯烽燧 在州西一百二里 北應鷹峯 東應楡德

新增 楡德烽燧 在州西六十五里 西應西山中峯 東應鄕校峴

新增 場洞烽燧 在州南六十里 北應山城 南應岐伊里洞 弘治己未革 楡津烽燧
　　移于此

新增 岐伊里洞烽燧 在州南九十五里 北應場洞 南應端川胡打里今 上七年革 伐
　　長浦烽燧 移于此

『新增東國輿地勝覽』卷50, 咸鏡道 明川縣 烽燧

件加土烽燧 在縣北八里 北應鏡城尼磨退 南應永平山 西應樺坡

永平山烽燧 北應件加土 南應古站峴

古站峴烽燧 在縣南四十二里 北應永平山 南應吉城綠礬峴

樺坡烽燧 在縣北二十里 東應件加土 北應圓山及斜亇洞南峯 西應林延世洞 南
　　應農堡前峴

斜亇洞南峯烽燧 在縣北二十一里 南應樺坡及林延世洞 北應圓山

林延世洞烽燧 在縣南三十四里 東應樺坡 南應兮禾農堡前峴

農堡前峴烽燧 在縣南四十六里 北應樺坡 西應立巖

立巖烽燧 在縣南五十八里 北應農堡前峴 南應吉城綠礬峴

圓山烽燧 在縣北四十里 南應斜亇洞南峯及樺坡 北應鏡城梨坡

新增 斜亇洞李興道代烽燧 在縣北六十五里 北應鏡城姜加德 南應宋致生代今
　　上十六年革 圓山烽燧 移合于此

宋致生代烽燧 在縣北九十五里 北應李興道代 南應起雲峯

起雲峯烽燧 在縣北一百三十九里 北應宋致生代 南應吉州西山

『新增東國輿地勝覽』卷50, 咸鏡道 慶源都護府 烽燧

中峯烽燧 在府北十五里 東應馬乳 西應穩城府立巖

訓戎鎭獐項烽燧 在府東十八里 南應南山 西應馬乳

馬乳烽燧 在府北十五里 東應訓戎鎭獐項 南應厚訓西應中峯

厚訓烽燧 在府東五十七里 南應南山 北應馬乳

南山烽燧 在府南六十六里 北應厚訓及訓戎南應東林

東林烽燧 在府南八十九里 北應南山 南應水貞

水貞烽燧 在府南九十七里 北應東林 南應阿山

阿山烽燧 在府南一百十五里 北應水貞 南應伯顏

伯顏烽燧 在府南一百三十九里 北應阿山 南應慶興阿吾地堡東峯

『新增東國輿地勝覽』卷50, 咸鏡道 會寧都護府 烽燧

高嶺鎭下乙浦烽燧 在府北四十里 南應高嶺鎭北峯 北應鍾城細川堡浦項

北峯烽燧 在府北三十里 北應下乙浦 南應竹苞

竹苞烽燧 南應吾弄草 北應北峯

吾弄草烽燧 在府北十五里 南應鰲山 北應竹苞

鰲山烽燧 西應下門 北應吾弄草

下門烽燧 南應上門 北應鰲山

上門烽燧 南應禿山 北應下門

禿山烽燧 在府西十八里 東應瓮山 北應上門

瓮山烽燧 在府南二十里 南應烽火峴 西應禿山

烽火峴烽燧 在府南二十里 北應瓮山 南應念通山

念通山烽燧 北應烽火峴 南應豊山堡泉場

泉場烽燧 在府南五十里 北應念通山 南應錢掛峴

錢掛峴烽燧 北應泉場 南應富寧梁永萬洞

新增 古烟臺烽燧 在府西二十里 南應甫乙下鎭南峯 北應上門 正德己巳革 禿山
　　移于此

新增 甫乙下鎭南峯烽燧 在府西二十九里 南應松峯 北應古烟臺

新增 松峯烽燧 在府西四十里 南應豊山西峯 北應甫乙下南峯

新增 豊山堡西峯烽燧 在府西五十里 南應南峯 北應松峯

新增 南峯烽燧 在府西六十五里 南應金世洞 北應西峯

新增 金世洞烽燧 在府西七十五里 南應富寧亐無介 北應南峯

『新增東國輿地勝覽』卷50, 咸鏡道 鍾城都護府 烽燧

北峯烽燧 在府北九里 南應南山 北應潼關鎭

潼關鎭烽燧 在府北十七里 南應北峯 北應甫靑浦

甫靑浦烽燧 在府北二十一里 南應潼關鎭 北應穩城小童巾

南山烽燧 在府南五里 北應北峯 南應中山

中山烽燧 在府南十一里 北應南山 南應三山

三山烽燧 在府南十六里 北應中山 南應烏曷巖

烏曷巖烽燧 在府南二十一里 北應三山 南應防垣堡

防垣堡烽燧 在府南三十一里 北應烏曷巖 南應新岐伊

新岐伊烽燧 在府南四十里 北應防垣 南應細川堡浦項

細川堡浦項烽燧 在府南四十九里 北應新岐伊 南應會寧高嶺鎭下乙浦

新增 下水口烽燧 在府北四里 北應北峯 南應上水口

新增 上水口烽燧 在府南五里 南應南山 北應下水口

『新增東國輿地勝覽』卷50, 咸鏡道 穩城都護府 烽燧

射場烽燧 在府西四里 西應柔遠坪 東應府坪

柔遠坪烽燧 在府西十三里 東應射場 南應壓江

壓江烽燧 在府西二十三里 北應柔遠坪 南應古城

古城烽燧 在府西三十五里 北應壓江 南應時建

時建烽燧 在府西四十六里 北應古城 南應犬灘

犬灘烽燧 在府西五十六里 北應時建 南應中峯

中峯烽燧 在府西六十七里 北應犬灘 南應松峯

松峯烽燧 在府西七十一里 北應中峯 南應小童巾

小童巾烽燧 在府西南七十八里 北應松峯 南應鍾城府甫靑浦

府坪烽燧 在府北五里 西應射場 東應浦項

浦項烽燧 在府東十四里 西應府坪 東應美錢

美錢烽燧 在府東二十五里 西應浦項 東應松峯

松峯烽燧 在府東三十一里 北應美錢 南應錢江

錢江烽燧 在府東四十四里 北應松峯 南應立岩

立岩烽燧 在府東五十一里 北應錢江 東應慶源府中峯

『新增東國輿地勝覽』卷50, 咸鏡道 慶興都護府 烽燧

南峯烽燧 在府南四里 南應仇申浦 北應望德山

仇申浦烽燧 在府南十八里 南應造山浦南山 北應南峯

南山烽燧 在府南四十二里 南應居愁堡 北應仇申浦

居愁堡烽燧 在府南五十四里 北應南山

望德山烽燧 在府北十步 北應多弄哈 南應南峯

多弄哈烽燧 在府北八里 北應波泰 南應望德山

波泰烽燧 在府北十八里 北應撫夷北峯 南應多弄哈

撫夷北峯烽燧 在府北二十八里 西應慶源府古阿吾地堡東峯 南應波泰

阿吾地堡東峯烽燧 在府西三十二里 北應慶源伯顔 東應撫夷北峯

『新增東國輿地勝覽』卷50, 咸鏡道 富寧都護府 烽燧

茂山堡東良洞烽燧 在府北二十里 南應府南峯 北應梁永萬洞

梁永萬洞烽燧 在府北五十里 南應東良洞 北應會寧錢掛峴

南峯烽燧 在府南七里 南應虛通洞 北應東良洞

虛通洞烽燧 在府南二十七里 南應玉蓮堡北峯 北應南峯

玉蓮堡北峯烽燧 在府南五十里 南應崔達洞 北應虛通洞

崔達洞烽燧 在府南七十八里 北應玉蓮北峯 南應鏡城府姜德

新增 林秀德烽燧 在府南九十八里 北應玉蓮堡北峯 南應鏡城姜加德及李順德

　　正德甲戌革 崔達洞 移于此

新增 茂山堡南峯烽燧 在府北四十里 南應東良洞 北應亐無介 正德己巳革 梁永

萬洞 移于此

新增 亏無介烽燧 在府北五十里 南應茂山堡南峯 北應豊山金世洞

『新增東國輿地勝覽』卷51, 平安道 平壤府 烽燧

斧山烽燧 北應順安縣獨子山 南應作藥山

作藥山烽燧 在府西十四里 南應所叱堂岾 北應斧山

所叱堂岾烽燧 在府城內 南應晝寺山 北應作藥山

晝寺山烽燧 在府南二十六里 南應中和郡雲峯山 北應所叱堂岾

佛谷烽燧 在府西一百里 北應永柔縣大船串 南應馬項

馬項烽燧 在府西九十六里 北應佛谷 南應加幕

加幕烽燧 在府西九十八里 北應馬項 南應鐵和

鐵和烽燧 在府西九十九里 北應加幕 南應甑山縣兎山

『新增東國輿地勝覽』卷52, 平安道 中和郡 烽燧

雲峯山烽燧 北應平壤府晝寺山 南應黃海道黃州天柱山

『新增東國輿地勝覽』卷52, 平安道 龍岡縣 烽燧

所山烽燧 在縣西三十二里 北應咸從縣曹士池 南應三和縣大堂頭山

『新增東國輿地勝覽』卷52, 平安道 三和縣 烽燧

大堂頭山烽燧 在縣西三十六里 北應龍岡縣所山 南應新寧江

新寧江烽燧 南應黃海道長連縣今音卜山 北應大堂頭山

『新增東國輿地勝覽』卷52, 平安道 咸從縣 烽燧

草島烽燧 在縣西二十七里 北應甑山縣兎山 南應吾串

吾串烽燧 在縣西二十一里 北應草島 南應曹士池

曹士池烽燧 在縣西二十三里 南應龍岡縣所山 北應吾串

『新增東國輿地勝覽』卷52, 平安道 甑山縣 烽燧
兎山烽燧 在縣西十四里 南應咸從縣草島 北應平壤府鐵和

『新增東國輿地勝覽』卷52, 平安道 順安縣 烽燧
獨子山烽燧 南應平壤府斧山 北應永柔縣米頭山

『新增東國輿地勝覽』卷52, 平安道 安州牧 烽燧
城隍堂烽燧 北應博川郡禿山 西應青山
青山烽燧 在州西十五里 北應嘉山郡蓮池 南應悟道山
悟道山烽燧 北應青山 南應所里山
所里山烽燧 在州南四十七里 東應悟道山 南應肅川府都迎山
諸非筒山烽燧 在州西四十三里 北應博川郡德間串 西應老江
老江烽燧 在州西六十六里 南應肅川府息浦 東應諸非筒

『新增東國輿地勝覽』卷52, 平安道 定州牧 烽燧
立波山烽燧 在州南三十二里 西應郭山郡防築浦 東應都致串
都致串烽燧 西應立波山 東應鎭海串
鎭海串烽燧 在州南二十三里 西應都致串 東應蛤和
蛤和烽燧 在州南三十四里 西應鎭海串 東應廣岩
廣巖烽燧 在州南四十一里 西應蛤和 東應馬岩
馬巖烽燧 在州南五十一里 西應廣岩 東應仍朴串
仍朴串烽燧 在州南五十三里 西應馬岩 東應舍音山
舍音山烽燧 在州南六十里 西應仍朴串 東應彌勒堂
彌勒堂烽燧 在州南五十七里 西應舍音山 東應沙邑冬音
沙邑冬音烽燧 在州東南七十里 西應彌勒堂 東應嘉山郡頓山
仇寧山烽燧 在州西七里 西應郭山郡所山 東應馬山
馬山烽燧 在州東南四十二里 西應仇寧山 東應漆岳山
漆岳山烽燧 在州東南七十一里 西應馬山 東應嘉山郡蓮池

『新增東國輿地勝覽』卷52, 平安道 肅川都護府 烽燧

都迎山烽燧 在府南十八里 北應安州所里山 南應永柔縣米頭山

息浦烽燧 在府西三十里 北應安州冬乙郎山 南應高石里

高石里烽燧 在府西三十里 南應餘乙外 北應息浦

餘乙外烽燧 在府西三十里 南應永柔縣所山 北應高石里

『新增東國輿地勝覽』卷52, 平安道 嘉山郡 烽燧

頓山烽燧 在郡西十五里 西應定州沙邑冬音 南應博川郡禿山

蓮池烽燧 在郡東十八里 西應定州漆岳山 南應安州靑山

『新增東國輿地勝覽』卷52, 平安道 永柔縣 烽燧

米豆山烽燧 南應順安縣獨子山 北應肅川府都延山

所山烽燧 在縣北三十八里 南應大船串 北應肅川府餘乙外

大船串烽燧 在縣西四十五里 南應平壤府佛谷 北應所山

『新增東國輿地勝覽』卷53, 平安道 義州牧 烽燧

統軍亭峯烽燧 東應水口 南應威遠

水口烽燧 東應金同田洞 西應統軍亭峯

金同田洞烽燧 在州東北七十四里 東應老土灘 西應水口

老土灘烽燧 在州東北九十七里 東應朔州府田往仇非 西應金同田洞

威遠烽燧 在州南二十六里 北應統軍亭峯 南應刀山

新增 亭子山烽燧 在姑未城堡東北八里 東北應老土灘 西應金同田洞

新增 松峯烽燧 在方山鎭南三里 東北應金同田洞 西應浮洞

新增 浮洞烽燧 在玉江堡西十里 東北應松峯 西應水口

新增 石階烽燧 在松山堡東北八里 東北應水口 西應九龍淵

新增 九龍淵烽燧 在州北八里 東北應石階 西應統軍亭峯

新增 吳彦代烽燧 在州西十里 東北應統軍亭峯 西應古靜州

新增 古靜州烽燧 在州西二十五里 東北應吳彦代 西應鎭兒岾

新增 鎖兒岾烽燧 在州西二十八里 東應古靜州 西應麟山鎭

新增 麟山鎭城西隅烽燧 在鎭城內 西東應鎖兒岾 西應岐伊城

新增 岐伊城烽燧 在麟山鎭西六里 東應麟山鎭 西應鎭兵串

新增 鎭兵串烽燧 在麟山鎭南九里 東北應岐伊城 西應彌勒堂

新增 彌勒堂烽燧 在麟山鎭南二十里 東北應鎭兵串 西應于里巖

新增 于里巖烽燧 在麟山鎭南二十五里 東北應彌勒堂 西南應龍川代山

『新增東國輿地勝覽』卷53, 平安道 鐵山郡 烽燧

熊骨山烽燧 西應龍川郡龍虎山 東應宣川郡吾道串

於郎山烽燧 南應鷺家山 北應所串

鷺家山烽燧 東應岐串 西應於郎山

岐串烽燧 在郡西二十三里 東應白梁山 西應鷺家山

白梁山烽燧 東應宣川郡牛耳串 南應岐串

所串山烽燧 在郡西二十五里 北應龍川郡石乙串 南應於郎山

『新增東國輿地勝覽』卷53, 平安道 龍川郡 烽燧

龍虎山烽燧 西應義州刀山 東應鐵山郡熊骨山

代山烽燧 在郡西十一里 西應義州于里岩 東應龍眼山

龍眼山烽燧 西應代山 東應辰串

辰串烽燧 在郡西四十二里 西應龍眼山 東應沙爲浦

沙爲浦烽燧 西應辰串 東應石乙串

石乙串烽燧 在郡西三十五里 西應沙爲浦 東應鐵山郡所串

『新增東國輿地勝覽』卷53, 平安道 昌城都護府 烽燧

甲岩烽燧 北應雲頭里山 南應朔州府延坪山 西應同府權狄岩

雲頭里山烽燧 南應甲岩 東應廟洞

廟洞烽燧 在府北十里 西應雲頭里山 北應於丁灘

於丁灘烽燧 西應廟洞 北應徐介同

徐介同烽燧 在府北三十九里 西應於丁灘 北應古林城
古林城烽燧 東應碧潼郡胡照里 西應徐介同

『新增東國輿地勝覽』卷53, 平安道 朔州都護府 烽燧
延坪山烽燧 北應昌城府甲岩 南應件田山
件田山烽燧 在府西南十二里 北應延坪山 南應梧里洞
權狄岩烽燧 在府北三十二里 東應昌城府甲岩 西應田往仇非山
田往仇非山烽燧 在府北三十三里 東應權狄岩 西應義州老土灘
梧里洞烽燧 在府南二十九里 北應件田山 南應城頭山
城頭山烽燧 在府南六十五里 南應龜城府八嶺山 北應梧里洞

『新增東國輿地勝覽』卷53, 平安道 龜城都護府 烽燧
所串烽燧 在府北二十八里 北應朔州府城頭山 南應古城
古城烽燧 在府西三里 北應所串 南應泰川縣籠吾里

『新增東國輿地勝覽』卷53, 平安道 宣川郡 烽燧
牛耳串烽燧 在郡西二十五里 西應鐵山郡白梁 東應立岩
立岩烽燧 在郡西二十里 西應牛耳串 東應蟻腰
蟻腰烽燧 在郡南十五里 西應立岩 東應郭山郡靑奄山
吾道串烽燧 在郡西二十里 東應郭山郡松足 西應鐵山郡熊骨山

『新增東國輿地勝覽』卷53, 平安道 郭山郡 烽燧
靑奄山烽燧 在郡西二十八里 西應宣川郡蟻腰 東應防築浦
防築浦烽燧 西應靑奄山 東應定州立彼山
松足烽燧 在郡西二十五里 西應宣川郡吾道串 南應所山
所山烽燧 在郡東南五里 西應松足 東應定州仇寧山

『新增東國輿地勝覽』卷54, 平安道 寧邊大都護府 烽燧

栗古介烽燧 在府西北三十九里 西應泰川縣籠吾里 南應博川郡禿山

『新增東國輿地勝覽』卷54, 平安道 博川郡 烽燧
禿山烽燧 在郡西三里 北應寧邊府栗古介 南應安州城隍堂
德間串烽燧 在郡南四十九里 西應定州沙邑冬音 南應安州虎穴

『新增東國輿地勝覽』卷54, 平安道 泰川縣 烽燧
籠吾里烽燧 西應龜城府古城 東應寧邊府栗古介
德間串烽燧 在郡南四十九里 西應定州沙邑冬音 南應安州虎穴

『新增東國輿地勝覽』卷55, 平安道 江界都護府 烽燧
虛失里烽燧 在府北八里 北應金磨訖家北
金磨訖家北烽燧 在府北三十五里 東應石茸峯 西應虛失里
石茸峯烽燧 在府東北五十里 西應金磨訖家北 北應安興道家北
安興道家北烽燧 在府北三十里 東應金磨訖家北 北應安明守家北
安明守家北烽燧 在府北五十里 南應安興道家北 北應梨峴
梨峴烽燧 在府北七十里 南應安明守家北 北應山羊遷
山羊遷烽燧 在府北一百十里 南應梨峴 西應松峯
松峯烽燧 在府北九十三里 東應山羊遷 西應金成敏家北
金成敏家北烽燧 在府北一百五十里 東應松峯 西應餘屯峴
餘屯峴烽燧 在府北一百五十里 東應金成敏家北 西應餘屯
餘屯烽燧 在府北一百六十一里 西應伊車加大 東應餘屯峴
伊車加大烽燧 在府西一百五十里 南應宰臣洞 東應餘屯
宰臣洞烽燧 在府西一百四十里 北應伊車加大 西應分土
分土烽燧 在府西一百三十里 東應宰臣洞 南應許麟浦
許麟浦烽燧 在府西一百三十里 北應分土 西應馬時里
馬時里烽燧 在府西一百四十五里 東應許麟浦 西應渭原舍長仇非
新增 登公仇非烽燧 在府北一百十五里 西應餘屯 北應松峯

『新增東國輿地勝覽』卷55, 平安道 渭原郡 烽燧

舍長仇非烽燧 在郡北十二里 東應江界府馬時里 西應南波山

南波山烽燧 東應舍長仇非 西應銅遷山

銅遷山烽燧 西應理山郡蛤池山 東應南波山

『新增東國輿地勝覽』卷55, 平安道 理山郡 烽燧

蛤池山烽燧 東應渭原郡銅遷山 西應松峯

松峯烽燧 在郡北十八里 東應蛤池山 西應九天山

九天山烽燧 在郡北二十一里 東應松峯 西應古煙臺山

古煙臺山烽燧 在郡西三十一里 東應九天山 西應阿耳堡

阿耳堡烽燧 東應古煙臺山 西應碧潼郡廣坪

『新增東國輿地勝覽』卷55, 平安道 碧潼郡 烽燧

廣坪烽燧 東應理山郡阿耳 西應小坡兒松林

松林烽燧 在郡北四十里 東應廣坪 西應豆音只

豆音只烽燧 在郡北四十五里 東應松林 西應波限遷

波限遷烽燧 在郡北三十里 東應豆音只 西應金昌山

金昌山烽燧 東應波限遷 西應楸仇非

楸仇非烽燧 東應金昌山 西應胡照里

胡照里烽燧 在郡西六十五里 東應楸仇非 西應昌城府古林城

3. 『東國輿地志』(1656)

『東國輿地志』卷1, 京都 開城府 烽燧

松岳國師堂烽燧 在府北十一里. 北應黃海道江陰縣山城 東應長湍府天壽山

松岳城隍堂烽燧 在府北十一里. 南應豊德郡德積山 西應首鴨山

首鴨山烽燧 在府西三十四里. 東應城隍堂 南應神堂
神堂烽燧 在府南三十六里. 北應首鴨山 西應黃海道白川郡夫毛里

『東國輿地志』卷6, 黃海道 黃州牧 烽燧
天柱山烽燧 南應鳳山郡乾之山 北應平安道中和郡雲峯山
琵琶串烽燧 西應安岳郡月乎山

『東國輿地志』卷6, 黃海道 平山都護府 烽燧
禿鉢山烽燧 在府北三十九里 南應奉子山 北應瑞興府回山
奉子山烽燧 在府北二十一里 北應禿鉢山 南應南山
南山烽燧 在府南三里 北應奉子山 南應江陰縣山城
聲串烽燧 在府南一百三十里 西應海州皮串 東應延安走之串

『東國輿地志』卷6, 黃海道 瑞興都護府 烽燧
所乙麼山烽燧 在府西二十里 北應鳳山郡乾之山 南應回山
回山烽燧 在府南三十里 南應平山府禿鉢山 北應所乙麼山

『東國輿地志』卷6, 黃海道 鳳山郡 烽燧
乾之山烽燧 南應瑞興府所乙麼山 北應黃州天柱山

『東國輿地志』卷6, 黃海道 安岳郡 烽燧
所山烽燧 東應月呼山烽 北應甘積山
月乎山烽燧 西應所山 東應黃州琵琶串
甘積山烽燧 南應所山 北應長連縣今卜山

『東國輿地志』卷6, 黃海道 遂安郡 古蹟
遼東山烽燧 在郡東二里
馬之巖山烽燧古基 在郡北六十里

『東國輿地志』卷6, 黃海道 長連縣 烽燧
今卜山烽 在縣北十里 南應安岳郡甘積山 北應平安道三和縣新寧江

『東國輿地志』卷6, 黃海道 海州牧 烽燧
南山烽燧 東應馬兒彌 南應沙浦串
松山烽燧 在州東四十五里 東應皮串 南應馬兒彌
皮串烽燧 在州東六十九里 東應平山府聲串 西應松山
沙浦串烽燧 在州南三十五里 東應南山 西應康翎縣堅羅山
馬兒彌烽燧 在州東二十七里 東應松山 西應南山

『東國輿地志』卷6, 黃海道 延安郡都護府 烽燧
定山烽燧 在府南三十二里 北應走之串 南應看月山
白石山烽燧 在府南二十里 西應看月山 東應角山
走之串烽燧 在府西二十五 西應平山府聲串 南應定山
看月山烽燧 在府南三十三里 北應定山 東應白石山
角山烽燧 在府東三十五里 西應白石山 東應白川郡鳳在山 南應京畿喬桐縣修
　井山

『東國輿地志』卷6, 黃海道 豊川都護府 烽燧
所山烽燧 在府北三十里 北應殷栗縣乾止山 西應古里串
古里串烽燧 在府西二十里 南應長淵縣几串 北應所山

『東國輿地志』卷6, 黃海道 白川郡 烽燧
鳳在山烽燧 東應彌羅山 西應延安府角山
彌羅山烽燧 在郡東三十里 東應夫毛里烽燧 西應鳳在山
夫毛里烽燧 在郡東三十五里 東應開城府神堂 西應彌羅山

『東國輿地志』卷6, 黃海道 瓮津縣 烽燧

開龍山烽燧 西應長淵縣大串梁 東應今勿餘山

今勿餘山烽燧 在縣西四十五里 東應炭項山 西應開龍山

炭項山烽燧 在縣南十五里 東應康翎縣密帖 西應今勿餘山

『東國輿地志』卷6, 黃海道 殷栗縣 烽燧

乾止山烽燧 西應豐川府所山 東應安岳郡甘積山

『東國輿地志』卷6, 黃海道 江陰縣 烽燧

城山烽燧 北應平山府南山 南應開城府松岳山國師堂

『東國輿地志』卷6, 黃海道 康翎縣 烽燧

密帖烽燧 在縣南五十五里 西應瓮津縣炭項山 東應九月山

九月山烽燧 在縣南三十里 西應密帖 東應堅羅山

堅羅山烽燧 在縣南十三里 東應海州沙浦串 西應九月山

『東國輿地志』卷6, 黃海道 長淵縣 烽燧

几串烽燧 在縣西六十一里 南應彌羅山 北應豐川府古里串

彌羅山烽燧 在縣西五十二里 南應青石山 北應几串

青石山烽燧 在縣西三十四里 東應大串梁 北應彌羅山

大串梁烽燧 在縣南六十三里 南應瓮津縣開龍山 西應青石山

『東國輿地志』卷8, 咸鏡道 咸興府 烽燧

無乙界帖烽燧 在府東一百七里 東應洪原縣南山 西應狄仇未

狄仇未烽燧 在府東八十里 東應無乙界 南應馬仇未

馬仇未烽燧 在府東六十三里 北應狄仇未 西應昏東帖

昏東帖烽燧 在府東三十八里 東應馬仇未 西應安陽外串

安陽外串烽燧 在府南二十四里 東應昏東帖 北應城串山

『東國輿地志』卷8, 咸鏡道 永興大都護府 烽燧
末應德烽燧 北應定平道安峴 南應文川黃石岾

『東國輿地志』卷8, 咸鏡道 定平都護府 烽燧
鼻白山烽燧 北應咸興府城串山 南應道安峴
道安峴烽燧 在府南五十里 北應鼻白山 南應永興末應島

『東國輿地志』卷8, 咸鏡道 高原郡 烽燧
熊望山烽燧 東應永興府鎭戌山 南應文川郡天佛山

『東國輿地志』卷8, 咸鏡道 安邊大都護府 烽燧
沙峴烽燧 南應鐵嶺 北應鶴城
鶴城烽燧 北應德源府見山 南應沙峴
鐵嶺烽燧 北應沙峴 南應江原道淮陽府所山
新增 浪城峴烽燧 在府北三十一里 東應壓戎串 西應德源長德
新增 壓戎串烽燧 在府東六十二里 東應馬岩 西應浪城峴
新增 壓戎串烽燧 在府東六十二里 東應馬岩 西應浪城峴
新增 馬巖烽燧 在府東九十一里 西應壓戎串 東應江原道○谷縣致空山

『東國輿地志』卷8, 咸鏡道 德源都護府 烽燧
楡峴烽燧 在府北三十五里 北應文川郡天佛山 南應拔山
拔山烽燧 在府北七里 北應楡峴 南應見山
見山烽燧 在府南二十二里 北應拔山 南應安邊府鶴城
新增 長德山烽燧 在府東七里 北應文川黃石岾 東應安邊浪城峴 中宗五年 革楡
　峴・拔山・見山 等處烽燧 移合于此

『東國輿地志』卷8, 咸鏡道 文川郡 烽燧
天佛山烽燧 北應高原郡熊望山 南應德源府楡峴

新增 黃石岾烽燧 西應永興末應島 南應德源長德山 中宗五年 革天佛烽燧 移合
于此

『東國輿地志』卷8, 咸鏡道 北青都護府 烽燧
馬本嶺烽燧 北應甲山鷹德嶺 南應虛件驢耳
虛件驢耳烽燧 北應馬本嶺 南應獐項
獐項烽燧 在府北一百二十五里 北應虛件驢耳 南應厚致峴
厚致峴烽燧 北應獐項 南應望德
望德烽燧 在府北五十九里 北應厚致峴 南應者羅耳
者羅耳烽燧 在府北二十五里 北應望德 南應加代
加代烽燧 在府南十八里 北應者羅耳 東應所應居代 西應山芥洞
所應居代烽燧 在府東五十七里 東應利城多布山 西應加代
山芥洞烽燧 在府西三十五里 東應加代 南應洪原黃加羅山
新增 長津烽燧 在府東南五十里 東應利城多布山 南應曳積
新增 曳積烽燧 在府南五十里 南應陸島
新增 陸島烽燧 在府南六十里 北應曳積 南應洪原縣穿島

『東國輿地志』卷8, 咸鏡道 端川郡 烽燧
末訖羅烽燧 東應吾羅退 西應波獨只 北應水差德
吾羅退烽燧 在郡東四十五里 西應末訖羅 南應水差德 東應胡打里
胡打里烽燧 在郡東六十五里 西應吾羅退 東應吉州長伐浦
水差德烽燧 在郡北四十二里 南應末訖羅 北應國祠堂及吾羅退
國祠堂烽燧 在郡北七十三里 南應水差德 北應吾乙足口子北峯
吾乙足口子北峯烽燧 在郡北一百八里 南應國祠堂
波獨只烽燧 府郡西十里 南應利城麼雲嶺 北應獐項 東應末訖羅
獐項烽燧 府郡北三十五里 南應波獨只 北應古所里
古所里烽燧 府郡北六十五里 南應獐項 北應家舍
家舍烽燧 府郡北九十二里 南應古所里 北應雙淸口子北峯

雙淸口子北峯烽燧 府郡北一百十七里 南應家舍

新增 新吾乙足堡栢德烽燧 在堡東十里 東應吉州鷹峯 西應隱龍德

新增 隱龍德烽燧 在新吾乙足堡南二十里 東應栢德 西應義德

新增 撿義德烽燧 在新吾乙足堡西三十里 東應隱龍德 西應新雙靑堡北峯

新增 新靑堡北峯烽燧 在堡北四里 南應藿嶺

新增 藿嶺烽燧 在新雙靑堡南十里 南應家舍

『東國輿地志』卷8, 咸鏡道 利城縣 烽燧

多布山烽燧 北應磨雲嶺 西應北靑所應居代

磨雲嶺烽燧 北應端川郡波獨只 南應多布山

『東國輿地志』卷8, 咸鏡道 洪原縣 烽燧

黃加羅山烽燧 東應北靑府山芥洞 南應南山

南山烽燧 在縣南二里 西應咸興府無乙界 東應黃加羅山

『東國輿地志』卷8, 咸鏡道 甲山都護府 烽燧

虛川江口烽燧 東應惠山東峯 西應榛遲達

惠山東峯烽燧 在府北一百里 南應刀山 西應虛川江口

刀山烽燧 在府北七十八里 南應時獺浦 北應惠山東峯

時獺浦烽燧 在府北七十里 南應綠礬峴 北應刀山

綠礬峴烽燧 南應廣生遷 北應時獺浦

廣生遷烽燧 在府北九十里 南應厚知 北應綠礬峴

厚知烽燧 在府北三十五里 南應南山 北應廣生遷

南山烽燧 在府南四里 北應厚知 南應楡坡峴

楡坡峴烽燧 北應南山 南應鷹德嶺

鷹德嶺烽燧 北應楡坡峴 南應北靑馬本嶺

新增 南峯烽燧 在府南十五里 南應楡坡峴 北應西峯 恭僖王七年 革南山烽燧移
　　于此

新增 西峯烽燧 在府西十三里 南應南峯 北應馬山

新增 馬山烽燧 在府西二十五里 南應西峯 北應厚知

『東國輿地志』卷8, 咸鏡道 三水郡 烽燧

加乙波地西峯烽燧 在郡西二十一里 東應松峯

松峯烽燧 在郡西五里 東應南峯 西應加乙波地西峯

南峯烽燧 在郡南一里 東應禿湯 西應松峯 南應金龍已德

禿湯烽燧 在郡東十一里 東應羅暖西峯 西應南峯

羅暖西峯烽燧 在郡東三十四里 東應家南峯 西應禿湯

家南峯烽燧 在郡東五十七里 東應甲山府仁遮外西峯 西應羅暖西峯

窖田烽燧 在郡南一百二十里 北應加應戒

加應戒烽燧 在郡南一百五十五里 南應窖田 北應新波

新波烽燧 在郡南三十三里 南應加應戒 北應金乙德山

金乙德山烽燧 在郡南三十二里 南應新波 北應金龍已德

金龍已德烽燧 在郡南十五里 南應金乙德山 北應南峯

新增 仁遮外西峯烽燧 在郡東九十里 東應榛遲達 西應家南峯

新增 榛遲達烽燧 在郡東一百里 東應惠山江岐伊 西應回〇外 以上二烽燧 舊屬
　　甲山 今移于此

『東國輿地志』卷8, 咸鏡道 鏡城都護府 烽燧

北峯烽燧 在府北八里 南應長坪 北應姜德 西應魚遊澗

姜德烽燧 在府北三十七里 南應北峯 北應富寧府崔達洞

長坪烽燧 在府南二十里 南應要站 北應北峯

要站烽燧 在府南五十五里 南應朱村南峯 北應長坪

朱村南峯烽燧 在府南八十四里 南應八乙下 北應要站

八乙下烽燧 在府南一百六十五里 北應南峯 西應尼麿退

尼麿退烽燧 在府南一百九十二里 西應明川件加土 東應八乙下

漁遊澗烽燧 在府北三十五里 東應北峯 南應阿陽德

阿陽德烽燧 在府北四十里 南應車德生洞中峯 北應漁遊澗西峯

車德生洞中峯烽燧 在府北五十四里 南應金得老家下中峯 北應阿陽德

金得老家下中峯烽燧 在府西六十八里 西應吾村堡西峯 北應車德生洞中峯

吾村堡西峯烽燧 在府西七十一里 東應金得老家下中峯 南應朱乙溫堡西峯及
　山城

山城烽燧 在府南五里 西應朱乙溫堡西峯 北應吾村堡西峯

朱乙溫堡西峯烽燧 在府西三十三里 北應吾村堡西峯 東應山城 南應同堡南峯

朱乙溫堡南峯烽燧 在府南六十五里 南應甫老知堡新烽燧 北應同堡西峯

甫老知堡新烽燧 在府西六十五里 南應同堡及禿烽燧 北應朱乙溫堡南峯

禿烽燧 在府西八十六里 南應甫化德堡及石烽燧 北應甫老知新烽燧

石烽燧 在府西八十九里 南應甫化德堡中山 北應禿烽燧

甫化德堡中山烽燧 在府西九十一里 南應森森坡赤木 北應石烽燧及禿烽燧

森森坡赤木烽燧 在府西一百二十五里 南應同堡板烽燧 北應甫化德堡中山

森森坡板烽燧 在府西一百二十七里 南應梨坡石烽燧 北應赤木

梨坡石烽燧 在府西一百三十六里 南應明川斜○洞及圓山 北應森森坡板烽燧

新增 漁遊澗堡李順德烽燧 在府北五十五里 南應阿陽德 北應富寧林秀德

新增 吾村堡南烽燧 在府西四十里 南應朱乙溫堡西峯 北應車德生洞中峯

新增 朱乙溫堡西峯烽燧 在府西四十七里 北應吾村堡南烽燧 南應板烽燧 正德
　癸酉革 古西峯移于此

新增 甫老知堡樺坡烽燧 在府西一百五里 北應板烽燧 南應石茸峯

新增 石茸峯烽燧 在府西一百十五里 南應獨松峯 北應樺坡

新增 獨松峯烽燧 在府西一百十里 南應黃細洞 北應石茸峯

新增 黃細洞烽燧 在府西九十里 南應寶化堡中嶺上 北應獨松峯

新增 寶化堡中嶺上烽燧 在府西一百七十里 南應森森坡堡大加退 北應黃細洞

新增 森森坡堡大加退烽燧 在府西一百五十里 南應小加退 北應中嶺

新增 小加退烽燧 在府西一百三十四里 南應姜加德 北應大加退 正德辛巳 革板
　烽燧 移于此

新增 姜加德烽燧 在府西一百六十里 南應明川斜个洞李興道代 北應小加退 正

德辛巳 革梨城石 移于此

『東國輿地志』卷8, 咸鏡道 吉州牧 烽燧

鄉校峴烽燧 在州南三里 南應山城 北應祿礬站 西應崔世洞及金萬德

碌礬岾烽燧 在州北十一里 北應明川府古岾峴 西應同府立巖 南應鄉校峴

山城烽燧 在州南二十八里 北應鄉校峴 南應楡津

楡津烽燧 南應伐長浦 北應山城

伐長浦烽燧 南應端川郡胡打里 北應楡津

崔世洞烽燧 在州西二十六里 東應鄉校峴 西應獐項

獐項烽燧 在州西四十九里 東應崔世洞 北應玉泉洞

玉泉洞烽燧 在州西六十八里 西應大洞 南應獐項

大洞烽燧 在州西八十七里 東應玉泉洞

金萬德烽燧 在州西三十四里 東應鄉校峴 西應防墻

防墻烽燧 在州西四十七里 東應金萬德

新增 西山烽燧 在州北七十里 北應明川起雲峯 東應中峯

新增 長峴中峯烽燧 在州北五十六里 西應西山 南應崔世洞

新增 烏曷巖烽燧 在州西七十二里 西應大洞 南應獐項 中宗十一年 革玉泉洞烽
燧 移于此

新增 鷹峯烽燧 在州西一百三十里 北應楡德 南應西山中峯 西應端川栢德

新增 西山中峯烽燧 在州西一百二里 北應鷹峯 東應楡德

新增 楡德烽燧 在州西六十五里 西應西山中峯 東應鄉校峴

新增 場洞烽燧 在州南六十里 北應山城 南應岐伊里洞 弘治己未 革楡津烽燧
移于此

新增 岐伊里洞烽燧 在州南九十五里 北應○洞 南應端川胡打里 中宗七年 革伐
長浦烽燧 移于此

『東國輿地志』卷8, 咸鏡道 明川縣 烽燧

件加土烽燧 在縣北八里 北應鏡城尼麽退 南應永平山 西應樺坡

永平山烽燧 北應件加土 南應古站峴

古站峴烽燧 在縣南四十二里 北應永平山 南應吉州碌礐峴

樺坡烽燧 在縣北二十里 東應件加土 北應圓山及斜了洞南峯 西應林延世洞 南
　　應農堡前峴

斜亇洞南峯烽燧 在縣北二十一里 南應樺坡及林延世洞 北應圓山

林延世洞烽燧 在縣南三十四里 東應樺坡 南應亏禾農堡前峴

農堡前峴烽燧 在縣南四十六里 北應樺坡 西應立岩

立巖烽燧 在縣南五十八里 北應農堡前峴 南應吉州碌礐峴

圓山烽燧 在縣北四十里 南應斜亇洞南峯及樺坡 北應鏡城梨坡

新增 斜亇洞李興道代烽燧 在縣北六十五里 北應鏡城姜加德 南應宋致生代 恭
　　僖王十六年 革圓山烽燧 合于此

新增 宋致生代烽燧 在縣北九十五里 北應李興道代 南應起雲峯

新增 起雲峯 在縣北一百三十九里 北應宋致生代 南應吉州西山

『東國輿地志』卷8, 咸鏡道 會寧都護府 烽燧

高嶺鎭下乙浦烽燧 在府北四十里 南應高嶺鎭北烽 北應鍾城細川堡浦項

北峯烽燧 在府北三十里 北應下乙浦 南應竹苞

竹苞烽燧 南應吾弄草 北應北峯

吾弄草烽燧 在府北十五里 南應鰲山 北應竹苞烽燧

鰲山烽燧 西應下門 北應吾弄草

下門烽燧 南應上門 北應鰲山

上門烽燧 南應禿山 北應下門

禿山烽燧 在府西十八里 東應瓮山 北應上門

瓮山烽燧 在府南二十里 南應烽火峴 西應禿山

烽火峴烽燧 在府南二十里 北應瓮山 南應念通山

念通山烽燧 北應烽火峴 南應豊山堡泉場

泉場烽燧 在府南五十里 北應念通山 南應錢掛峴

錢掛峴烽燧 北應泉場 南應富寧梁永萬洞

新增 古烟臺烽燧 在府西二十里 南應甫乙下鎭南峯 北應上門 恭僖王四年 革禿
　　山 移于此
新增 甫乙下鎭南峯烽燧 在府西二十九里 南應松峯 北應古烟臺
新增 松峯烽燧 在府西四十里 南應豊山西峯 北應甫乙下南峯
新增 豊山堡西峯烽燧 在府西五十里 南應南峯 北應松峯
新增 南峯烽燧 在府西六十五里 南應金世洞 北應西峯
新增 金世洞烽燧 在府西七十五里 南應富寧亏無介 北應南峯

『東國輿地志』卷8, 咸鏡道 鍾城都護府 烽燧
北峯烽燧 在府北九里 南應南山 北應潼關鎭
潼關鎭烽燧 在府北十七里 南應北烽 北應甫靑浦
甫靑浦烽燧 在府北二十一里 南應潼關鎭 北應穩城小童巾
南山烽燧 在府南五里 北應北烽 南應中山
中山烽燧 在府南十一里 北應南山 南應三山
三山烽燧 在府南十六里 北應中山 南應烏碣巖
烏碣巖烽燧 在府南二十一里 北應三山 南應防垣堡
防垣堡烽燧 在府南三十一里 北應烏碣巖 南應新岐伊
新岐伊烽燧 在府南四十里 北應防垣 南應細川堡浦項
細川堡浦項烽燧 在府南四十九里 北應新岐伊 南應會寧高嶺鎭下乙浦
新增 下水口烽燧 在府北四里 北應北峯 南應上水口
新增 上水口烽燧 在府南五里 南應南山 北應下水口

『東國輿地志』卷8, 咸鏡道 穩城都護府 烽燧
射場烽燧 在府西四里 西應柔遠坪 東應府坪
柔遠坪烽燧 在府西十三里 東應射場 南應壓江
壓江烽燧 在府西二十三里 北應柔遠坪 南應古城烽燧
古城烽燧 在府西三十五里 北應壓江 南應時建
時建烽燧 在府西四十六里 北應古城 南應犬灘

犬灘烽燧 在府西五十六里 北應時建 南應中烽

中峯烽燧 在府西六十七里 北應犬灘 南應松峯

松峯烽燧 在府西七十一里 北應中峯 南應小童巾

小童巾烽燧 在府西南七十八里 北應松峯 南應鍾城府甫青浦

府坪烽燧 在府北五里 西應射場 東應南浦項

浦項烽燧 在府東十四里 西應府坪 東應美錢

美錢烽燧 在府東二十五里 西應浦項 東應松峯

松峯烽燧 在府東三十一里 北應美錢 南應錢江

錢江烽燧 在府東四十四里 北應松峯 南應立巖

立巖烽燧 在府東五十一里 北應錢江 東應慶源府中峯

『東國輿地志』卷8, 咸鏡道 慶源都護府 烽燧

中峯烽燧 在府北十五里 東應馬乳 西應穩城府立巖

訓戎鎭獐項烽燧 在府東十八里 南應南山 西應馬乳

馬乳烽燧 在府北十五里 東應訓戎獐項 南應厚訓 西應中峯

厚訓烽燧 在府東五十七里 南應南山 北應馬乳

南山烽燧 在府南六十六里 北應厚訓及訓戎 南應東林

東林烽燧 在府南八十九里 北應南山 南應水貞

水貞烽燧 在府南九十七里 北應東林 南應阿山

阿山烽燧 在府南一百十五里 北應水貞 南應伯顏

伯顏烽燧 在府南一百三十九里 北應阿山 南應慶興阿吾地堡東峯

『東國輿地志』卷8, 咸鏡道 慶興都護府 烽燧

南烽燧 在府南四里 南應仇申浦 北應望德山

仇申浦烽燧 在府南十八里 南應造山浦南山 北應南峯

南山烽燧 在府南四十二里 南應居愁堡 北應仇申浦

居愁堡烽燧 在府南五十四里 北應南山

望德山烽燧 在府北十步 北應多弄哈 南應南峯

多弄哈烽燧 在府北八里 北應波泰 南應望德山

波泰烽燧 在府北十八里 北應撫夷北峯 南應多弄哈

撫夷北峯烽燧 在府北二十八里 西應慶源府古阿吾地堡東峯 南應波泰

阿吾地堡東峯烽燧 在府西三十二里 北應慶源伯顏 東應撫夷北峰

『東國輿地志』卷8, 咸鏡道 富寧都護府 烽燧

茂山堡東良洞烽燧 在府北二十里 南應府南峯 北應梁永萬洞

梁永萬洞烽燧 在府北五十里 南應東良洞 北應會寧錢掛峴

南峰烽燧 在府南七里 南應虛通洞 北應東良洞

虛通洞烽燧 在府南二十七里 南應玉蓮堡北峯 北應南峯

玉蓮堡北峯烽燧 在府南五十里 南應崔達洞 北應虛通洞

崔達洞烽燧 在府南七十八里 北應玉蓮北峯 南應慶城府姜德

新增 林秀德烽燧 在府南九十八里 北應玉蓮堡北峯 南應慶城姜加德及李順德
　　恭僖王九年 革崔達洞 移于此

新增 茂山堡南峯烽燧 在府北四十里 南應東良洞 北應亏無介 恭僖王四年 革梁
　　永萬洞 移于此

新增 亏無介烽燧 在府北五十里 南應茂山堡南峯 北應豊山金世洞

『東國輿地志』卷9, 平安道 平壤府 烽燧

斧山烽燧 北應順安縣獨子山 南應作藥山

作藥山烽燧 在府西十四里 南應所叱堂岾 北應斧山

所叱堂岾烽燧 在府城內 南應畫寺山 北應作藥山

畫寺山烽燧 在府南二十六里 南應中和郡雲峯山 北應所叱堂岾

佛谷烽燧 在府西一百里 北應永柔縣大船串 南應馬項

馬項烽燧 在府西九十六里 北應佛谷 南應加幕

加幕烽燧 在府西九十八里 北應馬項 南應鐵和

鐵和烽燧 在府西九十九里 北應加幕 南應甑山縣兎山

『東國輿地志』卷9, 平安道 中和郡 烽燧
雲峰山烽燧 北應平壤府晝寺山 南應黃海道黃州天柱山

『東國輿地志』卷9, 平安道 龍岡縣 烽燧
所山烽燧 在縣西三十二里 北應咸從縣曹士池 南應三和縣大堂頭山

『東國輿地志』卷9, 平安道 三和縣 烽燧
大堂頭山烽燧 在縣西三十六里 北應龍岡縣所山 南應新寧江
新寧江烽燧 南應黃海道長連縣今卜山 北應大堂頭山

『東國輿地志』卷9, 平安道 甑山縣 烽燧
兎山烽燧 在縣西十四星 南應咸從縣草島 北應平壤府鐵和

『東國輿地志』卷9, 平安道 順安縣 烽燧
獨子山烽燧 南應平壤府斧山 北應永柔縣尖頭山

『東國輿地志』卷9, 平安道 咸從縣 烽燧
草島烽燧 在縣西二十七里 北應甑山縣兎山 南應吾串
吾串烽燧 在縣西二十一里 北應草島 南應曹士池
曹士池烽燧 在縣西二十三里 南應龍岡縣所山 北應吾串

『東國輿地志』卷9, 平安道 安州牧 烽燧
城隍堂烽燧 北應博川郡禿山 西應靑山
靑山烽燧 在州西十五里 北應嘉山郡蓮池 南應悟道山
悟道山烽燧 北應靑山 南應所里山
所里山烽燧 在州南四十七里 東應悟道山 南應肅川府都迎山
諸非筒烽燧 在州西四十三里 北應博川郡德間串 西應老江
老江烽燧 在州西六十六里 南應肅川府息浦 東應諸非筒

『東國輿地志』卷9, 平安道 定州牧 烽燧

立波山烽燧 在州南三十二里 西應郭山郡防築浦 東應都致串

都致串烽燧 西應立波山 東應鎭海串

鎭海串烽燧 在州南二十三里 西應都致串 東應蛤和

蛤和烽燧 在州南三十四里 西應鎭海串 東應廣岩

廣岩烽燧 在州南四十一里 西應蛤和 東應馬岩

馬岩烽燧 在州南五十一里 西應廣岩 東應仍朴

仍朴串烽燧 在州南五十三里 西應馬岩 東應舍音山

舍音山烽燧 在州南六十里 西應仍朴串 東應彌勒堂

彌勒堂烽燧 在州南五十七里 西應舍音山 東應沙邑冬音

沙邑冬音烽燧 在州東南七十里 西應彌勒堂 東應嘉山郡頓山

仇寧山烽燧 在州西七里 西應郭山郡所山 東應馬山

馬山烽燧 在州東南四十二里 西應仇寧山 東應七岳山

漆岳山烽燧 在州東南七十一里 西應馬山 東應嘉山郡蓮池

『東國輿地志』卷9, 平安道 肅川都護府 烽燧

都迎山烽燧 在府南十八里 北應安州所里山 南應永柔縣米頭山

息浦烽燧 在府西三十里 北應安州老江 南應高石里

高石里烽燧 在府西三十里 南應餘乙外 北應息浦

餘乙外烽燧 在府西三十里 南應永柔縣所山 北應高石里

『東國輿地志』卷9, 平安道 嘉山郡 烽燧

頓山烽燧 在郡西十五里 西應定州沙邑冬音 南應博川郡禿山

蓮池烽燧 在郡東十八里 西應定州漆岳山 南應安州靑山

『東國輿地志』卷9, 平安道 永柔縣 烽燧

米豆山烽燧 南應順安縣獨子山 北應肅川府都延山

所山烽燧 在縣北三十八里 南應大船串 北應肅川府餘乙外

大船串烽燧 在縣西四十五里 南應平壤佛谷 北應所山

『東國輿地志』卷9, 平安道 鐵山郡 烽燧

熊骨山烽燧 東應龍川郡龍虎山 西應宣川郡吾道串

於郎山烽燧 南應鷲家山 北應所串

鷲家山烽燧 東應岐串 西應於郎山

岐串烽燧 在郡西二十三里 東應白梁山 西應鷲家山

白梁山烽燧 東應宣川郡牛耳 南應岐串

所串山烽燧 在郡西二十五里 北應龍川郡石乙串 南應於郎山

『東國輿地志』卷9, 平安道 龍川郡 烽燧

龍虎山烽燧 西應義州刀山 東應鐵山郡熊骨山

代山烽燧 在郡西十一里 西應義州方里岩 東應龍眼山

龍眼山烽燧 西應代山 東應辰串

辰串烽燧 在郡西四十二里 西應龍眼山 東應沙爲浦

沙爲浦烽燧 西應辰串 東應石乙串

石乙串烽燧 在郡西三十五里 西應沙爲浦 東應鐵山郡所串

『東國輿地志』卷9, 平安道 昌城都護府 烽燧

甲岩烽燧 北應雲圓山 南應朔州府延坪山 西應同府懼狄岩

雲圓山烽燧 南應甲岩 東應廟祠

廟洞烽燧 在府北十里 西應雲圓山 北應漁江灘

漁汀灘烽燧 西應廟洞 北應徐介洞

徐介洞烽燧 在府西三十九里 西應漁汀灘 北應古林城

古林城烽燧 東應碧潼郡胡照里 西應徐介洞

『東國輿地志』卷9, 平安道 朔州都護府 烽燧

延坪山烽燧 北應昌城府甲岩 南應件田山

件田山烽燧 在府西南十二里 北應延坪山 南應梧里洞
權狄岩烽燧 在府北三十二里 東應昌城府甲岩 西應田往仇非山
田往仇非山烽燧 在府北三十三里 東應權狄岩 西應義州老江灘
梧里洞烽燧 在府南二十九里 北應件田山 南應城頭山
城頭山烽燧 在府南六十五里 南應龜城府八嶺山 北應梧里洞

『東國輿地志』卷9, 平安道 龜城都護府 烽燧
所串烽燧 在府北二十八里 北應朔州府城頭山 南應古城
古城烽燧 在府西三里 北應所串 南應泰川縣籠吾里

『東國輿地志』卷9, 平安道 宣川郡 烽燧
牛耳串烽燧 在郡西二十五里 西應鐵山郡白梁 東應立岩
立岩烽燧 在郡西二十里 西應牛耳串 東應蟻腰
蟻腰烽燧 在郡南十五里 西應立岩 東應郭山郡青庵山
吾道串烽燧 在郡西二十里 東應郭山郡松足 西應鐵山郡熊骨山

『東國輿地志』卷9, 平安道 郭山郡 烽燧
青庵山烽燧 在郡西二十八里 西應宣川郡蟻腰 東應防築浦
防築浦烽燧 西應青庵山 東應定州立波山
松足烽燧 在郡西二十五里 西應宣川郡吾道串 南應所山
所山烽燧 在郡東南五里 西應松足 東應定州仇寧山

『東國輿地志』卷9, 平安道 寧邊大都護府 烽燧
栗峴烽燧 在府西北三十九里 西應泰川縣籠吾里 南應博川郡禿山

『東國輿地志』卷9, 平安道 博川郡 烽燧
禿山烽燧 在郡西三里 北應寧邊府栗峴 南應安州城隍堂
德間串烽燧 在郡南四十九里 西應定州沙邑冬音 南應安州虎完

『東國輿地志』卷9, 平安道 泰川縣 烽燧
籠吾里山烽燧 西應龜城府古城 東應寧邊府栗峴

『東國輿地志』卷9, 平安道 江界都護府 烽燧
虛失里烽燧 在府北八里 北應金麽訖家北
金麽訖家北烽燧 在府北三十五里 東應石茸峯 西應虛失里
石茸峯烽燧 在府東北五十里 西應金麽訖家北 〃應安興道家北
安興道家北烽燧 在府北三十里 東應金麽訖家北 〃應安明守家北
安明守家北烽燧 在府北五十里 南應安興道家北 〃應梨峴
梨峴烽燧 在府北七十里 南應安明守家北 〃應山羊遷
山羊遷烽燧 在府北一百十里 南應梨峴 西應松峯
松峯烽燧 在府北九十三里 東應山羊遷 西應金成敏家北
金成敏家北烽燧 在府北一百五十里 東應松峯 西應餘屯峴
餘屯峴烽燧 在府北一百五十里 東應金成敏家北 西應餘屯
餘屯烽燧 在府北一百六十一里 西應伊車加大 東應餘屯峴烽燧
伊車加大烽燧 在府西一百五十里 南應宰臣洞 東應餘屯
宰臣洞烽燧 在府西一百四十里 北應伊車加大 西應分土
分土烽燧 在府西一百三十里 東應宰臣 南應許麟浦
許麟浦烽燧 在府西一百三十里 北應分土 西應馬時里
馬時里烽燧 在府西一百四十五里 東應許麟浦 西應渭源舍長仇非
新增 登公仇非烽燧 在府北一百十五里 西應餘屯 北應松峯

『東國輿地志』卷9, 平安道 渭原郡 烽燧
舍長仇非烽燧 在郡北十二里 東應江界府馬時里 西應南坡山
南坡山烽燧 東應舍長仇非 西應銅遷山
銅遷山烽燧 西應理山郡蛤池山 東應南坡山

『東國輿地志』卷9, 平安道 理山郡 烽燧

蛤池山烽燧 東應渭原郡銅遷 西應松峯

松峯烽燧 在郡北十八里 東應蛤池山 西應九天山

九天山烽燧 在郡北二十一里 東應松峯 西應古烟臺山

古烟臺山烽燧 在郡西三十一里 東應九天山 西應阿耳堡

阿耳堡烽燧 東應古烟臺山 西應碧潼郡廣坪

『東國輿地志』卷9, 平安道 碧潼郡 烽燧

廣坪烽燧 東應理山郡阿耳 西應小坡兒松林

松林烽燧 在郡北四十里 東應廣坪 西應豆音只

豆音只烽燧 在郡北四十五里 東應松林 西應波限遷

波限遷烽燧 在郡北三十里 東應豆音只 西應金昌山

金昌山烽燧 東應波限遷 西應楸仇非

楸仇非烽燧 東應金昌山 西應胡照里

胡照里烽燧 在郡西六十五里 東應楸仇非 西應昌城府古林城

4. 『輿地圖書』(1760)

『輿地圖書』上, 平安道 平壤府 烽燧

斧山烽燧 在府北二十五里 北應順安縣獨子山烽燧 南應雜藥山烽燧

雜藥山烽燧 在府西十五里 北應斧山烽燧 南應晝寺烽燧

晝寺烽燧 在府南二十五里 北應雜藥山烽燧 南應中和雲峯山烽燧

石北烟臺 在府西一百十里 北應永柔縣大船串烟臺 南應馬項烟臺

馬項烟臺 在府西一百五里 北應石北烟臺 南應鐵和烟臺

鐵和烟臺 在府西一百二十里 北應馬項烟臺 南應甑山縣兎山烟臺

秀華山烟臺 在府西九十里 西應馬項烟臺 東應承今山烟臺

承今山烟臺 在府西三十里 西應秀華山烟臺 東應雜藥山烽燧

『輿地圖書』上, 平安道 平壤府 軍兵 兵營屬

烽軍 七十二名

『輿地圖書』上, 平安道 中和府 烽燧

雲峯山烽燧 在府西三里 南應黃州天柱山烽燧三十里 北應平壤晝寺山烽燧二
　　十五里

海望烽燧 在海鴨山 今廢

『輿地圖書』上, 平安道 中和府 軍兵 兵營屬

烽軍 七名 保十四名 以上入番

『輿地圖書』上, 平安道 龍岡縣 烽燧

所山烟臺 在縣西三十里 北應咸從曹士池烽二十里 南應三和大堂頭山烽二十
　　一里

大德嶺間設烟臺 在縣西五里 西應所山烽三十里

『輿地圖書』上, 平安道 義州府 烽燧

老土灘烽燧 在靑水鎭北八里 東應朔州仇寧鎭烽燧 西應靑城鎭亭子山烽燧 相
　　距十五里

亭子山烽燧 在靑城鎭東五里 南應金同洞烽燧 相距十五里

金同洞烽燧 在方山鎭北五里 南應浮洞烽燧 相距十五里

浮洞烽燧 在玉江西五里 西應金洞串烽燧 相距十五里

金洞串烽燧 在水口鎭東五里 西應石階烽燧 相距十五里

石階烽燧 在乾川堡西四里 西應統軍亭烽燧 相距十五里

統軍亭烽燧 在衙舍北一里 南應白馬城烽燧 相距二十里

白馬城烽燧 在城內 南應葛山烽燧 相距二十里

葛山烽燧 在府南四十里光化坊 南應龍川龍骨山烽燧 相距二十五里

古正州烟臺 在府南二十五里古城坊 北應統軍亭烽燧 南應岐里城烟臺 相距十
　　五里

岐里城煙臺 在麟山鎮西五里 南應于里巖烟臺 相距三十里

于里巖烟臺 在楊下鎮西二里 南應龍川龍眼山烟臺

『輿地圖書』上, 平安道 義州府 軍兵 兵營屬

烽軍 十名

『輿地圖書』上, 平安道 鐵山府 烽燧

甑峯烽燧 在府西十五里 北應龍川龍骨山烽燧三十里 南應雲暗山烽燧二十五里

雲暗山烽燧 在府南二十五里 東應宣川鶴峴山烽燧三十里

所串烟臺 在府西三十里 北應龍川艺串烟臺三十里 南應鶩家山烟臺二十五里

鶩家山烟臺 在府南四十里 東應柏梁烟臺二十五里

栢梁烟臺 在府南三十五里 東應宣川圓山烟臺二十五里

『輿地圖書』上, 平安道 鐵山府 軍兵 兵營屬

烽軍十名 保二十名 以上入番

『輿地圖書』上, 平安道 龍川府 烽燧

龍骨山烽燧 在府東十里 北應義州刀山烽燧二十里 東應鐵山甑峯山烽燧二十里

龍眼山烟臺 在府西三十五里 北應義州亏里岩烟臺十里 西應辰串烟臺二十里

辰串烟臺 在府西四十里 北應龍眼山烟臺二十里 東應沙爲浦烟臺十里

沙爲浦烟臺 在府西四十里 西應辰串烟臺十里 東應艺串烟臺三十里

艺串烟臺 在府南二十五里 西應沙爲浦烟臺三十里 東應鐵山所串烟臺二十里

龍虎烟臺 在府南三里 西應海望烟臺三十里 以報本府

『輿地圖書』上, 平安道 龍川府 軍兵 兵營屬

烽軍八名 保十六名 以上入番

『輿地圖書』上, 平安道 寧邊府 烽燧

栗古介烽燧 在府西北四十九里 西應泰川縣籠吾里烽燧四十里 南應德山烽燧
　　二十五里

德山烽燧 在府西四十三里 北應栗古介烽燧二十五里 南應博川郡鳳麟山烽燧

二十里

『輿地圖書』上, 平安道 寧邊府 軍兵 兵營屬

烽軍一百五名 保十六名 以上入番

『輿地圖書』上, 平安道 博川郡 烽燧

深源山烽燧 在郡南十里 北應寧邊德山烽燧二十里 南應安州城隍山烽燧四十里

竝溫山烽燧 在郡南三十里 北應嘉山冬乙應山烽燧十里 南應安州青山烽燧十里

『輿地圖書』上, 平安道 泰川縣 烽燧

籠吾里山烽燧 在縣西十五里 西應龜城古城烽燧四十里 東應寧邊栗古介烽燧
　　四十五里

『輿地圖書』上, 平安道 江界府 烽燧

虛實里 府北八里 東應金麼屹家北烽燧二十七里 西傳本府官門

金麼屹家北烽燧 府北三十里 東應安興道家北烽燧三十里 西傳虛實里烽燧二十
　　七里

安興道家北烽燧 府北三十里 東傳金麼屹家北烽燧三十里 北應安明守家北烽燧
　　二十里

安明守家北烽燧 府北五十里 南傳安興道家北烽燧二十里 北應梨峴烽燧四十里

梨峴烽燧 府北七十里 南傳安明守家北烽燧四十里 北應松峯烽燧二十五里

松峯烽燧 府北九十里 東傳梨峴烽燧二十五里 西應金成敏家北烽燧三十里

金成敏家北烽燧 府北一百五十里 東傳松峯烽燧三十里 西應五里坡烽燧四十
　　五里

五里坡烽燧 府北一百五十里 東傳金成敏家北烽燧四十五里 西應餘屯峴烽燧
　　八里

餘屯峴烽燧 府北一百六十里 自此始發一路 自五里坡 東傳本府一路 自伊車加
　　大 南傳渭原 東應五里坡烽燧八里 西傳伊車加大烽燧十二里

伊車加大烽燧 府北一百五十里 東應餘屯峴烽燧十二里 西傳宰臣洞烽燧十六里

宰臣洞烽燧 府西一百四十里 東應伊車加大烽燧十六里 西傳朱土洞烽燧十五里

朱土洞烽燧 府西一百三十里 東應宰臣洞烽燧十五里 西傳分土烽燧二十五里

分土烽燧 府西一百三十五里 東應朱土洞烽燧二十五里 西傳許麟浦烽燧二十里

許麟浦烽燧 府西一百四十里 東應分土烽燧二十里 西傳馬實里烽燧十里

馬實里烽燧 府西一百四十五里 東應許麟浦烽燧十里 西傳奉天臺烽燧十里

奉天臺烽燧 府西一百六十里 東應馬實里烽燧十里 西傳渭原舍長仇非烽燧十里

『輿地圖書』上, 平安道 江界府 軍兵 兵營屬

烽軍十六名 保三十二名 以上入番

『輿地圖書』上, 平安道 渭原郡 烽燧

林里烽燧 在郡北十九里 東應江界奉天臺烽燧十里 西應舍長仇非烽燧十里

舍長仇非烽燧 在郡北十三里 東應林里烽燧十里 西應南坡烽燧十里

南坡烽燧 在郡西二十二里 東應舍長仇非烽燧十里 西應新烟臺烽燧十里

南坡烽燧 在郡西二十二里 東應舍長仇非烽燧十里 西應新烟臺烽燧十里

新烟臺烽燧 在郡西五十里 東應南坡烽燧十里 西應銅遷烽燧十里

銅遷烽燧 在郡西五十八里 東應新烟臺烽燧十里 西應理山蛤池淵烽燧十里

『輿地圖書』上, 平安道 渭原郡 軍兵 兵營屬

烽軍戶保幷四十五名入番 遺演別一名

『輿地圖書』上, 平安道 理山郡 烽燧

蛤池烽燧 在府東十里 東應渭原郡芝軒洞烽燧十五里 西應北山烽燧十里

北山烽燧 在府北十里 東應蛤池烽燧十五里 西應山羊會堡烽燧十里

山羊會堡烽燧 在府西二十五里 東應北山烽燧二十五里 西應阿耳鎭烽燧三十
　　五里

阿耳鎭烽燧 在府西五十五里 東應山羊會堡烽燧三十五里 西應碧潼郡廣坪烽
　　燧二十里

『輿地圖書』上, 平安道 理山郡 軍兵 兵營屬

烽軍四十名 保八十名

『輿地圖書』上, 平安道 碧潼郡 烽燧
廣坪堡東烟臺烽燧 在郡北六十五里 北應理山府阿耳鎭烽燧二十五里 西應小
　　坡兒堡松林烽燧十五里
小坡兒堡松林烽燧 在郡北五十里 北應廣坪堡東烟臺烽燧十五里 西應大坡兒
　　堡豆音只烽燧二十里
大坡兒堡豆音只烽燧 在郡北三十里 北應小坡兒堡松林烽燧二十里 西應本郡
　　金昌烽燧二十里
本郡金昌烽燧 在郡北十里 北應大坡兒堡豆音只烽燧二十里 西應楸仇非堡楸
　　羅烽燧二十里
楸仇非堡楸羅烽燧 在郡西二十里 北應本郡金昌烽燧二十里 西應碧團鎭胡照
　　里烽燧三十里
碧團鎭胡照里烽燧 在郡西六十里 北應楸仇非堡楸羅烽燧三十里 西應小吉號
　　里堡小峴烽燧十五里
小吉號里堡小峴烽燧 在郡西六十五里 北應碧團鎭胡照里烽燧十五里 西應昌
　　城府大吉號里堡烽燧十五里
『輿地圖書』上, 平安道 碧潼郡 軍兵 兵營屬
烽軍三十名 入番

『輿地圖書』上, 平安道 三和府 烽燧
大唐頭山海望烟臺 在府西四十里 北應龍岡所山烟臺三十五里 東應本府牛山
　　烟臺三十五里
牛山海望烟臺 在府南十里 西應本府大唐頭山海望烟臺三十五里 南應黃海道
　　長連今音卜山烟臺 隔大津西十里

『輿地圖書』上, 平安道 江西縣 烽燧
淨林山 在縣十里 柴應咸從屈嶺山烽 旣是間烽 故去應無

『輿地圖書』上, 平安道 甑山縣 烽燧

望海兔山烟臺 在縣西十四里 南應咸從吾串烟臺二十四里 北應平壤鐵和烟臺
　　二十五里

『輿地圖書』上, 平安道 順安縣 烽燧

獨子山烽燧 在縣西十五里 北應永柔米頭山三十里 南應平壤斧山三十里

大船串烟臺 在縣西七十里 北應永柔所山烽燧四十里 南應平壤佛谷烽燧三十里

『輿地圖書』上, 平安道 咸從府 烽燧

吾串烽燧 在府西二十一里 北應甑山縣兔山烽燧二十一里 南應漕士池烽燧二十里

漕士池烽燧 在府西二十三里 南應龍岡縣所山烽燧二十里 北應吾串烽燧二十里

窟嶺間烽烽燧 在府南五里 西應漕士池烽燧二十三里 東應江西縣赤林山烽燧二
　　十里

『輿地圖書』上, 平安道 昌城府 烽燧

大吉號里古林城烽燧 在府北五十里 北應小吉號里烽燧十里 西應昌州鎭徐哥
　　洞烽燧十里

昌州鎭徐哥洞烽燧 在府北四十里 北應大吉號里古林城烽燧十里 西應於汀堡
　　灘烽燧十里

於汀堡灘烽燧 在府北二十五里 北應昌州鎭徐哥洞烽燧十里 西應廟洞舡頭洞
　　烽燧二十里

廟洞舡頭洞烽燧 在府北十里 北應於汀堡灘烽燧二十里 西應雲頭里烽燧五里

雲頭里烽燧 在府西五里 北應廟洞舡頭洞烽燧五里 西應甲岩一峯山烽燧十五里

甲岩一峯山烽燧 在府南十三里 北應雲頭里烽燧十五里 南朔州延坪參烽燧七
　　里 西應仇寧鎭烽燧十五里

『輿地圖書』上, 平安道 朔州府 烽燧

延坪嶺烟臺 在府北十八里 北應昌城二峯山烟臺十里 南應件田洞烽燧十八里

件田洞烽燧 在府西十二里 北應延坪嶺烟臺十八里 南應五里洞烽燧二十里

吾里洞烽燧 在府南二十五里 北應件田洞烽燧二十里 南應古城頭烟臺三十里

古城頭烟臺 在府南六十里 北應吾里洞烽燧三十里 南應龜城八營嶺所串烟臺
　　三十里

權狄巖烽燧 在府北三十三里 東應昌城二峯山烟臺十里 西應田往仇非烽燧十里

田往仇非烽燧 在府北三十五里 東應權狄巖烽燧十里 西應義州靑水鎭老土灘
　　烽燧十五里

『輿地圖書』上, 平安道 朔州府 軍兵 本府屬

烽軍六十名 烽軍保一百二十名 以上守番

『輿地圖書』上, 平安道 龜城府 烽燧

所串烽燧 在府北四十里 北應大朔州姑城烽燧四十里 南應本府姑城烽燧四十
　　五里

姑城烽燧 在府南五里 北應所串烽燧四十五里 東應泰川籠吾里烽燧四十里

『輿地圖書』上, 平安道 龜城府 軍兵 本府屬

烽軍三十一名 保六十二名 以上立番

『輿地圖書』上, 平安道 宣川府 烽燧

鶴峴烽燧 在府西三十里 西應鐵山熊骨山烽燧三十里 東應圓山烽燧二十里

圓山烽燧 在府南二十里 西應鶴峴烽燧二十里 東應西望日烽燧二十里

西望日烽燧 在府南三十里 西應圓山烽燧二十里 東應郭山通景山烽燧三十里

所串烟臺 在府西三十里 西應鐵山栢梁山烟臺四十里 東應海岸烟臺三十里

海岸烟臺 在府南三十里 西應所串烟臺三十里 東應郭山靑巖山烟臺三十里

權設間烽 大睦山烽燧 在府南山 西應所串烟臺三十里

權設間烽 東林烽燧 在城南山 南應鶴峴烽燧三十里

『輿地圖書』上, 平安道 郭山郡 烽燧

靑岩山烟臺 在郡西三十里 西應宣川海岸烟臺三十里 東應防築浦烟臺二十五里

防築浦烟臺 在郡西南間二十五里 西應靑岩山烟臺三十里 東應定州都致串烟
　　臺二十五里
通京山烽臺 在郡西五里 西應宣川西望日烽臺三十里 東應本郡所山烽臺十里
所山烽臺 在郡南十里 西應通京山烽臺十里 東應定州仇寧山烽臺三十里
『輿地圖書』上, 平安道 郭山郡 軍兵 兵營屬
烽軍十一名 立番保二十二名

『輿地圖書』上, 平安道 安州牧 烽燧
城隍堂烽燧 在州東五里 北應博川獨子山烽燧相距二十里 西應靑山烽燧相距
　　二十里
靑山烽燧 在州西二十里 北應博川並溫烽燧相距二十里 南應悟道山烽燧相距二
　　十里
悟道山烽燧 在州南二十里 北應靑山烽燧相距二十里 南應小尼山烽燧相距二
　　十里
小尼山烽燧 在州南四十五里 北應悟道山烽燧相距二十里 南應肅川都延山烽
　　燧相距四十里
虎穴烟臺 在州西四十里 北應定州沙邑橋烟臺相距二十里 南應老江烟臺相距
　　二十里
老江烽燧 在州南六十里 北應虎穴烟臺相距二十里 南應肅川息浦烟臺相距二
　　十里
『輿地圖書』上, 平安道 安州牧 軍兵 兵營屬
烽軍二十二名 烽軍保四十四名

『輿地圖書』上, 平安道 定州牧 烽燧
仇寧山烽燧 在州南七里 西應郭山烽燧三十里 東應馬山烽燧四十里
馬山烽燧 在州東四十二里 西應仇寧山烽燧四十里 東應七岳山烽燧三十里
七岳山烽燧 在州東南七十里 西應馬山烽燧三十里 東應嘉山冬乙郎山烽燧三
　　十里

都致串烟臺 在州西南四十里 西應郭山防築浦烟臺三十里 東應陳海串烟臺三
　　十里

陳海串烟臺 在州南三十里 西應都致串烟臺三十里 東應慈聖山烟臺七十里

慈聖山烟臺 在州南四十里 西應陳海串烟臺七十里 東應舍音山烟臺三十里

舍音山烟臺 在州南五十里 西應慈聖山烟臺三十里 東應沙邑冬音烟臺三十里

沙邑冬音烟臺 在州東南七十二里 西應舍音山烟臺三十里 東應安州虎穴烟臺
　　八十里

『輿地圖書』上, 平安道 定州牧 軍兵 兵營屬

烽軍二十一名 烽軍保四十二名 入番

『輿地圖書』上, 平安道 肅川府 烽燧

都延山烽燧 在府南二十里 北應安州所里山烽燧四十里 南應永柔米頭山烽燧
　　十里

息浦烟臺 在府西六十里 北應安州冬乙郎山烟臺二十里 南應餘乙外烟臺十里

餘乙外烟臺 在府西五十里 北應息浦烟臺十里 南應永柔所里山烟臺三十里

岐山間設烽 在府西三十里 西應餘乙外烟臺二十里 東應磨天山間設烽十五里

磨天山間設烽 在府西十五里 西應岐山間設烽十五里 東應本府官門十五里

『輿地圖書』上, 平安道 肅川府 軍兵 兵營屬

烽軍二十四名

『輿地圖書』上, 平安道 嘉山郡 烽燧

冬乙郎山烽燧 在郡東十五里 西應定州參岳山烽燧二十里 南應博川竝溫山烽
　　燧十里

海望間烽 在郡南三里 堂峴風和六朔分叱擧

『輿地圖書』上, 平安道 肅川府 軍兵 兵營屬

烽軍戶十三名 保二十六名 入番

『輿地圖書』上, 平安道 永柔縣 烽燧

米豆山烽燧 在縣東二里 北應肅川府都延山烽燧十五里 南應順安縣獨子山烽
　燧五里
臥龍山烟臺 在縣西三十五里 北應肅川餘乙外烟臺十五里 南應順安大船串烟
臺十五里
『輿地圖書』上, 平安道 永柔縣 軍兵 兵營屬
烽軍二十四名 以上入番

『輿地圖書』下, 黃海道 海州牧 烽燧
沙串 在州南三十五里 自康翎食多山 北報花山
花山 在州南二十里 南應沙串 北報花山
南山 在州南二里 南應花山 東報睡鴨
睡鴨 在州南六十里 北應南山 東報延坪
延坪 在州南一百二十里 北應睡鴨 東報龍媒
龍媒 在州東南九十里 南應延坪 東報支串
支串 在州東九十里 南應龍媒 北報平山聲串

『輿地圖書』下, 黃海道 延安都護府 烽燧
定山烽燧 在府南三十二里 北應走之串 南應看月山
白石山烽燧 在府南二十里 西應看月山 東應角山
走之串烽燧 在府西二十五 北應平山府聲串 南應定山
看月山烽燧 在府南三十三里 北應定山 南應白石山
角山烽燧 在府東三十里 西應白石山 東應白川郡鳳在山 南應京折喬洞府修井山

『輿地圖書』下, 黃海道 黃州牧 烽燧
天柱山烽燧 在州東十五里 北應平安道中和府雲峯山 東照古梅峙 南照德月山
古梅峙烽燧 在州東四十里 西應天柱山 南照鳳山郡乾之山
琵琶串烽燧 在州西三十里 西應安岳郡月乎山 東照德月山
德月山烽燧 在州之主山水路 西應琵琶串陸路 東應天柱山 照止兵營

『輿地圖書』下, 黃海道 平山都護府 烽燧

禿鉢山烽燧 在府北三十九里 安城面 南應奉子山 北應瑞興縣回山

奉子山 在府北二十一里 西峯面 北應禿鉢山 南應南山

南山 在府南三里 北應奉子山 南應金川郡城山

聲串烽燧 在府南一百二十里 道下面 西應海州皮串 東應延安走之串

『輿地圖書』下, 黃海道 平山都護府 軍兵

烽燧監官九人 烽軍七十五名 保二百二十五名

『輿地圖書』下, 黃海道 鳳山郡 烽燧

乾之山烽燧 南應瑞興所麼山 北應黃州天柱山

『輿地圖書』下, 黃海道 鳳山郡 軍兵 兵營

烽燧監官三人 烽燧軍二十五名 烽軍保七十五名

『輿地圖書』下, 黃海道 安岳郡 烽燧

甘積山烽燧 在郡西三十里 草郊坊 北應長連今卜烽 南應梨峴烽

梨峴烽 在郡西十里 禾石坊 北應甘積山烽 南應所山烽

所山烽 在郡南三里 禾石坊 北應梨峴烽 東應月呼山烽

月呼山烽 在郡東二十五里 大元坊 西應所山烽 東應黃州琵琶串烽

『輿地圖書』下, 黃海道 安岳郡 軍兵

烽軍戶保 四百五十名

『輿地圖書』下, 黃海道 瑞興縣 烽燧

所卜山烽臺 在治之西二十里 北應鳳山乾之山 南應回山

回山烽臺 在治之南二十里 北應所卜山 南應平山禿鉢山

『輿地圖書』下, 黃海道 瑞興縣 軍兵 兵營屬

烽燧監官六名 烽燧軍戶保 幷二百名

『輿地圖書』下, 黃海道 長連縣 烽燧

今音卜山烽 在縣北十里 縣內坊 北應平安道新寧江烽 東應安岳甘積山烽
『輿地圖書』下, 黃海道 長連縣 軍兵
烽軍二十五名 保七十五名 烽臺監官三人

『輿地圖書』下, 黃海道 豊川府 烽燧
所山烽 在府北四十里 仁風坊 北應殷栗乾止山烽 南應古里串烽
古里串烽 在府南二十里 遊山坊 北應所山烽 南應長淵几串烽
『輿地圖書』下, 黃海道 豊川府 軍兵 兵營屬
烽臺監官六人 烽軍五十名 保一百五十名

『輿地圖書』下, 黃海道 長淵府 烽燧
几串烽 在府北六十里 薪谷坊 北應豊川古里串烽 南應松蘿烽
松蘿烽 在府西五十里 薪谷坊 北應几串烽 南應彌羅山烽
彌羅山烽 在府西四十里 海安坊 北應松蘿烽 南應靑石烽
靑石烽 在府南四十里 大曲坊 北應彌羅山烽 南應大串烽
大串烽 在府南五十里 大曲坊 北應靑石烽 南應斧津開龍山烽
『輿地圖書』下, 黃海道 長淵府 軍兵 兵營屬
烽燧監官十五人 烽軍一百二十五名 烽軍保三百七十五名

『輿地圖書』下, 黃海道 白川郡 烽燧
鳳在山烽燧 西應延安角山 東應彌羅山
彌羅山烽燧 在碧瀾渡上 西應鳳在山 東應開城府松岳山
『輿地圖書』下, 黃海道 白川郡 軍兵
烽燧監官六人 軍五十名 保一百五十名

『輿地圖書』下, 黃海道 金川郡 烽燧
古城山烽燧 在郡西二十里 北應平山南山烽燧 南應松都松岳山烽燧

『輿地圖書』下, 黃海道 殷栗縣 烽燧

乾止山烽燧 在縣北十五里 東應安岳郡甘積山 西應豊川府所山

『輿地圖書』下, 黃海道 殷栗縣 軍兵

烽燧監官三人 烽軍戶保幷一百名

『輿地圖書』下, 黃海道 康翎縣 烽燧

推峙烽燧 在縣南八十里 西應瓮山津炭頌山 東應九月山

堅羅山烽燧 在縣南四十里 東應海州沙浦串 西應九月山

九月山烽燧 在縣南六十里 東應堅羅山 西應推峙

食大山烽燧 在縣東三十里 東應海州沙浦串 西應推峙

『輿地圖書』下, 黃海道 康翎縣 軍兵

烽燧監官十二人 烽軍一百名 烽軍保三百名

『輿地圖書』下, 黃海道 瓮津都護府 烽燧

開龍烽燧 自官門西距七十里 西應長淵大串烽燧 東應本府南山烽燧

南山烽燧 自官門西距四十五里 西應本府開龍烽燧 東應本府炭項烽燧

炭項烽燧 自官門南距十五里 西應本府南山烽燧 東應康翎推峙烽燧

『輿地圖書』下, 咸鏡道 咸興府 烽燧

執三昧烽燧 在府東七十里 甫靑社 北應洪原南山烽燧 西應倉嶺烽燧 烽武士百
　名 輪番守直

倉嶺烽燧 在府東六十里 退潮社 東應執三昧烽燧 西應草串嶺烽燧 烽武士百名
　輪番守直

草串嶺烽燧 在府東三十五里 州東社 東應倉嶺烽燧 西應城串山嶺烽燧 烽武士
　百名 輪番守直

城串山烽燧 在城內 北麓上頭 東應草串嶺烽燧 西應定平鼻白山烽燧 烽武士百
　名 輪番守直

『輿地圖書』下, 咸鏡道 永興府 烽燧

德峙烽燧 在府北十里 北應定平三金洞烽燧 南應城隍烽燧

城隍峙烽燧 在府西三里 北應德峙烽燧 南應高原熊望山烽燧

『輿地圖書』下, 咸鏡道 鏡城都護府 烽燧

松谷峴烽燧 北應富寧獐項 南應姜德

姜德烽燧 北應松谷峴 南應羅赤

漁遊澗鎭鷹峯烽燧 東應姜德

羅赤烽燧 北應姜德 南應長坪

長坪烽燧 北應羅赤 南應永康

吾村堡下峯烽燧 東應長坪

永康烽燧 北應長坪 南應朱村

朱乙溫堡上峯烽燧 東應下峯

下峯烽燧 西應上峯 東應永康

寶化堡下峯烽燧 東應永康

森森坡堡上峯烽燧 東應牟德

牟德烽燧 西應上峯 東應永康

朱村烽燧 北應永康 南應中德

中德烽燧 北應朱村 南應壽萬德

壽萬德烽燧 北應中德 南應明川北峯

『輿地圖書』下, 咸鏡道 鏡城都護府 軍兵

烽武士六百四十名 烽軍一百六十名

『輿地圖書』下, 咸鏡道 吉州牧 烽燧

碌礏 在州北十里 北應明川古站烽 西應崔細洞烽 南應鄕校峴烽

鄕校峴 在州南三里 北應碌礏烽 南應山城烽

山城 在州南三十八里 北應鄕校峴烽 南應場古介烽

場古介 在州南五十五里 北應山城烽 南應雙浦嶺烽

崔細洞 在州西二十六里 西應將軍坡烽 東應碌磭烽 右五烽屬本州

西山 在州西北九十里 自作火底 東應高峯烽

高峯 在州西北七十里 東應將軍坡烽 西應西山烽

將軍坡 在州西北六十六里 東應崔細洞烽 西應高峯烽 右三烽屬西北鎭

雙浦嶺 在州南八十里 北應場古介烽 南應歧里洞烽

歧里洞 在州南九十五里 北應雙浦嶺烽 南應端川胡打里烽 右二烽屬城津鎭

『輿地圖書』下, 咸鏡道 明川牧 烽燧

北烽燧 在邑西十里 北應鏡城水萬德烽 南報項浦洞烽

項浦洞烽燧 在邑西南三十里 北應北烽燧 南報古站峴烽

古站峴烽燧 在邑西南四十五里 北應項浦洞烽 南報吉州祿磭烽

『輿地圖書』下, 咸鏡道 會寧府 烽燧

高嶺鎭下乙浦烽燧 北應鍾城細川浦項 南應北烽

北峯烽燧 北應下乙浦 南應竹苞

竹苞烽燧 北應北峯 南應吾弄草

邑吾弄草烽燧 北應竹苞 南應鰲山

鰲山烽燧 北應吾弄草 南應高烟臺 東應內地德

高烟臺烽燧 北應鰲山 西南應雲頭峯

雲頭峯烽燧 東北應高烟臺 西應茂山琥珀德 東南應南峯

南峯烽燧 西北應雲頭峯 南應松峯

松峯烽燧 北應南峯 南應中峯

甫乙下鎭中峯烽燧 北應松峯 南應奉峴

奉峴烽燧 北應中峯 南應梨峴

梨峴烽燧 北應奉峴 南應古峴

古豊山堡古峴烽燧 北應梨峴 南應富寧黑毛老

行營傳報烽燧內地德烽燧 西應鰲山 東北應南孝郎

南孝郎烽燧 西南應內地德 東北應行營望臺 右兩處烽燧 十月初 兵使移駐 行營
　　後立番
『輿地圖書』下, 咸鏡道 會寧府 軍兵
烽燧屬 六百二十名內

『輿地圖書』下, 咸鏡道 定平府 烽燧
鼻白山烽燧 在府北四里 北應咸興城串山烽燧 南應王金伊洞烽燧
王金伊洞烽燧 在府南三十里 北應鼻白山烽燧 南應永興德山烽燧 古稱元定峴
　　烽燧 今稱王金伊洞烽燧

『輿地圖書』下, 咸鏡道 高原郡 烽燧
熊望山 北應城隍峙峯 南應天佛山烽
新設 烽儀峴
『輿地圖書』下, 咸鏡道 高原郡 軍兵
烽武士別將一人

『輿地圖書』下, 咸鏡道 安邊府 烽燧
巴洞烽燧 北應德源長德山 南應山城
山城烽燧 北應巴洞 南應沙峴
沙峴烽燧 北應山城 南應鐵嶺
鐵嶺烽燧 北應沙峴 南應淮陽松山
『輿地圖書』下, 咸鏡道 安邊府 軍兵
烽武士 四百名

『輿地圖書』下, 咸鏡道 德源府 烽燧
長德山烽燧 在府東十里 北應本府素達山烽 南應安邊巴洞烽 肅廟朝 草楡峴拔
　　山見山 移合于此
素達山烽燧 在府北十八里 北應文川天佛山烽 南應本府長德山烽

『輿地圖書』下, 咸鏡道 文川郡 烽燧

天佛山烽燧 北應高原熊望山烽燧 南應德源蘇達山烽燧

『輿地圖書』下, 咸鏡道 北青府 烽燧

石茸烽 在府東六十里 甫青社 北應利城縣眞鳥烽 西應本府山城烽

馬底烽 在府北一百七十里 泥穀社 北應甲山府鷹德烽 南應本府虛火烽

虛火烽 在府北一百四十里 泥穀社 北應馬底烽 南應厚峙烽

厚峙烽 在府北一百里 泥穀社 北應虛火烽 南應新設烽

新設烽 在府北七十里 泥穀社 北應厚峙烽 南應沙乙耳烽

沙乙耳烽 在府北五十里 聖代社 北應新設烽 南應者羅耳烽

者羅耳烽 在府北十里 德城社 北應沙乙耳烽 南應山城烽

山城烽 在府南二十里 中山社 北應者羅耳烽 東應石茸烽 南應佛堂烽

佛堂烽 在府南四十里 陽化社 北應山城烽 南應陸島烽

陸島烽 在府南八十里 陽化社 東應佛堂烽 西應洪原縣南山烽

『輿地圖書』下, 咸鏡道 端川府 烽燧

直路 胡打烽燧 府東六十里 北應吉州牧巨里洞烽燧 南應吾羅退烽燧

吾羅退烽燧 府東四十五里 北應胡打里烽燧 南應末訖乃烽燧

末訖乃烽燧 府東十五里 北應吾羅退烽燧 南應甑山烽燧

甑山烽燧 府南十五里 北應末訖乃烽燧 南應利城城門峴烽燧

山路 隱龍德烽燧 府北一百六十二里 梨洞堡所管火底 北應馬騰嶺烽燧

馬騰嶺烽燧 府北一百八十五里 梨洞堡所管 東應隱龍德烽燧 南應撿義德烽燧

撿義德烽燧 府北二百十五里 梨洞堡所管 北應馬騰嶺烽燧 西應口字烽燧

口字烽燧 府北二百三十三里 雙靑堡所管 東應撿義德烽燧 南應藿嶺烽燧

藿嶺烽燧 府西一百三十里 雙靑堡所管 北應口字烽燧 南應家舍烽燧

家舍烽燧 府北一百里 雙靑堡所管 北應藿嶺烽燧 南應古所里烽燧

古所里烽燧 府北六十五里 本府所管 北應家舍烽燧 南應獐項烽燧

獐項烽燧 府北三十里 本府所管 北應古所里烽燧 南應沙器日産烽燧

沙器日産烽燧 府西十里 本府所管 北應獐項烽燧 南應甑山烽燧

直路 自胡打里傳至甑山 山路 自隱龍德傳至甑山左右路 合準于此 傳送利城城
　　門峴烽燧 康熙丙申 罷藿嶺·家舍·古所里·獐項·沙器日産 等五烽臺 設瑟
　　峯·杉峯兩烽 乾隆庚午 以火路不順還 罷復舊路 按勝覽所載水差德烽燧·國
　　祀堂烽燧·吾乙足栢德烽燧·吾乙足口字北峯雙靑堡北烽燧 廢之已久

『輿地圖書』下, 咸鏡道 端川府 軍兵

烽燧別將一 標下軍八 烽武士七百 梨洞堡烽燧別將一 烽武士二十一

『輿地圖書』下, 咸鏡道 利城縣 烽燧

城門峙烽 北應端川甑山烽 南應眞鳥烽

眞鳥烽 北應城門峙烽 南應北靑石茸烽

『輿地圖書』下, 咸鏡道 利城縣 軍兵

烽武士二百名 每烽臺一百名 式定額每五日五名 式輪回替番

『輿地圖書』下, 咸鏡道 洪原縣 烽燧

南山烽臺 在縣南山 東應北靑陸島烽燧四十里許 南應咸興蒿山仇昧烽燧三十
　　里許

『輿地圖書』下, 咸鏡道 甲山府 烽燧

何方所德烽 西應三水水永洞烽 南應雲寵所里德烽

所里德烽 西應何方所德烽 南應同仁阿叱間烽

阿叱間烽 北應所里德烽 南應伊叱加乙烽

伊叱加乙烽 北應阿叱間烽 南應南烽

南烽 北應伊叱加乙烽 南應龍淵烽

龍淵烽 北應南烽 南應鷹德烽

鷹德烽 北應龍淵烽 南應北靑馬底烽

『輿地圖書』下, 咸鏡道 三水府 烽燧

水永洞烽燧 東應惠山鎭阿房金德峯 北應仁遮外堡西峯

仁遮外堡西峯烽燧 西應羅暖堡家南峯 南應水永洞峯

羅暖堡家南烽燧 東應仁遮外西峯 西應本堡西峯

羅暖堡西峯烽燧 東應本堡家南峯 西應茄乙波知鎭瓮洞峯

茄乙波知鎭瓮洞峯烽燧 東應羅暖西峯 西應舊茄乙波知松峯

茄乙波知鎭龍騎峯烽燧 西應舊茄乙波知松峯 南應自作堡乙山德

舊茄乙波知松峯烽燧 東應茄乙波知鎭瓮洞峯 南應茄乙知鎭龍騎峯

自作堡乙山德烽燧 南應魚面堡龍峯 北應茄乙波知鎭龍騎峯

魚面堡龍峯烽燧 北應自作堡乙山德峯火底

別害鎭蘆灘峯烽燧 西方無相應處 特本鎭自知之故不入於本府粘移中

『輿地圖書』下, 咸鏡道 鍾城府 烽燧

北峰烽燧 在府北九里 南應南峰 北應長城門烽燧

潼關長城門烽燧 本鎭分守 在府北十八里 南應本府北烽 北應潼關北烽

潼關北峰烽燧 本鎭分守 在府北二十三里 南應潼關長城門烽燧 北應潼關甫靑
　浦烽燧

潼關甫靑浦烽燧 本鎭分守 在府北二十八里 南應潼關北烽 北應穩城境小童中
　烽燧

南峰烽燧 在府南五里 北應北烽 南應三峰

三峰烽燧 在府南十五里 北應南峰 南應烏碣巖烽燧

烏碣巖烽燧 在府南二十里 北應三峰 南應防垣烽燧

防垣南峰烽燧 在府南三十二里 北應烏碣巖 南應新岐伊烽燧

新岐伊烽燧 防垣分守 在府南四十里 北應防垣 南應細川浦項烽燧

細川浦項烽燧 防垣分守 在府南五十里 北應新岐伊 南應會寧下乙浦烽燧

細川前德烽燧 在府南四十里 西應新岐伊 東報行營

廣德烽燧 在府東三十里

小白山烽燧 在府東南五十里

枇德烽燧 在府東六十里

嚴仲洞烽燧 在府東南七十里 自廣德以下四處烽燧 穩城·慶源·慶興 三邑分
　守於此 傳報于行營

『輿地圖書』下, 咸鏡道 穩城都護府 烽燧
立巖烽燧 在府東三十一里 東應慶源中峰 北應錢江烽燧 黃拓坡堡所管
錢江烽燧 在府東四十四里 南應立巖 北應美錢烽
美錢烽燧 在府東二十五里 東應錢江 西應浦項 以上美錢鎭所管
浦項烽燧 在府東十四里 東應美錢 西應坪烽
坪烽燧 在府北五里 東應浦項 西應射場
射場烽燧 在府西四里 東應坪烽 西應柔遠坪 以上本府所管
柔遠坪烽燧 在府西十三里 東應射場 南應壓江
壓江烽燧 在府西二十三里 北應柔遠坪 南應古城
古城烽燧 在府西三十五里 北應壓江 南應時建 以上柔遠鎭所管
時建烽燧 在府西十六里 北應古城 南應犬灘
犬灘烽燧 在府西五十六里 北應時建 南應中烽 以上本府所管
中峯烽燧 在府西六十里 北應犬灘 南應松峯
松峯烽燧 在府西七十一里 北應中峯 南應小童巾
小童巾烽燧 在府南七十八里 北應松峯 南應潼關鎭甫靑浦烽燧 以上永達堡所管
『輿地圖書』下, 咸鏡道 穩城府 軍兵
烽武士一百二十名

『輿地圖書』下, 咸鏡道 慶源府 烽燧
白顔烽 在府東九十里 南應慶興阿吾地烽 北報件加退烽
件加退烽 在府東七十里 南應白顔烽 北報水汀烽
水汀烽 在府東四十五里 南應件加退烽 北報東林烽
東林烽 在府南四十里 南應水汀烽 北報南山烽
南山烽 在府南七里 南應東林烽 北報厚訓烽
厚訓烽 在府北九里 南應南山烽 北報訓戎城上烽

訓戎城上烽 在府北三十里 南應厚訓烽 北報獐項烽

獐項烽 在府北三十里 東應訓戎城上烽 西報馬乳烽

馬乳烽 在府北二十一里 東應獐項烽 西報中峯烽

中峯烽 在府西北三十里 東應馬乳烽 西報穩城黃拓坡烽

行營傳報內烟臺進堡烽 在府南四十里 東應乾原堡水汀烽 西報鍾城府界金迪
　　谷烽 昔無今有

皮德烽 在府南九十里 鍾城地 東應金迪谷 西報行營鎭北樓

『輿地圖書』下, 咸鏡道 慶興都護府 烽燧
牛巖烽燧 在府南五十五里 南距西水羅堡十里 北應造山南山

造山南山烽燧 在府南四十二里 南應牛巖 北應豆里山

豆里山烽燧 在府南二十五里 南應造山南山 北應屈伸浦

屈伸浦烽燧 在府南十八里 南應豆里山 北應望德山

望德山烽燧 在府城內 北南應屈伸浦 北應浦項峴

浦項峴烽燧 在府北十五里 南應望德山 北應撫夷堡西峯

夷堡西峯烽燧 在府北三十五里 南應浦項峴 西應阿吾地東峯

阿吾地東峯烽燧 在府西三十二里 東應夷堡西峯 北應慶源白顔

『輿地圖書』下, 咸鏡道 富寧府 烽燧
黑毛老烽燧 在府北二十五里 北應會寧古峴烽 南報南峰烽燧

南峯烽燧 在府南五里 北應黑毛老烽燧 南報仇正坂烽燧

仇正坂烽燧 在府南二十五里 北應南峯烽燧 南報柒田山烽燧

柒田山烽燧烽燧 在府南四十五里 北應仇正坂烽燧 南報慶城松谷峴烽燧
『輿地圖書』下, 咸鏡道 富寧府 軍兵
烽燧別將 一人

『輿地圖書』下, 咸鏡道 茂山府 烽燧
南嶺火底烽燧 在府南十里 北報錚峴烽

錚峴烽燧 在府北十五里 南應南嶺烽 北報西峴烽

西峴烽燧 在府北四十里 南應錚峴烽 北報大巖烽

大巖烽燧 在府北五十里 南應西峴烽 北報琥珀德烽

琥珀德烽燧 在府北八十里 南應大巖烽 北報會寧境雲城烽

『輿地圖書』下, 咸鏡道 茂山府 軍兵

烽軍 十六名

5. 『大東地志』(1864)

『大東地志』卷2, 京畿道 4都 開城府 烽燧 條

國師堂

城隍堂 右二處 在松岳山上

德積山 南二十里

『大東地志』卷17, 黃海道 十邑 海州 烽燧

皮串 東南八十里

龍媒島

水鴨島

延平島 右水路 元烽

南山

花山

沙串 右只報 延〇

『大東地志』卷17, 黃海道 十邑 延安 烽燧

角山 東南三十里 孤玄海邊

白石山 南二十里

看月山 西南三十三里

定山 西三十二里

注之串 西二十五里

『大東地志』卷17, 黃海道 十邑 豊川 烽燧

古里串 古古立所 西二十里

所山 許沙浦鎭北

『大東地志』卷17, 黃海道 十邑 白川 烽燧

彌羅山 古城內

鳳在山 俱見上

『大東地志』卷17, 黃海道 十邑 金川 烽燧

古城山 在古城內

『大東地志』卷17, 黃海道 十邑 長淵 烽燧

大串

靑石山

彌羅山

松纛 西四十里

几串 西六十里

『大東地志』卷17, 黃海道 十邑 殷栗 烽燧

乾止山 見上

『大東地志』卷17, 黃海道 十邑 康翎 烽燧

食大山

堅羅山

九月山 南五十里
密峴 南七十里

『大東地志』卷17, 黃海道 十邑 甕津 烽燧
炭項 南十五里
檢勿餘 西南四十五里
大峴
開龍山 俱西六十里

『大東地志』卷18, 黃海道 十三邑 黃州 烽燧
古每峙 東南十五里
天柱山 見上
琵琶串 西十五里

『大東地志』卷18, 黃海道 十三邑 平山 烽燧
南山 南里
奉子山 北二十里
禿鉢山 北四十里
聲串 西南一百五十里

『大東地志』卷18, 黃海道 十三邑 瑞興 烽燧
回山 南十里
所○山 西北二十里

『大東地志』卷18, 黃海道 十三邑 鳳山 烽燧
巾之山 東二十里

『大東地志』卷18, 黃海道 十三邑 安岳 烽燧

甘積山 北西十五里

梨峴 見上

所山 南五里

月呼山 東二十里

『大東地志』卷18, 黃海道 十三邑 長連 烽燧

今卜只 北十里

『大東地志』卷19, 咸鏡道 十五邑 咸興 烽燧

城串山 府內

草古臺 東三十里

倉嶺 東六十里

執三仇未 東八十里

『大東地志』卷19, 咸鏡道 十五邑 水興 烽燧

城隍峙 西五里

德峙 北二十里

『大東地志』卷19, 咸鏡道 十五邑 定平 烽燧

王金洞 南三十里

鼻白山 見上

『大東地志』卷19, 咸鏡道 十五邑 高原 烽燧

熊望山 北十里 ○烽山腰

『大東地志』卷19, 咸鏡道 十五邑 安邊 烽燧

沙峴 南四十里

鶴城山 見上

蛇洞 北二十五里

『大東地志』卷19, 咸鏡道 十五邑 德源 烽燧
長德山 東南十里
所達山 北二十里

『大東地志』卷19, 咸鏡道 十五邑 文川 烽燧
天達山 北二十里

『大東地志』卷19, 咸鏡道 十五邑 北青 烽燧
陸島 見上
佛堂 南五十里
山城 中山社
石耳 南青社
者羅耳 北二十五里
沙乙耳 北四十里
梨洞 北七十里
厚致嶺 見上
虛大耳嶺 見上
馬底嶺 見上

『大東地志』卷19, 咸鏡道 十五邑 洪原 烽燧
南山 南三里

『大東地志』卷19, 咸鏡道 十五邑 利原 烽燧
城門 在城峴上
眞島峯 南十里 〇海

『大東地志』卷19, 咸鏡道 十五邑 端川 烽燧

甑山 西南十五里

亇訖乃 東十五里

吾羅堆 東西十五里

胡打里 東六十五里

『大東地志』卷19, 咸鏡道 十五邑 甲山 烽燧

石耳 南八十里

牛頭嶺 南五十里

南峯 南十五里

阿間 北五十里

所里德 北七十里

何方金德 北八十里

『大東地志』卷19, 咸鏡道 十五邑 三水 烽燧

水永洞 東十五里

西峯 仁遠外鎭 西十里

家南峯 羅援鎭 東二十里

西峯 羅援鎭 西五里

瓮洞 乫坡知鎭 西五里

松峯 舊乫坡知堡 南十里

新峯 舊乫坡知鎭 西十里

『大東地志』卷20, 咸鏡道 十邑 吉州 烽燧

岐里洞 西南九十五里 城津鎭西十里

雙浦嶺 西南八十里

場峴 南五十五里

山城 南三十八里

鄉校峴 南三里

綠礬 東北十里

間烽 崔世洞 北二十里

間烽 東山 一作長古坡 北四十五里

間烽 高峯 西北七十五里

間烽 西山 西北九十里

『大東地志』卷20, 咸鏡道 十邑 鏡城 烽燧

壽萬德 南一百二十里

中德 南一百十里

朱村 南八十五里

永康 南五十五里

長坪 南三十里

羅赤洞 北五里

姜德 北三十五里

松谷峴 北四十五里 右元烽

遮山 魚遊洞西北

下峯 吾村西

古峯 朱乙溫西

松峯 寶化西

東峯 森森坡後 右五處間烽初起

『大東地志』卷20, 咸鏡道 十邑 明川 烽燧

古站峴 西南四十五里

項浦洞 西南二十里

北峯 北十里

『大東地志』卷20, 咸鏡道 十邑 富寧 烽燧

漆田山 南西十五里

仇正阪 南二十五里

南峯 南五里

黑毛老 北二十五里 右元烽

老峯 廢茂山鎭西

『大東地志』卷20, 咸鏡道 十邑 會寧 烽燧

古峴 古豊山鎭南

梨峴 南八十里

奉德 西南六十里

中峯 西五十五里

松峯 西四十里

南峯 西六十五里

雲頭峯 西五十里

烟臺 西二十里

鰲山 府○鎭山

吾弄草 北十五里

竹苞 北二十里

北峯 北三十里

下乙浦 北四十里

內池德 東十五里

『大東地志』卷20, 咸鏡道 十邑 鍾城 烽燧

浦項 南五十里

新岐里 南四十里

烏葛岩 南二十里

三峯 南十一里

南峯 南五里

北峯 北九里

長城門 北十三里

北峯 北十八里

甫靑浦 北二十里

權設 金迪谷 東六十里

權設 小白山 東南三十五里

權設 皮德 南五十里

權設 回仲洞 南六十五里 右只報行營

『大東地志』卷20, 咸鏡道 十邑 穩城 烽燧

小童巾 西南四十五里

松峯 西三十五里

中峯 西三十里

犬灘 西四十里

時建 西三十五里

古城 西二十五里

壓江 西二十里

坪烟臺 一云平峯 西十三里

射場 西四里

坪烟臺 北五里

浦項 東十四里

美錢 東二十五里

錢江 東四十里

長城峴 一云東峯 東二十五里

『大東地志』卷20, 咸鏡道 十邑 慶源 烽燧

中峯 西北三十里

馬乳 北二十一里

獐項 北三十里

城上 北三十里

厚訓 北九里

南山 南七里

東林 東南四十里

水汀 東南四十五里

件加堆 東南七十里

伯顔 東南九十里

權設 進堡 南西十里

『大東地志』卷20, 咸鏡道 十邑 慶興 烽燧
東峰 阿吾地鎭東

西峰 西南三里

浦項 南十五里

望德 撫夷鎭東

屈申浦 南三十五里

豆里山 南四十五里

南山 造山鎭南

牛岩 東南七十里 初起

『大東地志』卷20, 咸鏡道 十邑 茂山 烽燧
琥珀德 東北七十五里

大岩 東北五十五里

西峴 東四十里

錚峴 北十五里

南嶺 南十里 初起

『大東地志』卷20, 咸鏡道 十邑 烽燧

沙峴 南淮淮陽鐵嶺

鶴城山

蛇洞 腰邊

長德山

所達山 德源

天達山 文川

熊望山 高原

城隍峙

德峙 永興

王金洞

鼻白山 定平

城串

草古臺

倉嶺

執三仇未 咸興

南山 洪原

陸島

佛堂

山城

石耳 北靑

眞島峯

城門 利原

甀山

亇訖乃

吾羅堆

胡打里 端川 右二十六處 南兵營所管

岐里洞

雙浦嶺 吉州城津

場峴

山城

鄉校峴

綠礬 吉州

古站峴

項浦洞

北峯 明川

壽萬德

中德

朱村

永康

長坪

羅赤洞

姜德

松谷峴 鏡城

漆田山

仇正阪

南峯

黑毛老 富寧

古峴 會寧古豊山

梨峴

奉德

中峯 會寧甫乙下

松峯

南峯

雲頭峯

古烟臺

鰲山

吾弄草 會寧

竹苞

北峯

下乙浦 會寧高嶺

浦項

新岐里 鍾城片垣

烏曷岩

三峯

南峯

北峯 鍾城

長城門

北峯

甫靑浦 鏡城潼關

小童巾

松峯

中峯 穩城永達

犬灘

時建 穩城

古城

壓江

坪烟臺 穩城柔遠

射場

坪烟臺

浦項 穩城

美錢

錢江 穩城美錢

長城峴 穩城黃拓坡

中峯

馬乳 慶源

獐項

城上 慶源訓戎

厚訓

南山 慶源

東林 慶源安原

水汀 慶源○原

件加堆

伯顔 慶源阿山

東峯 慶源阿吾地

西峯

浦項

望德 慶興

屈申浦

豆里山 慶興撫夷

南山 慶源造山

牛岩 慶源西水羅 初起 右七十五處北兵營所管

〔間烽〕

琥珀德 茂山豊山東合雲頭峯 見上

大岩 茂山豊山

西峴 茂山梁永萬洞

錚峴

南嶺 茂山初起

◎者羅耳 南合右耳見上

沙乙耳

梨洞 北青

◎厚致嶺 南合梨洞見上

虛大耳

馬低嶺 北青

石耳

牛頭嶺

南峯

伊間 甲山

阿間 甲山○仁

所里德 甲山雲○

何方金德 甲山德山

水永洞 三水

西峯 三水仁遮外

家南峯

西峯 三水羅○

甕洞 三水乫坡知

松峯

新峯 三水舊乫坡知

◎遮山 鏡城魚遊澗

下峯 鏡城吾村

古峯 鍾城朱乙溫窐

松峯 鏡城寶化

東峯 鏡城森 右五處本鎭初起

〔權設〕

進堡 慶源準慶源水汀

金迪谷

小白山

皮德

回仲洞 鍾城右報行營

共一百四十處 元烽一百一處 間烽三十四處 權設五處

『大東地志』卷21, 平安道十邑 平壤 烽燧
畫寺山 南二十六里
雜藥山 西十四里
斧山 北三十里 右陸路
鐵和 西一百二十里 甑山界海邊
馬項 西一百五里
佛谷山 西北一百里 右水路
禿華山 西七十里
承令山 西三十里 右間烽只報巡營

『大東地志』卷21, 平安道十邑 中和 烽燧
雲峰山 西三里

『大東地志』卷21, 平安道十邑 咸從 烽燧
○士池 西二十三里
吾串 西北二十里
窟嶺山 東五里

『大東地志』卷21, 平安道十邑 龍岡 烽燧
所山 西三十里
大德山 只報本邑

『大東地志』卷21, 平安道十邑 甑山 烽燧
兎山 西十四里
西山 只報本邑

『大東地志』卷21, 平安道十邑 順安 烽燧
獨子山 西二十里

大船串 鎭○○ 海邊
西金剛山 西北二十里 報本邑

『大東地志』卷21, 平安道十邑 江西 烽燧
正林山 西十里 只報本邑

『大東地志』卷21, 平安道十邑 安州 烽燧
所里山 南西十五里
悟道山 南二十里
舊靑山 西二十里
冬乙郎山 西六十里
虎穴 西四十里 右水路
城隍堂 東五里 間烽
新靑山 西十五里 右二處只報本府

『大東地志』卷21, 平安道十邑 肅川 烽燧
都延山 南二十里
徐乙外 西十五里
息浦 西十五里
牙山 西三十里
麻甲山 西十里 只準本邑

『大東地志』卷21, 平安道十邑 永柔 烽燧
臥龍山 一云所山 見上
米豆山 見上
米豆山新烽

『大東地志』卷22, 平安道十三邑 三和 烽燧

牛山 見上
大堂頭山 西四十里 海邊海望 間烽

6. 『增補文獻備考』(1908)

□ 第一炬
直烽 初起 牛巖 南山 豆里山 仇信浦 望德 浦項峴 西峰 東峰 白顔 件加退 水汀
東臨 南山 厚訓 城上 獐項 馬乳 中峰 長城峴 錢江 松峰 美錢 浦項 坪烟臺 射場
坪烟臺 壓江 古城 時建 大灘 中峰 松峰 小童建 甫淸浦 北峰 長城門 北峰 南峰
三峰 烏碣巖 釜回還 新岐里 浦項 下乙浦 北峰 竹堡 吾弄草 鰲山 古煙臺 雲頭
峰 南峰 松峯 中峰 奉德 梨峴 古峴 黑毛老 南峰 仇正坂 漆田山 松谷峴 姜德 羅
赤洞 長坪 永康 朱村 中德 壽萬德 北峰 項浦洞 古站峴 磙磴 鄕校峴 山城 場古
介 雙浦嶺 岐里洞 胡打里 吾羅退 亇訖乃 甑山 城門 邑主峰 眞鳥峰 石茸 山城
佛堂 六島 南山 藁三仇味 倉嶺 草古臺 城串 鼻白山 王金洞 德峙 城隍峙 熊望
山 天達山 所達山 長德山 蛇洞 山城 沙古介 鐵嶺 峰道只 所山 城北 屛風山 雙
嶺 箭川 松古介 土水 所伊山 割眉峴 適骨山 彌老谷 禿峴 笁邑峴 汗伊山 崴嵯
山 木覓山第一烽
•間烽(1)
阿吾地堡東烽(直烽) 金石山 皮德
乾元堡水汀(直烽) 進堡
會寧古烟臺(直烽) 池德 南孝郞
•間烽(2)
初起 南嶺 錚峴 西峴 大巖 琥珀德 會寧雲頭峰(直烽)
•間烽(3)
初起 遮山 鏡城姜德(直烽)
初起 下峰 鏡城羅赤洞(直烽)

初起 佛巖 古峰 鏡城長坪(直烽)

初起 下田坡 清德 鏡城長坪(直烽)

初起 松峰 鏡城永康(直烽)

初起 東峰 车德 鏡城朱村(直烽)

初起 西山 高峰 東山 崔世洞 吉州鄉校峴(直烽)

• 間烽(4)

初起 隱龍德 馬膽嶺 檢義德 囗字 日彥 沙器 獐項 古所里 蘿嶺家舍 瑟古介 杉峰 梨洞 馬底 虛火 厚峙 新設烽 沙乙耳 者羅耳 北青石茸(直烽)

• 間烽(5)

初起 龍峰 乙山德 松峰 龍起峰 甕洞 西峰 家南 西峰 水永洞 何方金德 所里德 阿叱間 伊叱間 南峰 牛頭嶺 石茸 天秀嶺 端川瑟古介(直峰)

□ 第三炬

直烽 初起 餘屯臺 車加大 宰臣洞 朱土 分土 許麟浦 馬時里 奉天臺 林里 舍長 仇非 南坡 新烟臺 銅遷 蛤池山 北山 古烟臺 東煙臺 東煙臺 松林 豆音只 金昌山 秋羅仇非 胡照里 小斤古介 古林城 徐加洞 於汀灘 船豆洞 雲頭里山 二峰山 權狄巖 田往仇非 老上灘 亭子山 金洞 浮箇 金洞 石階 統軍亭 白馬山 葛山 龍骨山 甑峰 熊骨山 鶴峴 圓山 西望日峰 松足山 所串 仇寧山 馬山 七嶽山 冬乙郎山 竝溫山 舊靑山 吾道山 所里山 都延山 米豆山 獨子山 斧山 雜藥山 畫寺山 雲峰山 天桂山 古每峙 巾之山 所卞山 回山 禿鉢山 奉子山 南山 古城山 松嶽國師堂 道羅山 大山 禿山 醢浦 母嶽東峰 木覓山第三烽

• 間烽(1)

餘屯臺 吾里波 金成民家北 松峰 梨峴 安明守家北 安興道 金ケ訖 江界許實里

• 間烽(2)

二峰山 廷坪 件田洞 吾里洞 古城頭山 所串 姑城 寵吾里 栗古介 德山 深原山 城隍堂 安州靑山

□ 第四炬

直烽 初起 古靜州 岐伊城 于里巖 龍眼山 辰串 少爲浦 石乙串 所串山 鷲家山 白梁山 東所串山 海岸 靑奄山 防築浦 都致串 鎭海串 慈聖山 舍音山 沙邑冬音 虎穴 冬乙郞山 息浦 餘乙外 所山 大船串 佛谷 馬項 鐵和 兎山 吾串 漕土池 所山 牛山 今卜只 甘積山 巾之山 所山 古里串 兀串 松纛 彌羅山 淸石 大串 開龍山 大岾 檢勿餘 炭項 推峙 九月山 堅羅山 食大山 沙串 花山 南山 睡鴨島 延坪島 龍媒 皮串 聲串 注之串 定山 看月山 白石山 角山 鳳在山 彌羅山 松嶽城隍山 德積山 兄弟峰 高峰(高陽) 毋岳西峰 木覓山 第四烽

• 間烽(1)

龍川龍虎烽 龍眼山(直烽)

宣川大睦山 東所串山(直烽)

郭山金老串 防築浦(直烽)

定州古堂山 都致串(直烽)

嘉山古堂峴 沙邑冬音(直烽)

安州新靑山 虎穴(直烽)

肅川麻甲山 牙山 餘乙外(直烽)

永柔米豆山新烽 所山(直烽)

順安金剛山 大船串(直烽)

平壤承令山 秀華山 佛谷(直烽)

甑山西山 兎山(直烽)

江西正林山 咸從窟嶺山 漕士池(直烽)

龍岡大德山 所山(直烽)

• 間烽(2)

黃州琵琶串 月呼山 所山 梨峴 甘積山(直烽)

• 間烽(3)

延安角山 喬桐修井山 延安看月(直烽)

참고문헌

• 史書

『高麗史』

『各司謄錄』

『萬機要覽』

『備邊司謄錄』

• 地誌

『世宗實錄』地理志(1454)

『新增東國輿地勝覽』(1530)

『松都志』(1648)

『東國輿地志』(1656)

『輿地圖書』(1760)

『獻山誌』(1786)

『大東地志』(1864)

『增補文獻備考』(1908)

• 古文書

南木烽燧別將書目

茂山鎭兩處烽燧 晴明日記

延安兼任新溪縣令牒報

延安兼任新溪縣令五烽燧風變日記

· 古地圖

『海東地圖』

『輿地圖書』

『朝鮮後期 地方地圖』

〈黃海道〉

黃州牧地圖(奎10545)

瑞興府地圖(奎10548)

瑞興府所已鎭地圖(奎10531)

鳳山郡地圖(奎10517)

安岳郡地圖(奎10547)

海州龍媒鎭地圖(奎10523)

海州牧地圖(奎10554)

甕津府地圖(奎10516)

長淵金沙鎭圖(奎10538)

長淵白翎鎭圖(奎10520)

康翎縣地圖(奎10551)

延安府地圖(奎10540)

平山府地圖(奎10529)

白川郡地圖(奎10553)

殷栗縣地圖(奎10550)

長連縣地圖(奎10557)

遂安郡文山鎭地圖(奎10522)

遂安郡地圖(奎10533)

〈平安道〉

平壤地圖(古4709-111 v.3)

順安地圖(奎10566)

甑山縣地圖(奎10586)

三和府地圖(奎10593)

龍岡縣地圖(奎10599)

安州牧地圖(奎10625)

嘉山郡地圖(奎10636)

永柔縣地圖(奎10575)

義州地圖(古4709-111 v.3)

定州地圖(奎10568)

龍川府地圖(奎10578)

鐵山府地圖(奎10622)

宣川府地圖(奎10559)

朔州府地圖(奎10631)

昌城地圖(奎10595)

碧潼郡地圖(奎10563)

博川郡古蹟(奎10609)

泰川縣地圖(奎10560)

渭原郡地圖(奎10583)

甲巖堡地圖(奎10590)

大吉號里堡地圖(奎10626)

於汀灘堡地圖(奎10591)

雲頭里堡地圖(奎10616)

寧邊府地圖(奎10624)

西城鎮地圖(奎10574)

楸仇非堡地圖(奎10641)

〈咸鏡道〉

咸興府地圖(奎10686)

甲山府地圖(奎10681)

北靑府地圖(奎10675)

洪原縣地圖(奎10676)

高原郡地圖(奎10683)

文川郡地圖(奎10678)

德源府地圖(奎10682)

吉州地圖(奎10685)

慶源地圖(奎10689)

端川府地圖(奎10691)

會寧府地圖(奎10680)

鍾城府地圖(奎10677)

穩城府地圖(奎10673)

慶興府地圖(奎10695)

三水府地圖(奎10696)

明川地圖(奎10693)

富寧府地圖(奎10684)

茂山地圖(奎10694)

• 硏究論文(南韓)

이재,『한강 이북지역의 봉수체계에 관한 연구』, 육군사관학교 화랑대연구소,
    2000.

金周洪, 「北韓의 烽燧(Ⅰ)」, 『도라산유적』, 京畿道博物館 외, 2003.

車勇杰, 「봉수」, 『한국성곽연구회 학술대회(叢書5)』, 한국성곽연구회, 2004.

• 研究論文(北韓)

리종선, 「고려시기의 봉수에 대하여」, 『력사과학』 제4호, 과학백과사전출판
사, 1985.

윤영섭, 「리조초기 봉수의 분포」, 『력사과학』 제1호, 과학백과사전출판사,
1988.

리영민, 「경성읍성을 중심으로 한 동북방봉수체계와 그 시설물」, 『조선고고
연구』 1, 사회과학원 고고학연구소, 1992.

• 調查報告書

京畿道博物館 외, 『南北連結道路(叢統一大橋~長湍間) 文化遺蹟 試掘調査報
告書』, 2001.

한국토지공사 토지박물관, 『개성공업지구 1단계 문화유적 남북공동 조사보
고서』, 2005.

한국토지공사 토지박물관, 『개성공업지구 2단계 남북공동 문화유적 지표조
사보고서』, 2008.

• 日本語 書籍

朝鮮總督府, 『朝鮮寶物古蹟調査資料』, 1942.

찾아보기